刑法学
前沿问题探究

刘春花 等著

江苏大学出版社
JIANGSU UNIVERSITY PRESS

镇 江

图书在版编目（CIP）数据

刑法学前沿问题探究 / 刘春花等著. -- 镇江 : 江苏大学出版社, 2024. 8. -- ISBN 978-7-5684-2131-7

Ⅰ. D924.01

中国国家版本馆CIP数据核字第2024E9G797号

刑法学前沿问题探究

Xingfaxue Qianyan Wenti Tanjiu

著　　者/	刘春花　等
责任编辑/	米小鸽
出版发行/	江苏大学出版社
地　　址/	江苏省镇江市京口区学府路 301 号 （邮编：212013）
电　　话/	0511-84446464 （传真）
网　　址/	http://press.ujs.edu.cn
排　　版/	镇江文苑制版印刷有限责任公司
印　　刷/	镇江文苑制版印刷有限责任公司
开　　本/	787 mm×1 092 mm　1/16
印　　张/	16
字　　数/	410 千字
版　　次/	2024 年 8 月第 1 版
印　　次/	2024 年 8 月第 1 次印刷
书　　号/	ISBN 978-7-5684-2131-7
定　　价/	65.00 元

如有印装质量问题请与本社营销部联系（电话：0511-84440882）

作者简介

　　刘春花，法学博士、博士后，江苏大学法学院副教授，硕士生导师，刑法与诉讼法学系主任。江苏高校"青蓝工程"优秀青年骨干教师。美国加利福尼亚大学伯克利法学院访问学者。北京盈科（镇江）律师事务所金融法律事务部兼职律师。中国法学会和中国刑法学研究会会员、江苏省法学会刑法学研究会常务理事、江苏省法学会犯罪学研究会理事。主要研究领域：量刑问题、轻罪治理、未成年人法学。

　　主持承担国家社科基金项目两项及教育部、司法部、中国博士后科学基金和江苏省社科基金等多项省部级课题，研究成果曾获第十届中国法学青年论坛主题征文三等奖，第四届、第五届全国优秀刑法论文三等奖，江苏省教育科学研究成果（高校哲学社会科学研究类）三等奖，镇江市第十届、第十一届哲学社会科学优秀成果三等奖等。出版专著《向死而生——中国死刑制度改革的政治抉择》，合著《民意与量刑公正问题研究》《犯罪人处遇研究》，在重要学术期刊公开发表论文数十篇，参编教育部普通高等教育"十一五"国家级规划教材《外国刑法学概论》，担任江苏大学法学国家级一流本科专业"法学课程思政案例系列教材"之一《刑事法学课程思政案例教程》的第一主编。

刑法学是以现行刑法为主要研究对象的学科。广义的刑法学也可称为刑事法学，研究范围广泛涉及犯罪及其治理相关的所有问题，包括刑事实体法、刑事程序法、刑事执行法，以及犯罪原因与对策等。以1979年颁布的《中华人民共和国刑法》（以下简称《刑法》）为标志，我国刑法学至今经历了整整四十五年的发展，已经奠定了坚实的理论基础，完成了刑法学理论体系的初步建构。从历史上看，我国古代法律具有"诸法合体，刑法为主"的鲜明特征，刑法可谓历朝历代社会治理的主要手段。在现代，随着社会分工的精细化，刑法以外的民商、经济等其他法律种类不断出现，中国特色社会主义法治体系初步建成，但还需不断完善。

党的二十届三中全会指出，"当前和今后一个时期是以中国式现代化全面推进强国建设、民族复兴伟业的关键时期"，"法治是中国式现代化的重要保障"。中国式现代化的战略目标，不仅包括经济发展、政治清明、文化昌盛、生态良好，也包括社会安定有序，这意味着推进中国式现代化离不开中国式犯罪治理现代化。犯罪本质上是和平时期社会矛盾激化的最强烈的反映，对社会关系具有巨大的破坏性，而刑法作为规制犯罪最主要的手段，具有严厉性和最后手段性（谦抑性）。推进中国式犯罪治理现代化，需要因应新时代犯罪的产生原因、态势和全面依法治国的要求，坚持犯罪治理法治化，积极探索刑法及其与其他法律的协同创新。在这样的历史背景之下，我们不能满足于刑法学以往所取得的成就，更应当面向未来，面向实践，关注刑事法治现实问题。

从近十年来刑事犯罪的发案特点、犯罪类型、判处刑罚轻重等情况和统计数据看，我国犯罪结构发生了显著变化：严重暴力犯罪占比、重刑率持续下降，轻罪案件占比、轻刑率稳定上升。当前刑事犯罪总体上以轻罪和法定犯为主，这就决定了我们的犯罪治理对策需要与时俱进，进行必要的调整，有必要根据犯罪的发生发展规律和变化趋势制定科学的治理对策，探索刑法参与社会治理的制度创新，推动刑事立法适时修改完善。基于刑法学研究的实践性和实用性特征，刑法学学术"供给"中最为庞大的部分，就是对刑法具体犯罪及相关刑事政策、法律解释等实务问题的研究。本书从近年来刑事法律领域备受关注和引发热烈讨论的前沿问题中选择了五大领域进行了七个方面的专题探讨，分别是：

一是轻罪问题领域，主要做了"积极刑法观下轻罪扩张的不利后果及控制策略"和"轻罪前科消灭制度构建"两个专题的研究。前者基于对积极刑法观指导下轻罪立法不断扩张的现实观察，提出对于轻罪司法实践带来的犯罪附随后果（对当事人不利的后果），有必要从立法、司法和配套制度上进行控制，研究视角相对更加宏观全面，而后者视野相对更加集中，即聚焦轻罪犯罪记录如何"做减法"以降低犯罪记录所伴随的不利效应。

二是生产安全领域，主要分析了"我国生产安全事故犯罪监督过失责任问题"。生产安全事故会给人民群众生命和财产安全造成巨大危害。现行刑法未能对普通过失和业务过失作出一般性规定，亦未对监督过失责任与一线工人过失责任作出明显区分，以致追究责任要么过窄，要么过宽，故有必要立足监督过失理论，结合立法和司法等层面的原因，探究对策。

三是公民人身和财产权利领域，主要研究了"侵犯公民个人信息罪的刑法规制"和"第三方支付下盗窃与诈骗的界限"。网络技术的普及在给人们的工作和生活带来极大便利的同时，也给公民个人信息和财产安全带来了前所未有的挑战。公民个人信息保护和网络侵财犯罪无疑是法学界的热点，备受关注，本书对于前者是基于刑法变迁和法教义学的分析，对侵犯公民个人信息罪提出扩大犯罪圈、增设资格刑的建议；对于后者则是基于抽样案例实证分析方法，指出第三方支付下盗窃与诈骗罪的界分应当坚持处分意识必要说，并结合第三方平台的性质，对侵财行为进行类型化分析。

四是市场经济秩序犯罪方面，针对企业退出市场这个环节探讨了"虚假破产罪司法疑难问题及对策"。"假破产、真逃债"的行为危害极大，有损市场经济的基石——诚信原则。虽然实践中破产欺诈案不少，但被定罪量刑的却不多，因此分析该罪司法疑难问题是必要的。

五是人工智能带来的刑法挑战领域，本书选择人工智能技术落地应用最多的交通方面做了"自动驾驶汽车交通肇事的刑事归责"研究，提出刑法规制的相关原则和对策，以平衡智能驾驶技术的发展与公共交通安全的保障。

整体而言，本书内容既涉及刑法总论，也覆盖刑法各论，撰写风格突出思辨性，分析方法和研究思路开放多元。成书体例上，多数专题以理论述评开始，有利于读者对该专题的研究状况形成基本认识，更好地把握研究发展趋势。每个专题的结尾设有拓展讨论问题和拓展阅读文献模块，以期为大家后续关注研究提供延伸思考的方向与文献资源。

本书属于江苏高校哲学社会科学研究重点项目"转型期量刑公正与民生保障的刑事政策研究——基于影响性诉讼的实证考察"（2017ZDIXM036）的结项成果之一。本书主体内容成稿于 2023 年，除了《刑法修正案（十二）》（2023 年 12 月 29 日通过，2024 年 3 月 1 日施行）和《中华人民共和国公司法》（2023 年 12 月 29 日修订，2024 年 7 月 1 日施行）外，2023 年 12 月 30 日以后施行的其他法律法规、司法解释均不在引用之列。各专题所附的拓展阅读文章均截至 2023 年，特此说明。虽然著者已尽最大努力，但书中疏漏与不足之处在所难免，敬请学界同仁和读者批评指正。

刘春花

2024 年 7 月 20 日

目 录

专题七　自动驾驶汽车交通肇事的刑事归责　214

 **专题一**

积极刑法观下轻罪扩张的不利后果及控制策略

一、我国轻罪研究现状与域外轻罪治理先例

（一）我国轻罪研究现状

我国学界对于轻罪和重罪的讨论有很多：一部分学者对"是否进行'重罪'与'轻罪'的划分"的问题是持肯定态度的。如张明楷教授指出，我国今后不可能继续采取集中且统一的刑事立法方式，取而代之的必定是分散性的立法，即按照不同性质的犯罪进行分别立法。[①] 周光权教授认为，积极刑法观的背景下，需通过增设一定数量的轻罪来调和刑事司法领域出现的矛盾，避免轻罪重判。[②] 卢建平教授认为，犯罪分层一方面能够节约司法资源，促进法制统一，提高法律自身的效率，另一方面避免了行政权滥用，法官能够更多地参与社会治理，更好地保障人权。[③] 另有部分学者对轻罪立法进行了批判与反思。例如，刘艳红认为，"民事违法行为的犯罪化立法尤其是轻罪立法应予慎重，能由民法调整的就尽量由民法调整，而不要仓促犯罪化"，"对于轻罪或者本该出罪的行为，刑法则应保持距离，不妨留给公民一定自由的空间"。[④]

在轻罪制度肯定说下，对于如何划分犯罪，学界也存在不同观点，主要有实质标准说、形式标准说、实质与形式标准综合说。同时，在形式标准说内部也存在着法定刑标准说和宣告刑标准说的不同见解，其中又分为"一年说""三年说""五年说"等不同观点。

虽然对于以上问题，我国尚未有明确定论，但是我国目前存在罚金刑、缓刑制度、职业禁止制度、社区矫正制度以应对类似"醉驾"这类明显较为轻微的犯罪。除此之外，我国学界也在积极探索从立法、司法及配套制度等方面对轻罪扩张的不利后果进行控制。有学者从立法角度进行研究，认为"在刑法前置化和刑法宪法化的时代背景下，将比例原则引入刑法体系，以弥补刑法内部保障机制立法限制机能之不足，具有重要的理论和实践意义"。[⑤] 有的学者从司法方面探索途径，如敦宁。[⑥] 还有学者建议构建前科消灭制度以完善我国法律体系，控制轻罪扩张所带来的不利后果。何荣功教授认为，轻罪立法不仅需要促进行政处罚权的司法化改造，也需要增设相应的轻微刑罚制度，同时建立前科消灭制度，

---

① 张明楷：《刑事立法的发展方向》，《中国法学》2006 年第 4 期，第 18 页。

② 周光权：《论通过增设轻罪实现妥当的处罚——积极刑法立法观的再阐释》，《比较法研究》2020 年第 6 期，第 53 页。

③ 卢建平：《犯罪分层及其意义》，《法学研究》2008 年第 3 期，第 149 页。

④ 刘艳红：《民刑共治——中国式现代犯罪治理新模式》，《中国法学》2022 年第 6 期，第 35、38 页。

⑤ 熊亚文：《比例原则的刑法意义与表达》，《中国政法大学学报》2021 年第 6 期，第 246 页。

⑥ 敦宁：《醉驾治理的司法困境及其破解之策》，《法商研究》2021 年第 4 期，第 31 页。

完善司法出罪机制来达到目的。① 彭文华教授则认为，我国刑罚体系的改造不仅需要建立一元化多层级刑罚体系和以自由刑与矫治刑为中心的刑罚体系，在宏观完善方面还需要构建前科消灭制度。② 付强教授认为，犯罪会给犯罪者自身及与之相关者乃至社会带来许多刑罚之外的缺乏统一规制的不利后果，因此，需要通过构建前科消灭制度来约束规制这些不利后果。③ 韩宝庆教授认为，逐步构建前科消灭制度应成为一种趋势，现阶段应着眼于设定稳妥的步骤、梳理整合现有法律、明确指导思想、消除株连的现状、改进配套措施等方面。④

（二）域外轻罪治理先例

与我国不同的是，域外大部分国家对犯罪都进行了相应分类。以几个大陆法系国家为典型：法国将犯罪分为重罪、轻罪和违警罪⑤；德国对于犯罪的分类从之前的三分法变为二分法，即划分为重罪和轻罪，同时规定了以一年作为划分重罪与轻罪的量刑标准⑥；意大利采取的二分法则是将犯罪分为重罪和违警罪⑦；俄罗斯将犯罪分为轻罪、中等严重犯罪、严重犯罪和特别严重犯罪四类⑧。此外，瑞士、西班牙等国刑法中也有犯罪分类的规定。英美法系国家对犯罪也有类似分类：在英国早期律法中，按照刑罚轻重不同，犯罪行为被具体划分为叛逆罪、重罪、轻罪三类⑨。此后，随着制定法的发展，英国作出了一些修改，《1967 年刑法法案》改用诉讼程序划分犯罪等级，即以"是否可以逮捕"为标准划分重罪与轻罪。⑩ 加拿大刑法也按照该方式将犯罪划分为三类：由检察官提起公诉的犯罪、治安法院法官审理的简易裁判犯罪及可在以上两个诉讼程序中选择一个程序适用的可选择罪。⑪ 1962 年，美国法学会将犯罪分为四个等级：重罪、轻罪、微罪和只能判处罚金不能判处监禁刑的违警罪。实践中，美国绝大多数州以一年以上监禁为界，将犯罪分为重罪和轻罪，尽管每个州的划分标准不一，但是大都作出了划分，有的州还在此基础上进一步规定了类似我国治安管理处罚行为的轻微犯罪。⑫

在分类的基础上，各国对轻罪的处理制度也进行了特别的设置。在大陆法系国家中，

---

① 何荣功：《我国轻罪立法的体系思考》，《中外法学》2018 年第 5 期，第 1202 页。
② 彭文华：《我国刑罚体系的改革与完善》，《苏州大学学报（哲学社会科学版）》2015 年第 1 期，第 100 页。
③ 付强：《论犯罪行为的刑罚附随后果》，《法学杂志》2015 年第 7 期，第 105 页。
④ 韩宝庆：《前科消灭制度建构论》，《东北师大学报（哲学社会科学版）》2016 年第 2 期，第 110 页。
⑤ 《法国刑法典》第 111-1 条规定："刑事犯罪依照其严重程度分为重罪、轻罪和违警罪。"第 111-2 条规定："法律规定重罪和轻罪，并确定适用于重罪和轻罪犯人的刑罚。条例规定违警罪，并在法律规定的限度内，依照法律规定之区分，确定适用于违警罪犯人的刑罚。"参见《最新法国刑法典》，朱琳译，法律出版社，2016，第 10-17 页。
⑥ 《德国刑法典》第 12 条（重罪和轻罪）："1. 重罪：是指最低刑为 1 年或 1 年以上自由刑的违法行为。2. 轻罪：是指最高刑为 1 年以下自由刑或科处罚金刑的违法行为。3. 总则中对加重处罚或减轻处罚的规定，或者针对情节特别严重或情节较轻而作出的加重处罚或减轻处罚的规定，在分类时不予考虑。"参见《德国刑法典》，冯军译，中国政法大学出版社，2000，第 9 页。
⑦ 《最新意大利刑法典》，黄风译，法律出版社，2007，第 20 页。
⑧ 《俄罗斯联邦刑法典》，黄道秀译，中国法制出版社，2004，第 7-8 页。
⑨ 杜雪晶：《轻罪刑事政策的中国图景》，中国法制出版社，2013，第 7 页。
⑩ J. C. 史密斯、B. 霍根：《英国刑法》，李贵方等译，法律出版社，2000，第 33 页。
⑪ 杨迪：《我国轻罪制度建构研究》，博士学位论文，吉林大学，2020，第 13 页。
⑫ 杨迪：《我国轻罪制度建构研究》，博士学位论文，吉林大学，2020，第 13-15 页。

法国目前的轻刑制度①、日本建立的资格限制制度②、俄罗斯的前科消灭和前科撤销制度③等都是各国结合自身国情对轻罪所作出的处理规定。英美法系国家中，英国设置了保护观察制度④，美国设置了社区矫正制度⑤以处理轻罪犯罪者。

二、积极刑法观下"轻罪"之界定

目前，我国出现了以积极刑法观、消极刑法观及折衷刑法观为代表的不同刑事立法观点，这对我国未来的刑事立法发展走向有着重要意义。从现下风险社会的背景来看，积极刑法观已然成为主导，促使我国的刑事立法不断扩张，尤其是轻罪立法方面，轻罪犯罪圈在不断扩大，越来越多的人被纳入罪犯范畴。这并不是一个好的现象，也不是刑法的初衷。因此，在积极刑法观的背景下，需采取有效的措施，解决因轻罪扩张而带来的不利后果。在此之前，则需要对"轻罪"与"重罪"作出明确的区分，以体现出相关措施的针对性。目前，我国立法并没有明确"轻罪"与"重罪"之划分，且学界对于"轻罪"与"重罪"的划分标准一直未形成统一观点。因此，笔者整理了学界关于"轻罪"与"重罪"划分的几个主要观点，并在此基础上，明确"轻罪"的界定，进而为后续轻罪不利后果控制的研究奠定基础。

（一）积极、消极与折衷三种刑法观

1. 积极刑法观

以张明楷、周光权、梁根林等为代表的一众学者对积极刑法观持支持态度，他们都对积极刑法观作出了自己的阐释。张明楷教授认为，社会的变化发展、人们需求的增加、法

---

① 法国轻刑制度：（1）可作为主刑宣告的矫正措施。在法国，公益劳动可以作为主刑、缓刑中的附加义务或附加刑予以宣告。（2）刑罚适用及个人化方式。在法律规定下，法院可以判决实施社会—司法跟踪监督，强制罪犯在刑罚执行官的监督下，服从旨在预防重新犯罪的监视与救助。参见杨迪：《我国轻罪制度建构研究》，博士学位论文，吉林大学，2020，第18-20页。

② 日本的资格限制主要分为剥夺公民权、私法上的诸权利等市民性名誉权的名誉丧失，剥夺公务员的身份的公职丧失，以及与进行某项职业的犯罪有关而禁止从事该项职业的职业禁止，等等。参见杨迪：《我国轻罪制度建构研究》，博士学位论文，吉林大学，2020，第20页。

③ 《俄罗斯联邦刑法典》第86条第3款规定，在下列情况下前科消灭："（1）被判处缓刑的人，考验期届满；（2）被判处比剥夺自由更轻刑种的人，服刑期满后1年；（3）因轻罪或中等严重的犯罪被判处剥夺自由的人，服刑期满后过3年；（4）因严重犯罪被判处剥夺自由的人，服刑期满后过6年；（5）因特别严重的犯罪被判处剥夺自由的人，服刑期满后过8年。"第86条第5款规定："如果被判刑人在服刑期满之后表现良好，则法院可以根据他本人的请求在前科消灭的期限届满之前撤销前科。"第95条规定："对年满18岁之前实施犯罪的人，本法典第86条第3款规定的消灭前科的期限应予缩短，分别为：（1）因轻罪或中等严重的犯罪而服剥夺自由刑的，服刑期满后经过1年；（2）因严重犯罪或特别严重的犯罪而服剥夺自由刑的，服刑期满后经过3年。"参见苑承丽：《俄罗斯前科制度研究》，《学术交流》2019年第9期，第186页；赵琳：《前科消灭制度研究》，硕士学位论文，哈尔滨理工大学，2019，第14页。

④ 英国保护观察制度是指罪犯在某一特定期间，虽不执行监禁刑，但受到作为法院官员代表的社会福利机构工作者的指导和监督。在此期间，罪犯如果违反其应当遵守的义务，将被法院处以其他方式的刑罚。参见张健：《英国保护观察制度评析》，《法制与社会发展》1996年第4期，第48-51页。

⑤ 在美国，社区矫正的种类主要有缓刑、假释、中间制裁，前二者与我国相似。中间制裁又称中间惩罚，其严厉程度较传统的缓刑要重，但较监禁刑轻缓。主要包括：日报告制度；家中监禁；在罪犯身上安装电子监控器。参见刘强：《美国社区矫正的理论与实务》，中国人民公安大学出版社，2003，第137-177页。

益的增多对刑法提出了更多的挑战，目前刑法仍然存在不足之处，如果坚持使用消极刑法观甚至是非犯罪化的观点，则无法满足人民群众日益增长的法益保护需求，因此，积极刑法观才是日后的主流，才能更好地保护人们的法益。① 周光权教授认为，现下的中国社会需要新的法益观念和调控手段，让刑法具备新的机能来有效地参与社会治理，活跃的立法不会造成刑法的过度干预，不会违背刑法的谦抑性。② 梁根林教授认为，扩大犯罪圈的立法趋势一定程度上来说是符合刑法自身发展规律的，有其必然性与合理性。③ 其他学者也对积极刑法观表现出支持的态度，认为社会的变化发展与积极刑法观的产生不无关联，目前的立法实践也充分证明了这一点，积极的刑事立法观并不违背刑法谦抑性原则。④ 刑法制度随着社会的进步而不断完善，新的时代需求与风险进一步孕育了积极的刑事立法情势，我们需要重新审视与定义谦抑性原则，正确利用刑法实现有效的社会治理。⑤

2. 消极刑法观

与积极刑法观对立，消极刑法观则是不希望刑法采取积极的态势去立法，扩大犯罪圈。持此观点的学者认为，积极扩大犯罪圈的趋势不符合中国法治的要求，同时在效果上也会大打折扣，因此我国应当停止这种积极的刑事立法趋势，并适当让某些犯罪行为去犯罪化。⑥ 还有学者通过数据分析，指出我国目前存在过度犯罪化的倾向，认为这种趋势会带来许多弊端，并对积极刑法观表示反对。⑦ 有的学者认为，我国目前体现在刑事立法与司法等多个方面的"过度刑法化"情况是一种病态的社会治理，需要控制刑法对不理性大众过度要求的回应，让刑法回归司法本质属性，同时提倡刑法最小化参与社会治理，保障公民的自由。⑧ 还有学者表示，刑法过分工具化会让国家刑罚权恶性膨胀，从而造成对公民权利与自由的侵害。⑨

3. 折衷刑法观

折衷刑法观介于积极刑法观与消极刑法观之间。持该刑法观的学者认为刑法的发展就是在积极与消极的相互牵绊中获得的，再积极也需要受消极刑法观的约束，再消极也不能停滞不前，刑法就是在这样一种动态平衡中发挥其保障机能的。⑩ 因此，持该刑法观的学者立足于我国社会现状提出了积极谨慎刑法发展观，以期实现两者之间的平衡。还有学者认为，刑事立法需要综合考量，既要保持谦抑性，又要能够充分有效打击犯罪行为，因此，在刑事立法的过程中，需要在合理的范围内实现刑法对行为的干预，避免扩大刑法的

---

① 张明楷：《增设新罪的观念——对积极刑法观的支持》，《现代法学》2020 年第 5 期，第 158 页。
② 周光权：《转型时期刑法立法的思路与方法》，《中国社会科学》2016 年第 3 期，第 123 页。
③ 梁根林：《刑法修正——维度、策略、评价与反思》，《法学研究》2017 年第 1 期，第 42 页。
④ 付立庆：《论积极主义刑法观》，《政法论坛》2019 年第 1 期，第 99 页。
⑤ 高铭暄、孙道萃：《预防性刑法观及其教义学思考》，《中国法学》2018 年第 1 期，第 166 页。
⑥ 刘艳红：《我国应该停止犯罪化的刑事立法》，《法学》2011 年第 11 期，第 108 页。
⑦ 齐文远：《修订刑法应避免过度犯罪化倾向》，《法商研究》2016 年第 3 期，第 9-13 页。
⑧ 何荣功：《社会治理"过度刑法化"的法哲学批判》，《中外法学》2015 年第 2 期，第 523 页。
⑨ 谢望原：《谨防刑法过分工具主义化》，《法学家》2019 年第 1 期，第 87 页。
⑩ 孙国祥：《新时代刑法发展的基本立场》，《法学家》2019 年第 6 期，第 14 页。

适用范围。① 近年来，出现了稳健型立法观②一说，其与折衷刑法观无本质区别。

以上三种刑法观是最具代表性的刑法观，虽然不同学者对刑法的发展持不同的态度，但不可否认的是，积极刑事立法的态势已经在我国出现并有继续发展的趋势。因此，我们需要在积极刑法观的背景下，努力探索控制积极的刑事立法，尤其是积极的轻罪刑事立法带来的一些不利后果，保障公民的权利。

（二）轻罪与重罪之间的划分标准争议

我国学界目前在对于"轻罪"与"重罪"之间划分标准的争议中主要形成了以下几种观点。

1. 实质标准说

实质标准说认为，犯罪应当按照其本身的严重程度划分，即根据情节轻重（罪行的社会危害性、犯罪人的主观恶性程度等特性）来划分重罪与轻罪。

例如，有学者认为，轻罪就是那些主观恶性不大、行为危害性小的犯罪行为，而重罪是那些主观恶性和行为危害性都较大的犯罪行为。主观恶性和行为危害性的大小则需要通过犯罪行为所侵害的法益、犯罪手段、主观罪过、犯罪动机、犯罪目的等综合分析判断。据此，可将犯罪分为微罪、轻罪、次重罪、重罪（包括最重罪和一般重罪）四等。重重罪，轻轻罪，实现宽严相济的刑事政策，有利于刑法体系内部的统一协调。③

2. 形式标准说

形式标准说以所犯罪行的刑罚轻重为界限，划分重罪与轻罪。主要有一年、三年和五年这三类标准。以三年标准为例，罪行所适用的法定最高刑为三年以上有期徒刑的犯罪为重罪，反之为轻罪。

在此基础上，形式标准说又划分为法定刑标准说和宣告刑标准说，以前者为主流。例如，有学者认为，法定刑应当为区分轻罪与重罪之标准而非现实犯罪的轻重标准。④ 也有学者认为，区分轻罪与重罪的唯一标准应当是所犯罪刑的法定刑高低，法官所作判决与分类无关。⑤ 支持宣告刑标准说的学者认为，应以法官最后的宣告判决为标准，被宣告判处有期徒刑三年以上的犯罪为重罪，反之为轻罪，所谓"判处"就是宣告刑。⑥ 也有学者认为，轻罪是指有可能被判处轻刑的案件，此处的"刑"即指宣告刑。⑦

无论法定刑标准说还是宣告刑标准说都是基于形式标准说，力图以刑罚轻重这一明确的标准作为界限，划分轻罪与重罪。

① 郎胜：《在构建和谐社会的语境下谈我国刑法立法的积极与谨慎》，《法学家》2007 年第 5 期，第 62 页。
② 黄云波、黄太云：《论稳健型刑法立法观》，《中国刑事法杂志》2019 年第 3 期，第 46-62 页。
③ 叶希善：《犯罪分层研究——以刑事政策和刑事立法意义为视角》，中国人民公安大学出版社，2008，第 294-295 页。
④ 张明楷：《刑法学（第六版）》，法律出版社，2021，第 120 页。
⑤ 李海东：《刑法原理入门（犯罪论基础）》，法律出版社，1998，第 23 页。
⑥ 周振想：《刑法学教程》，中国人民公安大学出版社，1997，第 271 页。
⑦ 闫俊瑛、刘丽：《论轻罪的刑事司法政策与诉讼机制》，《法学杂志》2007 年第 5 期，第 92 页。

3. 综合说

所谓综合说，即实质标准说与形式标准说的结合，主张从实质和形式两个方面综合考虑，划分轻罪与重罪。有学者认为，如果所犯罪行社会危害性小、主观恶性不大，或者行为人存在智力、身体方面缺陷，又或者其行为有可能被判处三年以下有期徒刑，那么该罪为轻罪，反之为重罪。① 此种划分标准正是结合了实质与形式两种标准所作的划分，即综合说。

总的来说，以上三种标准的争议点在于是按照犯罪本身的严重性进行分类还是按照罪行所适用的刑罚进行分类，抑或兼顾二者。只有明确了分类标准，才能明确"轻罪"的含义。

（三）本书对轻罪与重罪之间划分标准的认定

1. 实质标准说与综合说存在的弊端

犯罪轻重的划分标准作为一种具有普遍适用性的标准，其本身应当是客观的，且必须具备稳定性、明确性及可操作性，不能受主观因素的影响。实质标准说所主张的根据犯罪本身的严重程度划分轻罪与重罪，需要通过多方考量，包括犯罪手段、犯罪目的、犯罪动机、犯罪场所等因素，而这些因素的判断是因人而异的，具有偶然性。如果按照实质标准说的主张，那么就会出现同案不同判的情况。在此基础上，其实也就无法对犯罪进行分层，因为同一犯罪，对不同的人有可能是轻罪，也有可能是重罪，那么该犯罪到底是轻罪还是重罪？进而也就会导致犯罪分层的不确定性与不可操作性，那么轻罪与重罪的划分也就失去了意义。同时，犯罪性质抑或该犯罪所侵犯的法益，和犯罪轻重之间并没有直接的联系，如被判处拘役的危害国家安全罪与被判处死刑的毒品犯罪之间孰轻孰重的问题。②

因此，实质标准说虽然考虑周详，但是在具体适用上难免存在弊端与不合理之处，所以本书并未采纳该标准。与实质标准无异，综合说需要结合实质标准进行判断划分，所以，实质标准说的弊端同样适用于综合说。

2. 法定刑标准说和宣告刑标准说的比较与选择

通过上述分析，明确了坚持形式标准说的必要性。因此，我们进一步探讨法定刑标准说与宣告刑标准说之间哪种学说更合理。

这两种学说的区别就在于确定犯罪轻重的时间点不同，前者是在犯罪之前就明确了，后者则需要通过法院的审判才能确定。但是，我们应当清楚的是，进行轻罪与重罪的划分，主要目的是将它们在刑事政策上进行有效区分对待。例如，有学者谈到，轻罪与重罪的划分能够成为刑事实体法上判断共犯、累犯、缓刑等制度成立或适用与否的重要依据，以及刑事程序法上区分管辖、办案期限、审判程序等的主要依据。③ 我国的刑事政策要求"重重罪，轻轻罪"，对严重的犯罪行为予以严厉的制裁，对轻微的犯罪行为予以轻缓的刑罚制裁。而此举的实现，应当是基于诉讼活动开始之前就明确了何种犯罪为轻罪，何种犯

---

① 陈兴良：《宽严相济刑事政策研究》，中国人民大学出版社，2007，第 295 页。
② 敦宁、韩玫：《论我国轻罪范围的划定》，《河北法学》2019 年第 2 期，第 112 页。
③ 王文华：《论刑法中重罪与轻罪的划分》，《法学评论》2010 年第 2 期，第 28 页。

罪为重罪。① 因此，只有在法院审判之前就明确轻罪与重罪的划分，才能实施相应的刑罚措施，落实宽严相济的刑事政策。

另外，犯罪的轻重与所犯罪行适用的刑罚应当是相对应的。犯罪越重，刑罚就应当越重，反之，犯罪越轻，刑罚就应当越轻。"各国刑法为各具体罪名配置的法定刑并不是随机或主观任意裁断的结果，而是历史经验、理性分析、犯罪之间严重程度比较的产物。"②

综上所述，在进行轻罪与重罪划分的时候，理应采取法定刑标准说而非宣告刑标准说，即高于法定刑标准的罪行为重罪，反之为轻罪。

3. 对法定刑三年说的理解与合理性阐释

关于法定刑标准说，我国学界普遍赞同以法定最高刑为标准划分比较适合我国实际情况，但对于具体是以"一年"、"三年"还是"五年"为标准划分存在不同见解。

支持以"三年"为标准的学者认为，《刑法》第7条③、第8条④及有关缓刑规定的第72条⑤都隐含了以"三年"为标准来划分轻罪与重罪的倾向，这也就说明了，以三年有期徒刑作为分界线，与我国实际情况相符且有法可依。⑥ 支持以"五年"为标准的学者则认为，虽然我国在刑事立法上存在上述倾向，但是我国的刑罚从整体来说是偏高、偏重的，因此在设置划分标准时应当适当提高。⑦ 更有支持以"五年"为标准的学者认为，最高人民法院在做司法统计的时候是以"五年"为标准来统计轻重罪案件的，因此，参照最高人民法院的做法，理应认为法定刑五年以下的案件属于轻罪。⑧ 支持以"一年"为标准的学者则认为应当将一年有期徒刑作为划分标准。⑨

无论法定最高刑是"一年""三年"还是"五年"，都有一个共同的前提，那就是该法定最高刑是指该罪的某种罪行所应当适用的刑罚幅度的最高刑，而不是指该罪名的法定最高刑，否则轻罪与重罪在数量上会出现较大的差别，因为我们无法准确地说出一个轻微的盗窃罪和脱逃罪哪个更严重。另一方面，如果将法定刑标准认为是该罪的法定最高刑，那么类似轻微的盗窃行为、伤害行为就无法纳入轻罪范畴，也就无法真正做到合理分配司法资源。⑩ 在此基础上，方可以讨论以"三年"为标准的合理性。

---

① 田兴洪：《轻重犯罪划分新论》，《法学杂志》2011年第6期，第52-53页。
② 高长见：《轻罪制度研究》，中国政法大学出版社，2012，第206页。
③ 《中华人民共和国刑法》第7条："中华人民共和国公民在中华人民共和国领域外犯本法规定之罪的，适用本法，但是按本法规定的最高刑为三年以下有期徒刑的，可以不予追究。"
④ 《中华人民共和国刑法》第8条："外国人在中华人民共和国领域外对中华人民共和国国家或者公民犯罪，而按本法规定的最低刑为三年以上有期徒刑的，可以适用本法，但是按照犯罪地的法律不受处罚的除外。"
⑤ 《中华人民共和国刑法》第72条："对于被判处拘役、三年以下有期徒刑的犯罪分子，同时符合下列条件的，可以宣告缓刑，对其中不满十八周岁的人、怀孕的妇女和已满七十五周岁的人，应当宣告缓刑：（一）犯罪情节较轻；（二）有悔罪表现；（三）没有再犯的危险；（四）宣告缓刑对所居住社区没有重大不良影响。宣告缓刑，可以根据犯罪情况，同时禁止犯罪分子在缓刑考验期限内从事特定活动，进入特定区域、场所，接触特定的人。被宣告缓刑的犯罪分子，如果被判处附加刑，附加刑仍须执行。"
⑥ 黄开诚：《我国刑法中轻罪与重罪若干问题研究》，《现代法学》2006年第2期，第100页。
⑦ 卢建平、叶良芳：《重罪轻罪的划分及其意义》，《法学杂志》2005年第5期，第24页。
⑧ 郑丽萍：《轻罪重罪之法定界分》，《中国法学》2013年第2期，第138页。
⑨ 胡海：《后劳教时代轻罪立法的基础理论问题探究》，《理论与改革》2016年第2期，第130页。
⑩ 敦宁、韩玫：《论我国轻罪范围的划定》，《河北法学》2019年第2期，第115页。

首先，以"三年"为标准进行划分，能够保证轻罪数量、刑法体系的统一及轻罪与重罪之间的均衡性。如果以"一年"为标准则无法满足，因为在我国刑法中，符合此类标准的罪名及罪行都非常有限，则轻罪数量显然不够，那么此划分就失去了意义。以"三年"为标准则不会出现"五年"观点持有者所担心的轻罪数量不够的情况。根据全国法院司法统计公报，自 2017 年至 2021 年，被判处三年以下有期徒刑的人数，约占全部有罪判决人数的一半以上。例如，全国法院司法统计公报 2018 年第 4 期显示，被判处三年以下有期徒刑，包括免于刑事处罚、不负刑事责任及缓刑的人数占总犯罪人数的 76.8%。随着刑法的不断完善，更多的轻罪被纳入刑法，因此，轻罪的数量问题不足为虑。

其次，在较短时间内对犯罪制度进行彻底的改造是无法达成的，但是通过上文的分析，目前我国《刑法》中已经处处体现了对三年以下有期徒刑的较轻犯罪的特殊对待。除了前文所列的第 7 条、第 8 条及第 72 条之外，在刑法分则中类似拘役、管制、单处罚金等较轻的刑种也是与"三年以下有期徒刑"的罪犯配套适用的。再者如《中华人民共和国刑事诉讼法》（以下简称《刑事诉讼法》）第 216 条[①]、第 288 条第 1 款第 1 项[②]等有关刑事诉讼程序的规定也都以"三年"为界限。这就为未来构建轻罪体系减轻了负担，提供了保障。[③]

最后，有学者所举的最高人民法院以"五年"为标准划分轻罪与重罪这一做法其实是在 2010 年之前，在此之后，此标准就被调整为"三年以下有期徒刑"和"三年以上不满五年"两种。所以，"五年说"并不适用于我国现在的实际情况。

综上所述，本书以积极刑法观为背景，选择以法定刑标准说下的"三年说"为分界点，划分轻罪与重罪，即罪行所适用的刑罚幅度的最高刑为三年以下有期徒刑的为轻罪，反之为重罪，并在此基础之上论述如何控制轻罪不利后果。

三、我国轻罪立法及司法状况检视

受积极刑法观的影响，同时也为了配合全面推进依法治国的需要，近年来，我国在轻罪的立法及司法上都作出了重大改变。笔者将对我国的刑法修正案进行比较，试图找出我国轻罪刑事立法的趋势，以证明我国轻罪刑事立法呈现不断扩张的态势。同时，通过相关数据库进行大量的数据收集整理，发现我国在轻罪的司法处理上同样表现出积极入罪的情况。这在一定程度上佐证了"积极刑法观已经在我国确立"的观点，同时也反映出采取有效措施控制轻罪扩张不利性后果的紧迫性。因此，笔者对轻罪立法及司法状况的检视，为后续相关措施的论述提供了前提条件。

---

① 《中华人民共和国刑事诉讼法》第 216 条："适用简易程序审理案件，对可能判处三年有期徒刑以下刑罚的，可以组成合议庭进行审判，也可以由审判员一人独任审判；对可能判处的有期徒刑超过三年的，应当组成合议庭进行审判。适用简易程序审理公诉案件，人民检察院应当派员出席法庭。"

② 《中华人民共和国刑事诉讼法》第 288 条第 1 款第 1 项："下列公诉案件，犯罪嫌疑人、被告人真诚悔罪，通过向被害人赔偿损失、赔礼道歉等方式获得被害人谅解，被害人自愿和解的，双方当事人可以和解：（一）因民间纠纷引起，涉嫌刑法分则第四章、第五章规定的犯罪案件，可能判处三年有期徒刑以下刑罚的。"

③ 敦宁、韩玫：《论我国轻罪范围的划定》，《河北法学》2019 年第 2 期，第 116 页。

（一）我国轻罪立法呈不断扩张之势

我国 1997 年刑法中，主刑最高刑不超过三年有期徒刑的罪名共 79 个，仅占当时最高人民法院确定的 413 个罪名的 19.13%。[①] 此后，并未对轻罪作出明显修改。2009 年《刑法修正案（七）》颁布之后，我国对轻罪的修改愈加频繁，包括新增轻罪罪名、扩大有关轻罪的犯罪主体及扩张部分轻罪的罪状。

1. 轻罪罪名数量增加

自《刑法修正案（七）》至《刑法修正案（十一）》，都相应增加了新的轻罪罪名，《刑法修正案（十二）》则没有增设新罪名，但在原有罪名基础上修改了刑罚，使其具有了轻罪的量刑幅度。《刑法修正案（七）》新增"出售、非法提供公民个人信息罪""非法获取公民个人信息罪""非法生产、买卖武装部队制式服装罪" 3 种。《刑法修正案（八）》新增"危险驾驶罪"。《刑法修正案（九）》新增以"虐待被监护、看护人罪"为代表的轻罪共 11 个。[②]《刑法修正案（十）》新增"侮辱国歌罪"。《刑法修正案（十一）》新增包含"妨害安全驾驶罪""高空抛物罪"在内的罪项共 8 个。[③]

以上所列举的新增轻罪均为只有一个刑罚幅度，且法定最高刑不超过三年有期徒刑的罪名。但是根据上一节的论述，本书所界定的"轻罪"包括两类：其一是指只有一个量刑幅度，其最高法定刑不超过三年有期徒刑的罪；其二是指有多个量刑幅度，且其中包括最高刑不超过三年有期徒刑这一刑罚幅度的罪。

以上所列举的新增罪名为第一类，除此之外，近年来的刑法修正案对于第二类轻罪罪名也有所增加。例如，《刑法修正案（七）》中包括"组织未成年人进行违反治安管理活动罪"在内的共 4 个新增罪名都存在第二种刑罚幅度[④]；《刑法修正案（八）》存在以"强迫劳动罪"为代表的罪共 5 个[⑤]；《刑法修正案（九）》新增"用极端主义破坏法律实施罪"等 6 个罪名[⑥]；《刑法修正案（十一）》新增"非法植入基因编辑、克隆胚胎罪"等 4 个罪名[⑦]。《刑法修正案（十二）》为行贿罪、单位受贿罪、单位行贿罪 3 个罪

---

① 冀洋：《我国轻罪化社会治理模式的立法反思与批评》，《东方法学》2021 年第 3 期，第 126 页。

② 主要有"强制穿戴宣扬恐怖主义、极端主义服饰、标志罪""非法持有宣扬恐怖主义、极端主义物品罪""虐待被监护、看护人罪""使用虚假身份证件、盗用身份证件罪""代替考试罪""拒不履行信息网络安全管理义务罪""非法利用信息网络罪""帮助信息网络犯罪活动罪""泄露不应公开的案件信息罪""披露、报道不应公开的案件信息罪""扰乱国家机关工作秩序罪"。与此同时，《刑法修正案（九）》将"出售、非法提供公民个人信息罪"和"非法获取公民个人信息罪"合并为"侵犯公民个人信息罪"，增设了重罪刑，即"情节特别严重的，处三年以上七年以下有期徒刑，并处罚金"。

③ 主要有"妨害安全驾驶罪""冒名顶替罪""高空抛物罪""催收非法债务罪""侵害英雄烈士名誉、荣誉罪""非法引进、释放、丢弃外来入侵物种罪""妨害兴奋剂管理罪""危险作业罪"。

④ 主要有"组织未成年人进行违反治安管理活动罪""非法获取计算机信息系统数据、非法控制计算机信息系统罪""提供侵入、非法控制计算机信息系统程序、工具罪""利用影响力受贿罪"。

⑤ 主要有"对外国公职人员、国际公共组织官员行贿罪""虚开发票罪""持有伪造的发票罪""强迫劳动罪""拒不支付劳动报酬罪"。

⑥ 主要有"用极端主义破坏法律实施罪""组织考试作弊罪""非法出售、提供试题、答案罪""编造、故意传播虚假信息罪""虚假诉讼罪""对有影响力的人行贿罪"。

⑦ 主要有"妨害药品管理罪""负有照护职责人员性侵罪""非法采集人类遗传资源、走私人类遗传资源材料罪""非法植入基因编辑、克隆胚胎罪"。

名增设了三年以下有期徒刑或者拘役的"轻刑档"量刑幅度。

2. 轻罪犯罪主体范围扩大

轻罪在立法上的表现还体现在对轻罪犯罪主体的扩大上。主要体现在两个方面：一是随着轻罪罪名的增加犯罪主体的范围相应扩大，如《刑法修正案（九）》新增的"拒不履行信息网络安全管理义务罪"将作为网络服务提供者的个人和单位纳入该罪的犯罪主体范围，原本至多因违法受到行政处罚的主体，也有可能受到刑事处罚；二是在原有罪名的基础上新增犯罪主体，如《刑法修正案（十一）》中"生产、销售、提供假药罪"新增处罚主体。

新增主体类的调整主要包括两种：一种是通常的对单位及直接负责人和其他直接责任人的处罚。从这些修正案来看，这类情形的罪主要有 19 个。① 另一种则是针对具体的犯罪来说，新增了其中涉及的一些特殊主体，如"危险驾驶罪"中的机动车所有人和管理人，"生产、销售、提供假药罪"中无偿提供假药的药品使用单位人员。《刑法修正案（十二）》为平等保护民营企业和国有企业产权，在非法经营同类营业罪、为亲友非法牟利罪和徇私舞弊低价折股、出售国有资产罪中将国有公司、企业以外的其他公司、企业的相关责任人员也纳入其中。

虽然以上有的罪名存在多个量刑幅度，但是扩大的犯罪主体同样适用于基础法定刑最高不超过三年有期徒刑的罪。因此，轻罪的犯罪主体范围是在不断扩大的。

3. 轻罪罪状扩张

轻罪立法扩张不仅表现为罪名增加和犯罪主体范围的扩大，还表现在轻罪罪状的扩张上。例如，"盗窃罪"新增"入户盗窃""携带凶器盗窃""扒窃"的罪状，"敲诈勒索罪"新增"多次"的情况，"盗窃、侮辱、故意毁坏尸体、尸骨、骨灰罪"增加了对"尸骨""骨灰"的保护。总的来说，各刑法修正案中的轻罪多多少少都新增了一些罪状，《刑法修正案（七）》有 2 个轻罪新增罪状②；《刑法修正案（八）》有 3 个轻罪新增罪状③；《刑法修正案（九）》有 7 个轻罪新增罪状④；《刑法修正案（十一）》有 4 个轻罪新增罪状⑤，其中有 3 个主要是为了加大对知识产权的保护力度；《刑法修正案（十二）》为行贿罪、单位受贿罪、单位行贿罪 3 个罪名均增设了三年以下有期徒刑或者拘役的"轻刑档"，对应的即轻罪行的罪状。

综上所述，轻罪在立法上形成了不断扩张的趋势，导致轻罪犯罪圈在不断扩大。

---

① 主要有"出售、非法提供公民个人信息罪""非法获取公民个人信息罪""掩饰、隐瞒犯罪所得、犯罪所得收益罪""虚开发票罪""持有伪造的发票罪""拒不支付劳动报酬罪""强迫劳动罪""虐待被监护、看护人罪""非法侵入计算机信息系统罪""非法获取计算机信息系统数据、非法控制计算机信息系统罪""提供侵入、非法控制计算机信息系统程序、工具罪""拒不履行信息网络安全管理义务罪""非法利用信息网络罪""帮助信息网络犯罪活动罪""虚假诉讼罪""拒不执行判决、裁定罪""泄露不应公开的案件信息罪""披露、报道不应公开的案件信息罪""对有影响力的人行贿罪"。若将第1、2个罪名算作1个，则共计18个罪名。

② 主要是"妨害动植物防疫、检疫罪""伪造、盗窃、买卖、非法提供、非法使用武装部队专用标志罪"。

③ 主要是"盗窃罪""敲诈勒索罪""强迫交易罪"。

④ 主要是"抢夺罪""危险驾驶罪""伪造、变造、买卖身份证件罪""盗窃、侮辱、故意毁坏尸体、尸骨、骨灰罪""扰乱法庭秩序罪""拒绝提供间谍犯罪、恐怖主义犯罪、极端主义犯罪证据罪""偷越国（边）境罪"。

⑤ 主要是"假冒注册商标罪""销售假冒注册商标的商品罪""侵犯著作权罪""妨害传染病防治罪"。

（二）我国司法对轻罪案件处理呈积极入罪态势

1. 轻罪生效判决案件数量总体呈上升趋势

本书选取了 2011 年至 2022 年全国法院司法统计公报中有关轻罪人数的数据，制成图 1-1①（每年的轻罪总人数均不包括判决无罪及三年以上有期徒刑之人）。通过图 1-1 可以看出，尽管在 2017 年、2020 年和 2022 年轻罪人数有所下降，但是这 12 年间轻罪人数总体上还是保持上升趋势，尤其是 2017 年至 2019 年，每年轻罪的增长量与 2011 年至 2017 年相比明显更多。同时各年份轻罪生效判决人数占当年判决生效总人数的比重均过半，都在 75% 以上。2020 年最高人民检察院工作报告也作了同样的说明，我国的犯罪结构已经转变，重罪在所有犯罪中的占比一直处于下降状态，轻罪占比不断增加，被判处不满三年有期徒刑的案件占比已自 2000 年的 53.9% 上升至 2020 年的 77.4%。②

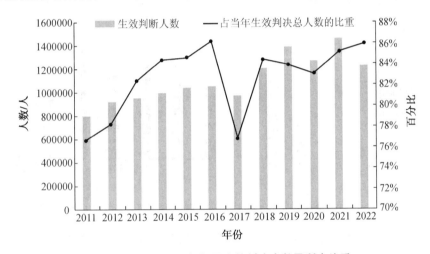

图 1-1　2011—2022 年轻罪生效判决人数及所占比重

2. 典型轻罪入罪率和起诉率大幅度增长

（1）危险驾驶罪

众所周知，自醉驾入刑以来，醉驾案件数量呈现大幅度上升趋势，引起了广泛关注。因此，危险驾驶罪作为典型轻罪，是轻罪案发率增长的有力说明。

本书通过 Alpha 法律智能操作系统筛选了 2011 年 1 月 1 日至 2022 年 12 月 31 日全国法院一审刑事裁判文书共计 7323903 份进行分析（见图 1-2、图 1-3）。③自危险驾驶入刑以来，与这 12 年间 5 类高发犯罪的发生数量相比较而言，危险驾驶罪的案件数明显后来居上，从 2011 年至 2018 年逐年增加，甚至在 2019 年超过了原本排名第一的盗窃罪，成

---

① http://gongbao.court.gov.cn/ArticleList.html? serialno=sftj，中华人民共和国最高人民法院公报网站，访问日期：2022 年 1 月 15 日。

② 《最高人民检察院工作报告——2021 年 3 月 8 日在第十三届全国人民代表大会第四次会议上》，https://www.spp.gov.cn/spp/gzbg/202103/t20210315_512731.shtml，中华人民共和国最高人民检察院网站，访问日期：2022 年 1 月 15 日。

③ 本书数据统计综合运用商业检索 Alpha 法律智能操作系统和中国裁判文书网，二者相互补充或印证，使实证分析更可靠。

为第一大罪。① 同时，据最高人民检察院公布的2019年全国检察机关主要办案数据，2019年全年，全国检察机关以危险驾驶罪共起诉322041人，占起诉人数的17.7%，超过了占13.7%的盗窃罪，成为起诉人数最多的罪名。② 2022年3月8日公布的全国检察机关主要办案数据显示，被起诉人数最多的5个罪名中排在第一位的是危险驾驶罪，为35.1万人，其次是盗窃罪，为20.2万人。③

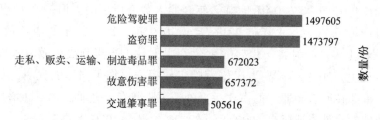

图1-2　2011—2022年一审刑事裁判文书累计数量最多的5类罪名对比图

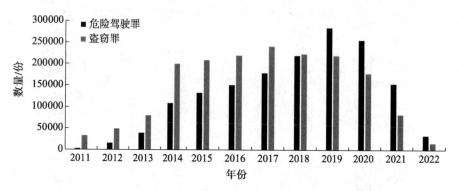

图1-3　2011—2022年危险驾驶罪、盗窃罪一审刑事裁判文书数量对比图

危险驾驶罪所包含的犯罪类型有4种，醉驾是其一，在危险驾驶罪犯罪人数居高不下的情况下，醉驾在该犯罪中占比最高。仍然以2011年1月1日至2022年12月31日的数据为例，以一审危险驾驶罪判决为条件，搜索"醉驾型"危险驾驶罪各年份的案件数量（见图1-4）。可见，"醉驾型"危险驾驶罪的占比虽然有下降趋势，但是在所有危险驾驶罪的类型中其案发数量仍居于前列。

同时，2020年最高人民检察院相关负责人在工作报告中指出，从1999年至2019年，醉驾取代盗窃成为刑事追诉第一犯罪。④《司法大数据专题报告之危险驾驶罪》中的数据表明，自2014年1月1日至2016年9月30日醉驾是危险驾驶罪中最普遍、案发率最高的

①　《"醉驾入刑"司法适用十周年白皮书（上篇）》，https：// www. king-capital. com/Content/2021/04-30/1323131584.html，京都律师事务所网站，访问日期：2021年5月12日。

②　《2019年全国检察机关主要办案数据》，https：// www. spp. gov. cn/spp/xwfbh/wsfbt/202006/t20200602_463796. shtml#1，中华人民共和国最高人民检察院网站，访问日期：2022年1月15日。

③　《2021年全国检察机关主要办案数据》，https：// www. spp. gov. cn/spp/xwfbh/wsfbt/202203/t20220308_547904. shtml#1，中华人民共和国最高人民检察院网站，访问日期：2022年4月25日。

④　《最高人民检察院工作报告——2020年5月25日在第十三届全国人民代表大会第三次会议上》，https：// www. spp. gov. cn/spp/gzbg/202006/t20200601_463798. shtml，中华人民共和国最高人民检察院网站，访问日期：2022年2月23日。

行为，案发率达 99%，其他行为的危险驾驶罪案发率仅占 1%。①

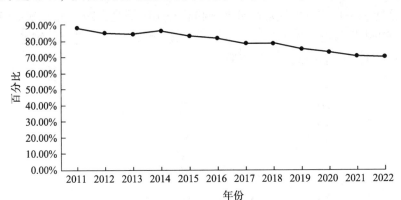

图 1-4　2011—2022 年"醉驾型"危险驾驶罪在危险驾驶罪中的占比趋势图

本书还通过 Alpha 法律智能操作系统搜集了从 2011 年至 2022 年涉嫌危险驾驶罪的起诉书和不起诉决定书的数量（见图 1-5）。从中可以看出，虽然有几年涉嫌危险驾驶罪的不起诉决定书略占一定比例，但是占比较低，甚至有两年出现了不起诉决定书占比为零的情况。整体上来说，涉嫌危险驾驶罪的起诉书数量远多于不起诉书数量。由此可见，危险驾驶罪在刑事审查起诉阶段的被起诉率非常高，甚至可以说是绝对会被起诉。

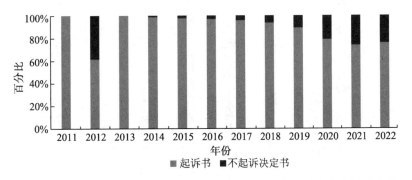

图 1-5　2011—2022 年涉嫌危险驾驶罪的起诉书和不起诉决定书数量对比图

综上所述，危险驾驶罪作为典型轻罪，近年来在数量上呈现大幅度上升趋势是毋庸置疑的，其中以"醉驾型"危险驾驶罪为主，且其数量同样呈上升趋势，这也是危险驾驶罪数量上升的原因之一。

（2）组织考试作弊罪、代替考试罪

本书通过中国裁判文书网，以"刑事案件""组织考试作弊罪""一审""判决书"为关键词，搜索统计了从 2016 年至 2022 年涉嫌组织考试作弊罪的判决书的数量（见图 1-6）。同时，通过中国裁判文书网，以"刑事案件""代替考试罪""一审""判决书"为关键词，搜索了从 2016 年至 2022 年涉嫌代替考试罪的判决书的数量（见图 1-7）。可以发现，

---

① 《司法大数据专题报告之危险驾驶罪》，https://www.court.gov.cn/fabu/xiangqing/63162.html，中华人民共和国最高人民法院网站，访问日期：2022 年 2 月 23 日。

自 2015 年这两类行为入刑以来，至 2019 年，每年以"组织考试作弊罪"和"代替考试罪"为案由产生的一审判决书数量均呈上升趋势。相同的是，2020 年至 2022 年涉嫌这两种罪的一审判决书数量有明显下降，可能是受新冠疫情影响，大量国家级考试或推迟或取消，导致能进行此类犯罪的机会有所下降。

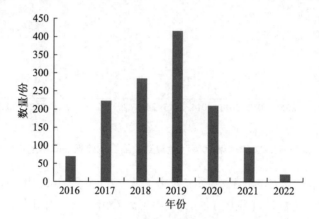

图 1-6　2016—2022 年组织考试作弊罪一审判决文书数量

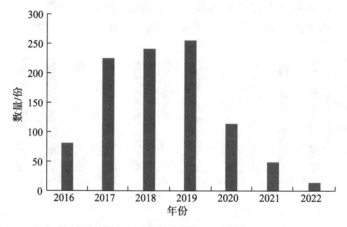

图 1-7　2016—2022 年代替考试罪一审判决文书数量

同样，本书通过 Alpha 法律智能操作系统搜索统计了自 2016 年至 2022 年涉嫌组织考试作弊罪（见图 1-8）与代替考试罪（见图 1-9）的起诉书和不起诉决定书的数量。与危险驾驶罪不同，这两种罪名在审查起诉阶段的不起诉率还是可观的。但是这两者之间又有不同，组织考试作弊罪每年的起诉书数量明显多于不起诉决定书数量，而代替考试罪在 2018 年之后，不起诉决定书才明显多于起诉书。

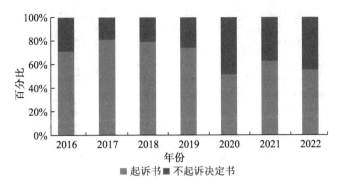

图 1-8　2016—2022 年涉嫌组织考试作弊罪的起诉书和不起诉决定书数量对比图

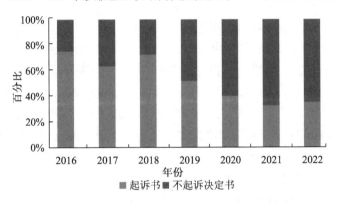

图 1-9　2016—2022 年涉嫌代替考试罪的起诉书和不起诉决定书数量对比图

（3）非法利用信息网络罪、帮助信息网络犯罪活动罪

《刑法修正案（九）》新增的非法利用信息网络罪、帮助信息网络犯罪活动罪是将网络犯罪预备行为及帮助行为进行正犯化处理，以达到更好地维护网络安全的目的，两者都是典型的轻罪。通过中国裁判文书网，以"刑事案件""非法利用信息网络罪""一审""判决书"为关键词进行搜索，可以得到相应数据（见图 1-10）。以"刑事案件""帮助信息网络犯罪活动罪""一审""判决书"为关键词进行搜索，可以得到相应数据（见图 1-11）。

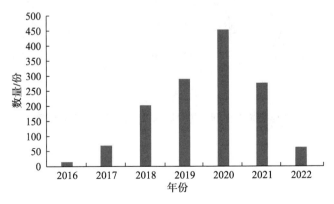

图 1-10　2016—2022 年非法利用信息网络罪一审判决文书数量

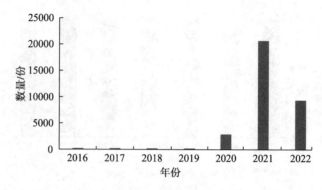

图 1-11　2016—2022 年帮助信息网络犯罪活动罪一审判决文书数量

通过直观的柱状图,我们可以看出,2016 年至 2020 年,以"非法利用信息网络罪"为案由的一审判决书数量持续增长;2016 年至 2020 年,以"帮助信息网络犯罪活动罪"为案由的一审判决书数量总体上呈增长态势,且 2019 年后大幅度增长。显然,2019 年最高人民法院和最高人民检察院联合发布的办理该两罪的配套司法解释,较大程度上推动了这两个涉及网络的轻罪的司法适用。然而,从 2021 年开始,中国裁判文书网公开上网的文书数量逐渐减少,所以 2021 年后这两罪判决文书数量的下降无法反映案件的实际变化数量,更不能据此推定类似犯罪在减少。

2021 年,最高人民检察院发布的工作报告显示,在刑事案件总量趋于下降的情况下,涉及网络犯罪而被起诉的人数约 14.2 万人,同比上升 47.9%。[①] 与此同时,通过收集相关数据库的数据,可以看出,涉嫌非法利用信息网络罪和帮助信息网络犯罪活动罪这两个罪各自的起诉书和不起诉决定书数量之间存在显著的差异,且都是起诉书数量明显多于不起诉决定书数量,在 2016 年与 2017 年这两年甚至出现了不起诉决定书为零的情况(见图 1-12、图 1-13)。这也就意味着,维护网络安全类的轻罪的犯罪圈确实在不断扩张。

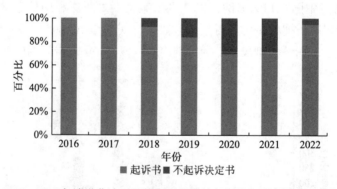

图 1-12　2016—2022 年涉嫌非法利用信息网络罪的起诉书和不起诉决定书数量对比图

① 《最高人民检察院工作报告——2021 年 3 月 8 日在第十三届全国人民代表大会第四次会议上》,https://www.spp.gov.cn/spp/gzbg/202103/t20210315_512731.shtm,中华人民共和国最高人民检察院网站,访问日期:2022 年 2 月 23 日。

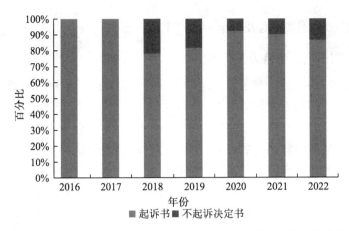

图 1-13 2016—2022 年涉嫌帮助信息网络犯罪活动罪的起诉书和不起诉决定书数量对比图

（4）妨害安全驾驶罪

《刑法修正案（十一）》正式将妨害安全驾驶的行为以轻罪的形式纳入刑法处罚范畴，以确保公共安全。而在此之前，此类行为多数以"以危险方法危害公共安全罪"和"交通肇事罪"等罪名进行处理。最高人民法院《司法大数据专题报告之公交车司乘冲突引发刑事案件分析》显示，自 2016 年 1 月 1 日至 2018 年 10 月 31 日，因此类行为被判处有期徒刑的占 90.57%，拘役的占 3.77%，仅罚金的为 1.89%，免予刑事处罚的占 1.89%；有期徒刑中，被判处一年以下有期徒刑的占 8.42%，一年至三年有期徒刑的占 38.95%。[①] 2021 年 3 月 1 日《刑法修正案（十一）》正式实施，直到年末，涉及此类情况的一审案件数量为 61 件。

综上所述，笔者将刑法修正案进行对比，同时通过裁判文书网、Alpha 智能操作系统等进行大量的数据搜集分析得出，无论是我国的轻罪立法抑或司法，都表现出了一种积极的态度，轻罪立法不断扩张，司法对轻罪犯罪者也是积极严格地起诉定罪。轻罪犯罪圈在不断扩大，轻罪犯罪者数量持续增加。

四、轻罪扩张的不利后果及成因分析

积极的轻罪刑事立法虽然能够对未来的社会风险产生一定的预防作用，保障社会的安全发展，但是轻罪的扩张也必然会带来一些不利后果。所谓的不利后果是指由轻罪扩张所带来的，除受刑事处罚之外的一些对犯罪者甚至是对刑事立法或者司法本身的发展造成不利影响的事实。轻罪扩张的不利后果有很多，笔者选取了几个最具代表性的不利后果进行说明。同时，笔者从轻罪立法、司法及配套制度三方面全面分析了出现不利后果的原因，以此为后续从这三个方面提出控制措施提供解决思路。

---

① 《司法大数据专题报告之公交车司乘冲突引发刑事案件分析》，https://www.court.gov.cn/fabu/xiangqing/130611.html，中华人民共和国最高人民法院网站，访问日期：2022 年 2 月 23 日。

（一）轻罪扩张对刑法本身及刑事司法产生消极影响

1. 轻罪扩张削弱刑法威慑力

刑法作为最严厉的社会治理手段，以最严厉的处罚方式震慑着所有意图犯罪的人。但是，轻罪扩张打破了刑法的这种威慑力。

一方面，轻罪犯罪者对其"罪犯"身份的不认同，导致轻罪的制定无法达到让犯罪人悔悟自省的目的，从而对轻罪犯罪者失去威慑力。加罗法洛认为："在一个行为被公众认为是犯罪前所必需的不道德因素是对道德的伤害，而这种伤害又绝对表现为对怜悯和正直这两种基本利他情感的伤害……我们可以确切地把伤害以上两种情感之一的行为称为'自然犯罪'。"① 与其相对的是法定犯，即"违背了特定社会的法律，而这些法律根据国家的不同而不同，且对社会的共同存在并非必不可少"② 的犯罪。相较于自然犯这类带有"自恶体"属性的犯罪而言，法定犯有时候很难根据一般的善恶观来判断其是否具有刑事违法性，因此法定犯对于自己是"犯罪者"这个身份的认同度不高。③ 我国大多数轻罪，尤其是新增轻罪，大多表现为法定犯，所以，轻罪犯罪者对其身份的认同度也没有重罪犯罪者高。

我国《刑法》第72条第1款④对缓刑的适用条件做了相关规定，上文对轻罪也做了明确界定。因此，大多数情况下，轻罪犯罪者是可以适用缓刑的。与此同时，根据《刑法修正案（八）》新增的关于社区矫正的规定，被判处缓刑的犯罪者应当在考验期内实行社区矫正。所以，很多轻罪犯罪者并未脱离社会，实施相应的刑罚措施，不会出现监禁刑所带来的弊端，他们可以比实施监禁刑的犯罪分子更容易回归社会。⑤ 也正因为如此，这些轻罪犯罪者通常并不认为自己是"罪犯"，在他们的潜意识里，只有杀人放火一类的严重犯罪者才能算得上是"罪犯"。那么，通过定罪试图对此类行为人进行规训的刑法预防目的将落空。

另一方面，过度地依赖刑法参与社会治理，遇到问题就采取刑事立法的方式解决问题，不仅会在治理效果上大打折扣，而且会削弱刑法的威慑力。自醉驾入刑以来，醉驾行为短期得到了稍许控制，但是这种威慑力可以说还是微乎其微，从前文统计醉驾型危险驾驶罪的案件数量不断增加看，醉驾入刑的治理效果一般。同样的情况也反映在拒不支付劳动报酬罪上。据《人民法院报》报道，截至2019年9月全国因拒不支付劳动报酬而被定罪判刑的达7674人，116名被告人被判处三年以上有期徒刑。⑥ 但恶意欠薪行为入罪已经多年，该现象在社会上仍然普遍存在。每年年底国家都要对该行为予以大力打击，甚至成立专门的工作小组想要根治该情况，但最终还是无法彻底解决。又如曾为了应对不报或者

---

① 加罗法洛：《犯罪学》，耿伟、王新译，中国大百科全书出版社，1996，第34页。
② 加罗法洛：《犯罪学》，耿伟、王新译，中国大百科全书出版社，1996，第45页。
③ 梁云宝：《积极刑法观视野下微罪扩张的后果及应对》，《政治与法律》2021年第7期，第40页。
④ 参见《中华人民共和国刑法》第72条第1款："对于被判处拘役、三年以下有期徒刑的犯罪分子，同时符合下列条件的，可以宣告缓刑，对其中不满十八周岁的人、怀孕的妇女和已满七十五周岁的人，应当宣告缓刑：（一）犯罪情节较轻；（二）有悔罪表现；（三）没有再犯罪的危险；（四）宣告缓刑对所居住社区没有重大不良影响。"
⑤ 梁云宝：《积极刑法观视野下微罪扩张的后果及应对》，《政治与法律》2021年第7期，第40页。
⑥ 乔文心：《国家严厉惩治拒不支付劳动报酬犯罪》，《人民法院报》2019年10月31日。

谎报安全事故的现象，在大众的呼吁下，将此类行为进行入罪化处理。但实际情况是自 2011 年以来，因此罪被移送至法院审理的案件全国每年平均下来不到 4 件。[①] 我们可以看到，将这些违法行为上升为犯罪、纳入刑法打击圈并没有发挥理想的治理效果，反而会让人们对其入罪的合理性和必要性产生怀疑。刑法本身作为最严厉的社会治理手段，在入罪和刑罚设置等各方面都要保持自身的谦抑性。任意使用刑法参与社会治理，会逐渐让人们失去羞耻感，以至于麻木，最终无法发自内心地认同刑法的权威，也无法真正屈服于刑法的威慑力。[②] 刑法打击犯罪、震慑犯罪者的能力也会被削弱。

2. 轻罪扩张导致过度挤占司法资源

2013 年有关部门联合发布的《关于办理醉酒驾驶机动车刑事案件适用法律若干问题的意见》确定了对于醉驾的处理态度，即以血液酒精含量为标准，在其满足一定标准的情况下一律以危险驾驶罪进行定罪处罚。自此，醉驾一律入罪成为司法常态，即使 2017 年最高人民法院及一些省、市为缓解对醉驾行为的严格打击态势作出了回应，但是由于司法实践中"求稳怕错"的心理，效果仍然不明显。[③] 根据本书前述司法大数据统计，危险驾驶罪逐年增加，并成为总数超过盗窃罪的第一大犯罪，而醉酒型危险驾驶又占到危险驾驶罪的九成以上。每年"喝出来"的罪犯人数触目惊心。

醉驾人数激增所带来的结果必然是挤占大量的司法资源。更多类似醉驾的轻罪的涌入，无形中将进一步增加司法机关的工作量。虽然轻罪案件的复杂程度不如重罪，处理过程简单，但基本的诉讼程序仍需具备，这些程序的完成短则一个月，长则半年，足以让司法人员"心无旁骛"地埋首于轻罪案件的处理而无暇顾及其他刑事案件。[④] 我们都知道，司法资源是有限的，"案多人少"一直是我国司法界想要解决但仍未解决的难题。轻罪案件投入的司法资源越多也就意味着投入重罪的司法资源越少。而就犯罪治理而言，集中精力打击严重犯罪才是刑事防控的重中之重。[⑤] 如今，部分类似醉驾的轻罪的出现让本应该投入其他严重刑事犯罪的司法资源到了捉襟见肘的地步，这违背了刑法的初衷，同时，也与积极刑法观下轻罪扩张的目的背道而驰。

（二）轻罪扩张致使"标签效应"覆盖群体增多，社会矛盾加剧

无论罪轻罪重，除了在刑罚处罚上有区别之外，其在后续对行为人的生产生活上的影响区别不大。轻罪的不断扩张，无疑将这种不利影响范围进一步扩大了，更多的轻罪犯罪者因"有罪"的过去而一并葬送了美好的未来。不仅如此，轻罪犯罪者的亲属也会因这一"污点"而在生活、就业方面处处受阻。这样一种连锁反应势必会加剧社会矛盾。

---

① 黄太云：《一般违法行为犯罪化倾向的系统反思》，《法律科学（西北政法大学学报）》2022 年第 1 期，第 162 页。

② 王志祥、融昊：《我国犯罪圈扩张的趋势及其合理控制——以醉驾的刑法治理为切入点的思考》，《苏州大学学报（哲学社会科学版）》2022 年第 1 期，第 87 页。

③ 敦宁：《醉驾治理的司法困境及其破解之策》，《法商研究》2021 年第 4 期，第 32 页。

④ 解志勇、雷雨薇：《基于"醉驾刑"的"行政罚"之正当性反思与重构》，《比较法研究》2020 年第 6 期，第 56 页。

⑤ 敦宁：《醉驾治理的司法困境及其破解之策》，《法商研究》2021 年第 4 期，第 33 页。

1. 执业资格受限的群体扩大

马克昌教授认为，"'前科'（刑事处罚）不仅会引起刑法上潜在的累犯、刑期等后果，还会引发行政法上的行政处罚等后果，即因为有犯罪记录而使犯罪人丧失某些行政法上的资格"①。此处的丧失资格包括不能从事某些职业的资格，主要有两种，一种是行政法上的执业资格，另一种则是行政法之外的、其他领域的执业资格。

首先是部分行政法上的执业资格限制。如 2018 年的《中华人民共和国公务员法》和 2009 年的《中华人民共和国驻外外交人员法》将受过刑事处罚的群体排除在了公职队伍之外。又比如大部分的司法部门也将这类群体"拒之门外"。② 当然，从事法律事务的律师行业也对自身群体的资质有严格要求。其他如金融、医学等行业也加强了对本行业从业人员的考察。

除了上述行政法规定的一些执业资格限制外，犯罪者在其他领域就业时，同样也会受到限制。一些用人单位会私自设立标准，要求应聘者无犯罪记录，否则不予录用。例如，早期在搜狐新闻上出现的《失足者的深度救赎》一文，反映了一群有犯罪记录的人，在求职时屡遭嫌弃，不被接纳，导致其无法在社会上生存的现象。③

随着现如今的行业准入资格审查越来越严格，人才越来越多，用人单位对应聘者的要求也就越来越苛刻。将来会有大量的行业需要取得职业资格证书才能上岗，大量用人单位对应聘者设置严格的条件。按照如今的轻罪发展趋势，可能将会有更多的人因为犯罪记录而无法就业，这不利于社会的稳定发展。

2. 民事权利被不当剥夺的人数增加

民事权利被不当剥夺是指行为人因犯罪行为而受到民事及经济领域的制裁，如买房落户的权利。④ 又如，在因醉驾行为而导致发生车辆损毁的情况下，根据《机动车交通事故责任强制保险条例》的要求，行为人是无法获得理赔的。⑤ 再有，根据 2017 年《上海市居住证管理办法》规定，将持证人在一定期限内是否有过刑事犯罪记录作为考核标准之一，来判定其是否拥有落户或者享受当地公共服务的资格。⑥ 同样持此做法的还有广州，

---

① 马克昌：《刑罚通论》，武汉大学出版社，1999，第 710 页。

② 《中华人民共和国法官法》第 13 条："下列人员不得担任法官：（一）因犯罪受过刑事处罚的；（二）被开除公职的；（三）被吊销律师、公证员执业证书或者被仲裁委员会除名的；（四）有法律规定的其他情形的。"《中华人民共和国检察官法》第 13 条："下列人员不得担任检察官：（一）因犯罪受过刑事处罚的；（二）被开除公职的；（三）被吊销律师、公证员执业证书或者被仲裁委员会除名的；（四）有法律规定的其他情形的。"《中华人民共和国人民警察法》第 26 条："有下列情形之一的，不得担任人民警察：（一）曾因犯罪受过刑事处罚的；（二）曾被开除公职的。"

③ 《失足者的深度救赎》，https://news.sohu.com/s2005/05shizu.shtml，搜狐新闻网站，访问日期：2022 年 4 月 20 日。

④ 解志勇、雷雨薇：《基于"醉驾刑"的"行政罚"之正当性反思与重构》，《比较法研究》2020 年第 6 期，第 62 页。

⑤ 《机动车交通事故责任强制保险条例》第 22 条："有下列情形之一的，保险公司在机动车交通事故责任强制保险责任限额范围内垫付抢救费用，并有权向致害人追偿：（一）驾驶人未取得驾驶资格或者醉酒的；（二）被保险机动车被盗抢期间肇事的；（三）被保险人故意制造道路交通事故的。有前款所列情形之一，发生道路交通事故的，造成受害人的财产损失，保险公司不承担赔偿责任。"

⑥ 《上海市居住证管理办法》，https://www.shanghai.gov.cn/nw12344/20200814/0001-12344_54292.html，上海市人民政府网站，访问日期：2021 年 8 月 26 日。

2020 年《广州市人民政府办公厅关于印发广州市积分制入户管理办法的通知》规定，以五年内受过刑事处罚为标准，排除此类人群利用积分换取落户资格的机会。① 除此之外，这种处罚还体现在社团自主权受限及社团对内部犯罪成员的处罚方面。② 我国在社团登记方面做了严格限定，如果发起人或者拟任责任人曾经被剥夺过政治权利，那么就无法进行社团登记。③ 例如，我国《中华人民共和国慈善法》第 16 条④及 2017 年《中国科学技术协会选举工作条例（试行）》第 38 条⑤都有相关规定。

可见，对犯罪者民事权利的剥夺范围是比较广的，尤其像上述一线城市落户政策的规定，涉及了人生存的基本条件之一，那就是住房问题。在发达城市将是否受过刑事处罚纳入落户的考核标准，是现下解决人多房少难题的不得已之举。而轻罪的扩张无疑将更多人排除在了这些城市之外，无论其对该城市做过多大贡献，都将很难享有住房保障。民事权利是人们生活中最为普遍的权利，一些民事权利的剥夺对人们生活的影响是非常深刻的。因此，轻罪的扩张，让更多的民事及经济领域的制裁有了用武之地，使得轻罪犯罪者虽然罪小却因该制裁措施而无法享受基本的社会福利，导致其基本生活受到了限制。

3. 更多人因社会评价降低而遭社会排斥

犯罪者的犯罪行为使其社会评价降低是必然的。研究表明，群居的灵长类动物有区分不同群体成员的能力，并且对群体外成员表现出负面态度，即偏见。⑥ 也就是说，未犯过罪的群体对犯过罪的群体天然地会产生偏见，对其有更低的社会评价，这与日常生活中人们的表现是一致的。

当然，此处的社会评价降低不只包括未犯罪群体对犯罪群体的轻视、鄙视、唾骂等带有情感性的表达，还包括在生活中采用一些手段区别对待犯罪群体。例如，"随着社会对个人信用的日益重视，贷款、就业、出国、户口迁徙、参与招投标等诸多场合，需要开具无犯罪记录证明，具有前科的人，极有可能被排斥在外"⑦，也就是说无法出具无犯罪记录证明的人将不能同无犯罪记录的人一样从事以上活动。再有，根据 2017 年公安部交管

---

① 《广州市人民政府办公厅关于印发广州市积分制入户管理办法的通知》，http://lsj.gz.gov.cn/zcfg/content/post_6459455.html，广州市来穗人员服务管理局网站，访问日期：2021 年 8 月 26 日。

② 解志勇、雷雨薇：《基于"醉驾刑"的"行政罚"之正当性反思与重构》，《比较法研究》2020 年第 6 期，第 62 页。

③ 《社会团体登记管理条例》第 13 条："有下列情形之一的，登记管理机关不予登记：（一）有根据证明申请登记的社会团体的宗旨、业务范围不符合本条例第四条的规定的；（二）在同一行政区域内已有业务范围相同或者相似的社会团体，没有必要成立的；（三）发起人、拟任负责人正在或者曾经受到剥夺政治权利的刑事处罚，或者不具有完全民事行为能力的；（四）在申请登记时弄虚作假的；（五）有法律、行政法规禁止的其他情形的。"

④ 《中华人民共和国慈善法》第 16 条："有下列情形之一的，不得担任慈善组织的负责人：（一）无民事行为能力或者限制民事行为能力的；（二）因故意犯罪被判处刑罚，自刑罚执行完毕之日起未逾五年的；（三）在被吊销登记证书或者被取缔的组织担任负责人，自该组织被吊销登记证书或者被取缔之日起未逾五年的；（四）法律、行政法规规定的其他情形的。"

⑤ 《中国科学技术协会选举工作条例（试行）》第 38 条："全国委员会委员出现下列情形之一的，予以撤销或除名：一、严重违纪受到查处的；二、违犯国家法律法规受到刑事处罚的；三、违反《中国科学技术协会章程》造成严重后果的；四、其他特殊情况。"

⑥ 魏铮、葛操、屈艳：《偏见，进化的生存机制》，《心理学探新》2013 年第 2 期，第 105 页。

⑦ 陈荣鹏：《轻罪前科消灭制度完善探究》，《重庆行政》2021 年第 2 期，第 61 页。

局发布的《醉驾毒驾人员部分信息公示》①，醉驾行为人的有关信息将进行公示，用社会舆论的力量来对醉驾犯罪者进行社会处罚。这种举措无形中将醉驾者与未犯罪群体区分开来，导致类似的轻罪犯罪者"一失足成千古恨"，成为社会的"异类"而低人一等，不被社会接纳。

4. "标签效应"的影响更为深刻

犯罪者犯罪产生的后续影响不仅体现在本人身上，而且给家庭带来了永久性的"伤痛"。其他家庭成员也会因为拥有一个"犯罪者"家属而社会评价降低，在日常生活、婚姻中受到"特殊待遇"，尤其是子女的就业会受到巨大影响。犯罪者的子女在参军、报考公务员时，将不能通过政审而与心仪岗位无缘。

2004 年《征兵政治审查工作规定》中明确表示，如本人想要参与新兵征集，与之有关的成员不得被刑事处罚过，有特别政治要求的单位，更是严格要求与新兵有关的成员不得处于刑事诉讼程序中。②《公安机关录用人民警察政治考察工作办法》同样要求被录用者的家庭成员（一般指直系血亲或者对本人有重大影响的旁系血亲及配偶）"清白"。③ 检察院、法院、纪委监委等的政审同上述规定相差不大。虽然考察办法中规定的是涉及严重犯罪且被刑事处罚的家庭成员才对报考者产生执业上的影响，但是在实际中，但凡受过刑事处罚，留有案底，无论轻罪还是重罪，都会或多或少地产生不利影响。例如，有一位考生在北京参加了警察考试，各方面表现都不错，笔试和面试综合起来排第一，但遗憾的是，因为该考生的父亲有过酒驾的记录，所以在政审的时候没有通过，考试成绩也作废，直接被刷掉，可以说之前的努力全白费了。

由此可见，犯罪者不仅让其本人失去了更多的生活选择，还会出现"一人犯罪，全家受罚"的现状。轻罪的扩张，犯罪圈的扩大，无疑进一步加重了这种情况。

以上所列举的"标签效应"只是冰山一角。"标签效应"无论对于重罪还是轻罪，都是存在的，且影响力相当。目前轻罪的扩张，又一次让"标签效应"影响的群体扩大，使"标签效应"的影响更为深刻。在此方面，可以说轻罪与重罪所带来的影响并没有区别。"罪犯"的"帽子"让犯罪者无法正常融入社会，周围的人对他们通常是"敬而远之"，社会矛盾加剧。但是他们作为"人"这种具有社会属性的生物，又必须依靠社会才能生存

---

① 《醉驾毒驾人员部分信息公示》，https://www.gov.cn/xinwen/2017-01/20/content_5161389.htm，中华人民共和国中央人民政府网站，访问日期：2021 年 8 月 26 日。

② 《征兵政治审查工作规定》第 8 条第 9 款："家庭主要成员、直接抚养人、主要社会关系成员或者对本人影响较大的其他亲属，有被刑事处罚、开除党籍、开除公职或者有严重违法问题尚未查清，本人有包庇、报复言行的，不得征集服现役。" 第 9 条第 8 款："对政治条件有特别要求的单位征集的新兵，其家庭主要成员、直接抚养人、主要社会关系成员或者对本人影响较大的其他亲属被刑事处罚或者开除党籍、开除公职的，不得被征集。" 第 9 条第 9 款："对政治条件有特别要求的单位征集的新兵，其家庭主要成员、直接抚养人、主要社会关系成员或者对本人影响较大的其他亲属因涉嫌违法犯罪正在被调查处理，或者正在被侦查、起诉或者审判的，不得被征集。"

③ 《公安机关录用人民警察政治考察工作办法》第 9 条："考察对象的家庭成员具有下列情形之一的，其本人不得确定为拟录用人选：（一）因故意杀人、故意伤害致人重伤或者死亡、强奸、抢劫、贩卖毒品、放火、爆炸、投放危险物质罪等社会影响恶劣的严重犯罪，或者贪污贿赂数额巨大、具有严重情节，受到刑事处罚的；（二）有危害国家安全、荣誉和利益行为的；（三）组织、参加、支持暴力恐怖、民族分裂、宗教极端、邪教、黑社会性质的组织，或者参与相关活动的；（四）其他可能影响考察对象录用后依法公正履职的情形。"

下去，因此，这种矛盾、自卑、恐惧等负面情绪让他们的心灵与精神不断受到折磨。①

（三）轻罪扩张不利后果的成因分析

1. 轻罪立法上存在瑕疵

刑法作为保障人民权利的最后一道防线，本身的谦抑性要求其只有在其他法律无法有效解决社会问题的时候才能发挥作用。该原则在积极主义刑法观盛行的当下也不例外。刑法的谦抑性要求立法机关在制定或修改法律时应当综合考量，审慎立法修法。而由于民众权利意识的日益强化、媒体的发展，社会舆论正促使立法机关不断积极回应民意，加大立法力度。但是如果"仓促"立法，很容易导致所立之法不成熟，不利后果扩大，不仅起不到保护公民权利的效果，反而适得其反。

在目前的积极刑法观背景下，轻罪立法缺少必要性的考量。例如，《刑法修正案（十一）》中新增的妨害安全驾驶罪，将驾驶员作为特殊主体予以一款特别规定是没有必要的。首先，驾驶员违规操作导致公共交通出现安全隐患的情形极为罕见；其次，即使发生此类现象，完全可以按照原有刑法中的以危险方法危害公共安全罪、故意杀人罪、故意伤害罪、寻衅滋事罪等论处，行为不严重的也可以不按犯罪论处，不会产生法律漏洞；再其次，就性质相同的犯罪而言，将其中某一主体单列出来加以规定，不符合理想立法例的要求；最后，将驾驶员作为特殊主体对待，可能会导致人们对此类主体的歧视，扩大"标签效应"，不利于公共交通安全。②

再者，修正案新增的催收非法债务罪也是非必要的，且是不适当的。在民法中，非法债务是不受保护的，既然不受保护也就意味着该债务不存在，如果行为人采用不正确的方式进行催收，完全可以按照抢劫罪、敲诈勒索罪等重罪定罪处罚。况且，发放高利贷的行为已被非法经营罪包含在内，所以该行为按照非法经营罪的共犯论处无可厚非。③ 依刑法的规定来看，发放高利贷是严重的违法行为，也就是说对于高利贷，刑法是严加打击的，既然如此，催收高利贷也应当是严重的违法行为，刑法也应当严加处罚。同时，在催收非法债务罪中，规定的"情节严重"包括暴力威胁、限制他人人身自由等严重侵害他人权利的行为，这些行为在抢劫罪、敲诈勒索罪等重罪罪名中都有体现，也就是说这些行为应予以严厉处罚。而修正案将催收高利贷作为轻罪，将暴力威胁等行为作为轻罪行为，予以轻刑化处理，就不是那么必要且适当。

因此，轻罪立法缺乏有效的约束，导致其在积极刑法观盛行的当下，出现过度扩张以至违背谦抑性而造成后续不利后果的情况，甚至出现侵犯公民基本权利的情况。

2. 司法上对轻罪出罪的态度过度"谨慎"

首先，刑法虽然有"但书"出罪的规定，但是何为"情节显著轻微危害不大"？这是

---

① 房清侠：《前科消灭制度研究》，《法学研究》2001 年第 4 期，第 83 页。
② 张明楷：《增设新罪的原则——对〈刑法修正案十一（草案）〉的修改意见》，《政法论丛》2020 年第 6 期，第 6 页。
③ 张明楷：《增设新罪的原则——对〈刑法修正案十一（草案）〉的修改意见》，《政法论丛》2020 年第 6 期，第 14 页。

关于犯罪的定量问题，主观性较大，在将行为出入罪的时候有很大的裁量空间。理论学界对此定性所采用的立场也并不统一。[①] 可见，对于"情节显著轻微危害不大"的理论认定是有争议的。同时，在实践方面，以醉驾为典型，为了解决醉驾入罪人数激增问题，各地公检法不断对醉驾入刑标准进行完善，制成规定，但是抽象的规定难以适应具体的现实，每个人对于情节的轻重判断不一，无法达成共识。所以，司法工作人员在处理相关问题时，仍然会因为过于"谨慎"而不敢随意在立案侦查、审查起诉阶段进行出罪。长此以往，就会造成大量原本能够在诉前就作出不立案、不起诉的行为通通按照犯罪处理，占用大量司法资源。

其次，司法机关的"谨慎"出罪还体现在自身的行政不作为。仍然以醉驾为例，在交通管理领域，我国公安机关肩负追究刑事违法和行政违法两种违法行为的使命，在程序选择上有着更强的自主选择性。因此，趋利避害的本能使其在处理酒驾与醉驾两种情况时，会更趋向于使用司法程序，从而避免产生后续不必要的行政麻烦。[②] 为了规避行政风险，而不充分考虑实际情况，将需要作区分的行为统一进行刑事化处理，这种处理方法实际上就是一种行政不作为。

3. 轻罪配套措施的缺位

轻罪配套措施的缺位一方面表现在备案审查制度未能得到全面落实，未能充分发挥其实效性。随着备案审查制度的发展，目前在法律和行政法规上违宪的现象已得到解决，但是"行政规章、规章以下规范性文件及各种行规、团规等，仍存在法治意识淡漠、科学性差、随意性强等问题，是违宪、违法的重灾区，不仅缺少内容上的统一标准，还时常会产生适用冲突"[③]。将"受过刑事处罚者"排斥在外作为一劳永逸的办法，随意将"受过刑事处罚"与其他处罚不当联结，这导致轻罪犯罪者在遭遇轻微刑事处罚之后，就要面临无止境的其他规范性文件所规定的诸多处罚，犯罪的"标签"将永久地发挥作用，甚至扩大其效用。

轻罪配套措施的缺位另一方面体现在没有健全的配套制度来减轻甚至消除轻罪"标签效应"的影响。关于标签理论的观点虽然多种多样，但是对于其基本的要点已经形成共识。"依据标签理论，制造犯罪人的过程就是一个贴上标签、（给他）下定义、认同、隔离、描述、强调以及形成意识和自我意识的过程。"[④] 一个人一旦被打上"犯罪"的烙印，对于他来说，就已经被社会判处了"死刑"，不被社会接纳，那么必然会导致其难以重新融入社会。刑法的目的除了打击犯罪之外，还希望犯罪者能够在被刑事处罚之后进入社会重新做人，但是由于"标签效应"的影响，受过刑法处罚之人很难融入社会，更不要说重新做人。这并不是刑法制定者所希望的结果。

---

① 敦宁：《犯罪与治安违法行为的"但书"界分——以"法规竞合"现象为中心》，《政法论丛》2018年第2期，第110页。

② 解志勇、雷雨薇：《基于"醉驾刑"的"行政罚"之正当性反思与重构》，《比较法研究》2020年第6期，第57页。

③ 解志勇、雷雨薇：《基于"醉驾刑"的"行政罚"之正当性反思与重构》，《比较法研究》2020年第6期，第67页。

④ Frank Tannenbaum, *Crime and the Community* (New York: Columbia University Press, 1938), p.19.

轻罪的危害性与重罪不同，在后续附随法律后果上轻罪应当与重罪有所区分，而不应该像上文所述，在"标签效应"上有着一样的影响，否则作重罪与轻罪的区分就是没有意义的。而是否"受过刑事处罚"已成为判断行为人是否享有某种权利的前提要件。因此，只有让轻罪犯罪者在这一条件上"松绑"才能有效解决其难以融入社会的难题。之所以现下无法化解这一难题，除了在成立犯罪之前没有做到有效出罪外，同样重要的一点就是缺乏必要的制度来消除轻罪犯罪者的身份，造成轻罪犯罪者与重罪犯罪者同论。倘若制定轻罪犯罪者在满足一定条件时可以消除犯罪者身份的配套措施，那么不仅可以解决轻罪犯罪者生活受限、基本权利受侵害的问题，而且会促进轻罪犯罪者积极改造，努力重新做人，融入社会。这种让轻罪犯罪者觉得生活有"盼头"的措施，是符合刑法的目的的。

综上所述，笔者列举了一些典型的轻罪扩张的不利后果，同时从立法、司法及配套措施三个方面对这些不利后果的成因进行了详细分析，指出我们只有从立法、司法、配套措施三个方面综合考量，统筹谋划，才能有效控制这些不利后果，促进法律体系的日渐完善、法律的有效实施和法治建设的不断发展。

五、立法与司法上对轻罪扩张不利后果的控制策略

根据上述对轻罪扩张不利后果成因的分析，笔者致力于从立法和司法两方面探索控制途径。轻罪立法方面可探索形成以法益保护原则为基本指导原则、以比例原则为辅助原则的刑事立法原则体系，使刑事立法更具理性和科学性。同时，在司法过程中司法机关可在审查起诉和审判阶段积极探索出罪途径，将轻罪犯罪者进行有效分流，从而达到合理分配司法资源，从实体和程序两方面有效控制轻罪群体"爆发式"增长，缓和社会矛盾的目的。

（一）轻罪立法纳入比例原则以防止过度扩张

目前在积极刑法观的盛行下，刑事立法越发趋于前置化和预防化，而这一情况就导致了"刑法谦抑原则、法益保护原则等具有立法批判和限制机能的教义学保障机制表现得并不尽如人意"[①]。因此，越来越多的学者提出应引入其他理论来进一步指导刑事立法。其中，被提及最多的就是比例原则。学者们希望引入比例原则来弥补法益保护原则的不足。

1. 比例原则与法益保护原则的比较

比例原则是广泛应用于行政法范围内，行政权力行使所应当遵守的原则。该原则包括三个子原则，分别是适当性原则、必要性原则、相称性原则。比例原则要求有关行政权力的行使能够达到行政目的，且使用的手段所造成的损害要最小，同时要求该损害要小于所保护的利益。刑事立法中的法益保护原则则是说明刑法是为了保护有关法益不受侵害而制定的。也就是说，游离于刑法之外的利益都不能为刑法所保护。[②]

法益保护原则作为我国刑事立法最基本的指导原则，对我国刑事立法有着深远的影

---

① 熊亚文：《比例原则的刑法意义与表达》，《中国政法大学学报》2021 年第 6 期，第 246 页。
② 梁根林：《刑法修正——维度、策略、评价与反思》，《法学研究》2017 年第 1 期，第 58-59 页。

响。但是近年来，随着犯罪圈的扩大，尤其是轻罪犯罪圈的扩大，法益保护原则受到了质疑。越来越多的学者支持应将比例原则植入刑事立法过程，代替法益保护原则来指导立法，如井田良教授。① 同样，国内也有持相同意见的学者，他们认为，应将宪法中限制公民权利行使的比例原则作为刑事立法的指导原则，代替法益保护原则。② 他们认为前者的效力高于后者，因此，应当将前者作为刑事立法的基本指导原则。③

诚然，将比例原则纳入刑事立法有其必要性。首先，在刑法发展与犯罪圈扩张时，比例原则是检验其是否违宪的依据。④ 在积极刑法观盛行的当下，为回应民意扩张犯罪圈，必然会导致更多权利受到侵害，因此，必须有一定的原则来合理控制轻罪扩张的限度。而宪法是母法，其他一切法律都不能与之相抵触，否则无效。《刑法》第 1 条也说明了宪法是其制定的依据，也就是说刑法当然也不能违宪。而比例原则同样也是宪法中限制公民权利行使的一个原则，那么，其本身也应当为刑事立法所遵循。因此，将比例原则纳入刑事立法，合理控制轻罪扩张是合理且必要的。其次，比例原则是在公权力与私权利产生矛盾时，防止公权力肆意侵害私权利而要求公权力合理运用的一种价值追求。⑤ 刑法的实体价值是打击犯罪，保护法益。若刑法不遵循比例原则，就意味着刑罚权对公民权利与自由可以随意侵害，从而导致公民权利与自由无法得到保障。因此，比例原则应当纳入刑事立法，作为刑法实现其实体价值的有力指导。⑥ 最后，刑法的基本原则和理念具有抽象性和不可操作性，而比例原则所具备的正是刑法所缺少的方法论的指导。比例原则以其三个子原则，对手段与目的之间的关系及如何操作做了详细阐述。作为方法论，比例原则纳入刑事立法，对于避免刑法基本原则和理念难以操作的缺陷具有积极意义。⑦

其实，比例原则和法益保护原则之间并不是泾渭分明的。首先，就适当性原则来说，即要求手段能达到目的，体现在刑事立法方面就是通过刑事立法能达到惩罚犯罪的目的。而在此之前，必须存在行为的危害性，也就是存在法益侵害，否则就不涉及刑事立法问题，也就不符合适当性原则。其次，法益保护原则暗含刑法是社会治理的最后手段。也就是说如果存在其他手段治理社会，就不需要动用刑法。因此，法益保护原则又被称为"谦抑的法益保护原则"⑧。这就符合比例原则中必要性原则的要求。必要性原则要求使用的手段所造成的损害要最小，那么刑罚作为最严厉的制裁方式，理应保持其谦抑性。最后，比例原则中的相称性原则要求在手段所造成的损害与保护的法益之间进行利益衡量。这一点也是法益保护原则的要求。刑法是在法益侵害与限制不法行为人权利之间作出利益衡量之后，才决定将该不法行为纳入刑法体系的。

但是，比例原则自身存在不足之处，还不能够完全代替法益保护原则指导刑事立法。

---

① 张明楷：《法益保护与比例原则》，《中国社会科学》2017 年第 7 期，第 90 页。
② 程红、吴荣富：《刑事立法活性化与刑法理念的转变》，《云南大学学报（法学版）》2016 年第 4 期，第 47 页。
③ 姜涛：《追寻理性的罪刑模式——把比例原则植入刑法理论》，《法律科学（西北政法大学学报）》2013 年第 1 期，第 100 页。
④ 于改之、吕小红：《比例原则的刑法适用及其展开》，《现代法学》2018 年第 4 期，第 139-140 页。
⑤ 刘权：《目的正当性与比例原则的重构》，《中国法学》2014 年第 4 期，第 144 页。
⑥ 于改之、吕小红：《比例原则的刑法适用及其展开》，《现代法学》2018 年第 4 期，第 140 页。
⑦ 于改之、吕小红：《比例原则的刑法适用及其展开》，《现代法学》2018 年第 4 期，第 140 页。
⑧ 张明楷：《法益保护与比例原则》，《中国社会科学》2017 年第 7 期，第 95 页。

一方面，比例原则在手段与目的的关系上缺少对目的正当性的审查，更加侧重于对手段正当性的审查。① 立法必须以目的正当为前提，否则将失去意义。同理，刑事立法也必然要考虑其目的的正当性，这样才能体现刑法本身及刑法中各规则的意义。而比例原则的三个子原则更多的是对手段方面的评价。② "如果说目的与手段关系自身包含着一个逻辑完备的论述体系的话，那么，比例原则在第一层次的适当性审查时，就对这个论述体系进行了'截流'，目的正当性成为比例原则审查的'绝迹之地'。"③ 因此，刑事立法过程必然少不了对目的正当性的审查，而法益保护是目的正当的尺度，比例原则恰恰缺少了该标准，因此，它无法代替法益保护原则成为刑事立法的基本原则。另一方面，比例原则本身缺乏一定的明确性。④ 首先，适当性原则意味着手段应能够达到目的。但是按照域外有关国家的理解，手段不一定要完全适当，如果只有部分能达到目的，那么该手段也是适当的，也就不违反比例原则。⑤ 显然这是不合理的。刑罚作为社会治理最严厉的制裁手段，如果不能完全有助于制裁目的的达成，那制定刑罚也就没有任何意义。其次，必要性原则的适用要求在多种手段中选择造成损害最小的手段，前提是这几种手段必须"同样有效"。但是"同样有效"的标准仍然存在争议。⑥ 例如，我们无法判断高于刑事罚金数额的行政罚款，其造成的损害是否更大，我们也无法说明单处罚金的刑事处罚能否由行政罚款代替。⑦ 最后，根据相称性原则的要求，手段所造成的侵害不能大于所要保护的法益。而对于某一犯罪行为人来说，其所面临的对自身权益进行制裁的刑罚不一定与之侵害的法益（无论是财产法益还是人身法益）相对应。例如，盗窃罪所侵害的是财产法益，但是对犯罪人多是采用限制人身自由的徒刑来制裁，而自由法益显然是优于财产法益的，难道对盗窃者来说适用徒刑就不合理吗？⑧

由此看来，比例原则虽然存在一定的优势，但是因为自身的缺陷而无法替代法益保护原则。实际上，比例原则对刑事立法的审查主要体现在审查方式上而非内容上，因此可以将其作为补充原则，在进行刑事立法时，既考虑法益保护原则的适用，又结合比例原则的要求进行审查。尤其是在轻罪立法方面，面对如今轻罪所引发的争议，立法者更应该积极补充利用比例原则，考虑行为入罪的必要性，以防冲动立法带来不利后果。

2. 比例原则与法益保护原则的协调运用

应当以法益保护原则为刑事立法的基本指导原则，以比例原则为辅，同时在轻罪刑事立法过程中，遵循以下几个步骤。

（1）以目的正当为轻罪刑事立法的审查前提

关于"目的正当"存在长久的争议，总的来说是围绕其是"维护伦理秩序"还是

---

① 张明楷：《法益保护与比例原则》，《中国社会科学》2017 年第 7 期，第 96 页。
② 刘权：《目的正当性与比例原则的重构》，《中国法学》2014 年第 4 期，第 149 页。
③ 蒋红珍：《论比例原则——政府规制工具选择的司法评价》，法律出版社，2010，第 111 页。
④ 张明楷：《法益保护与比例原则》，《中国社会科学》2017 年第 7 期，第 96 页。
⑤ 张明楷：《法益保护与比例原则》，《中国社会科学》2017 年第 7 期，第 96 页。
⑥ 王书成：《比例原则之规范难题及其应对》，《当代法学》2007 年第 6 期，第 109 页。
⑦ 张明楷：《法益保护与比例原则》，《中国社会科学》2017 年第 7 期，第 97 页。
⑧ 张明楷：《法益保护与比例原则》，《中国社会科学》2017 年第 7 期，第 97 页。

"保护法益"进行辩论。持前一观点的学者认为,刑法应当注重维持社会伦理秩序,期望通过刑法的适用达到维护世道人心的目的,但是伦理具有抽象性与不确定性,以此为标准,将会扩大犯罪圈,侵犯个人的基本权利;持后一观点者则认为,刑法应当是保护法益的,因为个人的内心不应当受国家的干预,法益具有明确性和可预测性,能作为具体标准而判断犯罪适格的问题。^① 因此,"刑法只能保护具体的法益,而不允许保护政治或者道德信仰,宗教教义和信条,世界观的意识形态或者纯粹的感情"^②。

比例原则缺乏对目的正当性的审查,因此,在轻罪立法初期,仍然应当以法益保护原则为基本指导原则,探讨所立之法是否以保护正当法益为目的,从而确定是否应进行立法。近年来,社会公众对社会热点问题进行刑事立法的呼声越来越高,在通奸、见死不救等问题上都提出过要将其纳入刑法的管制范畴。^③ 但是,根据目的正当性的审查要求,以上行为从根本上来说是违反伦理道德的行为,并没有侵害相关法益,倘若积极入罪,将有违法益保护原则,侵害公民的基本人权。

目的需要符合公共利益,除此之外任何对私权利的剥夺都不合法。^④ 因此,轻罪刑事立法势必以法益保护原则为审查前提。它作为控制轻罪不利后果的第一道屏障,发挥着举足轻重的作用。

(2)以适当性原则确认轻罪刑事立法有效

在确定目的正当之后,就需要确定刑法是否是达到保护某法益目的的有效手段,也就是比例原则子原则适当性原则的适用。"如果刑罚不可能保护某种法益,或者以刑罚制裁某种行为将导致更为严重的犯罪发生时,就表明刑罚不是保护法益的有效手段。"^⑤ 对于轻罪来说,如果设立轻罪有利于防止重罪的发生,那么该轻罪的设立就是合理的。例如,增加危险驾驶罪之后,以危险方法危害公共安全罪和交通肇事罪的数量在逐年减少,这一现象就说明了将危险驾驶这一行为纳入刑法进行规范对公共安全的保护是有利的。^⑥ 而就上述社会公众所要求的入罪行为来看,因为它们并不具备侵害某种法益的前提,因此便谈不上有效保护法益了。如果强行入罪,不仅违反法益保护原则和适当性原则,而且会加剧不利后果的产生,浪费司法资源,不合理地扩大"标签效应"。

(3)以必要性原则确保轻罪刑事立法符合谦抑性

比例原则中的必要性原则就是要求在有其他社会治理手段能达到和刑罚同样效果的情况下,就不应当发动刑罚权,或者说在没有其他手段能够达到社会治理的目的时,才可以采用刑罚惩罚的方法。总而言之,刑法的适用必须严格保持谦抑性。

对于第一种情况而言,倘若存在其他手段可以达到同等效果,且造成的损害比刑法要小,那么一定是选择其他手段。但据上文所述,"相同有效"的判断标准并不统一,有学

---

① 陈晓明:《刑法上比例原则应用之探讨》,《法治研究》2012年第9期,第94页。
② 克劳斯·罗克信:《刑法的任务不是保护法益吗?》,樊文译,载陈兴良主编《刑事法评论(第19卷)》,北京大学出版社,2007,第146-165页。
③ 陈伟、李晓:《积极主义刑事立法的理性限制——比例原则的植入》,《河北法学》2020年第12期,第29页。
④ 胡建淼、邢益精:《公共利益概念透析》,《法学》2004年第10期,第3-8页。
⑤ 张明楷:《法益保护与比例原则》,《中国社会科学》2017年第7期,第103页。
⑥ 张明楷:《法益保护与比例原则》,《中国社会科学》2017年第7期,第104页。

者认为"相同有效"不仅体现在处罚轻重上,还需要对这些手段进行全方位的利弊衡量。[①] 很难说刑事处罚与其他处罚孰优孰劣。即使可以准确判断出刑事处罚与其他社会治理手段具有相同有效性,但与其他社会治理手段最大的不同是,刑事处罚所产生的不利后果不仅体现在对行为人自身的权利损害上,而且会带来一些附随后果,如果将这些后果都包含在内,那么可以说任何刑罚都无法达到该标准。[②]

因此,应当采用第二种情况,即在没有其他手段适用时,才应当发挥刑法的制裁功能,也就是"最后手段"标准。这种"最后手段"标准在一定程度上折射出的是一种"慎刑"的思想,即为了避免公民基本权利受到侵害而限制刑法参与社会治理的积极性。[③]因此,在轻罪立法的过程中,应严格审视某一行为是否已经达到"穷尽其他社会治理手段而不能"的状态,避免刑法"越位",成为"社会管理法"。

(4)以相称性原则衡量轻罪刑事立法所获价值是否最大化

相称性原则要求在刑法所保护的法益和刑法所侵害的法益之间作出价值衡量。刑法与行政法的要求不同。行政法中,利益衡量的结果是手段造成的侵害不得超过所获得的利益,隐含着两者之间可以持平的意思[④];刑法中,如果两者持平,则代表着没有最终实现刑罚目的[⑤]。因此,刑事立法应当确保其保护的法益价值大于所损害的法益价值,这样立法才是有效的。例如,《刑法修正案(九)》新增的非法持有宣扬极端主义、恐怖主义物品罪并不符合此原则的要求。其一,对于何为"恐怖主义"和"极端主义",我国刑法并未界定;其二,单纯持有该种资料与最终利用该资料实施恐怖活动的性质相差甚远,不排除持有人偏好该类型资料而收藏;其三,立法中虽然有"情节严重"的规定,但司法中通常还是会更偏向于以"数额"作为标准。[⑥] 因此,该罪名的设置在一定程度上造成了对公民自由不合理的侵害,在保护的法益与侵害的法益价值衡量上欠妥,没有实现价值的最大化。

综上所述,比例原则对弥补法律制定失当有其积极意义,能够在一定程度上限制刑事立法,尤其是轻罪刑事立法无理由的扩张,保障在积极刑法观下,刑事立法更具理性和科学性。

(二)完善不起诉制度在轻罪案件中的适用

我国在审查起诉阶段有多种不起诉的类型,且都有各自的适用条件。法定不起诉和存疑不起诉因本身缺乏起诉条件而使犯罪嫌疑人不能被起诉,在此情况下,检察机关无使用裁量权的余地。而特殊不起诉有其特定的适用范围,且需最高人民检察院核准,具有补充性,因此在探索不起诉制度对轻罪不利后果的控制上不具有可探讨性。最终只有酌定不起诉和附条件不起诉成为检察机关在审查起诉阶段所能够使用的控制轻罪不利后果的潜在手段。

① 张明楷:《法益保护与比例原则》,《中国社会科学》2017年第7期,第105页。
② 陈伟、李晓:《积极主义刑事立法的理性限制——比例原则的植入》,《河北法学》2020年第12期,第29—30页。
③ 张建军:《最后手段性——现代刑法的基本理念》,《光明日报》2014年9月17日。
④ 张明楷:《法益保护与比例原则》,《中国社会科学》2017年第7期,第105页。
⑤ 张明楷:《法益保护与比例原则》,《中国社会科学》2017年第7期,第105页。
⑥ 陈伟、李晓:《积极主义刑事立法的理性限制——比例原则的植入》,《河北法学》2020年第12期,第32页。

1. 我国轻罪可适用酌定不起诉制度

我国《刑事诉讼法》（2018 年修正）第 177 条第 2 款对"酌定不起诉"作出了详细规定①，可以看出，检察机关在探索对相关轻罪作出酌定不起诉处理时，需把握以下几个适用条件。

其一，对"犯罪情节轻微"的把握。犯罪情节轻微一般从两方面进行考察，第一是行为，第二是行为人的主观方面，二者共同决定是否需要刑事处罚。② 由此可以得出，轻罪犯罪者在犯罪时，其客观上行为的社会危害性较低，主观上恶意较小，因此，在罪责上，对其进行刑事处罚缺乏必要性。当然，还应当充分考虑犯罪者实施犯罪行为时的动机和目的、犯罪手段、犯罪时间、犯罪地点等情节，如果在这些方面情节严重，则不符合"犯罪情节轻微"的要求。再者，还需要考察犯罪者的人身危险性，以便最终确定是否需要适用刑法处罚来预防犯罪。③

其二，对"依照刑法规定不需要判处刑罚或者免除刑罚"的理解。有论者认为此处包含了两种情形：一种是酌定免除处罚，另一种则是法定免除处罚。④ 因此，检察机关在处理轻罪犯罪时，若轻罪犯罪者具备上述情节，则可以直接认定轻罪犯罪者符合免除处罚要求，若不具备法定免除处罚要求，则可以在酌定免除处罚方面寻找符合条件的情况。

其三，对"可以作出不起诉决定"的判断。在轻罪满足上述条件后，对于是否作出不起诉的决定，检察机关具有一定的自由裁量权是毋庸置疑的，但并不是随意的，还需要进一步作出判断。域外对于轻微犯罪作出不起诉决定的考察因素多为"公共利益"，对于"公共利益"的考量主要有三方面：一是处罚的必要性和妥当性，二是对被害人的不利影响，三是国际关系或国家利益。⑤ 而我国适用酌定不起诉所考虑的"公共利益"是一种带有大局性的利益⑥，不包括类似域外的第一种"公共利益"的考量，因为所谓"处罚必要性和妥当性"的判断，已经包含在前述关于"犯罪情节轻微，依照刑法规定不需要判处刑罚或者免除刑罚"的本义里了。因此，在"可以作出不起诉决定"这一阶段只需对其他"公共利益"作出考量。如轻罪案件已经符合上述第一和第二两个条件，那么检察机关只需要在"公共利益"上判断起诉与否对国家、社会、民众等产生的影响。

综上，检察机关在充分把握上述适用条件后，可以在审查起诉阶段考虑对有关轻罪进行酌定不起诉的处理。酌定不起诉之后，再依照《刑事诉讼法》第 177 条的规定，有效结合行政制裁予以处罚。

2. 我国轻罪可参考适用附条件不起诉制度

与附条件不起诉相比，酌定不起诉有其自身的局限性，酌定不起诉意味着丧失对犯罪行为再次起诉的可能，即使行为人后续有不良表现，也不能起诉。而附条件不起诉因为有

---

① 《中华人民共和国刑事诉讼法》第 177 条第 2 款："对于犯罪情节轻微，依照刑法规定不需要判处刑罚或者免除刑罚的，人民检察院可以作出不起诉决定。"

② 敦宁：《醉驾治理的司法困境及其破解之策》，《法商研究》2021 年第 4 期，第 41 页。

③ 敦宁：《醉驾治理的司法困境及其破解之策》，《法商研究》2021 年第 4 期，第 41 页。

④ 黄云波、敦宁：《酌定不起诉适用条件的规范化判断》，《江西社会科学》2015 年第 12 期，第 145-146 页。

⑤ 敦宁：《醉驾治理的司法困境及其破解之策》，《法商研究》2021 年第 4 期，第 42 页。

⑥ 陈光中：《论我国酌定不起诉制度》，《中国刑事法杂志》2001 年第 1 期，第 78-79 页。

考验期的存在，一旦行为人在考验期内表现不良，还能再次起诉，追究刑事责任。因此，附条件不起诉是一种诉权保留，旨在促使犯罪者积极改正，弥补自身行为给社会带来的损害，从而实现正义与效率价值的并存。①

我国刑事诉讼法虽然在起诉便宜主义和起诉法定主义之间选择了后者，但是并不意味着起诉裁量权没有存在的空间。相反，轻微犯罪允许起诉裁量权的行使对犯罪者本身和国家司法两者之间都有益。对于轻微犯罪来说，起诉裁量权的行使能够起到激励作用，有利于犯罪者及时改过自新，更好地融入社会。因此，在普遍明确附条件不起诉制度具有纳入刑法的必要性的背景下，更多的学者支持该制度不仅应当适用于满足条件的未成年犯罪者，而且需要将适格的成年犯罪者纳入其中。②③ 同时，随着轻罪的扩张，有限的司法资源与不断增长的犯罪数量之间的矛盾日益加剧，起诉法定主义一元格局的正当性受到了挑战与冲击。因此，现下刑事诉讼法中的裁量不起诉应当有其新的定位。裁量不起诉作为起诉法定主义的补充性原则，两者相互协调适用，解决法定起诉主义一元格局的弊端，共同服务于现代法治建设。④ 目前，我国"少捕慎诉慎押"的检察理念日渐深入人心，检察机关在司法过程中愈加审慎，避免机械司法化和刑事打击扩大化。⑤ 因此，2018 年认罪认罚制度被正式纳入刑事诉讼法之后，附条件不起诉制度适用于成年犯罪者有了新的契机。⑥

在实践中，已有类似的尝试。以醉驾为例，有人大代表提出，为有效减轻司法压力，可考虑适用附条件不起诉将醉驾未造成事故的案件进行分流。⑦ 再者，2019 年 4 月 1 日，广州市越秀区检察院宣布越秀区检察院在处理轻微醉驾案件时引入了社会公益服务项目（即轻微醉驾者满足一定申请条件后，一个月内参加 40 小时的社会公益服务），轻微醉驾者可以此换取不被起诉的机会。⑧ 醉驾作为典型轻罪，每年案发率位居前列，加之司法机关的"谨慎"出罪，每年醉驾生效判决数量惊人，大量占用司法资源。因此，越来越多的专家学者支持起诉阶段的醉驾分流，而附条件不起诉制度的运用是其所考虑的方法之一。

我国目前附条件不起诉制度的适用应当把握以下几个适用条件：一、适用对象条件；二、可能刑罚条件；三、法定起诉条件；四、悔罪表现条件；五、当事人同意条件。⑨ 但是这些针对未成年人的附条件不起诉制度的适用条件运用到成年人犯罪案件中必定得作出一些改良，以更好地适用于成年人。因此，应当作出如下改变：

第一，适用对象：犯轻罪（累犯除外）的成年人。附条件不起诉适用于成年人犯罪，本就是为了给其一个改过自新的机会，不至于一次轻微犯罪就使其永远不被社会接纳，况且成年人具备成熟的判断和控制能力，如果是"累犯"说明其人身危险性大，犯罪嫌疑人

① 李辞：《论附条件不起诉与酌定不起诉的关系》，《法学论坛》2014 年第 4 期，第 116 页。

② 陈光中、彭新林：《我国公诉制度改革若干问题探讨》，《法学研究》2011 年第 4 期，第 177 页。

③ 汪建成：《论未成年人犯罪诉讼程序的建立和完善》，《法学》2012 年第 1 期，第 134 页。

④ 郭烁：《少捕慎诉背景下裁量不起诉的比较法再探讨》，《求是学刊》2022 年第 1 期，第 105 页。

⑤ 孙凤娟：《少捕慎诉，释放最大司法善意》，《检察日报》2020 年 12 月 3 日。

⑥ 熊秋红：《认罪认罚从宽的理论审视与制度完善》，《法学》2016 年第 10 期，第 109 页。

⑦ 《陈建华代表：建议修改法律对醉驾案附条件不起诉》，https://www.spp.gov.cn/spp/zdgz/201803/t20180316_371132.shtml，中华人民共和国最高人民检察院网站，访问日期：2021 年 11 月 25 日。

⑧ http://www.gdzf.org.cn/zwgd/201906/t20190628_1005680.htm，广东政府网站，访问日期：2021 年 11 月 25 日。

⑨ 尚垚弘：《附条件不起诉适用把握五个条件》，《检察日报》2013 年 2 月 6 日。

还未真正意识到自己的错误，那么就需要真正动用刑法对其严加管教。再者，如果不限制对累犯的适用，轻罪犯罪者在构成累犯时只需要满足一定的条件就可以获得附条件不起诉，那么设置轻罪及其刑罚处罚将毫无意义。

第二，适用范围：所有轻罪。将附条件不起诉制度纳入成年人犯罪的目的就是有效控制轻罪所带来的不利后果，因此其所适用的范围应当是所有的轻罪。限制未成年人犯罪的可能刑罚条件也将无法满足成年人的轻罪犯罪。同时，也需要对刑罚条件进行改变。根据前述对轻罪认定的论述，附条件不起诉的适用就要求相应的司法机关在办案过程中凭借积累的经验，判断出成年犯罪嫌疑人所涉罪行是否可能判处三年以下有期徒刑的刑罚。

第三，限制条件：以"情节较轻"作为"有悔罪表现"的限制条件。附条件不起诉一旦适用，便意味着此后不再追究刑责。因此，需要考察该罪行的严重程度和行为人的人身危险性。否则，犯罪者只需要认罪认罚表示悔改就能免除刑责，"这既不符合起诉便宜主义的价值取向，也不会收到社会公众广泛认同该制度的效果"[1]。

第四，设置考验期及替代性惩罚措施。为了让未成年犯罪者更好地回归社会，附条件不起诉制度要求在一定考验期内采取替代性的教育矫治措施来实现。[2] 因此，替代性惩罚措施必须能够弥补成年犯罪者犯罪所损害的公共利益，从而防止其再犯的可能，只有这样才能给公众以信心，支持对成年犯罪者适用该制度。[3] 上述广州市越秀区检察院引入社会公益服务项目的举措恰好体现了这种替代性措施的必要性与可行性。

第五，当事人同意条件：排除法定代理人意见。与未成年人适用条件不同，为了保障未成年人这一弱势群体的权益，其法定代理人在整个诉讼程序中扮演着重要角色，因此，检察机关在对未成年人作出重要处理决定时，其法定代理人的意见至关重要。而成年人不同，只要是具备完全刑事责任能力的成年人，都有独立思考的能力，其本人的意见才是最重要的，况且这类成年人在刑事诉讼中也没有法定代理人一说。因此，在这一点的适用上，应将法定代理人意见排除在外。

当然，同酌定不起诉一样，并不是检察机关在作出相应的不起诉决定后，犯罪嫌疑人就可以"高枕无忧"了，不起诉只是让其免予刑事追责，而在行政责任上，其还需继续承担相应的处罚。

综上，不论酌定不起诉还是附条件不起诉，都是未来审查起诉阶段分流、预防轻罪不利后果扩张的可探索出路。检察机关应抛开"谨慎"出罪的司法态度，充分行使自由裁量权，保障犯罪嫌疑人的权益，提高司法效率。

（三）审判阶段充分利用"但书"出罪

1. "但书"成为司法出罪依据的理由

我国对犯罪的成立采取的是"定性+定量"的模式，即在判断行为是否符合犯罪构成要件的同时，还需要判断行为的社会危害性是否达到一定的严重程度，主要体现在我国

---

① 敦宁：《醉驾治理的司法困境及其破解之策》，《法商研究》2021 年第 4 期，第 44 页。
② 何挺：《附条件不起诉扩大适用于成年人案件的新思考》，《中国刑事法杂志》2019 年第 4 期，第 55 页。
③ 敦宁：《醉驾治理的司法困境及其破解之策》，《法商研究》2021 年第 4 期，第 44 页。

《刑法》第 13 条"但书"的规定上。而对于此规定能否成为司法出罪的依据，学界产生了分歧。

有学者认为"但书"无法真正地适用于司法。他们认为立法者在刑法分则的制定中已经默认排除了"情节显著轻微危害不大"的行为，没有在分则的罪名中被具体化的"情节"要素是没有意义的。[①]而正因为有了"但书"的规定，以及试图将其运用于司法的做法，罪刑法定原则无所适从，在确定具体的犯罪构成上产生了矛盾。同时这种模糊的规定会导致司法的随意性，让司法人员任意使用自由裁量权，造成法律的不稳定性。

反对者则认为，司法以立法为基础，应当在司法中全面贯彻立法精神，也就是说，"但书"精神应切实落实到司法实践中，彰显刑法的谦抑性。再者，分则无法对定量的要求作出明确具体的规定，因此，还是需要结合"但书"来判断行为是否真正满足犯罪构成要件。[②]

本书更支持后者的观点，"但书"不仅仅是立法者的"宣言"，更是实务中指导司法机关的工作准则。我国刑法分则中，有些罪名对"量"作出了规定，这无形中就是"但书"的体现。由此，在司法实践中，司法机关在对此类犯罪作出判断的时候，必定要考虑"量"的要求，而这正贯彻了"但书"司法出罪的功能。分则中也有些罪名对"量"并未作出明确规定，但是"定性+定量"的犯罪成立模式是对所有犯罪的普遍性要求，也就是说这并不意味着没有对"量"进行明确规定的罪名就不需要考虑"量"，相反，这些罪名的"罪量"因素正需要司法者根据"但书"的精神来把握。犯罪行为与一般违法行为之间存在衔接点，超过该点的行为就是犯罪，反之则为一般违法行为，该衔接点就是"量"，所以无论重罪轻罪，都与一般违法行为之间存在这样的衔接点，"但书"规定就是区分两种行为的衔接点。[③]因此，在这些罪名中，如果行为只是符合形式上的犯罪构成要件而缺乏一定的危害性，则不能认定其构成犯罪，而不构成犯罪的依据必定从"但书"中得出，这也体现了"但书"司法出罪的功能。如果认为"但书"不能作为司法出罪依据，那么，无疑是减少了司法出罪通道，扩大了刑罚处罚范围，加剧了"标签效应"，也无法体现刑法的谦抑性。

2. 审判阶段"但书"出罪的适用现状

目前，审判阶段的"但书"出罪适用情况是不乐观的。以醉驾为例，醉驾入刑后，2011 年最高人民检察院相关发言人表示，满足条件的醉驾行为一律法办。[④]此后，公安部也出台了相关指导意见，表明在醉驾案件上采取"一律以涉嫌危险驾驶罪立案侦查"的立场。[⑤]但是，我国审判机关的立场与公检机关不同，2011 年相关负责人表示，醉驾案件的处理应当谨慎，不能单纯地对刑法中醉驾的规定做字面理解，而是要结合其他法律进行处

---

①　李翔：《论我国〈刑法〉第 13 条"但书"司法化之非》，《东方法学》2016 年第 2 期，第 2 页。

②　王志祥：《醉驾行为制裁模式的论争及发展方向》，《甘肃社会科学》2018 年第 4 期，第 175-176 页。

③　储陈城：《"但书"出罪适用的基础和规范》，《当代法学》2017 年第 1 期，第 108 页。

④　邢世伟：《最高检：醉驾案证据充分一律起诉　不论情节轻重》，《新京报》2011 年 5 月 24 日。

⑤　《公安部关于公安机关办理醉酒驾驶机动车犯罪案件的指导意见》，https://www.scxsls.com/knowledge/detail?id=144121，庭立方图书馆网站，访问日期：2021 年 12 月 5 日。

理。① 2013 年江苏省公检法在《关于办理醉酒驾驶案件的座谈会纪要》中指出，处理醉驾时，应以"已经或者足以危害公共安全"为标准判断行为人的行为是否构成醉驾。② 沈阳司法机关的态度是，应当着重对已经造成实际损失的醉驾行为或造成其他严重后果的醉驾行为进行处理，而仅仅是醉酒驾驶电动车没有造成实际损害或者只造成轻微损失的可不认为是犯罪。③ 2018 年重庆市公检法在《关于办理危险驾驶犯罪案件法律适用及证据规范问题的座谈会综述》中规定，针对一些特殊的醉驾行为，满足"但书"规定的情形的，检察机关可不起诉，已起诉的，法院可以判决无罪。

尽管审判机关在醉驾案件上是持"但书"出罪的立场的，但实际上在处理此类案件时还是偏谨慎。④ 醉驾的入罪率仍然比较高。有鉴于此，最高人民法院、最高人民检察院、公安部和司法部在 2023 年 12 月 18 日联合发布了《关于办理醉酒危险驾驶刑事案件的意见》，该意见明确规定了四种醉驾情形可被认定为"情节轻微的，可以不起诉或者定罪免刑；情节显著轻微、危害不大的，可以不作为犯罪处理"，主要包括：血液酒精含量不满 150 毫克/100 毫升的；出于急救伤病人员等紧急情况驾驶机动车，且不构成紧急避险的；在居民小区或停车场等场所短距离挪车或停车的；由他人驾驶至居民小区、停车场等场所短距离接替驾驶停放机动车的，或者为了交由他人驾驶，自居民小区、停车场等场所短距离驶出的。该意见对醉驾出罪情形的解释有利于司法实践贯彻"但书"精神。

但总体来，看审判阶段出罪的仍显稀有。从无罪判决数量上来看，"近 6 年来全国法院审理刑事案件作出的生效判决人数总体呈上升趋势，但人民法院每年作出的无罪判决人数总体持续下降，2009—2014 年无罪判决人数分别为 1206 人、999 人、891 人、727 人、825 人和 778 人，分别占当年法院生效判决人数的 0.12%、0.10%、0.084%、0.062%、0.07%和 0.067%，年均下降似乎是 7%"⑤。据全国法院司法统计公报记录，2019 年、2020 年、2021 年和 2022 年刑事案件被告人判决宣告无罪的生效判决人数分别为 1388 人、1040 人、894 人和 631 人，分别占当年法院生效判决人数的 0.084%、0.068%、0.052%和 0.044%，也呈现下降趋势。基于此，在审判阶段适用"但书"出罪，控制轻罪不利后果还是具有较大挖掘潜力的。

3. 审判阶段"但书"出罪的适用要点

基于以上论述，审判机关在轻罪上充分利用"但书"出罪需要精准把握两点：一是"但书"出罪如何操作，二是"但书"出罪考察要点。⑥

对于"但书"出罪如何操作，学界存在不同的观点。有的学者主张首先应以行为满足

---

① 邱伟：《最高院副院长说法引热议 醉驾不是一律追究刑责？》，《北京晚报》2011 年 5 月 11 日。

② 《江苏省高级人民法院、江苏省人民检察院、江苏省公安厅关于印发〈关于办理醉酒驾驶案件的座谈会纪要〉的通知》，http://xsba.vip/dfgd/jsgd/js-zjjs2013.htm，刑事司法办案网站，访问日期：2021 年 12 月 5 日。

③ 朱晓光：《醉驾案件审理中的法律问题——对沈阳市审结的 3155 起醉驾案件的实证分析》，《人民司法》2018 年第 4 期，第 59 页。

④ 梁云宝：《积极刑法观视野下微罪扩张的后果及应对》，《政治与法律》2021 年第 7 期，第 43 页。

⑤ 王沁、傅蕾：《无罪判决率趋低背后的司法痼疾及其治愈——以激活"审判中心主义"的法律制度为进路》，载贺荣主编《尊重司法规律与刑事法律适用研究（下）》，人民法院出版社，2016，第 1585 页。

⑥ 敦宁：《醉驾治理的司法困境及其破解之策》，《法商研究》2021 年第 4 期，第 38 页。

分则所规定的构成要件为前提，其次才能结合"但书"排除不满足"量"的要求的行为。[①] 有的学者则主张对定性和定量的判断应当同时进行，如果行为满足"但书"要求，就应当以该行为不满足犯罪构成要件或者不具备其他犯罪成立条件为由宣告无罪。[②] 本书认为第二种学者的观点具有合理性。因为先采用犯罪构成确定行为构成犯罪这一步，然后再适用"但书"予以出罪，难以形成逻辑自洽。况且，"犯罪概念是犯罪构成的基础，犯罪构成是犯罪概念的具体化"[③]，"但书"作为犯罪概念的一部分理应在犯罪构成之内实现。"犯罪构成"入罪与"但书"出罪之间并不矛盾。

依据"但书"出罪时，重点考察的应当是违法层面的客观因素。[④] 阶层式的犯罪构成体系对犯罪成立与否的评价是从违法与责任两方面进行的。[⑤] "但书"中对"情节"的规定，实际上就是从客观违法层面判断行为是否达到一定的危害程度，如果具有严重的社会危害性，就需要进一步通过责任层面来判断行为是否构成犯罪，反之则可以直接出罪。因此，对于"但书"中"情节"的认定，应当界定为"行为过程中影响不法程度的各种情况，如法益的性质、行为的危险与实害结果等"[⑥]。

综上所述，笔者在立法上将比例原则与法益保护原则进行了比较分析，得出二者之间的优劣，最终将这两个原则进行有效整合，形成以法益保护原则为主、以比例原则为辅的刑事立法指导原则体系，以期在控制轻罪过度扩张方面发挥作用，从而从源头上控制后续不利后果的发生。司法中，以酌定不起诉和附条件不起诉为典型，在明确该二者的适用条件的基础上，进行适当的完善，将其适用于轻罪的分流，缓解司法压力，控制不利后果的发生。同时，再次明晰了"但书"的适用现状和适用要点，以期给"谨慎"出罪的司法态度松绑，在司法阶段有效将轻罪行为分流，在不利后果控制上探索新出路。

六、完善相关配套措施以控制轻罪不利后果

轻罪不利后果的控制不仅需要立法和司法的努力，还需要相应的配套措施来支撑。首先，应加大对规章及行政规范性文件的备案审查力度，防止夸大犯罪记录的排斥作用，使得公民的权利或社会福利被不当限制或剥夺，从而妨碍公民正常的生产生活。同时，应完善犯罪记录封存制度及建立前科消灭制度，从而达到轻罪轻罚、重罪重罚的目的，在让轻罪犯罪者得以重返社会的同时又使轻罪在后续影响上与重罪作明显区分。

（一）加大对规章及行政规范性文件的备案审查

备案审查制度是习近平总书记在党的十九大报告中提出来的，虽然该制度在我国已被

---

① 储槐植、张永红：《善待社会危害性观念——从我国刑法第 13 条但书说起》，《法学研究》2002 年第 3 期，第97 页。

② 张明楷：《刑法学（第六版）》，法律出版社，2021，第 119 页。

③ 高铭暄、马克昌：《刑法学（第八版）》，北京大学出版社、高等教育出版社，2017，第 50 页。

④ 敦宁：《醉驾治理的司法困境及其破解之策》，《法商研究》2021 年第 4 期，第 38 页。

⑤ 张明楷：《犯罪论的基本问题》，法律出版社，2017，第 9 页。

⑥ 张明楷：《刑法学（第六版）》，法律出版社，2021，第 118 页。

正式提出，但仍然处在完善发展阶段，随意侵害公民基本权利的规章及规范性文件仍然无法彻底清除。因此，有必要完善并全面落实备案审查制度，防止公民权利自由被不当限制或剥夺。

1. 部分规章及行政规范性文件内容突破了犯罪记录本质要求

《关于建立犯罪人员犯罪记录制度的意见》规定，"犯罪记录是国家专门机关对犯罪人员情况的客观记载"，主要在于希望通过建立该制度，"对犯罪人员信息进行合理登记和有效管理，既有助于国家有关部门充分掌握与运用犯罪人员信息，适时制定和调整刑事政策及其他公共政策，改进和完善相关法律法规，有效防控犯罪，维护社会秩序，也有助于保障有犯罪记录的人的合法权利，帮助其顺利回归社会"。[①]

犯罪记录其实包含了两种价值：一方面，犯罪记录的实施有助于国家管理犯罪信息数据；另一方面，对于犯罪者自身来说，犯罪记录能够为其提供刑罚确定与执行的依据。[②]尤其是对再犯者或者累犯者来说，翔实的犯罪记录对于具体的犯罪者在量刑层面有积极的参考意义，从而有助于平衡公共利益与犯罪者的合法权益。

因此，犯罪记录的实质性功能最主要还是体现在方便国家管理、保障行为人的合法权益方面。但现实情况是犯罪记录逐渐脱离了原本的单纯目的，渐渐成为一种准入门槛：单位以"受过刑事处罚"为标准，将一部分有前科的求职者排除在外，同时也将他们的子女排除在外；地方将"无犯罪记录"作为取得购房资格的条件之一，从而限制有前科的人购房居住；整个社会将有无犯罪记录作为评价人好坏的标准，并且将有犯罪记录的这类人群长期钉在犯罪的耻辱柱上，使其很难正常融入社会。这些有形无形的标准，正严重挤压有犯罪记录者的生存空间，给社会带来不稳定因素。而这并不是犯罪记录存在的本意。

这些"歧视"往往都是人为制造的。一些失范的规章和行政规范性文件的存在，使得社会"歧视"产生。它们给了人们一种心理暗示，即犯过罪的人与一般人是不平等的，他们理应被区别对待，这是正确的做法。因此，要消除这些有形无形的"歧视"，就要对这些文件进行有效审查。

2. 加强对规章及行政规范性文件备案审查的实效性

轻罪行为人因轻微犯罪行为而深受"标签效应"的无尽困扰，这不仅仅是因为我国没有严格区分轻罪与重罪，导致两者在不利后果上没有区别，更重要的是规章及行政规范性文件失范，违背了宪法的精神和原则，侵害了公民的基本权利。相关规章及行政规范性文件在轻罪行为人资格的限制与轻罪行为的预防之间缺乏关联性，公权力机关在作出限制性规定时，"将明显有悖于逻辑和常情的因素纳入考量范围"[③]。这些并不相干的因素违背了正常人所能接受的逻辑和道德标准。[④] 基于此，我国应当继续加大对这些文件的备案审查

---

① 《关于建立犯罪人员犯罪记录制度的意见》，https://www.spp.gov.cn/spp/zdgz/201207/t20120706_26205.shtml，中华人民共和国最高人民检察院网站，访问日期：2021年11月14日。

② 吴尚聪：《现代性、社会控制与犯罪记录制度——犯罪记录的谱系学考察》，《甘肃政法大学学报》2021年第6期，第93页。

③ 解志勇、雷雨薇：《基于"醉驾刑"的"行政罚"之正当性反思与重构》，《比较法研究》2020年第6期，第69页。

④ 威廉·韦德：《行政法》，徐炳等译，中国大百科全书出版社，1997，第79页。

力度，对限制或者剥夺公民重要宪法性权利的规章及行政规范性文件及时纠正。

第一，明确制定主体。我国规章的制定主体已经很明确，包括国务院的部门和地方政府。但是行政规范性文件的制定主体比较多，包括但不限于各级人民政府及其派出机关在内的许多部门。因此，需要在明确这些文件制定主体的基础上，将不属于制定主体的部门排除在外。①

第二，完善行政规范性文件的备案审查程序，主要是备案时间的完善。我国《行政法规制定程序条例》等相关文件对规章的备案时间做了明确规定，但由于缺乏对行政规范性文件备案时间的统一规定，其备案时间不一。现阶段对该种文件的备案时间规定主要存在两种模式：一种是与规章的备案时间一致，为公布之日起三十日内；另一种则因地区而异，分为二十日、十五日、十日、五日，其中以十五日居多。② 由于规范性文件数量繁多，所以为了提高审查效率，使侵害公民基本权益的规范性文件能够及时得到纠正，让公民基本权利少受或者不受侵害，备案时间应当尽量少于三十日，但是也不能过短以致报备机关没有时间准备材料。对于审查机关的审查时限，虽然各地不宜作出统一规定，但是为了督促审查机关对侵害公民基本权利的规范性文件及时作出处理，应当制定标准，使程序进一步得到完善。

第三，明确行政规范性文件的审查范围。首先应当明确该类型文件应至少具备以下几个特征：① 由行政机关、法律法规授权组织制定；② 约束的对象是机关外的公民、法人、其他组织；③ 影响约束对象的权利义务；④ 具有反复适用性。③ 因此，具备上述特征的文件都应当纳入备案审查范围。同时，也可以配套以"负面清单"（即除非明确规定不属于行政规范性文件，否则均需经过备案审查）的方式，解决实践中为了逃避审查而谎称文件不属于行政规范性文件的问题④，从而使公民的基本权利能够得到更全面的保障。

第四，明确审查标准。在审查行政规范性文件时，应当遵循《中华人民共和国立法法》所规定的审查标准，只要该行政规范性文件所发挥的作用与立法相同，在一定程度上确实能够影响公民的权利义务，那么就应当将其纳入审查范围。⑤

第五，建立严格的问责制度。一是建立对制定主体的问责制度，将不严格遵循备案审查制度及备案审查程序的制定机关纳入行政问责范畴⑥；二是建立对备案审查机关的问责制度，将不主动承担责任的审查机关及其相应的工作人员纳入问责范畴，健全备案审查问责机制，提高备案审查的效率⑦。

---

① 解志勇、雷雨薇：《基于"醉驾刑"的"行政罚"之正当性反思与重构》，《比较法研究》2020 年第 6 期，第71 页。

② 王锴、刘犇昊：《现状与问题：地方备案审查制度研究——以 31 个省级地方为例》，《江苏行政学院学报》2018 年第 3 期，第 132–133 页。

③ 王锴、刘犇昊：《现状与问题：地方备案审查制度研究——以 31 个省级地方为例》，《江苏行政学院学报》2018 年第 3 期，第 130 页。

④ 李富莹：《加强行政规范性文件监督的几点建议》，《行政法学研究》2015 年第 5 期，第 52 页。

⑤ 柳建龙：《德国联邦宪法法院的抽象规范审查程序》，《环球法律评论》2017 年第 5 期，第 104–108 页。

⑥ 王锴：《合宪性、合法性、适当性审查的区别与联系》，《中国法学》2019 年第 1 期，第 5 页。

⑦ 戴激涛、杜春燕：《试论规范性文件主动审查机制的完善——从立法法的修改说起》，《人大研究》2015 年第10 期，第 28 页。

（二）完善犯罪记录封存制度及建立前科消灭制度

目前，我国对于"前科"一词的概念并没有严格的官方界定，同时对于前科的处理也只有简单规定的前科报告制度及针对未成年犯罪者的犯罪记录封存制度。可以说，目前我国在对前科的处理方面还是不够细致。与我国不同的是，域外许多国家对于前科的处理都有着很长的历史与丰富的经验。因此，在探索配套机制以控制轻罪不利后果的过程中，可以适当地参考借鉴他国做法，建立一个适合我国国情的保障机制。

1. 中外前科处理方式展示

（1）域外前科处理制度

法国： 法国的前科消灭制度仅适用于刑罚处罚较轻的犯罪人，处罚较重的犯罪人则被排除在外，同时，还规定了他人不得质疑消灭判决的效力，如行为人再犯，法官不得再将已经失效的有罪判决作为考量因素。[①] 另外，其刑事诉讼法中还对未成年人的前科消灭做了特别规定，若罪犯是未成年人，则在其达到法定成年年龄，或者在法院判决生效三年后，可以主动或由检察院提出申请，最终由法院消除其前科记录。[②]

美国： 美国对前科的处理是比较复杂的，其对前科的理解包括但不限于定罪记录，还将逮捕记录及指控记录包含在内。而且美国是联邦制国家，各个州及联邦的法律对前科的处理都有不同的规定，有前科消灭，也有犯罪记录封存。例如，在蒙大拿州等地，前科消灭即消除犯罪记录，在罗得岛州则是犯罪记录封存，这些被封存的记录只有执法部门才有权限查询（伊利诺伊州可以依授权进行调查与公布）。[③]

德国： 德国主要依据《德国中央登记册与教育登记册法》处理前科，该法对犯罪记录的登记、查询、不予记载及消除等方面作出了详细规定。[④] 中央犯罪登记簿记载的内容包括刑事记录和非刑事记录，要想获取该登记簿中的犯罪记录必须申请颁发证明或者特定主体有特定的查询目的才可查阅。[⑤] 德国也有犯罪记录封存和前科消灭两种处理方式。前者规定除被判处终身监禁和命令收容外，其余所有与有罪判决相关的记录都能在满足一定期限后被消灭，犯罪记录只保留于中央犯罪登记簿中且当事人不再在升学、就业及生活过程中因该记录受挫，只有司法机关才能继续获取该信息以用于司法目的。[⑥] 后者则是在相对消灭后一年，中央登记簿中的有关记录也一并消除，此后当事人在任何情况下都能宣称自己无罪且无须告知此前的真实情况，包括在面对司法机关的询问时。[⑦]

俄罗斯： 俄罗斯对前科消灭制度的规定是域外国家中较全面彻底的。《俄罗斯联邦刑法典》第86条第1款规定，犯罪者自有罪判决生效之日起至前科消灭或者撤销时都是有

---

① 《最新法国刑法典》，朱琳译，法律出版社，2016，第46页。
② 《最新法国刑法典》，朱琳译，法律出版社，2016，第46页。
③ 宋安利：《前科消灭制度研究》，硕士学位论文，暨南大学，2020，第22-27页。
④ 周子实：《德国中央登记册与教育登记册法》，《东南法学》2017年第2期，第178-203页。
⑤ 周子实：《德国中央登记册与教育登记册法》，《东南法学》2017年第2期，第181-195页。
⑥ 周子实：《德国中央登记册与教育登记册法》，《东南法学》2017年第2期，第195页。
⑦ 周子实：《德国中央登记册与教育登记册法》，《东南法学》2017年第2期，第178-203页。

前科的①，第2款规定"免除刑事处罚"可视为未有前科，第3款规定了前科如何才能消灭②。最重要的是，俄罗斯规定前科消灭制度适用于所有人。

日本：日本于1947年在其刑法典中增加了前科消灭制度，规定行为人在满足一定的考察期限后，没有被处以罚金刑以上的刑罚的，才能适用前科消灭。③

韩国：韩国也在其刑法典中规定了，被判处一定刑罚的犯罪人，在刑罚结束及弥补了损失一段时间之后，法院可宣告判决不再具备效力。④

除了上述国家，域外一些其他国家也结合本国国情对前科消灭制度做了规定。例如，加拿大将性犯罪排除在前科消灭制度适用之外，英国的前科消灭制度不适用于被判处三十个月以上的刑事处罚或终身监禁的犯罪者。⑤

（2）我国对前科的处理现状

我国未建立前科消灭制度，目前对于前科有两种不同的处理：一是我国《刑法》第100条规定的"前科报告制度"⑥，二是适用于未成年犯罪者的"犯罪记录封存制度"⑦。前者是一个义务性规定，积极地要求犯罪者对前科进行公开坦白，但由于缺乏相应的惩罚措施而受到诟病，就业者并不会因为在就业时不报告而受到任何处罚。不过这对于轻罪犯罪者来说并没有减少不利影响，"犯罪"的标签仍然存在，因为就业单位是可以主动去审查的，一旦审查核实，这类犯罪者很可能就会失去就业机会。后者是为了有效保护未成年人的隐私而专门设置的一项制度，将前科隐藏起来，让未成年人有足够的机会在成长过程中改过自新，重新做人，但适用范围狭窄，只有对被判处五年有期徒刑以下刑罚的未成年犯罪者才能适用。

通过这两个制度，可以看出，我国对前科的处理态度是很严厉的。而在积极刑法观下，随着犯罪圈尤其是轻罪犯罪圈的扩张，这种"严厉"的态度势必会导致更多的人入罪，更多的轻罪犯罪者因轻微犯罪行为而被社会拒绝，从而有可能激起犯罪者"报复社会"的心理，让一个轻罪犯罪者变成重罪犯罪者。这并不是刑法所要达到的结果。

2. 域外前科处理对我国的借鉴意义

新中国成立初期，由于社会治理的需要，我国对前科消灭制度整体需求不大，随着社会的发展，我国未成年人犯罪领域又引进了犯罪记录封存制度，这就让前科消灭制度在我国建立的需求进一步减少。⑧ 但是，随着社会治安状况的改变，我国轻罪不断扩张，不利

---

① 苑承丽：《俄罗斯前科制度研究》，《学术交流》2019年第9期，第186页。
② 赵琳：《前科消灭制度研究》，硕士学位论文，哈尔滨理工大学，2019，第14页。
③ 赵琳：《前科消灭制度研究》，硕士学位论文，哈尔滨理工大学，2019，第15页。
④ 赵琳：《前科消灭制度研究》，硕士学位论文，哈尔滨理工大学，2019，第15页。
⑤ 赵琳：《前科消灭制度研究》，硕士学位论文，哈尔滨理工大学，2019，第15页。
⑥ 《中华人民共和国刑法》第100条："依法受过刑事处罚的人，在入伍、就业的时候，应当如实向有关单位报告自己曾受过刑事处罚，不得隐瞒。犯罪的时候不满十八周岁被判处五年有期徒刑以下刑罚的人，免除前款规定的报告义务。"
⑦ 《中华人民共和国刑事诉讼法》第286条："犯罪的时候不满十八周岁，被判处五年有期徒刑以下刑罚的，应当对相关犯罪记录予以封存。犯罪记录被封存的，不得向任何单位和个人提供，但司法机关为办案需要或者有关单位根据国家规定进行查询的除外。依法进行查询的单位，应当对被封存的犯罪记录的情况予以保密。"
⑧ 梁云宝：《我国应建立与高发型微罪惩处相配套的前科消灭制度》，《政法论坛》2021年第4期，第38-39页。

后果也在扩大，为了满足宽严相济刑事政策的要求，在轻罪领域建立前科消灭制度再次被广泛提及。

域外很早就对前科消灭作出了规定，经过长期实践，这一制度日趋成熟，形成了符合各国国情的前科消灭制度。我国也可以在轻罪领域借鉴他国经验，结合自身发展需求，建立属于我国的前科消灭制度。

目前，我国无法像俄罗斯一样，将前科消灭适用于所有的犯罪者，因为对严重危害社会的行为进行严厉打击，是我国一贯的也是应有的态度，前科消灭制度的适用应当将重罪犯罪者排除在外。同时，我们又不能单纯地仅建立前科消灭制度，因为在消灭前科之前，行为人依旧处于"有罪"状态，这种状态所带来的不利影响依旧因没能得到及时解决而困扰轻罪犯罪者。

因此，我们可以借鉴德国有关前科的处理方式，将犯罪记录封存制度作为前科消灭制度的前置程序。这样既弥补了前科消灭制度适用之前因缺乏有效手段而不能及时控制不利后果的缺憾，又给予了前科消灭制度适用的保障，使其能稳步有效地推进轻罪犯罪者犯罪记录消除的实施。因为我国现下的犯罪记录封存制度只适用于罪行较轻的未成年犯罪者，所以，我们可以在拓宽犯罪记录封存制度适用范围的基础上，同时建立前科消灭制度，明确二者的适用条件，以有效消除轻罪不利后果带给行为人的各种束缚，使其能够再次融入社会，真正达到改过自新、洗心革面的目的。

3. 犯罪记录封存与前科消灭在我国轻罪中的应用

（1）犯罪记录封存和前科消灭的比较

犯罪记录封存与前科消灭主要存在以下几点不同：① 在表现形式上，犯罪记录封存是通过一定的方式将行为人的犯罪记录进行隐藏而不轻易被他人知晓，实际上犯罪记录仍然存在；前科消灭则是将行为人过去的犯罪记录彻底地予以消除，使其恢复至犯罪前的"清白"状态，与一般人无异。② 在犯罪记录的获得上，犯罪记录封存只是将犯罪记录进行隐藏，不排除有关机关在特定目的下随时查询的可能性；而前科消灭一旦适用，其他任何单位或者个人都无法以任何目的来获取行为人的犯罪历史，包括司法机关。③ 在后续影响上，犯罪记录封存由于存在犯罪记录再次被查询的可能性，行为人往后对外无法义正词严地表示自己是无罪的；而行为人被适用前科消灭后，其工作、生活等各方面不再受"标签效应"的制约，完全可以对外称自己无罪。④ 对于累犯和再犯问题的判断，前科消灭意味着犯罪历史的完全清除，相当于从未犯罪，如果行为人再次犯罪，司法机关不得以之前的有罪判决作为衡量犯罪者人身危险性的依据，司法机关不得认定该行为人属于累犯者或者再犯者，况且司法机关已经对之前的犯罪记录无从查询；犯罪记录封存则不然，如果该行为人再次犯罪，那么之前的有罪记录很有可能成为司法机关考量行为人人身危险性的因素，司法机关很有可能因行为人的犯罪记录而加重处罚。

从以上比较可以发现，前科消灭与犯罪记录封存各有利弊。前科消灭由于其清除犯罪记录的手段比较彻底，是实现行为人后续利益最大化的手段，完全解决了行为人的后顾之忧。但是法律上的消除不代表客观上的不存在。行为人如果短期内再次犯罪，则表明刑法对其并未产生预防效果，行为人也未真正意识到犯罪的严重性，是对法律尤其是刑法的蔑视，其人身危险性较高。而由于前科消灭，司法机关无法查询其犯罪历史，无法综合判断行为人的人身危险性高低，那么对行为人的处罚力度可能并不是那么合适。反观犯罪记录封存，虽然对前科消灭的缺陷有所弥补，但是由于其仍然保留着犯罪记录，"标签效应"的遗留问题也就得不到解决。

因此，综合犯罪记录封存与前科消灭各自的利弊，我国可以在对两者进行再次合理设计的基础上，将两者结合配套适用于对轻罪不利后果的控制。

（2）轻罪犯罪记录封存的完善——适用前科消灭的前置程序

作为前科消灭制度适用的前置程序，目前的犯罪记录封存制度需要进行完善，主要体现在以下几个方面。

第一，严格适用对象。将犯罪记录封存制度适用于所有的轻罪犯罪者，且排除对累犯的适用。显而易见，在整个刑法体系中及人们的认知里，都体现着对累犯的严惩，累犯的人身危险性较高，即使他所犯的是轻罪，也代表着他对刑法的轻视，对自身犯罪行为的不悔改。因此，这种累犯所需要的是法律对其严加管教。犯罪记录封存的目的是给轻罪犯罪者一个改过自新、重新做人的机会，而不是给累犯一把"保护伞"，任其不断犯罪而没有任何不利影响。

第二，拓宽适用范围。将我国目前的犯罪记录封存制度适用范围拓宽至所有的轻罪，不包括重罪。目前，我国犯罪记录封存制度只对被判处五年以下有期徒刑的未成年犯罪者适用，其中包含了两个条件，一是适用对象条件，二是所犯罪行轻重条件。我们对犯罪记录封存的完善其实也跳不出对这两个要件的考量。在明确犯罪记录封存制度的适用对象这一问题后，接下来就是对所犯罪行轻重的确定。与现有的犯罪记录封存制度所规定的不同，本书所支持的"轻罪"有其特殊界定。因此，犯罪记录封存制度新的适用范围应当与"轻罪"标准相一致。同时，犯罪记录封存本就是为了对轻罪与重罪作出区分进而给予轻罪犯罪者一种"宽恕"，重罪犯罪者因为其行为的严重性及人身危险性而当然地不享有该待遇。

第三，明确封存内容。顾名思义，犯罪记录封存就是将有关犯罪者犯罪内容的记录予以隐藏。但犯罪记录指的并不仅仅是审判机关所作出的有罪宣告，还应当包括立案侦查及审查起诉阶段的各种关于该行为人的记录。首先，犯罪记录封存将审判机关的有罪判决进行隐藏是毋庸置疑的，而其最终目的就是让其他人或者其他单位不能轻易得知行为人的犯罪史，如果在将有罪宣告隐藏的同时遗漏其他机关关于犯罪人的情况记录，那么对其有罪宣告的隐藏效果将会大打折扣。其次，审判机关是确定行为人是否犯罪的最终环节，其有罪宣告都被封存了，其他环节的相关记录被封存也是理所应当的。

第四，严格犯罪记录再公开的条件。设置犯罪记录封存不仅是为了给予轻罪犯罪者重新融入社会的机会，也是为了让司法机关能够充分考察犯罪者，如若行为人可能构成累犯，那么司法机关有权查询被封存的犯罪记录，将其作为考量，对累犯作出加重处罚的处理，而且可以将之前被封存的犯罪记录重新与新罪一起公开。除此条件之外，应当与现有的规定一样，如果其他有关单位根据国家规定需要进行查询，也应当允许查询，但要严格保密。例如，在入伍或者担任国家机关工作人员时需要的政审，有关单位可以依据要求查询行为人是否有犯罪记录。

第五，附期限适用犯罪记录封存制度。为了降低司法成本，也为了方便司法机关办案，同时更是为了配合前科消灭制度的适用，犯罪记录封存制度应设置合理的期限，在满足一定的期限后，作出消除犯罪记录或者再公开的决定。该期限不得少于五年，因为不满五年就消除犯罪记录，无法判断行为人是否构成累犯，不利于实现对累犯的严厉打击。

（3）轻罪前科消灭制度的建立——犯罪记录封存的结果之一

轻罪犯罪记录封存的结果之一就是将犯罪记录永久消除，也就是前科消灭。对于我国来说前科消灭制度是一个新的制度，因此，需要对其各方面进行明确。

第一，应适用广义上的"前科"。我国对前科的概念界定没有形成统一意见，主要包括以下几种。一是指行为人被科处过刑罚。[①] 二是指行为人被宣告过有罪及被科处过刑罚。[②] 三是指行为人被宣告过有罪。[③] 四是指行为人所有因违法犯罪而被处罚的历史，不仅仅指受过刑法处罚。[④] 总的来说，我国对前科的界定主要分为三种，即狭义的前科概念（既有罪也有刑的要求）、广义的前科概念（不涉及刑）和最广义的前科概念（非刑法专属概念）。[⑤] 本书认为建立适用于轻罪的前科消灭制度时，应当采用广义的前科概念。前科能够反映犯罪者的人身危险性，司法机关可以依据前科对行为人加重处罚，以获得更好的预防效果，因此前科的外延越广，预防效果越好。但前科的外延也不能过大，因为这里的前科讨论是立足于刑法展开的，脱离刑法，则会产生泛刑事化后果。[⑥]

第二，应附期限、附条件适用前科消灭制度。前科消灭制度的适用应当设置相应的适用条件和考察期限，只有在考察期限内满足一定的条件的前提下才能将犯罪记录彻底消除。由于在前科消灭之前已经将犯罪记录封存，因此，前科消灭的考察期限应当是犯罪记录封存的期限。在犯罪记录封存期间，通过考察行为人的悔罪表现、是否又犯新罪、人身危险性是否降低等，来最终决定是否将其犯罪记录彻底消除。在判断对行为人是否适用前科消灭制度时应注意以下两点：① 若行为人在犯罪记录封存期间，构成累犯，按照要求，该行为人的悔罪态度和人身危险性都要求法律对其加重处罚，那么前后两罪都不再享有犯罪记录封存和前科消灭的待遇；② 我国刑法已经设立了社区矫正制度，行为人刑罚已经执行完毕或者被宣告缓刑或免于刑事处罚但是被宣告有罪的，在这之后，应当配合社区矫正制度的执行。前科消灭的执行主体应充分考察行为人的表现，据此判断是否应当对其适用前科消灭。

第三，应明确前科消灭的执行主体、方式与内容。据上文对前科的界定，前科消灭可以理解为将法院的有罪宣告撤销，也就是在法律上将不再承认该行为人有罪。我国《刑事诉讼法》第 12 条规定有罪的宣告只能由人民法院实施。[⑦] 可以看出，法院是目前确定行为人是否有罪的唯一主体，那么将行为人的犯罪记录消灭，不再承认其有罪，也应当由法院

---

① 王启富、陶髦：《法律辞海》，吉林人民出版社，1998，第 1341 页。

② 马克昌：《刑罚通论》，武汉大学出版社，1999，第 709 页。

③ 张甘妹：《刑事政策》，台北三民书局，1979，第 128 页。

④ 喻伟：《刑法学专题研究》，武汉大学出版社，1992，第 367 页。

⑤ 梁云宝：《我国应建立与高发型微罪惩处相配套的前科消灭制度》，《政法论坛》2021 年第 4 期，第 40 页。

⑥ 梁云宝：《我国应建立与高发型微罪惩处相配套的前科消灭制度》，《政法论坛》2021 年第 4 期，第 41 页。

⑦ 《中华人民共和国刑事诉讼法》，http://www.gov.cn/flfg/2012-03/17/content_2094354.htm，中华人民共和国中央人民政府网站，访问日期：2021 年 12 月 25 日。

作为唯一机关来执行。

　　法院对行为人适用前科消灭，不应当是公开的。因为公开的做法（比如前科消灭证明）并不是前科消灭，更像是对行为人有罪的再一次宣告。前科消灭的初衷就是让行为人能够不受法律上和社会上的负面干扰，能再次以正常人的身份融入社会，进行工作和学习。前科消灭证明无疑是"此地无银三百两"，与前科消灭制度的初衷相违背，更加阻碍了行为人的后续生活。因此，法院在适用前科消灭的时候，只需要在考察行为人是否符合适用条件后，将犯罪记录删除，确保以后任何单位和个人，包括司法机关内部都无法查询到行为人的犯罪史。当然，这一决定应当告知行为人本人。

　　关于前科消灭的内容认定，虽然前科是指法院的有罪宣告，但是，既然法院作为认定行为人有罪的最后一环，已消除行为人的犯罪记录，在法律上不承认其有罪，那么先前一切关于行为人犯罪的记录也都应当消除，包括公安机关及检察机关内部的记录。因为只有全部消除，才能达到"任何单位和个人都无法查询到行为人犯罪史"的目的。因此，在前科消灭上，司法机关内部应当建立起体系化的程序，一旦行为人有罪宣告被消除，相应的其他司法机关的记录也应当同步予以删除处理。

　　综上所述，笔者通过两方面探讨了如何完善轻罪配套措施。其一，在明确犯罪记录实质性功能的基础上，表明现下部分规章及行政规范性文件中所列的不利于轻罪犯罪者的内容是违背犯罪记录本质功能的，从而得出应全面落实对这些违法违宪的规章及行政规范性文件的备案审查。其二，通过域外及我国相关前科处理制度的比较、犯罪记录封存和前科消灭的对比得出，我国可借鉴德国的处理模式，同时立足本国的国情，建立属于我国的犯罪记录封存制度和前科消灭制度，即在拓宽犯罪记录封存制度适用范围的基础上，同时以此作为前科消灭制度适用的前置程序，在满足一定的封存时间和考验条件后，才能继续适用前科消灭彻底消除轻罪犯罪者的犯罪历史，使其能够真正融入社会，控制"标签效应"的不利影响。

拓展讨论问题

　　1. 谈谈你对积极刑法观与消极刑法观二者分歧的认识。

　　2. 如何把握轻罪、重罪划分的标准？

　　3. 你认为我国当前轻罪立法有何利弊？

　　4. 何为比例原则？它对刑事立法增减罪名或刑罚有何指导意义？

　　5. 在刑事司法过程中，如何运用轻罪出罪机制减少轻罪罪犯的数量？

　　6. 根据宪法和立法法的相关依据，你认为轻罪前科被规定在非刑事法律中是否合理？其是否应受到合宪性审查的约束？

拓展阅读文献

（一）著作

1. 高勇：《中国轻罪法律制度的建构》，法律出版社，2019。

2. 卢建平:《中国犯罪治理研究报告》,清华大学出版社,2015。

3. 许玉镇:《比例原则的法理研究》,中国社会科学出版社,2009。

4. 张明楷:《责任刑与预防刑》,北京大学出版社,2015。

5. 彭文华:《〈刑法〉第 13 条但书与刑事制裁的界限》,中国人民大学出版社,2019。

6. 郭理蓉:《轻罪刑事政策研究》,中国法制出版社,2023。

(二) 论文

1. 储槐植、张永红:《善待社会危害性观念——从我国刑法第 13 条但书说起》,《法学研究》2002 年第 3 期。

2. 周光权:《论通过增设轻罪实现妥当的处罚——积极刑法立法观的再阐释》,《比较法研究》2020 年第 6 期。

3. 刘艳红:《积极预防性刑法观的中国实践发展——以〈刑法修正案(十一)〉为视角的分析》,《比较法研究》2021 年第 1 期。

4. 卢建平:《为什么说我国已经进入轻罪时代》,《中国应用法学》2022 年第 3 期。

5. 陈兴良:《轻罪治理的理论思考》,《中国刑事法杂志》2023 年第 3 期。

6. 张明楷:《轻罪立法的推进与附随后果的变更》,《比较法研究》2023 年第 4 期。

7. 樊崇义:《中国式刑事司法现代化下轻罪治理的理论与实践》,《中国法律评论》2023 年第 4 期。

8. 何荣功:《我国轻罪立法的体系思考》,《中外法学》2018 年第 5 期。

专题二　　　　**轻罪前科消灭制度构建**

一、轻罪前科消灭制度的基础问题探究

在受积极刑法观影响的立法背景下，诸多类似危险驾驶罪、高空抛物罪、妨害安全驾驶罪等刑事制裁手段较轻缓的罪名加入刑法，犯罪门槛降低，也引发了一定的犯罪标签泛化问题，对社会治理提出了挑战。要摆脱我国犯罪标签泛化问题，可以从轻罪前科消灭制度入手。但鉴于我国立法一直未给出轻罪的概念界定，需要在梳理分辨国内外诸学者提出的多种犯罪分层理论的基础上，合理把握轻罪的具体范围，从而为后续探究轻罪前科消灭制度的构建创造理论前提。

（一）前科及前科消灭概念的界定与辨析

1. 解读前科概念

什么是前科？哪些犯罪会纳入前科范畴？前科是否完全等同于犯罪记录？对这些问题的解答因不同学者界定前科概念的不同而大相径庭，并且，前科内涵和外延的界定在国内外学界一直颇具争议。但不可否认的是，对于前科这一概念的准确把握是研究前科消灭制度的逻辑起点和基础前提。只有厘清前科这一核心概念，才能够更好地理解前科消灭的价值与功能。

（1）国外采纳的前科内涵

纵观国际社会刑事立法与理论界，多数国家对前科的内涵已经有了明确的解释，总体而言可概括为以下两种。

一些国家把前科定义为被法院认定有罪并受过一定刑事处罚后所处的某种法律状态或法律地位。例如，俄罗斯在其联邦刑法典中就明确揭示，成立前科的条件有二：一是法院对犯罪人作出有罪宣告；二是犯罪人被判处刑罚。[①] 同样，从苏联的刑法教科书中也可以发现其对前科概念的具体释义："被法院认定犯有罪行并被判处某种具体刑罚方法的人的一种特殊法律状态。"[②] 纵观国际社会上其他国家涉及前科概念的立法规定，采用此种前科界定方式的国家还包括韩国[③]、越南、蒙古及罗马尼亚等。显然，这种要求前科的构成既包括被法院作出有罪宣告又包括被科处一定刑罚的概念认定在国外具有一定的典型意义

[①] 《俄罗斯联邦刑法典》第 86 条第 1 款："行为人，因实施犯罪而被判刑的，自法院有罪的刑事案判决产生法律效力之时起，直至前科注销或是撤销之时止，应当被认定为是负有前科的人员。"《俄罗斯联邦刑事法典》，赵路译，中国人民公安大学出版社，2009，第 48 页。

[②] 别利亚耶夫、科瓦廖夫：《苏维埃刑法总论》，马改秀、张广贤译，群众出版社，1987，第 391 页。

[③] 《韩国刑法典》第 81 条：劳役、徒刑执行完毕或被免除者，在补偿被害人的损失后，未再被判处停止资格以上的刑罚，经过 7 年的，依本人或检察官的申请，可以宣告其判决时效。载《韩国刑法典及单行刑法》，金永哲译，中国人民大学出版社，1996，第 14 页。

和价值。

那为什么还要说前科的概念是颇具争议的呢？在国外，还有一种与上述观点有着同样代表性的理论认为，前科的成立仅需要行为人受到有罪宣告即可，无须行为人被判处刑罚。

以美国为例，《美国量刑指南》明确规定，前科一词是指不是现行犯罪组成部分的行为被认定有罪而作出的先前判决，无论是自动认罪、审判定罪，或者是不愿辩护不承认有罪的抗辩表示。① 由该规定可知，只要犯罪人曾被法院判定有罪，无论是否被科处刑罚，均成立前科。此外，《朝鲜刑法典》第 62 条关于前科消灭的规定也表示："受到有罪判决的人，如未犯新罪，超过下列期限的，前科即行消灭……"② 从该条不难推出，朝鲜仅将前科界定为受到有罪判决，而未提及科处刑罚。同样采取该种界定方式的国家还包括法国③、日本、加拿大等。

（2）我国对前科界定的争议

回视我国，虽然在刑法中规定了有关前科的制度，如《刑法》第 100 条规定的前科报告义务④，以及累犯及毒品再犯制度，但并没有在立法或相关司法解释中对前科的具体概念作出明确释义，从以上相关立法规定中也很难推导出一个极具权威性和概括性的前科概念。我国理论界和实务界对此的观点也莫衷一是，主要包括以下几种主张：其一，认为前科范围包括违法违纪行为，是曾经因违法违纪行为而受到过各种处分的事实。其二，累犯说，认为前科是指足以构成累犯的事实，即曾被法院判处有期徒刑以上刑罚并已执行完毕的人又犯新罪，其前罪已被处罚且执行完毕的事实。⑤ 其三，认为前科是指曾经被判处有期徒刑以上刑罚并已执行完毕的事实。⑥ 即所谓定罪处罚说，以受过刑罚处罚为构成前科的必要条件。其四，认为前科是被法院确定有罪而予以宣告的事实。⑦ 即所谓有罪宣告说，仅以被法院宣告有罪作为构成前科的要件。其五，其余综合说，有学者在对前科进行界定时综合上述观点给出了自己的理解，如认为前科是指曾被宣告有罪或被判处刑罚的事实。⑧ 还有学者采用列举法，认为被宣告有罪但免于刑事处罚的，被判处各种主刑或附加刑的，或者被判处缓刑的，只要有上述情况之一就构成前科。⑨

尽管学界对前科的解读众说纷纭，力图从不同角度揭示前科的内涵与外延，这些解读也确实不乏合理的因素，但都失之偏颇。首先，将前科表述为"历史上因违反法纪而受过

① 美国量刑委员会：《美国量刑指南》，量刑指南北大翻译组译，北京大学出版社，1995，第 338-339 页。

② 《朝鲜民主主义人民共和国刑法典》，金峰玉等译，法律出版社，1956，第 15 页。

③ 《法国刑事诉讼法典》规定："有关下列有罪判决的登记卡从犯罪录中撤销：……除对不受时效约束之犯罪宣告的刑罚外，判刑宣告时间已超过 40 年，其后未受到重罪或轻罪刑罚的人，其判刑登记卡，亦同。"《法国刑法典刑事诉讼法典》，罗结珍译，国际文化出版公司，1997，第 634 页。

④ 《中华人民共和国刑法》第 100 条："依法受过刑事处罚的人，在入伍、就业的时候，应当如实向有关单位报告自己曾受过刑事处罚，不得隐瞒。犯罪的时候不满十八周岁被判处五年有期徒刑以下刑罚的人，免除前款规定的报告义务。"

⑤ 《法学词典》，上海辞书出版社，1980，第 545 页。

⑥ 喻伟：《刑法学专题研究》，武汉大学出版社，1992，第 359、367-368 页。

⑦ 曾庆敏：《刑事法学词典》，上海辞书出版社，1992，第 647 页。

⑧ 马克昌：《刑罚通论》，武汉大学出版社，1999，第 708-709 页。

⑨ 马克昌：《刑法学全书》，上海科学技术文献出版社，1993，第 684 页。

各种处分的事实"更倾向于从犯罪学领域而不是刑法学视域去讨论，将一般违法行为也纳入前科的范围。这会导致前科的外延过分扩大，也会缩小甚至丧失其作为一个刑法范畴本应具备的内涵，有失妥当。其次，前科的概念认定不应当与累犯的定义混同，累犯制度规定了严格的时间条件与罪质条件，既包括一般累犯也包括特别累犯。前科与累犯并非同一关系，行为人有前科但可能不构成累犯，如行为人未成年但满足成立一般累犯的其他条件。所以在界定前科概念时不应与累犯概念混淆。最后，除上述两种观点外，其余的观点基本都围绕着前科的成立是否以被判处刑罚作为必要条件而展开，与上文提及的国外两种主流观点相呼应。对此，选择何种观点作为前科消灭的理论基础就需要进一步剖析。

（3）剖析前科概念

单以前科的成立是否同时要求被定罪与科刑为争议点，可将国内学者的观点分为两种：

一种观点持肯定态度，即认为前科的构成必须包括两个因素——被宣告有罪和科处刑罚，此为定罪处罚说。尽管其内部如上文列举还存在细节上的争议，如是否要求前罪刑罚执行完毕，是否对前罪刑种和刑期有严格限制，缓刑是否能构成前科，等等，但整体而言，对行为人必须受过刑罚处罚为前科构成要素皆持肯定态度。如其中比较有代表性的观点论述道，既然前科制度的立法基础是以前罪之存在证明犯罪人的人身危险性和再犯可能性，从而对后罪从重处罚，以对后罪加重量刑来弥补前罪刑罚量的不足，最终达到惩罚犯罪的目的，那么在前科的构成要件上，就必须包括犯罪人曾实际受过刑罚这一要素。[①]

另一种观点持否定态度，不承认前科的构成必须存在科刑要素。只要行为人曾被法院宣告有罪，无论是否被判处刑罚，所判刑罚是否实际执行，均不影响前科的成立，此为有罪宣告说。如上文所提及的第四条和第五条观点，均认为存在法院的有罪宣告即足以成立前科。

详观定罪处罚说，其代表性观点从结果或目的论的角度反推前科概念——因为设定前科的初衷是证明犯罪人的人身危险性以对后罪加重刑罚，弥补前罪刑罚在量上的不足，并以此实现特殊预防的目的，那么前科的构成要件中必须包括前罪已实际受过刑罚处罚。定罪处罚说独辟蹊径，具有创新意义，以全新的视角一改以往学界和实务界将前科与犯罪记录混为一谈的局面。但其理论依据仍值得商榷。具体而言，其认为作为前科之前罪之所以能够起到加重后罪刑罚的作用，根本原因在于前罪的刑罚在量上有不足，前罪刑罚量上的不足导致其不能起到特殊预防的作用，即未能阻止犯罪人再次犯罪。因此，有必要针对犯罪人相对较大的人身危险性而加重后罪的刑罚，以使犯罪人体会到刑罚之苦大于犯罪之乐，最终放弃再次犯罪。[②]此论述看似逻辑自洽，却缺乏对以下几方面问题的足够考量和清晰把握：首先，尽管不可否认行为人再次犯罪大多表现出其较大的人身危险性，且人身危险性应是前科制度设定的根据之一，但是消除行为人的人身危险性并非仅靠增加刑罚量就足以实现，同样，是否应当对行为人加重处罚也不能仅依靠其人身危险性决定，还包括对客观危害性、主观恶性和再犯可能性的考量，而人身危险性不等于主观恶性。其次，行

---

①　于志刚：《论前科的概念界定及其内涵》，《浙江社会科学》2002 年第 2 期，第 107 页。

②　于志刚：《论前科的概念界定及其内涵》，《浙江社会科学》2002 年第 2 期，第 107 页。

为人再次犯罪的原因也不完全与前罪刑罚量不足挂钩，还包括个人心理和社会环境等多种因素。因此，仅从前罪刑罚量不足的角度认为没有受到刑罚处罚的行为人不构成前科是缺乏妥善考虑的。另外，如果行为人被法院定罪免刑仍再次实施犯罪，反而更加表明其具有较大的人身危险性。最后，从前科的附随后果来看，前科对行为人的影响既涉及定罪量刑等规范性评价，也涉及社会各界对其的非规范性评价，如果把仅受法院有罪宣告者排除在前科之外，那么其因前罪所承受的不利附随后果会变得无名无分也无法消灭，有违公平。

因此，相对而言有罪宣告说更具有合理性，也更有利于保护轻罪犯罪者的权益。也就是说，如果要增设覆盖全年龄段的轻罪前科消灭制度，尽可能地消解轻罪前科带来的犯罪标签泛化、附随性法律后果严重、复归社会困难、罪与刑严重失衡等不利后果，那么选取有罪宣告说更合理。因为其与定罪处罚说相比，适用范围更广，法律效果发生时间更早，也能尽量将非规范性评价影响的范围限缩到最小，更能够有效达到制度构建的立法初衷。

综上所述，笔者认为应采用有罪宣告说来界定前科的具体内涵，即将其定义为曾被法院宣告有罪的法律事实，无论犯罪人是否被判处刑罚或被免除刑罚，都可构成前科。

2. 剖析前科消灭的内涵

前科是前科消灭的核心范畴，由于前科概念界定不一，前科消灭的释义在国内外学界也未统一说法。下文欲通过多角度剖析和辨析相似概念的方式来揭开前科消灭的神秘面纱。

在厘清前科的基本内涵后，依照平义解释可将前科消灭解读为消灭行为人的前科，即消除前科带给行为人的负面影响，使其享有与普通公民无异的平等法律权利和地位。但对于前科消灭具体内涵的解读，即便是对于域外已建立起该制度的国家来说也不尽一致。

如俄罗斯现行刑事立法中规定的前科终止路径有两种：前科消灭和前科撤销。其中，前科消灭由法律明文规定，前科人员在缓刑考验期结束或刑罚执行完毕后经过一定期限可对前科予以注销。① 前科撤销则需要通过法院予以实现，对于服刑期满后表现良好的被判刑人，法院根据其本人的请求在前科消灭期限届满之前撤销前科，或者通过大赦或特赦的程序实现前科撤销。无论前科注销还是前科撤销，其效果都是使与前科有关的一切法律后果归于无效。② 再如法国，其前科消灭更倾向于犯罪记录撤销和复权的结合。③

我国对前科消灭没有立法，但在学术领域存在不少研究和探讨，对前科消灭的定义有一些代表性观点。具体包括以下观点：第一，认为前科消灭是指前科人员在满足法定条件的前提下自动被认为不再有前科。④ 第二，认为前科消灭是指人民法院认定犯有罪行被科

① 《俄罗斯联邦刑事法典》第 86 条第 3 款："前科，在下列条件下应当予以注销：（1）对于附条件执行的人员，应当在考验期期满之后；（2）对于被判处轻于剥夺自由刑刑罚种类的被判刑人，应当在被判处刑罚一年之后或者执行刑罚一年之后；……"载《俄罗斯联邦刑事法典》，赵路译，中国人民公安大学出版社，2009，第 48 页。

② 《俄罗斯联邦刑事法典》第 86 条第 6 款。载《俄罗斯联邦刑事法典》，赵路译，中国人民公安大学出版社，2009，第 49 页。

③ 《法国刑法典》第 133-12 条："受重罪、轻罪及违警罪刑罚的任何人，得依本节之规定自然恢复权利，或者按《刑事诉讼法典》规定的条件予以裁判上的恢复权利。"载《法国刑法典》，罗结珍译，中国人民公安大学出版社，1995，第 45 页。

④ 曾庆敏：《刑事法学词典》，上海辞书出版社，1992，第 1313 页。

刑的人在服刑期满或免刑后经过一定期限未犯新罪，从而结束其特殊法律状态的制度。[①]第三，认为"前科消灭是指曾受过有罪宣告或者被判处刑罚的人在具备法定条件时，注销其有罪宣告或者罪及刑记录的制度"[②]。第四，认为"前科消灭制度是指具有前科的人经过法定程序被宣告注销犯罪记录，恢复正常法律地位的一种制度"[③]。

应当对上述几种观点做何评价？一言以蔽之，它们都在一定范围内对前科消灭的内涵和外延作出了正确释义，但又都存在或多或少的缺陷。第一种定义简单明了，但没有准确揭示前科的含义，并且在逻辑上还有同义反复之嫌。相比之下，第二种定义在给出前科消灭的概念界定前先明确给出了前科的概念，值得称赞。但"经过一定期限未犯新罪"的表述似乎对前科消灭的条件只作出了时间方面的限定，没有将其他条件（如实质条件）纳入，表述为"符合法定条件"更为妥当。第三种和第四种定义从不同角度基本完整准确地概括出了前科消灭的内涵，也阐明了前科消灭的法律效果。但从精益求精的角度看还有待进一步改进。比如，第三种定义并未给出前科消灭的两种完整法律效果，第四种定义没有给出前科的具体定义而只是一笔带过等。

因此，在综合以上几种观点的基础之上，对前科消灭的概念可做如此完善：前科消灭是指曾被法院宣告有罪的人，在具备法定条件时被宣告或裁判注销犯罪记录，恢复正常法律地位的一项刑事法律制度。

3. 前科消灭与犯罪记录封存的辨析

曾有很长一段时间，我国实务界甚至理论界将前科与犯罪记录混为一谈，互相替换使用。前科消灭也由此被简单地等同于犯罪记录封存。二者确实都是针对前科人员的一种更生保护措施无疑，但究其本质，存在巨大差异。

首先，从前科与犯罪记录的关系来看，犯罪记录是一种有关行为人犯罪事实及其刑事判决的客观记录；而前科是指行为人曾经被法院宣告有罪的法律事实，更偏向于一种法律状态或法律地位。二者性质不同，是评价对象和评价结论的关系。[④]

其次，从对犯罪记录的处理方式来看，犯罪记录封存仅是通过特定方式和程序将犯罪记录封存起来而不轻易被公众知悉，有关机关在满足特定条件和符合特定使用目的的情况下仍可以获取该犯罪记录。而前科消灭是将犯罪记录注销，是一种彻底的抹去，视为"自始不存在"，只要符合法定条件消灭了前科，即便是司法机关也无从得知行为人曾经的犯罪记录。

最后，从二者的法律效果来看，犯罪记录封存更多的是致力于消除行为人因前科所受到的来自社会上的非规范性评价。由于公众不能轻易知悉行为人过往的犯罪记录，也就有很大可能不会对前科人员给予不平等待遇，有利于前科人员的再社会化。前科消灭则是消除行为人因前科所受到的包括法律上的规范性评价在内的全部不利附随后果。也就是说，行为人的前科一旦消灭，在法律上即可视为先前的犯罪行为未发生，即便之后再次犯罪且

① 王启富、陶髦：《法律辞海》，吉林人民出版社，1998，第 1341 页。
② 马克昌：《刑罚通论》，武汉大学出版社，1999，第 711 页。
③ 于志刚：《刑罚消灭制度研究》，法律出版社，2002，第 695 页。
④ 于志刚：《"犯罪记录"和"前科"混淆性认识的批判性思考》，《法学研究》2010 年第 3 期，第 48 页。

符合累犯的构成要件也不构成累犯，同样也不会对再次犯罪判刑的定罪和量刑产生任何影响。前科消灭是使前科人员恢复到犯罪前的法律地位，从其因前科所导致的惩罚和各种无资格状态中解放出来，更好地融入社会。

因此，通过上述几个方面的比较可以发现，前科消灭与犯罪记录封存在作用范围和法律效果上并非完全一致，甚至从保护前科人员法律权益的角度看，前科消灭更多的是填补犯罪记录封存的空缺，二者不能简单替代和混用。

4. 前科消灭与复权的辨析

与前科消灭近似的另一个概念是复权。虽然我国立法中并未出现复权这一概念，学界也对此鲜有研究，但复权实际上与前科消灭关系匪浅。复权起源于法国，从语义上可将之释义为恢复权利，这也是《法国刑法典》中对复权的定义。① 那么如何看待复权与前科消灭的关系呢？有学者认为二者属于同一概念的不同称呼，前科消灭就是复权。如张明楷教授认为："有些国家的刑法规定了前科消灭制度，有些国家的刑法规定了受到有罪宣告的人自动丧失一定的资格与权利。前科消灭后，才能恢复这些资格与权利，所以前科的消灭与复权可以说是同一问题。"② 也有学者认为，复权是一个大的概念，前科消灭应包含在复权内，属于复权的一部分。如有学者认为："复权是指对受刑者（包括既判刑者或刑罚执行终了者）经过一定期限后，恢复其因受刑罚处罚而丧失的资格及权利。"③ 显然，我国理论界还未对复权和前科消灭的关系形成统一认识，长此以往，必将对相关刑事理论和刑事制度构建产生不利影响。故而有必要对二者的关系进行详细梳理。

首先，前科消灭与复权有共通之处，都是适用于曾犯罪的行为人，在满足特定时间或实质条件的情况下，恢复其被剥夺的权利和资格的制度。其次，前科消灭与复权又存在很多本质上的不同，具体包括以下几点：第一，在适用对象上，复权的适用范围更窄，是专属于资格刑的刑罚消灭制度，仅适用于被判处资格刑的犯罪人，而前科消灭的适用范围涵盖了全部前科人员，即无论刑种和刑期，甚至对是否被判处刑罚及刑罚是否实际执行都不做要求。第二，在法律效果上，复权的效力仅是恢复犯罪人因犯罪而被剥夺的权利或资格，不消灭其犯罪记录，前科人员再次犯罪的，不阻却其累犯的构成和其他因前科而导致的从重处罚情节的适用。而前科消灭的效力，如前所述，包括注销犯罪记录，消除前科人员因前科所承受的全部不利附随后果。最后，前科消灭与复权又有着千丝万缕的关系，前科消灭是复权的逻辑前提。如果没有前科消灭，复权制度即使被创设出来，其效果也是大打折扣的，因为从理论上来说只有完成了前科消灭，才算是真正具备了恢复权利的依据，如果前科一直伴随犯罪人而存在，就无法从根本上保障犯罪人的权益。④

由于功能的共通性，对前科消灭与复权的概念理解与适用难免会有所混淆，但是如果一直不划清二者的界限而进行混用则是对两种制度的固有内涵和存在价值的抹灭。因此，

---

① 《法国刑法典》第133-16条：恢复权利产生与第133-10条及第133-11条（该两条规定了大赦的法律后果）所规定的相同效力；恢复权利即意味着因被判刑所引起的丧失权利或资格随之消灭。载《法国刑法典》，罗结珍译，中国人民公安大学出版社，1995，第46页。

② 张明楷：《外国刑法纲要（第二版）》，清华大学出版社，2007，第426页。

③ 胡鹰、喻文莉：《复权制度探讨》，《法学研究》1993年第4期，第57页。

④ 程骋：《前科消灭与复权制度在刑罚体系中的定位及逻辑关系解构》，《江汉论坛》2021年第12期，第117页。

为维护概念的科学性，应当准确把握前科消灭与复权的不同之处，这样也能更好地理解前科消灭制度。

（二）依托犯罪分层理论明确轻罪范围

当前，我国已出台了十二部刑法修正案，我国刑法在积极刑法观的影响下开始逐渐告别过去严刑峻法的"小刑法"，演变成刑罚手段逐渐轻缓化、轻罪罪名逐渐增多的"大刑法"，法网逐渐扩大，网眼更加细密。对此，有学者基于相关统计数据断言我国已经进入轻罪时代，严重暴力犯罪数量与重刑率下降，轻微犯罪数量与轻刑率上升（即"双降双升"），轻罪、新罪成为犯罪治理的主要对象。[①] 暂且不深入探讨该论断是否成立，仅就其所指出的现象不难看出，在多种刑罚措施轻缓的罪名加入刑法的新时代背景下，若仍将刑法中的全部罪名不加区分地适用同一种配套制度和治理方式，对重罪和轻罪的界限不加以严格划分和界定，实难满足现代化治理需要，无法应对社会转型背景下不断出现的各类新型风险与威胁。由此，为适应积极刑法立法背景下刑法轻罪罪名增多的现象，需要诉诸犯罪分层理论，确定轻罪划分的原则和标准，以确定后文进行实践观察和论及机制设计时所研究的轻罪范围。

1. 犯罪的复杂性催生了犯罪分层理论

犯罪这一社会现象极其复杂，既包括成因的复杂性，也包括犯罪现象本身的复杂性。研究犯罪现象的学科内部也存在很多分支，如犯罪心理学、犯罪生物学、犯罪社会学等。正因为犯罪存在复杂性、多样性的特点，所以为了对犯罪现象进行更透彻的梳理和研究，也为了更好地规制犯罪，犯罪分层理论应运而生。

纵观古今中外的犯罪论体系，不难发现，它们几乎无一例外存在着有关犯罪分类的研究内容，依据不同标准的分类方法则是对犯罪复杂性的客观体现和回应。正是分类讨论的思维方式帮助我们对复杂的犯罪现象进行拆解和剖析，从而使全面、深入地认识犯罪的本质成为可能。[②]

可以依据不同标准和维度对犯罪加以区分。例如，依据犯罪主体的不同，可以划分为自然人犯罪和单位犯罪；根据罪过形式的不同，可将犯罪分为故意犯罪和过失犯罪；等等。与此类似，犯罪分层也是一种犯罪分类方法，是指在刑事法上将所有犯罪按照严重程度区分为若干不同层次的表现形式。[③] 这种分类方法自古有之，但作为一种制度出现在立法中却是从 18 世纪的《法国刑法典》开始的。这种制度化的犯罪分层模式发端于欧陆国家，继而影响到英美法系国家，直至 20 世纪末，犯罪分层逐渐被绝大多数国家刑法采纳，成为通例。反观我国，尽管古代法律曾规定过类似犯罪分层的区分重罪并严惩重罪的制度，如"十恶""盗贼重法"等，但如今刑法却未曾对犯罪分层有过体系化的规定或类似制度的设计，这在轻罪扩张的新时代背景下，并不利于轻罪的犯罪治理，也难以推进司法精细化和刑罚体制改革。因此，探究合理恰当的犯罪分层理论就显得尤为必要，其不仅有

---

① 卢建平：《为什么说我国已经进入轻罪时代》，《中国应用法学》2022 年第 3 期，第 132 页。
② 刘嘉：《犯罪分层视野下微罪扩张的必要性分析及制度设计》，《山西青年》2020 年第 4 期，第 1 页。
③ 卢建平：《犯罪分层及其意义》，《法学研究》2008 年第 3 期，第 147 页。

利于提高刑法体系的多样性和科学性，也具有重要的刑事政策意义。

2. 我国目前划分重罪与轻罪标准的观点争议

我国学界关于犯罪分层标准的讨论，可谓异见纷呈，最早可以追溯到 20 世纪末出版的《重罪轻罪研究》。该书提出以"刑度"为测量尺度，"轻重"则为其测量结果，认为犯罪轻重的划分应当以犯罪的社会危害性为衡量标准，具体表现为犯罪行为的严重程度、犯罪人本身的人身危险性及最终被判处的宣告刑，实质上是在探讨犯罪的性质问题。[①] 但仔细琢磨后不难发现，这种犯罪分层标准的描述显然并不能够逻辑自洽，因为它既把刑罚作为分层尺度，又把犯罪的实质性后果作为划分标准，并没有给出一定的划分依据，自相矛盾。

目前，我国学者所主张的犯罪分层标准主要可归纳为两种：一是以刑罚的轻重，即以被判处刑罚自由刑期的长短为标准，此为形式标准说；二是以犯罪行为本身的严重程度或社会危害程度为标准划分，此为实质标准说。

形式标准说直观、明确，具有可操作性。持该观点的学者认为要以立法者对犯罪行为严重性的先前判决，即以法定自由刑的长短划定犯罪的轻重等级。在此基础之上，就刑罚参数的选择来说，其理论内部又存在"三年说"和"五年说"等不同观点，即以法定最高刑三年或五年有期徒刑为分界线，在此以上为重罪，以下则为轻罪。实质标准说则不同，主张把犯罪的实质社会危害性及其严重程度作为犯罪轻重等级的划分标准。有学者指出，严重程度是犯罪的社会危害性及其程度在评价主体主观上的反映，因此评价主体不同，其主观上认为的犯罪危害程度也随之不同。从这个角度讲，犯罪的严重程度是一个评价范畴，评价主体的立场不同、标准不同，得出的结论也必然不同。[②]

通过对比，可以发现我国学界对"重罪"和"轻罪"划分标准的主要争议点在于应当以刑罚轻重还是以犯罪本身的严重程度，抑或兼顾二者为准。只有明确了以何种标准为分层依据，才能准确阐释轻罪的内涵。

3. 以形式标准说的"三年说"为标准的合理性

衡量某一罪名的轻重程度是困难的。因为"轻重"实质上是具有价值判断色彩的词语，根据评价对象的不同而存在各种不同结论。而犯罪分层理论，实质涉及的是对犯罪行为的价值尺度的评价问题。"价值问题虽然是一个困难的问题，但它是法律科学所不能回避的。即使是最粗糙的、最草率的或最反复无常的关系调整或行为安排，在其背后总有对各种互相冲突和互相重叠的利益进行评价的某种准则。"[③] 诚然，一种能被所有人认可、接受和遵从的价值标准是不存在的，所以应当通过对比多种学说的优劣来选择一种更具普适性的标准。

形式标准说由于采用特定法定刑作为标准，所以易于认识、感觉，尺度直观明确，不会产生歧义，也具有客观性。但其长期以来一直因逻辑错误饱受争议：从理性角度看，犯罪的严重程度判断不应以事先规定的法定刑罚为依据，而应遵循犯罪在前、刑罚在后的因

① 郑伟：《重罪轻罪研究》，中国政法大学出版社，1998，第 14-17、62-77 页。
② 叶希善：《论犯罪分层标准》，《浙江师范大学学报（社会科学版）》2008 年第 2 期，第 85 页。
③ 罗斯科·庞德：《通过法律的社会控制》，沈宗灵译，商务印书馆，2011，第 62 页。

果顺序，即刑罚是犯罪的评价结果。因此，以法定刑罚为衡量犯罪严重程度的依据会陷入因果倒置的逻辑错误。

实质标准说则避免了这种弊端，以犯罪行为本身的社会危害性为标准，确实能够逻辑严密地划分轻重。但如前所述，犯罪严重程度是一个评价范畴，评价主体立场不同，得出的结论必然不同。同时，社会危害性的判断随着社会环境和治安形势的变化而发生变化，人们价值观、道德观及受教育水平不同，对同一犯罪性质的认识也不尽相同。因此，实质标准说受主观因素影响很难具有可操作性，也不利于刑法本身的稳定性。一种具有普遍适用性的标准，其本身应当是客观、便利、可操作性强的，且必须具备稳定性、明确性，而不能受主观因素的影响严重。由此可见，采用形式标准说更具合理性。

具体到采取几年法定刑作为重罪与轻罪的界限，结合轻罪化的立法背景，以法定最高刑三年有期徒刑作为界限似乎更为适宜且更具前瞻性。

首先，我国刑法条文中存在一些隐含的观点可以佐证，如《刑法》中关于缓刑适用对象的规定[①]，刑法空间效力的属人管辖和保护管辖的规定[②]等。另外，最高人民检察院工作报告也将三年有期徒刑作为一个分析统计的标准。[③]

其次，为保证轻罪和重罪在数量上的均衡性，支持"五年说"的学者大多担忧标准太低会导致原本属于行政处罚手段处置的违法行为被纳入刑罚处置范畴，最终出现轻罪数量不足的情况。但 2021 年最高人民检察院工作报告显示，判处不满三年有期徒刑及以下刑罚的案件占比已经上升到 77.4%。[④] 随着社会治理环境的向好，轻罪的数量只会逐年增加，因此，目前来看，并不会出现支持"五年说"的学者所担心的情况。

综上所述，本书选择以形式标准说的"法定刑三年有期徒刑"作为划分轻罪和重罪的分界点，即刑法条文规定该罪行适用的刑罚幅度为法定最高刑三年以下有期徒刑的为轻罪，反之为重罪。下文将以此轻罪概念为基础论述轻罪前科消灭制度的构建。

二、我国前科制度的立法与司法现状评析

虽然我国尚无明确的法律条文界定前科概念，但不可否认这些与前科挂钩的制度是我国刑法的重要组成部分，尤其是前科报告制度的出现，在学术界激起了浪潮。在司法实践中，前科也早已作为惯用的酌定量刑情节，用来衡量犯罪人的人身危险性，从而成为法官进行裁量判决的重要依据。从前科制度设定的立法初衷来看，这种依前罪之存在而给予犯

---

① 《中华人民共和国刑法》第 72 条："对于被判处拘役、三年以下有期徒刑的犯罪分子，同时符合下列条件的，可以宣告缓刑，对其中不满十八周岁的人、怀孕的妇女和已满七十五周岁的人，应当宣告缓刑……"

② 《中华人民共和国刑法》第 7 条第 1 款："中华人民共和国公民在中华人民共和国领域外犯本法规定之罪的，适用本法，但是按本法规定的最高刑为三年以下有期徒刑的，可以不予追究。"第 8 条："外国人在中华人民共和国领域外对中华人民共和国国家或者公民犯罪，而按本法规定的最低刑为三年以上有期徒刑的，可以适用本法，但是按照犯罪地的法律不受处罚的除外。"

③ 如前所述，该报告在谈及我国犯罪结构中重罪占比持续下降、轻罪案件不断增多时，就将判处不满三年有期徒刑及以下刑罚案件参照为轻罪的一个标准。

④ 《最高人民检察院工作报告——2021 年 3 月 8 日在第十三届全国人民代表大会第四次会议上》，https://www.spp.gov.cn/spp/gzbg/202103/t20210315_512731.shtml，中华人民共和国最高人民检察院网站，访问日期：2021 年 3 月 9 日。

罪人再次实施之后罪以相对较重的否定性评价或较重的刑罚处罚的做法，是具有合理性的。但若将之放大，仅因存在前科而对后罪加重处罚或前科既作为后罪的定罪依据又作为后罪的量刑依据而重复评价，则与立法初衷背道而驰。鉴于司法实践中确实存在某些过度强调前科而不当量刑的判例，因此需要梳理当前前科制度的相关立法和司法实践现状，并分析可能存在的弊端，从而为构建轻罪前科消灭制度的必要性讨论打下基础。

（一）我国前科制度的相关立法考察

1. 刑事法律领域中有关前科的规定

刑事法律领域内涉及前科的立法规定，既存在于实体法中，也存在于程序法中。

在《刑法》中，累犯制度①、毒品再犯制度②和前科报告制度③均不同程度地涉及有关前科的规定。累犯制度规定将累犯分为一般累犯和特别累犯，其共同特点在于若犯罪分子有前科，再次犯罪后，对后罪应当从重处罚。这一规定再次印证了前文所述的前科制度的设立目的是证明前科人员具有较大的人身危险性和再犯可能性，通过对再犯之后罪加重量刑，达到震慑犯罪分子的目的。毒品再犯制度也与之类似，它将前科限缩到五类毒品犯罪，对这类前科人员适用特殊的刑罚。前科报告制度更甚，将这种对前科人员的谴责和惩罚扩大到社会层面，以"贴标签"的方式，要求前科人员应在入伍、就业时依法报告其曾犯罪的事实，以便部队和就业单位清楚掌握有关信息，对其进行有效监督、教育。这种报告义务的期限是终身。所幸，例外条款免除了犯罪时系未成年人且被判处刑罚五年以下有期徒刑之人的前科报告义务。

刑事诉讼法中，主要涉及未成年人的犯罪记录封存制度④，这与前述的免除未成年人前科报告义务及未成年人不构成累犯的规定都是对未成年人再社会化的保护，是相关前科制度的例外规定。

2. 非刑事法律领域中有关前科的规定

正是由于刑事法律领域缺乏对前科制度的定性确认，同时也就失去了对其规范性适用的权威依据，因此在非刑事法律领域，有关前科的限制性规定不胜枚举。通过在国家法律法规数据库检索"曾经犯罪""受到刑事处罚""因故意犯罪"等有关犯罪人前科的关键

---

① 《中华人民共和国刑法》第 65 条："被判处有期徒刑以上刑罚的犯罪分子，刑罚执行完毕或者赦免以后，在五年以内再犯应当判处有期徒刑以上刑罚之罪的，是累犯，应当从重处罚，但是过失犯罪和不满十八周岁的人犯罪的除外。前款规定的期限，对于被假释的犯罪分子，从假释期满之日起计算。"第 66 条："危害国家安全犯罪、恐怖活动犯罪、黑社会性质的组织犯罪的犯罪分子，在刑罚执行完毕或者赦免以后，在任何时候再犯上述任一类罪的，都以累犯论处。"

② 《中华人民共和国刑法》第 356 条："因走私、贩卖、运输、制造、非法持有毒品罪被判过刑，又犯本节规定之罪的，从重处罚。"

③ 《中华人民共和国刑法》第 100 条："依法受过刑事处罚的人，在入伍、就业的时候，应当如实向有关单位报告自己曾受过刑事处罚，不得隐瞒。犯罪的时候不满十八周岁被判处五年有期徒刑以下刑罚的人，免除前款规定的报告义务。"

④ 《中华人民共和国刑事诉讼法》第 286 条："犯罪的时候不满十八周岁，被判处五年有期徒刑以下刑罚的，应当对相关犯罪记录予以封存。犯罪记录被封存的，不得向任何单位和个人提供，但司法机关为办案需要或者有关单位根据国家规定进行查询的除外。依法进行查询的单位，应当对被封存的犯罪记录的情况予以保密。"

词，发现涉及前科的非刑事法律领域规定主要包括《中华人民共和国公务员法》①、《中华人民共和国法官法》②、《中华人民共和国检察官法》③、《中华人民共和国律师法》④、《中华人民共和国教师法》⑤、《中华人民共和国医师法》⑥、《中华人民共和国会计法》（以下简称《会计法》）⑦、《中华人民共和国人民警察法》⑧、《中华人民共和国公司法》（以下简称《公司法》）⑨、《中华人民共和国商业银行法》⑩、《娱乐场所管理条例》⑪、《导游人员管理条例》⑫ 等。

通过梳理比对这些涉及前科的多部行政法规或其他非刑事法律领域的法律，不难发现，大多是对前科人员从业资格的限制。其中某些限制性条款是具有合理性和必要性的，如《会计法》仅限定曾犯有与职业相关罪名的前科人员从事会计工作，《公司法》和《中华人民共和国商业银行法》对于董监高类从业人员的限制亦是如此。相比之下，某些法律的从业资格限制规定却十分宽泛，只要受过刑事处罚，甚至不论是否为故意犯罪，便终身限制前科人员进入该行业。这种"一刀切"的规定在当下轻罪扩张的时代背景下明显欠妥。

（二）我国前科制度的司法实践检视

1. 以犯罪人是否有前科作为量刑依据

在司法审判中，前科情节经常被法院作为量刑依据考虑在内。其依据之一是最高人民

---

① 《中华人民共和国公务员法》第 26 条："下列人员不得录用为公务员：（一）因犯罪受过刑事处罚的；……"

② 《中华人民共和国法官法》第 13 条："下列人员不得担任法官：（一）因犯罪受过刑事处罚的；……"

③ 《中华人民共和国检察官法》第 13 条："下列人员不得担任检察官：（一）因犯罪受过刑事处罚的；……"

④ 《中华人民共和国律师法》第 7 条："申请人有下列情形之一的，不予颁发律师执业证书：……（二）受过刑事处罚的，但过失犯罪的除外；……"

⑤ 《中华人民共和国教师法》第 14 条："受到剥夺政治权利或者故意犯罪受到有期徒刑以上刑事处罚的，不能取得教师资格；已经取得教师资格的，丧失教师资格。"

⑥ 《中华人民共和国医师法》第 16 条："有下列情形之一的，不予注册：……（二）受过刑事处罚，刑罚执行完毕不满二年或者被依法禁止从事医师职业的期限未满；……"

⑦ 《中华人民共和国会计法》第 40 条："因有提供虚假财务会计报告，做假帐，隐匿或者故意销毁会计凭证、会计帐簿、财务会计报告，贪污，挪用公款，职务侵占等与会计职务有关的违法行为被依法追究刑事责任的人员，不得再从事会计工作。"

⑧ 《中华人民共和国人民警察法》第 26 条第 2 款："有下列情形之一的，不得担任人民警察：（一）曾因犯罪受过刑事处罚的；……"

⑨ 《中华人民共和国公司法》第 178 条："有下列情形之一的，不得担任公司的董事、监事、高级管理人员：……（二）因贪污、贿赂、侵占财产、挪用财产或者破坏社会主义市场经济秩序，被判处刑罚，或者因犯罪被剥夺政治权利，执行期满未逾五年，被宣告缓刑的，自缓刑考验期满之日起未逾二年；……"

⑩ 《中华人民共和国商业银行法》第 27 条："有下列情形之一的，不得担任商业银行的董事、高级管理人员：（一）因犯有贪污、贿赂、侵占财产、挪用财产罪或者破坏社会经济秩序罪，被判处刑罚，或者因犯罪被剥夺政治权利的；……"

⑪ 《娱乐场所管理条例》第 5 条："有下列情形之一的人员，不得开办娱乐场所或者在娱乐场所内从业：（一）曾犯有组织、强迫、引诱、容留、介绍卖淫罪，制作、贩卖、传播淫秽物品罪，走私、贩卖、运输、制造毒品罪，强奸罪，强制猥亵、侮辱妇女罪，赌博罪，洗钱罪，组织、领导、参加黑社会性质组织罪的；（二）因犯罪曾被剥夺政治权利的；……"

⑫ 《导游人员管理条例》第 5 条："有下列情形之一的，不得颁发导游证：……（三）受过刑事处罚的，过失犯罪的除外；……"

法院、最高人民检察院联合印发的《关于常见犯罪的量刑指导意见（试行）》，其将前科明确规定在"常见量刑情节的适用"第 16 点，即"对于有前科的，综合考虑前科的性质、时间间隔长短、次数、处罚轻重等情况，可以增加基准刑的 10% 以下。前科犯罪为过失犯罪和未成年人犯罪的除外"。

对于前科情节，法院常使用"前科""劣迹""前科劣迹""曾经多次犯罪"等表述。除此之外，"曾经违法被行政处罚""曾经被劳动教养"等类似曾经有过违法行为的事实也经常被使用于判决理由中，作为前科情节从重处罚，如前所述，这也从侧面体现出前科概念不清对司法实践的影响。

因犯罪人存在前科而对其后罪从重处罚的有关案例众多，通过中国裁判文书网检索"前科""酌定从重处罚"，就已有 32065 篇裁判文书（截至 2023 年 4 月 1 日，涵盖全国各地域及各层级法院）。在涉及罪名方面尤以毒品类犯罪和盗窃类犯罪居多，几乎占据一半比例，如图 2-1 所示。

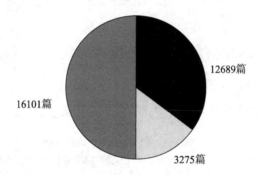

12689篇

16101篇

3275篇

■ 盗窃罪　□ 走私、贩卖、制造毒品罪　■ 其他罪名

图 2-1　因犯罪人存在前科而影响量刑的裁判文书数量

究其原因，我国刑法中已明确规定了毒品再犯制度，将毒品类五种犯罪的前科规定为法定从重处罚情节，所以司法实践中多直接依此条文量刑。

盗窃类犯罪则应分情况讨论。一方面盗窃罪再犯率高，曾经有过财产犯罪经历的犯罪人由于物质条件长期得不到满足，更易于再次实施侵犯公民财产权的同种犯罪，所以在司法裁判中，依前罪与后罪均是盗窃罪而对犯罪人从重处罚的不在少数。

另外也存在一些案例，前罪是财产类犯罪，后罪是不同种犯罪，但法院仍将此前科作为从重处罚的依据。如李某光等人故意伤害案，李某光等人因与被害人发生肢体冲突而致被害人死亡。在此共同犯罪中，李某光仅为从犯，法院却因李某光曾犯盗窃罪的事实而对其本次犯罪的量刑予以加重。① 因犯罪人曾有盗窃犯罪的事实而在与此无关的故意伤害犯罪量刑时予以考虑，可见法院有时在将前科劣迹作为酌定量刑情节时并未考虑前后罪名的相关性，主观裁量权较大。

另一方面，司法解释中还存在将前科作为入罪情节的规定，如 2013 年最高人民法院、最高人民检察院共同发布的《关于办理盗窃刑事案件适用法律若干问题的解释》，就把因

---

① 广东省高级人民法院（2021）粤刑终 225 号刑事判决书。

盗窃受过刑事处罚的犯罪人再次犯罪的入刑起点降低为原本标准的一半。[①] 无独有偶，在不久后发布的《关于办理敲诈勒索刑事案件适用法律若干问题的解释》中，也对因敲诈勒索受过刑事处罚的犯罪人作出了类似规定。[②] 正是这些司法解释的出台，造成了有盗窃前科的犯罪人再实施盗窃行为更易入罪的现象。

此外，司法实践中还存在着前科影响缓刑的情况。如耿某华危险驾驶罪一案[③]，耿某华醉酒驾驶机动车，经法院认定其行为已构成危险驾驶罪，应予惩处。但考虑到耿某华曾因违法被行政处罚过，本次醉酒驾车载人行驶，违法意识明显，不宜判处缓刑。辩护人提出适用缓刑的意见，法院不予采纳。

综上所述，由于我国缺乏完善的前科制度予以支撑，在司法实践中因犯罪人有前科而影响其后罪量刑的判例不在少数，尤其是酌定量刑情节的刑法地位模糊，法官在具体裁量时如何运用并无统一依据，存在"同案不同判"的情况，这对有前科的犯罪人并不公平，也会影响其后续再社会化。

2. 未成年人犯罪记录封存制度立法前的实践探索

在我国，随着法治观念逐渐深入人心，越来越多的专家学者意识到应该对犯罪人的人权进行保障，帮助其复归社会，尤其应对未成年犯罪人的未来成长给予高度重视。早在立法上还未有未成年人犯罪记录封存制度前，全国各地的人民法院便开始在借鉴国外先进经验的基础之上，进行了诸多有关犯罪记录封存或注销的探索和实践。这些积累下的宝贵经验不但为未成年人犯罪记录封存提供了参考，也能为未来构建未成年人前科消灭制度提供实践准备和经验沉淀。这方面的实践探索主要有以下几类：

其一，颁发前科消灭证书。河北省石家庄市长安区人民法院首次明确引入了前科消灭制度，于2003年制定了《未成年人前科消灭实施办法》。该办法一经出台便引起了社会各界人士的关注。该办法规定已满14周岁不满18周岁的未成年犯罪人若符合特定条件，可以向法院申请消灭其前科，并对具体执行中的适用范围、消灭程序、消灭后果及消灭前科后记录该未成年人犯罪情况的相关材料的处置方式均作出详细规定。[④] 经法院审查通过后，对申请人作出决定撤销前科裁定，为申请人出具前科消灭证明书。此时，该未成年人的前科归于消灭，视为未曾犯罪，并依法恢复其先前的法律地位。但对构成累犯的，不能取消其前科；虽然是偶犯、初犯，但性质较为严重的，也不在消灭之列。

其二，犯罪记录封存。江苏省徐州市鼓楼区综治办、法院、检察院、公安局等11个部门联合出台了《关于建立未成年人犯罪"前科消灭制度"的实施意见》。按照规定，适用前科消灭的未成年人犯，须不是危害国家安全、毒品犯罪，以及严重暴力犯罪的首要分

---

① 《关于办理盗窃刑事案件适用法律若干问题的解释》第2条："盗窃公私财物，具有下列情形之一的，'数额较大'的标准可以按照前条规定标准的百分之五十确定：（一）曾因盗窃受过刑事处罚的；……"

② 《关于办理敲诈勒索刑事案件适用法律若干问题的解释》第2条："敲诈勒索公私财物，具有下列情形之一的，'数额较大'的标准可以按照本解释第一条规定标准的百分之五十确定：（一）曾因敲诈勒索受过刑事处罚的；……"

③ 北京市海淀区人民法院（2021）京0108刑初1808号刑事判决书。

④ 该规定适用的范围是未成年人初次犯罪，且犯罪情节属于轻微的；消灭前科的方式是提出申请；提出申请的时间依所判刑期的长度，限定为一年至三年；现实表现需确实悔过，改造良好；决定机关为人民法院；决定方式根据决定的结果不同，分为证明书（消灭前科）和通知书（驳回申请）。

子、主犯及累犯，并经过区未成年人前科消灭制度工作领导小组办公室对其刑罚执行期间及完毕后若干年表现的考察。通过考察后会永久封存获得前科消灭证明书的未成年人犯的档案，不再在对社会公开的任何档案中载明，当事人可以声称自己无犯罪记录。但是适用范围较小，仅针对鼓楼区未成年犯罪人。

其三，刑事污点限制公开。2006 年 11 月 8 日，上海市人民检察院宣布，从即日起，当地各级检察机关将全面推广试行未成年人刑事案件的"污点限制公开制度"。这一制度与上述各地的未成年人前科消灭或犯罪记录封存措施相比，适用范围更小，仅适用于经检察机关认定决定相对不起诉的未成年人，是对其不起诉决定书进行公开限制，并可以不进入该涉案未成年人的人事档案，非经批准不得对外披露。该规定从检察工作的角度为保护未成年人隐私，避免未成年人遭受前科之累作出了积极贡献。

其四，犯罪记录归零。2010 年，山东省日照市东港区人民法院联合司法局、检察院、教育局、民政局等部门共同发布了《日照市东港区未成年人轻罪记录归零制度》，明确规定 14～18 周岁且被判处三年以下有期徒刑的初犯和偶犯的轻罪记录可以有条件地归零。①

虽然各地因地域差异在未成年人前科消灭方面的实践探索有所不同，但仔细梳理不难看出，其核心理念和基本特征是一致的：一是在适用范围上，大体上是针对所犯情节较轻的未成年人，被判处刑罚大多集中在管制、拘役、三年以下有期徒刑、缓刑等，并且大都将严重暴力性犯罪或危害国家安全的犯罪排除在外；二是在适用条件上，大多设定了考验期，要求犯罪人在此期间再没有重新实施违法犯罪行为，即要求其证明自身确有悔过表现；三是在预期效果上，所追求的目标基本一致，类似把符合条件的未成年人的犯罪记录限制公开，所受刑事处罚的事项不再记入户籍登记和学生档案、人事档案，已经记入的由相关成员单位予以撤销，等等，都是为了实现对未成年人隐私的保护。总体而言，这些有关未成年人犯罪记录封存的探索与实践在客观上确实有利于推动从立法上构建体系化的犯罪记录封存制度和前科消灭制度，但显然这些探索与实践都更倾向于对未成年人犯罪记录信息的隐私化保护，很难达到其所预期的前科消灭的目的。这也是为何笔者称之为"犯罪记录封存"而非"前科消灭"。前科消灭证明书的颁布也更像一个火上浇油式的做法，非但无法消灭未成年犯罪人的前科附随效应，反而可能在无形中扩大非规范性评价，加大未成年人回归社会的障碍和难度。

三、构建轻罪前科消灭制度的必要性

（一）积极刑法观影响下的轻罪扩张已成趋势

如前所述，我国近年来通过颁布刑法修正案的方式适应着刑事立法活性化的潮流，越来越多的新罪入刑，尤其是轻罪和微罪的增多，使得犯罪门槛逐渐降低。有学者提出这种做法并不符合中国"大国法治"的要求，也难以取得理想效果，应停止这种积极的刑事立

---

① 何晖：《贵州山东两地试点未成年人前科消灭制》，《大河报》2010 年 4 月 23 日。

法趋势，并适当让某些犯罪行为去犯罪化。[①] 不过，在积极刑法观影响的刑事立法背景下强行删除这些轻罪并不具有可行性。原因如下：

1. 轻罪入刑起到了一定的惩戒作用

轻罪在遏制相关领域的行为失范上效果明显。以最典型的醉驾入刑来说，危险驾驶罪作为表明立法机关重视民生保护的亮点条款，自生效以来在遏制屡禁不止的醉驾现象及其引发的大量交通事故上确实取得了不容小觑的效果。在醉驾入刑的第一年里，全国公安机关共查处酒后驾驶 35.4 万起，其中醉驾 5.4 万起，同比下降 44.1%，且醉驾入刑带来了因醉驾导致的交通事故起数和死亡人数的明显下降。[②] 并且，在我国机动车保有量逐年增多的情况下，该罪所承担的民生保护使命，即加大对醉驾行为打击力度的历史使命仍未彻底完成。

同样地，为规制类似频发社会失范行为而设置的轻罪，如代替考试罪、高空抛物罪等确实取得了有益的效果。"2021 年 3 月 1 日，《中华人民共和国刑法修正案（十一）》生效，'高空抛物'正式入刑。一年来，一系列高空抛物案件得到公正裁决，有力维护了民众生命财产权益。今年的最高人民法院工作报告指出，2021 年高空抛物致人伤亡案件大幅减少，群众头顶上安全更有保障。"[③] 并且，《关于〈中华人民共和国刑法修正案（十一）（草案）〉的说明》指出，此次刑法修改继续贯彻"立得住、行得通、真管用"的思路。非法控制驾驶装置和高空抛物作为社会反映突出的失范行为，有关轻罪的增设是以实践为导向的修改，无疑能达到"真管用"的效果。

2. 劳动教养制度废止后的司法分流需要轻罪入刑

2013 年 12 月 28 日，全国人民代表大会常务委员会通过了《关于废止有关劳动教养法律规定的决定》，劳动教养制度的废止得到了社会各界的赞同，是深化司法改革的重要内容。然而，劳动教养制度的废止并不代表着对这一制度改革的完成，随之而来的就是该如何解决劳动教养制度废止带来的新旧制度衔接及应对的问题，尤其是原本由劳动教养进行制裁的行为需要分流到轻罪领域来规制，大量轻刑案件由原来的劳动教养处理转为由法院审理解决。换言之，劳动教养制度废除之后，需要建构一种制度，既尊重和保障人权，又能教育惩治社会不良人员；既能维护社会秩序的稳定，又符合法律的要求和法治精神；既能真正规避劳动教养制度的弊端，又符合现代社会发展要求。从劳动教养制度废止之日起实践中就已经开始了探索，现在实践中的主要做法是对曾经需要劳动教养的对象进行行政化和刑事化分流处理，以此作为对劳动教养制度的衔接。这种"类型化分流处理"在理论界和实务界中均有诸多支持者。客观上，近几年来我国轻罪的扩张也支持了这一立场，无论是立法上通过修正案的方式增设诸多新罪的做法，还是司法实践中轻罪案件不断增多的事实，都表明原本由劳动教养制裁的一部分行为难免会分流到刑法中，我国犯罪圈在扩张的同时，部分犯罪的门槛出现了降低的现象，且可以预见这绝非偶然或一时现象，其发生

---

① 付立庆：《论积极主义刑法观》，《政法论坛》2019 年第 1 期，第 99 页。
② 王汉超：《醉驾入刑一年　五大难题待解》，《人民日报》2012 年 5 月 1 日。
③ 史志鹏：《入刑一年来，高空抛物案件明显减少——努力消除"悬在城市上空的痛"》，《人民日报海外版》2022 年 4 月 18 日。

的领域也不会局限于妨害社会管理秩序罪和危害公共安全罪领域。在此意义上，犯罪分层意义上的轻罪在我国迎来了发展的机遇期。

综上所述，短期内将新增罪名删除既不符合实际，也不具有可行性，在未来的一段时期内增设轻罪是我国刑事立法犯罪化发展中难以逆转的方向。

（二）轻罪前科的附随性法律后果严重

虽然轻罪扩张已是大势所趋，但轻罪前科的存在带来的严重附随性法律后果需要引起关注。

1. 前科的存在使得轻罪不轻

我国目前正处于积极刑罚观影响的立法背景下，轻罪扩张也成趋势。在此背景下，轻罪的前科数量逐渐增多，尤其是危险驾驶罪、高空抛物罪等高发型轻微罪入刑，导致越来越多的人可能背负犯罪前科，由此导致犯罪人所犯罪行与其实际承担的法律后果严重不符，使得轻罪不轻。譬如，危险驾驶罪的刑期固然不高，但随之而来的附随性法律后果，无论是资格剥夺还是对子女的牵连性影响，其报应力度都远远超出了刑法所设定的个人责任程度。还有一些地区仅因父母有犯罪记录就扣减子女的入学积分。事实上，一些学者已经意识到，"犯罪人犯罪以后，法律已令其承担了与所犯罪行轻重相适应的刑事责任，这是正义的体现，但让一个刑罚已经执行完毕的人在合法的情况下，继续承受该项犯罪所带来的种种报复，就有失公正"①。

既有的前科规定很多都将"受过刑事处罚"作为剥夺资格的前提，而不对具体的犯罪性质和严重程度进行细分。这会导致无论轻罪还是重罪，在终身性前科限制面前没有区别，有违平等原则，也不免会让轻罪犯罪人受到比所受刑罚更重的附随性惩罚，引起罚与罪的比例失衡，造成"倒挂"现象。如前述犯罪分层理论讨论的，犯罪无论在立法制度设计上还是在学术研究上，都会依多种分类方式被划分为各种不同类型。但前科制度的资格限制却并无任何针对性，对实施任何罪行的犯罪人都设置了同等的前科处罚，甚至会一罚终身。尽管立法者可能是出于社会整体利益和治理便利的考虑制定这些规定的，但这种明显违背平等原则的制度不会因其保护了较大的经济社会利益而被理解或接受。②

2. 轻罪犯罪人身份认同度普遍偏低

身份认同度是指个体对自己所处群体或社会的归属感和认同感。一般认为，自然犯的身份认同度通常高于法定犯，重罪犯罪人的身份认同度通常高于轻罪犯罪人。在我国的法定犯领域，作为醉酒型危险驾驶罪行为人的犯罪人身份认同度总体上是较低的，这在醉驾入刑初期特别明显。众所周知，自然犯和法定犯的区分源于意大利学者加罗法洛的自然犯罪理论。加罗法洛认为："在一个行为被公众认为是犯罪前所必需的不道德因素是对道德的伤害，而这种伤害又绝对表现为对怜悯和正直这两种基本利他情感的伤害……我们可以确切地把伤害以上两种情感之一的行为称为'自然犯罪'。"③ 与自然犯相对的是法定犯，

---

① 房清侠：《前科消灭制度研究》，《法学研究》2001 年第 4 期，第 88 页。
② 约翰·罗尔斯：《正义论》，何怀宏等译，中国社会科学出版社，1988，第 62 页。
③ 加罗法洛：《犯罪学》，耿伟等译，中国大百科全书出版社，1996，第 44 页。

即"违背了特定社会的法律，而这些法律根据国家的不同而不同，且对社会的共同存在并非必不可少"的犯罪。[①] 法定犯不同于自然犯的本质特征使得法定犯的行为人大多不具有"自体恶"的属性，因而，很难根据公认的善恶标准轻易地识别出其刑事违法性。

在我国醉驾入刑初期，醉酒型危险驾驶罪犯罪人的身份认同度总体上是较低的，这是因为醉酒型危险驾驶罪的违法性并不易于被普遍认知。许多人认为只要没有造成实际的伤害结果，这样的行为就只应该受到轻微的行政处罚，而不应该构成犯罪。尤其长期以来人们只认为醉驾是严重点的酒驾，直至醉驾入刑将醉酒驾驶行为上升为犯罪，并配置了相应的刑罚处罚，醉驾才渐渐在社会上引起重视。因此，相对于其他自然犯而言，醉酒型危险驾驶罪犯罪人对自己身份的认同度低，并不视自己为犯罪人。同时，随着《刑法修正案（八）》增加对社区矫正的规定，对于被宣告缓刑的犯罪分子在缓刑考验期内依法实行社区矫正，一部分被判处缓刑的轻罪犯罪人没有受过实质监禁刑造成的社会隔离，更加不会对自己犯罪人的身份有过高的认同心理。而轻罪犯罪人有很大概率会被判处缓刑，所以他们的社会身份认同度偏低有一定的普遍性。

3. 前科成为轻罪犯罪人社会复归的障碍

现实生活中，前科人员重返社会后就业困难的案例不在少数。王先生曾在给人大代表的信中提到，他两年前曾因酒驾被法院判定犯危险驾驶罪，但系初犯且未造成事故，仅被判处拘役两个月，缓刑三个月。王先生称，有了案底后，不仅对他的工作及家庭生活产生了很大影响，而且子女由于他的刑事案底也遭受牵连，考学、工作等均受影响。[②] 像王先生这种情况，在前科人员中极为普遍。

就现有前科制度来看，前科人员的权利剥夺极为广泛，其中"犯罪人"标签永久性存续、广泛的资格限制都给前科人员的社会复归带来了困扰，成为其实现社会复归价值的绊脚石。然而从理论上讲，前科制度是以人身危险性为基础，在追求公利与维护个人私利之间寻求平衡的一项特殊制度。前科制度的价值追求具有复合性，既要追求社会防卫公共安全，也要保障个人权利，实现社会复归。从前文的论述可知，立法者向剥夺犯罪能力价值倾斜，忽视前科人员权益保护，这一制度设计也是立法者在特定历史时期，经过一定利益权衡后作出的选择。该制度的构建符合当时中国特殊的政治经济条件、社会观念及刑法理念。

但在当下的时代背景下，犯罪结构发生显著变化，轻罪犯罪人数量逐年增多，终身性的前科制度会导致轻罪犯罪人罪与罚的失衡，严重不利于众多轻罪犯罪人复归社会，显然其已不再符合如今的法治环境和政治经济大环境，亟待改善。维护前科人员复归社会后应有的权利与自由，为之撕去"犯罪人"的标签，需要对轻罪前科予以消灭。

（三）犯罪记录封存并不能消除前科泛化影响

《刑事诉讼法》于 2012 年正式建立了未成年人犯罪记录封存制度[③]，旨在消除犯罪记

---

① 加罗法洛：《犯罪学》，耿伟等译，中国大百科全书出版社，1996，第 53 页。

② 谭畅、刘欢：《多专家呼吁建立轻罪前科消灭制度》，《南方周末》2021 年 3 月 25 日。

③ 《中华人民共和国刑事诉讼法》（2018 年修正）第 286 条："犯罪的时候不满十八周岁，被判处五年有期徒刑以下刑罚的，应当对相关犯罪记录予以封存。犯罪记录被封存的，不得向任何单位和个人提供，但司法机关为办案需要或者有关单位根据国家规定进行查询的除外。依法进行查询的单位，应当对被封存的犯罪记录的情况予以保密。"

录给未成年犯罪人带来的附随性效应，保障涉案未成年人的人权，帮助其尽早回归社会，实现教育、感化、挽救的刑事政策目的。有人便以此认定我国已开始建立前科消灭制度，充分保障了犯罪人回归社会的合法权益。先不论犯罪记录封存与前科消灭之间的巨大差异，仅从相关立法和司法实践上看，其非但实际效果并不理想，反而陷入了与立法初衷背道而驰的尴尬局面。

首先，《刑事诉讼法》中规定的封存实体性条件过于笼统，仅规定被判处五年有期徒刑以下刑罚的未成年犯罪人的相关犯罪记录应当予以封存，但实践中有些案件因各种原因对未成年犯罪人不予起诉、不予批捕，是否应当对其犯罪记录进行封存则无法从法条中求得解答。例如，现实中检察院最终因为事实不清、证据不足而对某未成年犯罪嫌疑人不予起诉，其曾记录在案的有关犯罪事实是否应当封存，不同的地方机关处理方式不同。所幸，2022年5月最高人民法院、最高人民检察院、公安部、司法部联合发布的《关于未成年人犯罪记录封存的实施办法》对封存的具体事宜又作出了一系列详细的补充规定，如第7条规定："未成年人因事实不清、证据不足被宣告无罪的案件，应当对涉罪记录予以封存……"但是鉴于其发布时间较短，法律层级较低，实践中能否取得预期效果还有待观察。

其次，在司法实践中，或出于为当事人证明提供保障的目的，或出于留档以备未来司法活动不时之需（还有解封的可能）的目的，通常会采用颁发前科消灭证明或犯罪记录封存通知书等证明文件于当事人的做法。但这一做法，客观来说，不仅与前科消灭制度的本质、内涵相悖，甚至可能存在着人为扩大社会公众对于未成年人非规范性评价的风险。当这些未成年人用前科消灭证明去升学、应聘时，无疑就是在向校方和用人单位践行自己的前科报告义务，报告着"我曾经犯过罪"的事实，这与《刑法修正案（八）》所规定的免除部分未成年犯罪人前科报告义务的立法目的相悖，甚至可能会引发、放大、增强本来可能根本就不会出现的非规范性评价。从本质上来看，这种发放前科消灭证明的方式会强制曾经的未成年犯罪人长期持有，并且在这个过程中不断强化他们的自我提醒和自我暗示，强化其对自我"犯罪人"身份的认同。由此可见，前科消灭证明的出现，非但没有清除未成年犯罪人回归社会的障碍，反而是在将这一部分未成年人使劲地推向社会的对立面，严重侵犯了未成年犯罪人的权益，让他们顺利回归社会变得愈加困难。

四、域外轻罪前科消灭制度的考察

有位美国学者曾指出，前科作为刑罚的不利附随后果，其本身已经具备了惩罚的性质，在刑满释放之后前科人员已经偿还了其所负担的社会之债，因此在服刑期满之后继续对前科人员施加各种不利的惩罚明显不公平。[①] 对于前科所带来的负面影响，无论英美法系国家还是大陆法系国家，都在寻求合理而有效的对策来抗衡。前科消灭制度正是为此而产生的，并因其所具有的人权保障功能而被世界多数国家或地区普遍承认和加以适用。考

---

① Fruan Mouzon, "Forgive Us Our Trespasses: The Need for Federal Expungement Legislation," *University of Memphis Law Review* 35(2008):1-46.

察这些国家和地区有关前科消灭制度已有的立法和司法实践，提取其中符合我国国情的经验，无疑对构建我国的前科消灭制度有莫大助益。由于大陆法系国家与英美法系国家对待前科消灭的政策、态度及采取的消灭措施和效果不同，笔者分别选取了具有代表性的美国和法国的前科消灭制度作为考察对象。

（一）英美法系代表性国家的轻罪前科消灭制度——以美国为例

受恢复性刑事司法理念、教育改造、矫正政策的影响和推动，21世纪初期，美国越来越多的有识之士认识到，前科记录的广泛传播和使用会严重阻碍前科人员复归社会，所带来的负面效应与强调人权保障和恢复性司法的美国司法理念相去甚远。尤其在信息网络时代，这种前科附随后果被无限放大。随着犯罪记录数据库功能的逐渐完善，对犯罪记录采取保密措施成为普遍的社会共识，各州也开始了如火如荼的前科消灭立法实践。最典型的就是不得向刑事司法系统之外的人公开犯罪记录。而美国的犯罪记录范围十分广泛，包括逮捕、定罪及撤诉记录等。①

在美国，前科消灭被定义为这样一种程序，通过这一程序的犯罪判决记录被州或者联邦信息存储库删除或者封存。② 其中，删除犯罪记录是将记录的物理和电子形式都彻底消灭，随着记录被删除，涉及的前科人员的犯罪背景也会被处理干净。③ 但在司法实践中，删除并不是彻底的，定罪记录仍然可用于执法目的。鉴于美国是联邦制国家，为更好透视其前科消灭制度，下文将分别从联邦和州两个层面进行阐述。

1. 联邦层面的轻罪前科消灭

美国联邦迄今尚未通过一部完整的关于前科消灭制度的综合性法律，但存在规定了前科消灭的单行法。早在20世纪50年代，美国国会就通过了《联邦青年矫正法》，旨在帮助青年犯罪人在完成改造后更好地回归社会。该法规定，对于18岁至26岁的青年犯罪人，如果他们完成了相应的矫正项目，法院可以发放"有罪判决失效证明书"，将他们提前释放并撤销其判决。④ 但可惜的是，该法案最终并未达到期望的教育改造效果：适用该法案而撤销判决的青年犯罪人非但没有更积极地参与矫正项目接受改造，反而引发了交叉感染问题。最终该法案在20世纪末被国会废止。之后美国众议院也先后提出了多个前科消灭立法提案，但都未取得实质性进展。其中相对有影响力的是2012年美国国会通过的《联邦初犯法》。该法案规定，不满21周岁的没有毒品犯罪前科的人被判处持有管制物质的轻罪时，法院可以在作出判决之前施加缓刑，如果行为人没有违反缓刑条件，法院可以驳回该案而无须作出判决，且有关其犯罪行为的所有公开记录可以被删除。这里的前科消灭是删除涉及行为人因犯罪而被逮捕、提起刑事诉讼的程序及其结果的所有刑事记录，行为人的权利恢复到被捕或被指控之前的状态。前科消灭后，对于任何机关、组织或个人关于其前科的问询，该行为人均可以不承认或予以否认，并无须担心因此承担任何伪证、虚

---

① Anna Kessler, "Excavating Expungement Law: A Comprehensive Approach," *Temple Law Review* 2(2015):403-446.

② James B.Jacob, *The Eternal Criminal Record* (Harvard University Press), 2015, pp.113-115.

③ Alessandro Corda, "More Justice and Less Harm: Reinventing Access to Criminal History Records," *Howard Law Journal* 1(2016):1-60.

④ James B.Jacobs, *The Eternal Criminal Record* (Harvard University Press), 2015, p116.

假宣誓或作出虚假陈述的刑事责任。①

2. 州层面的轻罪前科消灭

美国大多数州及哥伦比亚特区都有关于前科消灭制度的规定，虽然在立法表达、适用条件和执行方式上存在较大差异，但也有诸多相通之处：一是大多数州都允许消灭未成年犯前科；二是各州都普遍性地对前科消灭规定了限制条件；三是绝大多数州允许对未判决结案的案件的被告人的前科予以消灭；四是对于错判案件被告人前科的消灭。② 下文选取了两个有代表性的州简要介绍其前科消灭立法情况。

在华盛顿州，犯罪记录可分为定罪记录与非定罪记录，相关前科消灭立法也对其作出了不同的适用情况规定。关于撤销定罪记录，罪犯在刑满释放后可向量刑法院申请，法院也可以自主决定撤销符合法定条件的罪犯的定罪记录。此外，根据《华盛顿州量刑修订法案》的规定，经过三年等待期后，轻罪的定罪记录可被撤销。一旦定罪记录被消除，所涉及的定罪案件就不得再作为后罪量刑的依据，也不会存在于当事人的档案中，这意味着当事人无须再受因犯罪所受到的各种限制。但是，被撤销的定罪记录仍可用于刑事检控程序中。一般而言，非定罪记录的传播范围有限，仅在涉及刑事司法的范围内传播，并应在一定的期限后基于当事人的申请予以删除。但如果该记录中包含一份暂缓起诉决定书或当事人的一份先前重罪或严重轻罪的前科判决书，法院则可以拒绝删除这一非定罪记录。

宾夕法尼亚州允许消除轻罪的判决记录和非判决记录。依据相关法律规定，以下情形可以消除判决记录：第一，经简易程序审理的案件，若犯罪人在判决作出后五年内没有因犯罪被逮捕或起诉，则可向法院申请消除定罪记录；第二，无罪宣告案件的判决记录可以被消除；第三，年满70周岁的犯罪人在刑满释放或监管期满后十年内未被逮捕的或死亡已满三年的，法院可以消除其定罪记录；第四，按审前分流程序处理的案件中，如特定的非暴力犯罪人、被指控轻罪的初犯，若按要求完成12小时或18小时的社区服务，同时支付机构一定数额的罚金，那么其指控就会被撤回，逮捕记录也会被消除。至于前科消灭的效力，该州与华盛顿州的规定类似，虽然这些判决记录可以被消除，但是司法机构及犯罪记录中央存储库仍应保存被消灭前科的人员名单及其犯罪历史记录信息，并且这些记录可以基于法院或执行机构的申请继续在司法程序中使用。③

（二）大陆法系代表性国家的轻罪前科消灭制度——以法国为例

法国作为前科消灭制度的起源地，其制度经历多年的演进与发展已经相对成熟，在大陆法系国家中最具代表性。《法国刑法典》《法国刑事诉讼法典》都对前科消灭制度进行了详细的规范。总体而言，法国的前科消灭制度仅适用于被判处刑罚较轻的犯罪人。下面将从犯罪记录登记、前科消灭的条件及程序、前科消灭的法律后果三个方面具体考察法国的立法情况。

---

① 彭新林：《中国特色前科消灭制度构建研究》，人民法院出版社，2019，第63页。
② 彭新林：《中国特色前科消灭制度构建研究》，人民法院出版社，2019，第66-67页。
③ 彭新林：《中国特色前科消灭制度构建研究》，人民法院出版社，2019，第68页。

1. 犯罪记录登记

一般而言，前科消灭制度的建立都基于较为完善的犯罪记录登记制度。《法国刑事诉讼法典》于第五卷单独成编对犯罪记录的相关事宜作出了规定。依第 768 条规定，法国采用信息化处理方式建立全国犯罪记录，对于每个出生在法国的自然人，通过国家自然人身份鉴别登记簿核实身份后，需记录包括特定犯罪的有罪判决、缺席判决或有罪宣告等共 9 项法定事项于犯罪记录中。除对自然人予以犯罪记录登记外，对法人也会通过全国企业及机构信息簿核实身份后进行犯罪记录登记。①

2. 前科消灭的条件及程序

《法国刑事诉讼法典》第 769 条规定，符合以下情形的可于犯罪记录登记卡中撤销有罪判决记录：① 因大赦自然复权或裁判复权而消失的判刑，或者依据更正犯罪记录的决定而改判的判刑；② 除不受时效约束的犯罪宣告之刑罚外，判决宣告时间已超过四十年，其后未受到重罪或轻罪之刑罚；③ 因复权而消灭的有关纪律性规定；④ 全部或部分得到缓刑的有罪判决，无论是否附考验期，自判刑应当视为不曾发生之日起计算，《法国刑法典》第 133-13 条及第 133-14 条（依据所判不同轻罪刑种，规定了经过不同期限后依法当然复权）所规定的期限届满后；⑤ 免除刑罚及对违警罪所作的有罪判决，自判刑最终决定之日起三年期限届满；⑥ 有关刑事和解的记载，在确定和解措施已经得到执行之日起三年期限届满，如当事人在此期间未收到重罪或轻罪刑罚之有罪判决，或者没有执行新的刑事和解。此外，还规定了未成年人的某些有罪判决记录（一般是轻罪）可以在其成年或考察期中止后撤销。②

有关前科消灭的程序，依据法律规定，既可由法院依职权启动，也可由被记录人申请启动。由法院依职权而消灭前科的情形，即上述法条中规定的符合法定情形而予以撤销有罪判决记录的特定案件类型。除此之外，需依当事人申请而启动前科消灭程序。

3. 前科消灭的法律后果

在法国，若犯罪记录登记卡记载的判决记录内容被撤销，最主要的法律后果是取得司法复权。有关复权，《法国刑法典》第 133-16 条作出了明确规定："复权即意味着因被判刑所引起的丧失权利或无能力随之消灭。"③ 依规定，受重罪、轻罪或违警罪刑罚的任何人（包括自然人和法人）均可恢复权利。其中，对于某些单处罚金或处短期监禁刑的犯罪，若经过法定期间后，当事人未再次被判处任何重罪或轻罪之刑罚，即可依法自然得到复权。其余只能由被判刑人或被判刑人被禁止时的法定代理人向法院申请，经法院裁判后恢复权利。若当事人同时满足以下三个条件，即可申请恢复权利：① 在获刑后经过法定期间；② 证明自己在此期间未受到重罪或轻罪之刑罚并证明自己的行为无可责备；③ 证明自己支付了罚金和损害赔偿，或者已完成自身所负的金钱义务。另外值得一提的是，法条规定了一种例外情形——如果被判刑人自犯罪以来为国家作出了杰出贡献，则其复权申

① 《法国刑事诉讼法典》，罗结珍译，中国法制出版社，2006，第 608-610 页。
② 《法国刑事诉讼法典》，罗结珍译，中国法制出版社，2006，第 610-612 页。
③ 《法国新刑法典》，罗结珍译，中国法制出版社，2003，第 50 页。

请不附任何时间条件与执行刑罚条件，即便其罚金和损害赔偿未予支付，法院也需同意其复权申请。宣告恢复权利的裁判决定应记载于原有判决记录的备注栏中。①

此外，法国严格禁止对犯罪记录的公开和传播。一方面，不允许采用信息化处理方式的国家犯罪记录与任何人或者不隶属于司法部管辖的国家机关所持有的计算机数据库或数据卡进行联网或联合；另一方面，对违反规定公开和传播犯罪记录的行为处以轻罪之刑罚。②

（三）域外轻罪前科消灭制度的启示

基于对美国和法国的前科消灭制度的立法考察，可以看出，尽管鉴于不同的价值理念、司法精神或刑事政策要求，两国在制度设计上有诸多不同之处，但无疑也存在某些共同特征。

首先，两国都设立了较为完备的犯罪记录登记制度，由专门机关对犯罪记录进行统一的登记管理。在美国是以警察为主导发展起来的联邦犯罪记录登记机关，在法国则是由法官主导的犯罪记录登记机关。犯罪记录登记的完善不论对于司法实践的顺利开展还是对于保障公众知情权而言都具有广泛而实际的意义。其次，美国和法国的前科消灭程序均不拘泥于仅由当事人申请而启动，都赋予了法院主动启动前科消灭程序的权力，当然这种权力的行使有其法定依据：只有在当事人的各项情况完全满足法定适用条件的情形下，才可以予以消灭。在适用对象和适用条件的规定上，可消灭前科的罪质大多被限定在轻罪范围内，并排除某些具有严重影响的特定犯罪；同时要求当事人必须经过严格的法定考验期，才有权申请消灭其前科。另外，两国对未成年犯的前科消灭态度都相对宽松。最后，关于前科消灭的法律效果，一方面，两国都主张删除或封存前科消灭当事人的犯罪记录，限制其公开，并且使前科人员因犯罪而丧失的各项权利恢复到先前的状态；另一方面，规定例外情况，即司法机关仍应保存被消灭前科的人员名单及其犯罪记录信息用于司法程序。

总结英美法系和大陆法系代表性国家轻罪前科消灭制度的共通之处，可以供我国未来的制度设计作参考。在轻罪前科消灭立法逐渐成为国际趋势的今天，我国若建立此制度，绝不能闭门造车，需要学习和借鉴外国宝贵的立法经验，一则分析其立法原则和社会背景等影响因素，二则研究该制度在立法设计时共通的有益立法经验和立法过程中遇到的难题、解决问题的思路等。在此基础上，结合我国的社会环境和司法实践背景，杜绝"拿来主义"，从我国基本国情出发，理性选择、择善而从，既不能过于保守以致无益于实现保障前科人员权益的目的，也不能过于激进盲目导致制度的可操作性低。自然，轻罪前科消灭也并不是遏制重新犯罪、帮助犯罪人重返社会的唯一良方，综合运用多角度、多体制、多部门联动的保障措施，会取得更好的社会效果，事半功倍。

五、轻罪前科消灭制度构建的具体设想

借鉴域外较为成熟的立法经验，立足于我国的现实国情和司法环境，我国前科消灭制

---

① 《法国刑事诉讼法典》，罗结珍译，中国法制出版社，2006，第622-626页。
② 《法国刑事诉讼法典》，罗结珍译，中国法制出版社，2006，第619-620页。

度的构建可以参照以下几个方面进行具体设计：首先，要建立起完备的轻罪前科消灭机制，必须构建涵盖前科消灭的对象范围、适用条件、具体程序和预期的法律效果等各方面的基础框架；其次，为保障制度的顺利实施和其法律效果的有效实现，需要消除现有前科规定暴露的弊端，预计有效衔接所构建的轻罪前科消灭制度；最后，辅以完善个人隐私保护和涉及相关社区服务机构跟踪帮扶等配套机制落实制度构建的执行。

（一）对象范围

1. 被判处轻罪的未成年人与成年人

构建轻罪前科消灭制度，顾名思义，应当将前科消灭的适用对象限定在轻罪犯罪人，即《刑法》条文中规定应当被判处最高刑三年以下有期徒刑的罪行的犯罪人。刑罚种类上还应当涵盖管制、拘役及单处附加刑。根据当然解释，实质执行中被宣告缓刑的也应当适用前科消灭。目前关于前科消灭的研究大多只针对未成年人，实践中的试点与探索也多仅限定在未成年犯罪人的范围内，但鉴于我国轻罪扩张立法趋势难以逆转，轻罪犯罪人众多，既有前科制度使其承担的附随性法律后果与犯罪行为"倒挂"，所以应当将前科消灭的范围覆盖至轻罪成年人。而对于未成年犯罪人，各国的立法实践中在前科消灭制度构建上多会对未成年犯罪人给予优待。考虑到未成年人犯罪大多属激情犯罪，再犯可能性和人身危险性较低，有较大的可能性被感化和改造，应帮助其回归社会，所以笔者建议在制度设计上可以对未成年犯罪人在与成年人同等考察期、认罪悔罪等实质条件下予以特殊对待，贯彻"教育为主，惩罚为辅"的刑事政策。例如，将未成年犯罪人的罪质扩大到被判处法定最高刑五年以下。

此外，有学者认为，无论何种犯罪，也无论刑期长短，不管是被宣告有罪未处以刑罚，还是被判处刑罚，除了被判处死刑立即执行的，其余都应当纳入前科消灭的范围。[①]但笔者认为这种"一刀切"的做法欠妥，目前我国构建覆盖全部罪名的前科消灭机制还为时尚早，很难在短时间内将全部的犯罪人纳入前科消灭的对象范围，这既不符合实际，也缺乏可行性。

综上所述，应当建立覆盖成年与未成年轻罪犯罪人的前科消灭制度，其中轻罪的范围原则上是《刑法》规定应当被判处法定最高刑为三年以下有期徒刑的犯罪，未成年轻罪犯罪可以适当放宽至法定最高刑为五年以下有期徒刑的犯罪。

2. 不适宜适用前科消灭的例外情形

通过考察域外前科消灭制度的构建可以发现，其立法上不仅会对前科消灭适用对象罪刑的轻重进行限制，还会将一些特殊犯罪排除在外，一般是侵犯到特殊法益或再犯可能性普遍较高的罪行，如性犯罪。这样的例外限制也是出于特殊预防的目的，防止某些具有较高再犯可能性的犯罪人通过前科消灭造成更大的社会危害。

因此，在计划设计我国的轻罪前科消灭制度时，综合考虑我国的国情和刑事政策，不仅需要厘清哪些罪行属于轻罪，即应当被覆盖进前科消灭的对象范围，还需梳理出哪些罪

---

① 于志刚：《刑罚消灭制度研究》，法律出版社，2002，第703页。

行应当被严格排除在外,即规定不应当适用前科消灭的特殊犯罪。详细来说,第一,对于累犯应当继续保留前科。首先,从符合我国立法精神的角度看,我国立法对累犯的态度依旧是从严打击,轻罪前科消灭制度的构建不应与之背离。其次,从制度设立的初衷来看,累犯在一定程度上反映了犯罪人有再犯可能性,并不是激情犯罪或偶发性犯罪,会经常发生越轨行为,若将其犯罪前科予以消灭,难保其不会再次扰乱社会秩序,实施更严重的犯罪,这与轻罪前科消灭欲保障犯罪人复归社会的设立初衷背离。尤其是特殊累犯,实施了侵犯国家法益和严重侵害社会公共秩序的犯罪,更无法适用该制度。第二,应当排除性犯罪人。这类犯罪人基本会对犯罪产生依赖心理,是难以改造并再社会化的。第三,排除毒品类犯罪人。一方面,毒品类犯罪人大多受到利益驱使,再犯可能性高,改造可能性较低,且对社会造成的危害巨大,需要严厉打击和严格限制。另一方面,需要与我国设定的毒品再犯制度相衔接,对实施毒品犯罪的犯罪人审慎对待,严禁消灭其前科。第四,排除实施侵害国家法益和严重侵害社会秩序、社会集体法益犯罪的犯罪人,如黑社会性质组织犯罪、恐怖活动犯罪等。与刑法设置特殊累犯制度严打此类犯罪人相匹配,考虑到实施这两类犯罪的犯罪人对国家利益置若罔闻,挑战了社会公序良俗和道德底线,即便该类犯罪中存在法定最高刑为三年以下有期徒刑的犯罪,也不应消灭相关犯罪人前科。

(二)适用条件

1. 实质条件:人身危险性降低

轻罪前科消灭制度最关键的立法目的是减少轻罪犯罪人社会复归的障碍,其中首先考察的是当事人是否具备人身危险性和再犯可能性。因此,可以适当参考我国刑法中缓刑、假释一类对犯罪人的激励制度,衡量犯罪人是否认罪悔罪、人身危险性是否降低、有无再犯可能性等,综合多种因素并充分考核,最终决定是否对轻罪犯罪人的前科予以消灭。通过设置一定的轻罪前科消灭门槛,能够有效避免某些犯罪人利用激励制度逃避法律惩罚,无视法律威严,不知悔改,再次实施危害社会的犯罪行为。若不如此,不但违背了轻罪前科消灭的立法初衷,还会严重损害社会公众的共有利益,挑战社会大众对于犯罪的认知,也与我国的法治精神相矛盾,最终导致维护社会秩序和保障犯罪人合法权益的天平失衡。

2. 形式条件:经过一定的考察期

与设置的轻罪前科消灭实质条件相匹配,参考刑法对犯罪人的激励制度的设计,应当对轻罪前科消灭的时间条件再加以限定,以期实现更理想的法律效果。除上文提及的假释、缓刑制度外,我国刑法的追诉时效也是一种保护犯罪人权益的有效制度。它的改善推定说[①]的法理基础也同样与前科消灭公平性、正义性的法理基础相契合。对此,我们可以在仿照追诉时效规定的基础之上,设置轻罪前科消灭考察期。具体设计如下:

被判处三年以下有期徒刑的犯罪人,包括被判处缓刑的犯罪人在内,在刑罚执行完毕后经过下列期限考察,其前科可以被消灭:被判处拘役、管制的,经过一年;被单处附加

---

① 该学说认为:"行为人在罪行结束后经过一段时间未犯新罪的,可以认为其已经回归了法秩序,再犯罪的人身危险性较低,对之不再具有进行特殊预防的必要性。"载王钢:《刑事追诉时效制度的体系性诠释》,《法学家》2021年第4期,第47页。

刑的，经过一年；被判处三年以下有期徒刑的，经过三至五年，具体时间由法院依其认罪悔罪及服刑期间的表现等具体裁定；被判处缓刑的，缓刑考察期满即可。以上考察期设置是针对轻罪成年人而言的，对于轻罪未成年人，考察期可以适当缩短。此外，考虑到考察期间犯罪人回归社会的权益保护及其与轻罪前科消灭制度的衔接，可将此期间当事人的犯罪记录予以封存，作为过渡。若在此期间当事人再次实施故意犯罪，无论罪行社会危害性和严重程度，也不论最终被判处的刑罚是否属于轻罪范围，其犯罪记录都需即刻解封，轻罪前科消灭的申请权利不当然消灭，但考察期需要重新计算。

（三）具体程序

1. 启动程序：当事人申请并由法院裁定消灭

通过考察国外大多数前科消灭制度的具体程序规范，法定消灭都必有一席之地，是最为主要的前科消灭方式。所谓法定消灭，是指在法定前科消灭对象范围内的前科人员，在符合法定实质条件并经过法定期限后，前科可自然归于消灭。例如，《法国刑法典》就规定了在法定期限内没有被判处轻罪或重罪之刑罚的，自然复权。[①] 但是，笔者认为这种法定消灭的方式并不当然适用于我国的法治环境和宽严相济的刑事政策，也会对普通民众固有的对犯罪人的敌对情绪和心态提出挑战，阻碍我国轻罪前科消灭制度的构建。因此，笔者主张在启动程序的设置上，仅采用"申请—裁定"的方式。具体而言，轻罪前科消灭的启动程序为：由法定适格当事人或其近亲属（当事人为未成年轻罪犯罪人、前科人员死亡或因其他正当理由无法申请时）向最终作出生效判决的法院提出申请，由法院根据其在考验期内的实质表现，作出是否注销前科、恢复权利的裁定或决定。人民法院若作出允许消灭前科的决定，应当制作具备法律效力的裁决书并送达申请人；若法院经审理后认为不宜消灭其轻罪前科，应当如实、全面地告知不予消灭的理由，当事人若不服可提出申诉。总体而言，这种由法院裁定消灭的方式慎重且严格，具备制约性和灵活性，是一种在目前轻罪扩张背景下较为可行的立法选择。

2. 审查程序：设定综合性的审查程序

在具体审查程序方面，主要由法院开展综合性审查，既包括对申请人是否适格进行审查，也包括核实其是否已完整经过法定考察期，在法定考察期内的表现是否真实符合实质要求。若法院的审查工作遇到困难，在必要时，也可以参考部分国家的司法实践经验，由犯罪者所在地的公安机关牵头，联合基层组织及其他涉案社会组织，成立临时专项审核小组开展审查工作。这种做法既能够联合各部门快速有效地获取信息，开展工作，也能够最大可能地保护申请人的合法权益，各部门之间相互监督会更有利于考核工作的公平公正。当然，也要给予当事人一定的陈述、申辩的机会。

3. 监督程序：检察院有权监督撤销前科消灭

为使制度的运行达到理想的效果，必须设定专业的监督主体和监督机制。检察院在司

[①] 《法国刑法典》第 133-13 条："被判刑的自然人，在以下确定的期限内，未再次被判任何重罪或轻罪之刑罚者，自然得到恢复权利……"载《法国刑法典》，罗结珍译，中国人民公安大学出版社，1995，第 46 页。

法系统中本就承载着重要的监督约束职能，所以应当选取检察院作为轻罪前科消灭的监督机关。检察院通过设立专项部门或小组，专门对法院已作出的轻罪前科消灭裁定书进行合法性和合理性审查，并可针对法院审理过程中出现的实体性或程序性错误提出相应的检察建议，向上级检察机关报告进行备案。若检察院经专业审查认为法院作出的前科消灭裁定书违法或依据的事实存在明显不合理之处，有权要求其在一定期限内（可以设置在一至两个月内）重新进行复核，并将最终复核结果书面告知检察院。[①]

（四）法律效果

1. 注销犯罪记录

从域外已有的立法实践来看，注销犯罪记录是前科消灭最先涉及，也是最关键的法律效果，关系着前科消灭立法目的的最终实现。此处的注销犯罪记录严格区别于犯罪记录封存。前者是从物理上将犯罪记录彻底抹去，与之相关的犯罪事实在法律上也被视为自始不存在，从根本上使既有前科制度对轻罪犯罪人的规范性评价丧失评价对象。如果该轻罪犯罪人再次实施犯罪，则不能构成累犯。而后者仅是将犯罪记录短暂封存，更多的是限制其公开，涉及隐私权保护的问题，并没有将轻罪犯罪人的犯罪事实一并抹去，如果后续该犯罪人重新实施犯罪，则会由司法机关对其犯罪记录进行解封，并对后罪的量刑产生影响，也可能构成累犯。

2. 免除前科报告义务并恢复被剥夺的资格和权利

在注销犯罪记录后，与之配套的应当是免除被消灭前科人员的前科报告义务。如前所述，注销犯罪记录是从法律层面否定轻罪犯罪人曾经实施犯罪的事实，那么从逻辑上讲轻罪犯罪人也就无须再履行前科报告义务。因为前科报告义务也属于对前科人员的规范性评价，既然评价对象消失，自然也不会进入具体评价的阶段。

与前科报告义务免除的逻辑依据类似，为更好地保障轻罪犯罪人的社会复归，应当将其依据前科制度被剥夺的民事、行政上的资格和权利恢复至从未犯罪时的状态。只有恢复这些非刑事领域中被剥夺的资格和权利，让他们与社会上的所有一般公民享有同等的各项权利与义务而不被任何就业单位、社会团体或个人歧视，才能解决犯罪标签泛化问题，尽可能地消除社会公众、就业单位等对其的非规范性评价。需要特别指出的是，此处作为轻罪前科消灭法律效果的恢复资格与权利，仅适用于已经成功消灭前科的轻罪犯罪人，与国外单独设置的复权制度不同，前文已就二者区别作出明确辨析，在此不再赘述。

（五）其他配套保障机制

1. 规范和清理既有前科制度中不合理的规定

我国某些既有前科制度存在弊端，与轻罪前科消灭制度的内容存在冲突和矛盾。可以通过规范和清理既有前科制度中不合理规定的方式，最大可能地寻求公共利益和个人利益之间的平衡，对影响轻罪前科消灭制度构建的既有前科制度进行合理剔除与改造。

---

① 彭新林：《中国特色前科消灭制度构建研究》，人民法院出版社，2019，第 169 页。

（1）全面清理带有牵连色彩的前科制度

这类前科制度有违罪责自负原则，前科人员因自身犯罪行为受到应有的惩罚无可厚非，但不应连带其亲属也陷入一种不利地位，扰乱他们本应正常享有的权利和资格。提起犯罪人的前科连带问题，在一般人观念中最"有名"的便是公务员政审中流传的"一人坐牢，株连三代"规则。虽然该说法有些许夸张，但在实际执行中确实存在很多考生因为亲属曾犯罪的事实受到牵连，导致政审不能通过而无缘理想岗位。"政审门"事件甚至在2009年入选十大宪法事例。① 无独有偶，同类事件不止一例。② 当这种评价泛化效应的范围不受限地扩大，对前科人员的近亲属产生本不该由其负担的不利影响时，就违背了刑法所规定的罪责自负原则。尤其是醉酒驾驶类危险驾驶罪的刑事案件诸多，所牵涉的家庭不在少数，很多人便会因该客观原因无法圆梦理想岗位。再者，政审的目的是提前防范入职或入学人员实施犯罪，然而这种未雨绸缪的做法存在"有罪推定"之嫌，因为其所防范的对象可能只是与前科人员有或远或近的亲属关系，本人并未实施过任何犯罪行为，甚至可能从未有违法行为。仅仅依据客观存在的血缘关系，就给其贴上具有人身危险性的标签，无疑是一种变相歧视，也不符合现代刑事法治的理念。尽管客观上无法避免犯罪分子因遭受刑罚给其亲属尤其是子女带来的牵及效应，但是法律规范不应将这种非规范性连带后果进一步扩大，即不应将这种由于前科产生的附随性不利后果拓展到近亲属范围，违背个人责任原则。③ 另外，这种让近亲属间接承担犯罪不利后果的规范，还会在某种情况下给犯罪分子的家人造成二次伤害。如某些家暴案件，犯罪分子本就长期对其妻儿实施伤害行为，被判刑后其妻儿却仍因种种资格限制的法律规定而久久不能得到解脱，对他们的入学和就业产生终身性的不利影响，岂非有违公平正义。若任凭发展，无异于逼迫他们对法律和社会失望，产生失衡心理，继而成为具有犯罪倾向的潜在危险。因此，应当对这类涉及株连效应的前科制度予以及时而全面的清理。

（2）规范与犯罪行为无关联性的前科制度

前文在梳理前科制度时，于非刑事领域的前科制度中指出，某些资格限制的前科规定突破了罪与罚的关联性和适应性，对于实施不同严重程度、不同性质犯罪行为的犯罪人不加区分地限制和剥夺其权利和资格，未曾考虑所犯罪行对禁止从业的职业是否会造成实际的不利影响。如此，会出现罚大于罪的现象，造成罚与罪比例的严重失衡。例如，2022年3月1日生效的《中华人民共和国医师法》和同时废止的《中华人民共和国执业医师法》均有条款规定，凡受刑事处罚，刑罚执行完毕不满二年的，不予注册，医师注册后受刑事处罚的，则注销注册，收回或废止医师执业证书。此条并未限定具体犯罪类型，那实践中完全可能因行为人实施了危险驾驶罪、高空抛物罪等与职业所需素质技能完全无关的轻罪，便被终身剥夺医师资格，这明显超过了关联性限度，也缺乏合理性根据。因此，应当对此类因前科而限制或剥夺从业资格的条款加以规范和改造，适当加强限制从业的职业本

① 李伟峰：《"2009年度中国十大宪法事例"评选结果出炉》，《中国青年报》2009年12月28日。

② 侯冬华：《父母被拘子女遭"政审门"高考政审怎能家族株连？》，https://www.chinanews.com.cn/edu/edu-jygg/news/2009/07-08/1766518.shtml，中国新闻网，访问日期：2022年6月18日。

③ 崔志伟：《积极刑法立法背景下前科消灭制度之构建》，《现代法学》2021年第6期，第169页。

身与犯罪人所犯罪行之间的关联性，避免对所有性质的犯罪"一棒子打死"。

（3）改造终身性的前科制度

目前多数前科制度设置的剥夺前科人员权利与资格的期限都是无限期的，即前科人员只要被宣告了犯罪，就被永久剥夺了在就业、入伍上的权利与资格，这无异于为其终身贴上罪犯标签，致其一生无法摆脱，进一步加大了其再社会化难度。此外，这种终身性的限制和惩罚在刑法体系中都极其少见，即便是被判处无期徒刑的犯罪人，都享有减刑、假释等权利，尽量规避对其设置终身性的惩罚。实质上，终身性惩罚很大程度上意味着没有惩罚，因为这不仅会使罪犯因看不到再社会化的希望而不愿接受教育改造，由此不断自暴自弃，进而无所畏惧，根本无法达到预期的惩罚效果，也可能会使罪犯在极端情况下造成更大的社会危害，如在服刑期间伤害他人等，这也与刑法特殊预防的目的相背离。因此，应当对终身性的前科制度加以改造，对于除涉及国家利益和社会公共利益外的职业，可以参照我国《刑法》第37条之一关于从业禁止的规定，设置一定的从业禁止时期，而不是终身限制。

2. 完善个人隐私保护工作

消灭轻罪前科记录旨在消除前科给犯罪人带来的法律上的规范性评价和社会公众的非规范性评价。法律上的规范性评价可以通过制定科学有效的轻罪前科消灭制度加以消除，而非规范性评价确实难以从制度构建或立法设计层面去强制消除。例如，某个轻罪犯罪人在符合法定条件后向法院申请消灭其轻罪前科，并最终获得准予消灭的裁定书，将会自然产生注销犯罪记录、恢复被剥夺的资格与权利、免除前科报告义务的法律效果，其曾经犯罪的事实将在法律上彻底抹除。但当该轻罪犯罪人正式回归社会后，受到大数据时代、裁判文书公开制度的影响，仍旧会被继续贴上"犯罪人"的标签，在无形中遭受周围人的排挤与歧视，最终使得制度建立产生的作用功亏一篑。

以此为据，构建轻罪前科消灭制度的基本运行规范后，还应当配套完善个人隐私保护机制。一方面，可以对裁判文书公开制度进行一定的调整和修改。裁判文书公开制度是我国司法改革的重要举措，既有利于实现司法信息透明化，让公众感受到公平正义，也有利于监督审判人员或其他司法机关工作人员在司法活动中严格遵守法律法规和相关制度规范，促进司法公正的实现。但是，这一制度在保障公众知情权的同时欠缺对犯罪人隐私权的保护，需要予以调整和改造。具体可参照在公开涉及轻罪犯罪人的案件时进行匿名化处理的方法。另一方面，要加强对轻罪犯罪人名誉权的保护。由于轻罪前科消灭制度的法律效果是注销犯罪记录，并在法律层面上视为犯罪人未实施犯罪，所以应当保障轻罪犯罪人对其理应被注销的相关犯罪记录和犯罪事实享有隐私权，任何在消灭过程中获悉相关记录的司法机关、行政机关及个人应将相关记录及时清理，不得肆意披露或散播，否则已被消灭轻罪前科的犯罪人可以侵犯名誉权为由对其提起诉讼。

3. 设立相关的社区服务机构跟踪帮扶

为提高对犯罪者的教育改造效果，预防和减少犯罪行为，我国颁布了《中华人民共和国社区矫正法》。针对轻罪前科人员社会复归后的帮扶问题，可以参考类似法律规定设立专门小组。其中，政府应充分发挥主导作用，与就业、医疗及其他救济机构保持密切联系，并完善权责统一的监管体系，使轻罪前科人员在社会中顺利享有同等的就业机会、平等的资格和权利。具体而言，应落实衔接措施，及时开展安置帮教谈话并办理衔接手续。此后，应成立帮教小组，根据走访调查结果制定具有针对性的帮教方案，并通过各种渠道加强与轻罪前科人员的沟通交流，消除其可能存在的排斥心理，开展有针对性的教育培训或技能培训，帮助他们解决就业困难。同时，除了物质性帮助外，对轻罪前科人员还应加强精神上的帮助，可适当提供专业心理咨询服务等，帮助其尽快融入社会。这些举措都有助于提高轻罪前科人员社会复归的成功率，促进社会稳定。

拓展讨论问题

1. 请思考犯罪记录与前科、犯罪记录消除与前科消灭两对概念有什么异同或联系。

2. 前科制度的作用是什么？当前立法为什么要设置前科报告义务？

3. 构建前科消灭制度的障碍有哪些？

4. 近些年有全国人大代表建议"建立轻罪前科消灭制度"，称"现行前科制度侵害公民劳动权、平等权"，如何看待这一观点？

5. 轻罪前科消灭是适用于所有轻罪，还是存在例外情形？

6. 前科消灭本属于刑罚消灭的一部分，那么轻罪前科消灭的法律效果到底是刑罚的消灭，还是罪与罚的同步消灭？

7. 轻罪前科消灭制度与复权制度有什么联系与区别？

8. 轻罪前科消灭制度的构建有哪些配套制度需要跟进？

拓展阅读文献

（一）著作

1. 郑伟：《重罪轻罪研究》，中国政法大学出版社，1998。

2. 高长见：《轻罪制度研究》，中国政法大学出版社，2012。

3. 于志刚：《刑罚消灭制度研究》，法律出版社，2002。

4. 彭新林：《中国特色前科消灭制度构建研究》，人民法院出版社，2019。

（二）论文

1. 房清侠：《前科消灭制度研究》，《法学研究》2001年第4期。

2. 于志刚：《"犯罪记录"和"前科"混淆性认识的批判性思考》，《法学研究》2010年第3期。

3. 郑丽萍：《轻罪重罪之法定界分》，《中国法学》2013年第2期。

4. 刘红岩：《法社会学视阈下的前科消灭制度研究——以〈俄罗斯联邦刑法典〉为例》，《学习与探索》2012年第8期。

5. 庞冬梅、Papor А. И.：《俄罗斯前科制度的立法实现》，《黑龙江省政法管理干部学院学报》2017年第2期。

6. 王瑞君:《"刑罚附随性制裁"的功能与边界》,《法学》2021 年第 4 期。

7. 崔志伟:《积极刑法立法背景下前科消灭制度之构建》,《现代法学》2021 年第 6 期。

8. 梁云宝:《中国式现代化背景下轻微犯罪前科消灭制度的展开》,《政法论坛》2023 年第 5 期。

 **我国生产安全事故犯罪监督过失责任问题**

一、监督过失理论研究现状述评

（一）国外研究现状

监督过失理论起源于 1973 年日本德岛地方法院对"森永奶粉中毒事件"的判决，该案首次依据监督过失理论追究了监督者的刑事责任。[①] 日本学者以过失犯罪理论为基础，逐渐将监督过失概念和理论作为刑法中独立的概念和理论予以提出，并以判例为中心进行展开。在后续发生的川治王子酒店火灾案、新日本饭店火灾案、大洋商场火灾案、千日商场大楼火灾案等多起火灾案件中，运用监督过失理论追究监督者责任的做法被广泛讨论。[②]监督过失理论发展至今，日本学者将对监督过失责任的追究分为积极处罚派和限制处罚派。前者以监督者怠于履行安全体制确立义务（不作为）作为监督过失的实行行为，由此产生了危害后果即构成监督过失责任；后者坚持具体的结果预见可能性，即监督者应当对生产事故等后果存在具体的预见可能性，因为过失没有预见而造成危害后果，方可认定监督过失责任。[③]

德国监督过失理论以不作为犯罪理论为基础，主要围绕医疗事故、对危险物的管理责任展开[④]，即在监督者对被监督人、被管理物具有实质性支配力时，监督者便具有了保证人义务（作为义务），在被监督人或者被管理物造成一定的危险时有义务防止危害结果发生，否则需要对危害结果承担责任。德国刑法理论一般将监督过失责任分为企业监督管理责任和公职人员监督管理责任。在企业组织体中，企业所有人或者主管人员因其对危险源负有控制和监督义务，即使相关主管人员没有故意教唆或者帮助其下属人员在企业内部实施犯罪，也依然应该承担刑事责任。[⑤] 这种监督过失理论建立在不真正不作为犯罪理论的基础上，将监督管理义务看作特定作为义务，只要违反该义务就可能构成监督过失犯罪，而无论行为人的行为是出于故意还是过失。

英国与美国作为判例法国家，并没有提出关于监督过失的专门理论与概念，只是在处置企业公害事件时，经历一个从追究普通过失责任到类似于依据监督过失理论追究企业生产安全监督者责任的过程。英国对企业事故最早是依据安全和健康方面的法律或者依据普通法以过失杀人罪追究引起事故发生的责任人员[⑥]，后来在英国 P&O 公司船舶颠覆案件

① 藤木英雄：《公害犯罪》，丛选功等译，中国政法大学出版社，1992，第 66-69 页。
② 前田雅英：《监督过失》，吴昌龄译，《刑事法杂志》1992 年第 2 期，第 38-39 页。
③ 曹菲：《管理监督过失研究——多角度的审视与重构》，法律出版社，2013，第 142-144 页。
④ 蓝娴：《论监督过失犯罪责任主体的认定》，《刑事法评论》2014 年第 1 期，第 357 页。
⑤ 冈特·施特拉腾韦特、洛塔尔·库伦：《刑法总论 I——犯罪论》，杨萌译，法律出版社，2006，第 373 页。
⑥ 刘丁炳：《监督管理过失犯罪研究》，中国人民公安大学出版社，2009，第 9 页。

中，法人过失杀人罪成为英国法律中的一项罪名，依据是"法人行为的管理和组织方式缺乏安全保障"。[①] 美国在处理企业公害事故时，最初只处罚法人而不处罚企业主管人员。但随着企业事故扩展至危害性较大的火灾、煤气爆炸、建筑工程等领域，特别是在福特汽车因安全性问题起火导致三人死亡事件发生后，美国追究企业管理人员刑事责任的判例也逐渐增多。

（二）国内研究现状

我国提出的监督过失理论主要是以学习借鉴日本学者的学说为基础而形成的。学界普遍认为我国监督过失理论最早是在 1988 年由顾肖荣教授引入。[②] 但这并不意味着在此之前我国刑法学界对追究监督过失犯罪处于空白状态，有学者指出，在立法与司法之中一直蕴含着监督过失的因子。[③] 如 1979 年《刑法》的第 114 条强令工人冒险作业罪和第 187 条玩忽职守罪均为典型的监督过失犯罪。此后，许多刑法学者投入监督过失犯罪的研究当中，比较有代表性的包括张明楷的《监督过失探讨》、廖正豪的《过失犯论》、张凌的《论过失犯罪中的监督过失责任》、刘丁炳的《监督管理过失犯罪研究》、曹菲的《管理监督过失研究——多角度的审视与重构》、易益典的《风险社会中监督过失犯罪的刑法治理》等，主要的研究集中在对监督过失的理论本质、基本构造的探讨，以及如何结合我国司法实际开展本土化应用等方面。在 1997 年新修订的刑法中，虽然没有具体使用"监督过失"一词，但许多新罪名的设置已经体现出理论界对监督过失犯罪的研究开始影响我国的立法与司法，如在责任事故犯罪中的铁路运营、工程安全、教育设施、消防安全等领域追究监督过失责任，在渎职犯罪领域中增加了环境监管失职罪，动植物检疫失职罪，失职造成珍贵文物损毁、流失罪，等等。我国司法解释[④]中也开始出现对某一过失犯罪不仅处罚直接行为人，还处罚直接行为人背后监督、管理、指挥人员的刑事责任。但是也有学者认为，我国对监督过失理论在刑法中的认同主要体现在适用主体的扩大，在其他方面的应用并不乐观。[⑤]

关于监督过失内涵的探讨，主要有广义与狭义的区分。张明楷教授是我国较早开始研究这个问题的学者，他在阐述监督过失时主要从主观心理方面进行界定，认为监督过失是监督者违反监督管理义务（注意义务）的过失心理状态，主要包括监督过失和管理过失两种类型，前者是缺乏对被监督者行为的监督所构成的监督过失，后者是由于没有确立安全的管理体制所构成的监督过失。[⑥] 时至今日，张明楷教授依然秉持这一观点，并进一步总结为间接防止型（纯正的监督过失）和直接介入型（管理过失）。[⑦] 我国著名刑法学家马

---

① 李文伟：《法人刑事责任比较研究》，中国检察出版社，2006，第 30-33 页。

② 顾肖荣：《过失犯罪理论的比较研究》，《法学研究》1988 年第 5 期，第 39-40 页。

③ 韩玉胜、沈玉忠：《监督过失论略》，《法学论坛》2007 年第 1 期，第 51 页。

④ 如《最高人民法院、最高人民检察院关于办理危害生产安全刑事案件适用法律若干问题的解释》第 3 条、第 4 条对犯罪主体范围的规定。

⑤ 陈兴良：《过失犯论的法理展开》，《华东政法大学学报》2012 年第 4 期，第 46 页。

⑥ 张明楷：《监督过失探讨》，《中南政法学院学报》1992 年第 3 期，第 1-3 页。

⑦ 张明楷：《外国刑法纲要（第三版）》，法律出版社，2020，第 211 页。

克昌教授认为，监督过失应作广义与狭义区分，其观点与张明楷教授相似。① 台湾学者廖正豪则认为，监督过失是指具有从属关系的两个主体，其中一方对另一方具有监督管理职责，被监督者实施了故意或者过失行为，而追究被监督者的刑事责任。② 截至目前，学界尚没有形成统一的认识。

对监督过失理论本质的探讨，我国主要有新过失论、新新过失论（危惧感说）两种观点。台湾学者廖正豪认为监督过失理论的本质应当是新新过失论，指出日本学者根据新过失论创造出了新新过失论，扩大了注意义务范围，只有采用此说才可以肯定监督过失的判例成立。③ 学者陈伟也曾经表述过失理论的发展历程，认为过失犯罪经历了从偏重人的主观心理态度到偏重客观上的危害结果发生的转变，尤其是监督过失理论通过危惧感说适当扩大了过失犯罪范围，使得过失犯罪的惩处经历了从宽松到严格再到宽松的反复过程，从而使追究监督者过失责任成为可能。④ 易益典教授也认为监督过失以新新过失理论作为其理论本质，有助于更好地惩治生产安全事故犯罪中的监督过失责任。⑤ 而与此相对应的，学者曹菲坚持应当在新过失论的基础上讨论监督过失问题，原因在于新新过失论没有坚持对结果具体的预见可能性，可能会扩大监督过失的惩罚范围。⑥ 劳东燕教授则认为讨论过失犯罪（包括监督过失犯罪），不应当深陷于新过失论、新新过失论的争辩之中，而更应当关注过失犯罪中对结果的预见可能性究竟应如何在归责结构中进行准确定位的问题。⑦ 这也反映出近年来我国学者已经认识到要想改进我国的过失犯理论，不应当再纠结于某一种理论，而应对过失犯的归责结构展开必要的检讨，从而推进过失犯理论的范式转型。

二、监督过失理论视野下生产安全事故犯罪之界定

（一）监督过失理论的基本问题探析

监督过失理论立足于以结果回避义务为核心的新过失论，重点关注监督管理者在客观上是否有效履行监督管理职责，不再强求监督管理者预见或可能预见被监督者的过失行为，成功将企业生产安全事故的严重后果归责于企业生产经营的监督管理者。监督过失理论的基本问题是该理论应当以何种过失理论为底色，其概念内涵应当如何把握。

1. 监督过失的理论本质探析

我国刑法学界对监督过失的理论本质一直聚讼纷纭，根本原因在于对如何规范构造过失犯，即对过失犯的理论本质尚未形成较为一致的观点。目前过失犯理论领域主要存在旧

---

① 马克昌：《比较刑法原理——外国刑法学总论》，武汉大学出版社，2002，第 245 页。
② 廖正豪：《过失犯论》，台湾三民书局，1993，第 225 页。
③ 廖正豪：《过失犯论》，台湾三民书局，1993，第 230、248 页。
④ 陈伟：《监督过失理论及其对过失主体的限定——以法释［2007］5 号为中心》，《中国刑事法杂志》2007 年第 5 期，第 24 页。
⑤ 易益典：《风险社会中监督过失犯罪的刑法治理》，中国社会科学出版社，2014，第 35-36 页。
⑥ 曹菲：《管理监督过失研究——多角度的审视与重构》，法律出版社，2013，第 6 页。
⑦ 劳东燕：《过失犯中预见可能性理论的反思与重构》，《中外法学》2018 年第 2 期，第 304-305 页。

过失论、新过失论、新新过失论等几种观点。无论持有上述何种观点，目的都是探求过失犯究竟该如何构造，即满足什么条件可以构成过失犯。对过失犯最本质特征的讨论集中于两派，即将结果的预见可能性作为过失的本质与将违反结果回避义务作为过失的本质。关注对结果的预见可能性，是类比故意犯的构造来探究过失犯的构造，将过失作为一种意志因素、主观要素，典型代表是旧过失论。关注违反结果回避义务，是立足于规范归责、客观归责的立场，将过失的本质视为一种偏离社会基准的行为而非主观的意志，即基于"理性第三人"的视角确定过失犯的规则，构成要件包括这种偏离基准行为带来的风险与现实化的结果，目的是有效预防和化解现代社会中的各种风险。

从产生的历史时期来看，监督过失理论与新新过失论处于同一个时期，并且均来源于日本森永奶粉中毒事件，该案在判决中不仅依据监督过失理论认定了代理厂长兼制造课课长的过失责任，也运用新新过失论认定了过失责任。[①] 因此有学者认为，监督过失理论的本质是采用新新过失论构造过失犯。然而监督过失理论的产生看似与新新过失论存在一定的关联，但这并不代表监督过失理论的理论底色就是新新过失论。甚至有观点认为坚决不能以抽象的、一般的危惧感认定监督者的结果预见义务，进而认定监督过失责任。[②] 但也有学者认为，在风险社会的背景下，对危害结果的预见可能性只要有危惧感就可以了，这有利于加强监督者的责任感，也符合监督过失理论的初衷。[③]

无论对过失犯构造持有何种观点，其目的都是找到一条规范合理的路径来认定过失犯罪。正如有学者指出的那样，新、旧过失论本来不是对立关系，二者只是对注意义务（结果预见义务、结果回避义务）所处的犯罪阶层及过失实行行为的侧重点不同而已。[④] 因此，回归到监督过失的本质，我们应当关注的是监督过失理论本身的主要特点与所要解决的问题，而不是直接去探讨其究竟属于哪一种过失论，甚至生搬硬套地直接将它归入某种过失犯论之中去研究，否则会限制监督过失理论的发展。

2. 监督过失概念的辨析

通过对域外监督过失理论的考察可以发现，将监督过失理论作为一项独立的刑法理论进行体系化、系统化研究的，目前只有日本，其他国家只是在业务过失犯罪、不作为犯罪、单位犯罪等方面对监督过失理论有所涉及，或者说与监督过失理论有所类似。

日本对监督过失概念与内涵的探讨，有广义与狭义之分。最常见的分类是三井诚教授提出的，他认为监督过失应当包含狭义上的管理过失和监督过失。管理过失是管理者在安全设施配备、安全体制确立等方面的缺陷引起结果发生所构成的刑法上的过失，而监督过失是对人监督、指挥不当所构成的过失。日本大塚裕史教授认为监督过失是指由于监督而影响行为人立场并造成直接结果的人的过失，即监督者的错误监督行为所造成的过失，可以分为因为对直接行为人的指挥监督不当而成立过失的监督过失，以及通过管理者的物资配备、人事制度的不完善自身与引起结果之间的关系而成立过失的管理过失。而林幹人教

---

① 彭凤莲：《监督过失责任论》，《法学家》2004 年第 6 期，第 58—59 页。
② 张明楷：《刑法学（第六版）》，法律出版社，2021，第 383 页。
③ 易益典：《风险社会中监督过失犯罪的刑法治理》，中国社会科学出版社，2014，第 36 页。
④ 张明楷：《论过失犯的构造》，《比较法研究》2020 年第 5 期，第 3—4 页。

授认为这种分类没有实践价值，因为管理过失中体制上的缺陷必然与人的缺陷发生重叠。①

对于狭义的监督过失，以被监督者的行为是否必须为过失行为为前提，分成两种观点。前田雅英教授认为监督过失必须以直接行为人的过失行为作为前提，而不包含被监督者的故意行为或者无过错行为，即监督过失必须是因为监督者没有对被监督者进行有效的指挥和命令，从而引起了被监督者的过失行为，进而出现了刑法上的危害结果。另一种观点则不要求被监督者存在过失，比如，佐藤文哉提出只要监督者违反了监督义务，使得被监督者的不当行为引起了危害结果，无论是否存在第三人的过失行为，监督者都构成监督过失。② 对此，我国学者从预见义务范围（信赖原则）、因果关系和罪责自负原则等方面进行了考察，认为被监督者的介入行为不应该包括故意行为和无过错行为。③

我国刑法学界虽然对此尚没有形成统一的观点，但倾向于采用广义的监督过失概念。有的直接使用"监督过失"进行阐述，认为监督过失只发生在两种场合，即没有履行对人的监督义务和没有确定安全管理体制。④ 有的学者则使用"监督管理过失"或者"管理监督过失"等进行表述。之所以有这种区分，一方面是因为语义习惯，另一方面是因为认为管理过失与狭义的监督过失之间在实行行为、预见可能性及所造成的危害结果等方面存在较大差异。⑤

然而，在对生产安全事故犯罪中监督过失责任进行追究的背景下，究竟采取何种概念更为妥帖，学界并没有结合当前社会发展阶段下生产安全事故犯罪的形势与特点来分析论证，而只是立足于理论上的应然状态，忽视了当前我国生产安全事故的刑法治理现状。目前，我国对安全生产体制的建立与完善进入了崭新阶段，绝大多数行业和领域的安全生产制度均已经初步建立，并根据生产实践逐步补强。从全国司法办案发布的数据和信息来看，发生生产安全事故的主要原因已经不再是安全生产规章制度没有建立，而是从事生产作业的人员安全意识匮乏、不具备从业资质、违规操作等⑥，已经建立的制度没有得到有效执行。而对制度执行进行有效的监督、履行应尽的监督义务才是预防生产安全事故的重中之重。这里的监督义务，当然包括对安全生产制度的进一步完善，但更重要的是对从事一线生产操作的人员加强监督，重点关注人的生产行为是否符合安全生产相关规定。因此依据监督过失犯罪理论惩罚生产安全事故犯罪时，最重要的依据应当是对人的监督义务。因此，本书倾向于采用狭义的监督过失犯罪概念作为后文研究探讨的基础，即监督者因疏于履行对人的监督义务，导致被监督者的行为造成了实害后果，则可以将监督者怠于履行监督义务的行为认定为监督过失犯罪。与此同时，此处被监督者的行为也应当仅限定为过失行为。

---

① 曹菲：《管理监督过失研究——多角度的审视与重构》，法律出版社，2013，第6页。
② 易益典：《风险社会中监督过失犯罪的刑法治理》，中国社会科学出版社，2014，第233-234页。
③ 蓝娴：《论监督过失犯罪责任主体的认定》，《刑事法评论》2014年第1期，第352页。
④ 张明楷：《外国刑法纲要（第三版）》，法律出版社，2020，第211页。
⑤ 曹菲：《管理监督过失研究——多角度的审视与重构》，法律出版社，2013，第9页。
⑥ 《最高检举行"筑牢生产安全底线 守护生命财产平安"发布会》，http://www.scio.gov.cn/xwFbh/gfgjxwfbh/xwfbh/44194/Document/1697949/1697949.htm，中华人民共和国国务院新闻办公室网站，访问日期：2021年1月27日。

（二）生产安全事故犯罪的内涵与外延

概念的提出只是一种描述性研究，其落脚点在于解决刑法理论应当前往何处的问题。[①]明晰监督过失的概念和理论本质，目的是明确监督过失责任适用于哪些生产安全事故犯罪，以此确定本书中生产安全事故犯罪的具体研究对象。

1. 生产安全事故的类型划分

安全生产的监督管理职责历来是由各级政府承担，对各类生产事故的预防与处置也均由相关行政机关具体执行，因此对生产安全事故类型的划分主要由政府部门依据工作需要进行划分。这里提到的工作需要，主要是考虑到生产经营活动具有广泛性和专业性，以及不同严重程度的事故发生后所采取的不同应对措施，由此对生产安全事故类型的划分主要包含两个角度。

一是根据生产经营活动的领域进行区分。生产经营活动包括各类物质资料生产、建筑工程建设、商业交换、交通运输等，涉及的行业范围广，每个行业均有其专业性特点，不同行业之间的差异也较为明显。因此，我国法律法规中针对事故多发、危害性较大的领域进行了重点规定。例如，国家针对危害性较大的矿山开采事故、交通事故、火灾事故，分别制定了《中华人民共和国矿山安全法》《中华人民共和国道路交通安全法》《中华人民共和国消防法》；针对危化品领域，制定了专门的《危险化学品安全管理条例》等行政法规、规章，从法律层面对重点领域进行预防和监管。由此可以大致总结出生产安全事故主要包括矿山事故、交通事故、火灾事故、危险化学品事故、建筑工程事故、特种设备事故等。分析生产安全事故的领域划分，有助于针对该特定领域进行特定的研究与指导，总结提炼出类型化的生产安全事故的犯罪类型，进而推动刑事立法、刑法解释的完善，增强预防与监管的针对性。事实上，我国现行刑法对生产安全事故犯罪的罪名设置也基本以行业领域为标准。[②]

二是根据事故后果的严重程度进行区分。目前，我国应用最广泛同时也是最权威的事故等级划分是国务院的《生产安全事故报告和调查处理条例》，条例根据人员伤亡和经济损失情况，将事故划分为一般、较大、重大、特别重大四个等级。除此之外，针对一些特殊行业国家还制定了特殊的事故等级标准，如国务院制定的《特种设备安全监察条例》中规定了特种设备事故中一般、较大、重大、特别重大的事故标准。通过总结分析生产安全事故的等级划分，可以初步了解和直观判断一起生产安全事故的社会危害性。如在一起重大甚至特别重大事故中，背后往往存在违规生产经营的行为，隐藏着生产安全事故犯罪。因此在处理不同等级的事故时，应当着重调查违规生产经营的行为有哪些，上述行为与所造成的后果是否具有刑法上的因果关系，进而便可以确定背后的行为是否构成犯罪。

2. 生产安全事故犯罪的内涵界定

（1）生产安全事故的概念与特点

为了准确界定生产安全事故犯罪的内涵，首先要明确生产安全事故的概念。我国对生

---

① 劳东燕：《风险社会中的刑法——社会转型与刑法理论的变迁》，北京大学出版社，2015，第3-4页。

② 周峰、李加玺：《生产安全责任事故犯罪案件及其立法中的若干问题》，《人民司法（应用）》2017年第7期，第25页。

产安全事故研究的重点主要集中在防范与治理方面，对生产安全事故内涵没有进行充分研究。虽然没有统一的生产安全事故定义，但依据当前法律法规、政府规章等规范性文件中的表述，可以大致总结出生产安全事故的一些特征。首先，2021年新修订的《中华人民共和国安全生产法》（以下简称《安全生产法》）规定，造成生产安全事故的主体只能是从事生产经营的单位或个人。①　其次，依据国务院《生产安全事故报告和调查处理条例》，生产安全事故往往会造成人员伤亡和公私财产损失的严重后果，并且事发紧急突然，难以预测。最后，根据《国务院关于特大安全事故行政责任追究的规定》第2条的规定，生产安全事故主要发生在生产经营活动领域，如矿山开采、交通运输、危化品管理、建筑工程、特种设备等。

由此可以得出，生产安全事故通常是指生产经营单位在特定领域从事生产经营活动的过程中由于不当的生产行为所引发的造成人身损害、经济损失等严重后果的事件。具体来看，生产安全事故一般具有生产经营性、主体特定性、行为过失性、累积性等特点。

第一，生产经营性。生产安全事故一定是发生在生产经营活动过程中的，主要包括各类物质资料生产、建筑工程建设、商业交换、交通运输等。

第二，主体特定性。引发生产安全事故的一般只能是从事生产经营的单位或个人。这里的生产经营既包括具有合法资质的企业及其从业人员，也包括无合法资质的单位或个人。换言之，只要是从事生产经营活动，便有可能引发生产安全事故，如违法分包、转包工程，农村自建房屋的修建、改建等缺乏合法资质的生产行为也属于生产经营活动。

第三，行为过失性。生产经营者从事生产经营活动的目的是追求经济利益，对于生产安全事故的发生及所造成的后果持反对态度，是一种过失行为。这种人为过失性的主要表现是不遵守有关生产安全的法律法规和生产企业内部规定，从而造成事故发生。

第四，累积性。生产安全事故往往是各种安全隐患积攒到一定程度之后爆发的。正如航空安全领域著名的海恩法则，每一起严重事故的背后隐藏着29次轻微事故、300起事故先兆及1000起事故隐患。②　一起生产安全事故的发生，往往具有突然性、猛烈性、摧毁性等特点，造成生产经营活动中断甚至终止。如近年来造成严重伤亡后果的盐城"3·21"爆炸案、天津港爆炸案等。

（2）生产安全事故犯罪的内涵

其他国家的刑法并没有像我国刑法一样相对集中地规定了生产安全事故类犯罪，如德国、日本、法国、俄罗斯等国，对生产事故类犯罪一般均纳入普通的过失和业务过失犯罪中进行处罚，很少对此类犯罪单独进行规定③，因此国外几乎没有对此类犯罪提出过相关的概念。我国理论和司法实务界中对此类犯罪的概念研究主要有以下两种观点。

---

①　《中华人民共和国安全生产法》第2条："在中华人民共和国领域内从事生产经营活动的单位（以下统称生产经营单位）的安全生产，适用本法……"第5条："生产经营单位的主要负责人是本单位安全生产第一责任人，对本单位的安全生产工作全面负责。其他负责人对职责范围内的安全生产工作负责。"

②　傅鸿翔：《从海恩法则看风险防控理念转变的畸点》，《中国社会保障》2021年第5期，第85页。

③　杨绪峰：《安全生产犯罪立法的体系性反思——以〈刑法修正案（十一）〉的相关修改为契机》，《法学》2021年第3期，第50-51页。

一是使用危害劳动生产安全犯罪概念。[①] 该观点认为危害劳动生产安全犯罪是指行为人故意或过失实施的严重危害劳动生产安全且应受刑罚处罚的行为，既包括生产经营主体过失行为导致的诸如重大责任事故罪、重大劳动安全事故罪等，也包括生产经营主体故意行为导致的破坏生产经营罪、破坏电力设备罪等。也就是说，生产经营主体由于过失行为导致的事故类犯罪，属于危害劳动生产安全犯罪中的一类。与此相类似，有的刑法学者将事故类犯罪划分为故意破坏性事故犯罪和过失责任性事故犯罪，其中的过失责任性事故主要是指生产经营及管理活动中由于违规经营所导致的事故。[②]

二是使用责任事故犯罪概念。该观点立足我国现行刑法，将《刑法》第 131 条到第 139 条之一共 11 个罪名统一定义为责任事故犯罪。[③] 该观点认为责任事故犯罪是一种业务过失犯罪，是指生产经营主体在从事生产经营活动中由于过失心态引发事故，应受刑罚处罚的行为。与此概念相类似，有学者提出了生产安全责任事故犯罪概念，认为此类犯罪是指违反安全管理规定从事生产经营及相关活动，因过失导致事故发生，依法应当受到刑罚处罚的行为。[④] 在司法实践中，《最高人民法院、最高人民检察院关于办理危害生产安全刑事案件适用法律若干问题的解释》中提出了危害生产安全犯罪概念，认为该类犯罪包含现行《刑法》第 131 条至第 132 条、第 134 条至第 137 条、第 139 条等 9 个罪名，并对上述罪名案件规律进行归纳总结，形成指导定罪量刑的规范性文件。2021 年颁布施行的《中华人民共和国监察法实施条例》中，也同样采用了重大责任事故犯罪这一类似概念。[⑤] 与第一种观点相比，第二种观点进一步明确了事故类犯罪的过失性特点，具有独立性与特殊性。

除此之外，还有学者进一步将责任事故犯罪细化为标准形态的责任事故犯罪与非标准形态的责任事故犯罪，认为标准形态的责任事故犯罪是指刑法分则第二章危害公共安全犯罪中集中规定的责任事故犯罪，非标准形态的责任事故犯罪分散在第二章之外，如医疗事故罪、污染环境罪、武器装备肇事罪等。[⑥]

上述概念的产生大多立足于我国现有刑事法律、司法解释、行政法规的规定。第一种使用危害劳动生产安全犯罪概念的观点，将生产经营活动中的一切犯罪均纳入进来，特别是将蓄意破坏生产经营的故意犯罪包含其中，不利于对过失性事故开展更加有针对性的研究，同时也有扩大生产经营活动范围的嫌疑。第二种使用责任事故犯罪概念的观点，突出强调了事故发生的过失性特点，但只是依据我国现行法律的规定，并将与过失引发事故的

[①] 王守俊：《危害劳动生产安全犯罪研究》，煤炭工业出版社，2009，第 47–48 页。

[②] 易益典：《风险社会中监督过失犯罪的刑法治理》，中国社会科学出版社，2014，第 233–234 页。

[③] 陈兴良：《公共安全犯罪的立法思路嬗变——以〈刑法修正案（十一）〉为视角》，《法学》2021 年第 1 期，第 43 页。

[④] 周峰、李加玺：《生产安全责任事故犯罪案件及其立法中的若干问题》，《人民司法（应用）》2017 年第 7 期，第 21 页。

[⑤] 《中华人民共和国监察法实施条例》第 30 条："监察机关依法调查公职人员在行使公权力过程中涉及的重大责任事故犯罪，包括重大责任事故罪，教育设施重大安全事故罪，消防责任事故罪，重大劳动安全事故罪，强令、组织他人违章冒险作业罪，危险作业罪，不报、谎报安全事故罪，铁路运营安全事故罪，重大飞行事故罪，大型群众性活动重大安全事故罪，危险物品肇事罪，工程重大安全事故罪。"

[⑥] 马长生、田兴洪等：《责任事故犯罪热点问题研究》，湖南师范大学出版社，2010，第 13–14 页。

相关犯罪也纳入研究范围，如交通肇事罪等，研究对象依然不够清晰、纯粹，也没有深层次地考虑和把握生产安全事故的概念与特点。

本书以前述的生产安全事故概念为基础，通过把握生产安全事故的特点，综合我国现行刑法对生产安全事故类犯罪的罪名设置，决定采用生产安全事故犯罪的概念，并将其定义为生产经营者在从事生产经营活动过程中，因违反规定或者疏于管理导致人员伤亡或财产损失等严重后果，应受刑罚处罚的行为。主要考虑到我国法律法规中已经大致蕴含了生产安全事故的基本内涵，包括生产安全事故的主体、范围、后果，将引发生产安全事故的严重危害公共安全的行为定义为生产安全事故犯罪，可以直接体现此类犯罪的过失性、突发性、后果严重性等特点，从而直接将故意破坏生产经营活动的犯罪排除在外，也无须再重复使用"责任""危害生产安全"等表述来体现生产安全事故的过失性和严重危害性。

3. 生产安全事故犯罪的外延界定

在对生产安全事故犯罪概念进行辨析的过程中发现，不同的概念所包含的罪名并不相同。对于本书提出的生产安全事故犯罪概念，笔者不准备通过分析此类犯罪的构成要件来对相关犯罪行为进行界定，因为此类研究大多立足于我国现行刑法的实然层面进行界定。然而，康德哲学提醒我们，"实然"并不代表"应然"，我们不能从"什么已经是"中得到"什么是正确的"。① 特别是在监督过失理论背景下，界定生产安全事故犯罪的外延应当突出生产安全事故的主体特定性（从一定业务）、行为过失性、后果严重性的特点，达到从应然层面对该类犯罪的具体范围进行界定的目的。由于后果严重性主要是排除行政违法行为，从后果衡量生产安全事故案件直接责任人、单位负责人是否具有刑罚处罚的必要性，因此这里只对主体特定性、行为过失性展开论述。

（1）主体特定性：排除一般性的过失犯罪

首先，排除过失致人死亡罪。生产安全事故只能由生产经营主体在从事生产经营活动的过程中所导致，是一种业务过失犯罪，犯罪主体应当限定为特殊主体，即生产经营活动主体。故一般性的过失致人死亡罪，虽然也包含了生产安全事故犯罪的过失行为导致伤亡的行为模式，但其主体为一般主体，不应当纳入此类犯罪。

其次，排除交通肇事罪。交通肇事罪与重大责任事故犯罪的内容存在一定的交叉与重合，并且比起一般的过失致人死亡罪，交通肇事罪对犯罪主体进一步做了限制，是否可以纳入生产安全事故犯罪一直存在争议。但根据最高人民检察院最新发布的指导性案例②，对于在生产经营活动过程中发生的交通事故，相关责任人员同时涉嫌交通肇事罪和重大责任事故罪，要根据运输活动是否具有营运性质及相关人员的具体职责和行为，准确适用罪名。也就是说，两个罪名的交叉竞合并非不可区分，具有生产经营性质的交通运输活动造成了交通事故，一般也应当以生产安全事故类犯罪予以定性，交通肇事罪并不能将具有生产经营性质的交通运输活动纳入评价范围。因此，交通肇事罪也不应当纳入生产安全事故

---

① G. 拉德布鲁赫：《法哲学》，王朴译，法律出版社，2005，第7—8 页。转引自劳东燕：《风险社会中的刑法——社会转型与刑法理论的变迁》，北京大学出版社，2015，第3 页。

② 《第二十五批指导性案例》，https://www.spp.gov.cn/spp/jczdal/202101/t20210127_507779.shtml，中华人民共和国最高人民检察院网站，访问日期：2023 年2 月15 日。

类犯罪进行研究。

最后，排除非典型的事故类犯罪。如前所述，生产安全事故一般具有生产经营性、主体特定性、行为过失性、累积性等特点，因此典型的事故类犯罪也应当是发生在生产经营过程中，由特定主体过失引发的事故。对于现行刑法中规定的大型群众性活动重大安全事故罪、教育设施重大安全事故罪，其犯罪主体并非生产经营主体，只是由于行为模式、造成后果相类似，均是违反一定的注意义务（即违反相关活动组织、设施安全的规定）造成严重后果。但就生产安全事故本身的特点来看，上述两个罪名并不是典型的生产安全事故犯罪。

（2）行为过失性：排除故意破坏生产安全的犯罪

生产安全事故的行为过失性，是针对造成生产安全事故这一后果而言，是出于一种过失心态，因此从这一立场出发，可以作出以下界定。

首先，排除故意破坏生产秩序犯罪。生产安全事故是由人为过失所引起的，核心是一种业务过失行为。因此，破坏生产经营罪、破坏电力设备罪等故意破坏生产秩序的犯罪当然不应当纳入生产安全事故犯罪。

其次，排除危险作业罪。比较有争议的是 2020 年新增的危险作业罪，作为重大责任事故罪之一，其主观方面很容易被认定为过失。但有学者认为该类犯罪的主观方面是一种故意行为，即只要故意实施了条文中所列举的三种行为[1]，便可以推定具有造成生产安全事故的危险，属于故意的业务危险犯，是重大责任事故罪的基本犯、前置犯。[2] 这种划分只是立法者的一种提前处罚，将刑事惩罚的时间点提前到法益侵害前，只要体现出法益侵害的具体危险就予以规制。[3] 犯罪主体对于引发生产安全事故这一后果而言本身依然持一种过失心态。纵观诸多生产安全事故的发生，大多是由于故意违规操作、明知未建立安全防护措施而进行生产，甚至强令他人违章作业，对于事故的发生只是持过失心态，所以危险作业罪的设置是我国生产安全事故犯罪立法的一种突破。然而在狭义的监督过失概念之下，监督管理者只会因为被监督者的过失行为引发后果而承担责任，而不包括故意违规生产的行为，因此，本书认为危险作业罪不应当纳入生产安全事故犯罪的范围。

最后，排除不报、谎报安全事故罪。本罪的特点是发生在生产安全事故之后，属于其他生产安全事故犯罪的下游犯罪。本罪与危险作业罪不同，对不报、谎报行为和贻误事故抢救的后果均持故意心态，对于因贻误事故抢救导致事故中人员伤亡或财产损失进一步扩大的结果，至少持有间接故意的心态，因此不符合生产安全事故犯罪的过失性特点，不应当纳入生产安全事故犯罪的范围。

---

①　《中华人民共和国刑法》第 134 条之一："在生产、作业中违反有关安全管理的规定，有下列情形之一，具有发生重大伤亡事故或者其他严重后果的现实危险的，处一年以下有期徒刑、拘役或者管制：（一）关闭、破坏直接关系生产安全的监控、报警、防护、救生设备、设施，或者篡改、隐瞒、销毁其相关数据、信息的；（二）因存在重大事故隐患被依法责令停产停业、停止施工、停止使用有关设备、设施、场所或者立即采取排除危险的整改措施，而拒不执行的；（三）涉及安全生产的事项未经依法批准或者许可，擅自从事矿山开采、金属冶炼、建筑施工，以及危险物品生产、经营、储存等高度危险的生产作业活动的。"

②　陈兴良：《公共安全犯罪的立法思路嬗变——以〈刑法修正案（十一）〉为视角》，《法学》2021 年第 1 期，第 45—46 页。

③　李晓龙：《刑法保护前置化研究——现象观察与教义分析》，厦门大学出版社，2018，第 49 页。

综上，本书确定的生产安全事故犯罪的范围主要包括重大飞行事故罪，铁路运营安全事故罪，重大责任事故罪，强令、组织他人违章冒险作业罪，重大劳动安全事故罪，危险物品肇事罪，工程重大安全事故罪，以及消防责任事故罪，共计 8 个罪名。

三、我国生产安全事故犯罪追究监督过失责任存在的问题

（一）立法层面：监督过失主体与刑事责任的规定不够清晰

单纯立足于我国现行刑法中生产安全事故犯罪的规定，并不能准确总结出现行刑法对此类犯罪的立法特点。本书在现行刑法规定的基础上，从历史考察的纵向角度和域外考察的横向角度，对我国生产安全事故犯罪的刑法立法模式特点进行分析总结，进而分析当前我国刑法在追究监督过失责任方面存在的问题。

1. 我国生产安全事故犯罪的立法现状分析

（1）历史考察：刑事打击范围逐步扩大

第一，罪名体系逐渐完善。我国第一部《刑法》于 1979 年颁布实施，但其起草所依据的刑法草案可以追溯到 1950 年，从 1950 年到 1963 年，刑法共起草了 33 稿。[1] 早在 1963 年《刑法草案（修正稿）》第 33 稿中，就已经制定了生产安全事故犯罪相关罪名，这也成为 1979 年刑法中相应内容的重要依据。[2] 随着我国 1979 年刑法的颁布实施，生产安全事故犯罪相关罪名[3]开始正式出现在刑法之中。然而就是这仅有的 2 个罪名条文，在当年的立法过程中也有反对之声，认为我国生产设备条件差、经验不足，不少责任事故与客观因素有联系，出现重大事故就当作犯罪处理，未免失之过重。[4] 因此，1979 年刑法对生产安全事故犯罪的主体、行为方式、事故后果进行了多重限制，以防止扩大追责范围。但无论如何，对生产安全事故犯罪运用刑法规制可以说在我国刑事立法中从未缺席。

随着我国改革开放的不断推进，国民经济迅速发展，出现了许多新的生产行业和领域，新类型的生产安全事故也逐渐增多，1979 年刑法的生产安全事故犯罪罪名难以继续对相关违规生产行为进行有效规制。在这种情形下，1997 年颁布的刑法对生产安全事故犯罪进行了全面修订。此次修订立足业务领域的不同，将罪名由原来的 2 个增加为 8 个，充分吸纳 1979 年至 1997 年生产安全事故发生的行业领域特点，以求对相关领域的责任追究、刑罚设置更具有针对性。特别是在 2006 年的《刑法修正案（六）》和 2020 年的《刑法修正案（十一）》颁布后，我国生产安全事故犯罪罪名体系进一步完善（见表 3-1）。

---

① 陈兴良：《回顾与展望——中国刑法立法四十年》，《法学》2018 年第 6 期，第 20 页。
② 张述元：《生产安全责任事故犯罪案件实务指导全书》，中国法制出版社，2019，第 22 页。
③ 1979 年《中华人民共和国刑法》第 114 条："工厂、矿山、林场、建筑企业或者其他企业、事业单位的职工，由于不服管理、违反规章制度，或者强令工人违章冒险作业，因而发生重大伤亡事故，造成严重后果的，处三年以下有期徒刑或者拘役；情节特别恶劣的，处三年以上七年以下有期徒刑。"第 115 条："违反爆炸性、易燃性、放射性、毒害性、腐蚀性物品的管理规定，在生产、储存、运输、使用中发生重大事故，造成严重后果的，处三年以下有期徒刑或者拘役；后果特别严重的，处三年以上七年以下有期徒刑。"
④ 高铭暄：《中华人民共和国刑法的孕育诞生和发展完善》，北京大学出版社，2012，第 98 页。

表 3-1　我国生产安全事故犯罪罪名体系演变

罪名	设置时间
重大责任事故罪	1979 年刑法设置
危险物品肇事罪	
重大飞行事故罪	1997 年刑法设置
铁路运营安全事故罪	
重大劳动安全事故罪	
工程重大安全事故罪	
教育设施重大安全事故罪	
消防责任事故罪	
不报、谎报安全事故罪	2006 年《刑法修正案（六）》增设
大型群众性活动重大安全事故罪	
强令、组织他人违章冒险作业罪	2006 年《刑法修正案（六）》增设，2020 年《刑法修正案（十一）》更改罪名，增加"组织他人违章冒险作业罪"
危险作业罪	2020 年《刑法修正案（十一）》增设

通过表 3-1 可以看出，我国刑法中生产安全事故犯罪罪名体系逐步完善，主要体现在：一是罪名涵盖的领域进一步扩大。目前，生产安全事故犯罪已经包含了航空、铁路、危险物品、消防、建筑工程、大型群众性活动、教育设施等。二是犯罪类型从结果犯扩展至危险犯。长期以来我国生产安全事故犯罪均以造成实害后果为构成要件，但《刑法修正案（十一）》新增的危险作业罪改变了这一局面。对于部分违规生产行为，只要实施之后产生了足以造成实害后果的危险，即可构成本罪，对违规生产行为的规制已经从事故发生后提前至事故发生前，这对整个生产安全事故犯罪的规制模式和观念来说都是一个十分重要的转变。三是罪状内容逐渐增加。从最基本的"违反规定造成严重的事故后果"到现在罪状行为类型逐渐增加，包括事前的危险作业行为，强令、组织他人违章冒险作业，安全生产设施不符合国家规定，事故发生后不报、谎报造成后果进一步扩大，等等，既是对重罪行为涵摄不足与轻罪行为缺失的弥补[1]，又体现出刑法规制的日趋健全与完善。

第二，刑事责任追究日趋严厉。追求经济效益最大化是各类生产制造行业的目标，特别是自 1978 年我国开始实行改革开放，再到 1992 年社会主义市场经济体制的确立和改革开放的深入推进，这种对经济目标的追求变得空前热烈。随之而来的是各类生产行业对生产安全的忽视，如频繁出现的矿难事故、基建领域的"豆腐渣"工程、化工领域危化品泄漏爆炸事故等，给社会公共安全造成严重损害。对此，刑法在对生产安全事故犯罪罪名体系进行逐步完善的同时，相应的刑事责任追究也日趋严厉（见表 3-2）。

---

[1]　杨绪峰：《安全生产犯罪立法的体系性反思——以〈刑法修正案（十一）〉的相关修改为契机》，《法学》2021 年第 3 期，第 55~58 页。

表 3-2 我国生产安全事故犯罪刑事责任概况

罪名	主体	刑罚
重大飞行事故罪	航空人员	1 档：三年以下有期徒刑或拘役； 2 档：三年以上七年以下有期徒刑
铁路运营安全事故罪	铁路职工	1 档：三年以下有期徒刑或拘役； 2 档：三年以上七年以下有期徒刑
重大责任事故罪	从事生产、作业的一切人员，单位不构成本罪	1 档：三年以下有期徒刑或拘役； 2 档：三年以上七年以下有期徒刑
强令、组织他人违章冒险作业罪		1 档：五年以下有期徒刑或拘役； 2 档：五年以上有期徒刑
危险作业罪		一年以下有期徒刑、拘役或者管制
重大劳动安全事故罪	所有从事生产经营活动的自然人与单位	1 档：三年以下有期徒刑或拘役； 2 档：三年以上七年以下有期徒刑 （单罚制，不处罚单位）
危险物品肇事罪	从事危险物品生产、运输、储存、使用工作的人员，单位犯罪仅在铁路运营范围内携带危险品进站或以非危险品名义托运造成重大事故中承担责任	1 档：三年以下有期徒刑或拘役； 2 档：三年以上七年以下有期徒刑 （在铁路运营中适用双罚制）
工程重大安全事故罪	建设单位、施工单位、设计单位、工程监理单位，纯正的单位犯罪	1 档：五年以下有期徒刑或拘役，并处罚金； 2 档：五年以上十年以下有期徒刑，并处罚金（单罚制，不处罚单位）
消防责任事故罪	自然人、单位均可构成本罪，实行单罚，即只处罚直接责任人员	1 档：三年以下有期徒刑或拘役； 2 档：三年以上七年以下有期徒刑 （单罚制）
教育设施重大安全事故罪	对校舍、教育教学设施安全负有管理职责的人员 单位与个人均可，实行单罚制	1 档：三年以下有期徒刑或拘役； 2 档：三年以上七年以下有期徒刑 （单罚制）
不报、谎报安全事故罪	负有报告义务的人员	1 档：三年以下有期徒刑或拘役； 2 档：三年以上七年以下有期徒刑

一是刑罚幅度逐渐增加。1979 年刑法对生产安全事故犯罪规定的 2 个条文中，只规定了 2 个量刑档次，即三年以下有期徒刑和三年以上七年以下有期徒刑。而从表 3-2 来看，针对如社会危险性更大的强令、组织他人违章冒险作业罪，已经将最高量刑调整到十五年有期徒刑，再如工程重大安全事故罪，最高刑提高到十年有期徒刑，且需要并处罚金。

二是附属刑法条文逐渐增多。有学者统计发现涉及安全生产的附属刑法中，规定刑事责任的条文数量比例逐渐提高，在 20 世纪 90 年代颁布的《中华人民共和国矿山安全法》《中华人民共和国煤炭法》《中华人民共和国建筑法》中该比例分别为 33%、29% 和 41%，而 2000 年后颁布的《危险化学品安全管理条例》及新修订的《中华人民共和国煤炭法》中该比例分别为 81% 和 67%。[①] 笔者顺着这一思路对 2021 年新修订的《安全生产法》进行了统计，发现在涉及法律责任的 27 个条文中有 17 个条文规定了刑事责任，比例接近 63%，说明在行政法、经济法领域越来越多的违规生产危害公共安全的行为可以被追究刑事责任，即追究刑事责任的违规生产行为类型逐渐增多。

三是职业禁止令的适用。职业禁止令是在 2015 年《刑法修正案（九）》中新增加的规定[②]，同年出台的"两高"司法解释第 16 条则及时将职业禁止令作为生产安全事故犯罪刑事责任之一，规定在缓刑考验期内禁止从事与安全生产相关联的活动，在刑罚执行完毕之日起三至五年内不得从事与安全生产相关的职业。与此相对应，2021 年新修订的《安全生产法》中也依然保留了对生产经营单位主要负责人的从业禁止规定，同时新增了对承担安全评价、认证、检测、检验等职责的机构及其直接责任人员的从业禁止规定。[③]

（2）域外考察：我国生产安全事故犯罪立法相较域外欠缺体系性

在全球化进程中，世界各国生产企业的生产行为、模式、制度等方面日趋相同，生产安全事故犯罪的治理内容也日趋相同，即主要打击对人身健康和公私财产造成严重损害的违规生产行为。但各国的立法模式却不尽相同，这里主要对大陆法系国家进行简要对比。

在日本现行刑法中，造成生产安全事故的犯罪行为被视为一种业务过失行为，刑法设置了统一的业务上失火罪（第 117 条）、业务过失致死伤罪（第 211 条第 1 款）进行惩处，并且规定了比一般过失致死伤罪更重的刑罚。[④]

与日本不同，德国现行刑法中并没有设置统一的生产安全事故犯罪罪名，而是将此类犯罪纳入一般的过失杀人罪（第 222 条）、过失伤害罪（第 229 条），没有将这种行为进一步区分为一般过失与业务过失。[⑤] 与此相类似的是法国刑法，法国刑法将此类犯罪纳入一般性的过失犯罪，即非故意伤害生命罪（第 221-6 条）、非故意伤害人之身体罪（第 222-19 条、第 222-20 条）、对他人造成危险罪（第 223-1 条）。[⑥]

从表 3-2 可以看出，我国现行刑法的立法模式主要是将此类犯罪集中规定在危害公共安全犯罪中，不同的罪名主要依据不同领域、不同行为分别进行单独定罪量刑。与我国罪名设置体系相类似的是俄罗斯，在俄罗斯现行刑法中，也是依照业务性质在危害公共安全犯罪章节中对不同的生产安全事故犯罪进行单独规定。但与我国不同的是，俄罗斯单独性

---

① 宗玲：《惩罚与预防——安全生产之刑事规制》，《江西社会科学》2018 年第 5 期，第 188 页。

② 《中华人民共和国刑法》第 37 条之一："因利用职业便利实施犯罪，或者实施违背职业要求的特定义务的犯罪被判处刑罚的，人民法院可以根据犯罪情况和预防再犯罪的需要，禁止其自刑罚执行完毕之日或者假释之日起从事相关职业，期限为三年至五年。被禁止从事相关职业的人违反人民法院依照前款规定作出的决定的，由公安机关依法给予处罚；情节严重的，依照本法第三百一十三条的规定定罪处罚。其他法律、行政法规对其从事相关职业另有禁止或者限制性规定的，从其规定。"

③ 《中华人民共和国安全生产法》第 94 条："……生产经营单位的主要负责人依前款规定受刑事处罚或者撤职处分的，自刑罚执行完毕或者受处分之日起，五年内不得担任任何生产经营单位的主要负责人；……"第 92 条："……对有前款违法行为的机构及其直接责任人员，吊销其相应资质和资格，五年内不得从事安全评价、认证、检测、检验等工作；情节严重的，实行终身行业和职业禁入。"

④ 张凌、于秀峰：《日本刑法及特别刑法总览》，人民法院出版社，2017，第 28、44 页。

⑤ 《德国刑法典》，徐久生译，北京大学出版社，2019，第 159、162、225 页。

⑥ 《最新法国刑法典》，朱琳译，法律出版社，2016，第 70、90-92、107 页。

规定了业务过失犯罪，以涵盖单独性规定中所不能包含的生产安全事故犯罪类型，主要体现在第109条过失致人死亡罪、第118条过失严重损害他人健康罪中，均针对"不适当履行职责"导致死伤进行了特别规定。①

通过对比可以看出，我国与其他国家立法模式的主要区别体现在三点：一是对生产安全事故犯罪没有统一设置一般性罪名。虽然我国学者也提出了业务过失概念②，但在立法中并没有真正体现业务过失的一般性罪名。二是在刑事责任上与普通的过失犯罪没有做明显区分。我国《刑法》第233条规定过失致人死亡罪刑事责任为三至七年有期徒刑，情节较轻的为三年以下有期徒刑，这与我国大部分生产安全事故犯罪的量刑基本相同，反而生产安全事故犯罪的最低刑可以是拘役，从这个角度来说一般性的过失犯比业务过失犯量刑更重。三是罪名基本属于过失结果犯，《刑法修正案（十一）》新增的危险作业罪对设置生产安全事故领域的危险犯作出了积极的立法尝试与探索，但惩处的范围依然有限，与国外在立法上大量设置过失危险犯还存在一定的差距。

对于目前我国的立法模式，许多国内刑法学者认为尚需要改进。他们认为，一方面，这种立法模式不够体系化，对生产安全事故犯罪缺乏必要的归纳与概括，不成体系③；另一方面，现有的条文很难一直通过解释来涵盖更多业务领域的生产事故犯罪，对此只能通过增设新的犯罪来进行弥补，这会导致生产安全事故犯罪的罪名进一步增加，并且过度分散。

2. 存在问题：监督过失主体与刑事责任的规定不够清晰

通过历史演进和域外对比考察，可以总结出目前我国在追究生产安全事故犯罪监督过失责任方面，最主要的问题是犯罪主体与刑事责任的规定不够清晰，罪名设置存在交叉竞合，这使追究事故背后监督管理者的监督过失责任存在一定困难。如重大责任事故罪与交通肇事罪、危险物品肇事罪等在行为方式上存在交叉，如何准确认定监督过失犯罪并科处刑罚存在一定问题。如在郑某某、冯某等重大责任事故案中，被告人邵某某驾驶大型普通客车发生事故致多人死亡，负事故全部责任，被认定为交通肇事罪。而该大型普通客车挂靠在郑某某经营管理的公司名下，实际由冯某和阜某经营管理，三人均存在监督过失行为，最终上述三名监督管理人员以重大责任事故罪被追究刑事责任，但是同一案件中监督管理者与直接从业者是否应当适用不同的罪名存在争议。④ 再如从全国通报的数据来看，2017年1月至2020年12月，全国生产安全事故犯罪案件的罪名主要集中在重大责任事故罪，每年的占比均超过80%，其次是重大劳动安全事故罪，占比在10%以上。⑤ 可见对大部分事故进行追责时，重大责任事故罪更像是一种生产安全事故犯罪的兜底性罪名，而对于认定追究监督管理者的过失责任是否可以做到罪责刑相适应，还存在一定疑问。

此类犯罪中犯罪主体与刑事责任的规定不够清晰的问题，具体表现在：

---

① 《俄罗斯联邦刑法典》，黄道秀译，中国民主法制出版社，2020，第56、62、154-159页。

② 梁云宝：《业务过失的刑法惩处不必重于普通过失》，《法学评论》2020年第1期，第174页。

③ 张明楷：《网络时代的刑事立法》，《法律科学（西北政法大学学报）》2017年第3期，第81页。

④ 江苏省东海县人民法院（2020）苏0722刑初198号刑事判决书。

⑤ 《最高检举行"筑牢生产安全底线 守护生命财产平安"发布会》，http://www.scio.gov.cn/xwfb/gfgjxwfb/gfgjfbh/zgj/202307/t20230705_726482.htm，中华人民共和国国务院新闻办公室网站，访问日期：2021年1月27日。

第一，监督管理者的范围规定不够明晰。我国立法演进中对生产安全事故犯罪主体范围的规定一直呈扩大态势，从自然人到单位，从直接责任人员到对生产、作业负有组织、指挥或者管理职责的负责人、管理人员、实际控制人、投资人等人员，可以说打击面越来越宽泛。但立法中一直没有明确哪些主体属于监督管理主体、需要承担监督过失责任，导致在司法实践中追究监督过失责任的范围往往取决于事故后果的大小，如对于重特大事故，由于社会舆论的关注和政府部门的重视，监督过失责任追究范围往往更广泛，一般包含企业组织体的主要负责人及背后中介组织、行业管理组织、政府相关部门的责任。而对于一般事故或较大事故，追责范围往往主要集中于直接责任人员及其背后的直接监督者的责任。实践中，往往负有直接责任的一线生产作业人员追究数量多、负有监督管理职责的人员追究数量少。以江苏省苏州市为例，2019 年苏州市检察机关提起公诉的 215 名危害安全生产犯罪被告人中，直接责任人员 182 人，占 84.65%，安全生产的决策者、组织者、指挥者 33 人，占 15.35%。① 但是多数事故都是由于企业生产经营管理者片面追求经济效益、无视安全生产管理法规造成的，相对弱势的一线施工操作人员往往是在这种监督管理不力的背景下实施了违规生产行为，显然监督人员监督不力的行为危害性更大，如果只注重"打下不打上"，就无法起到刑法应有的震慑、警示和教育作用。

第二，在刑事责任上，我国刑法中没有对监督过失责任与一线工人过失责任做明显区分。当前我国对生产安全事故犯罪的责任并不是以主体来划分，而是根据各主体所承担的事故责任大小来确定刑事责任。如最高人民法院在《关于进一步加强危害生产安全刑事案件审判工作的意见》第 8 条中做了具体规定，对多因一果的事故，应当首先分清引发事故的主要原因和次要原因，再具体分析主要原因是由谁造成的，从而准确划分责任。该条规定的初衷在于，对指示决策错误导致事故发生的，应当由负有组织、指挥职责的管理人员承担主责；对监管失职，应当发现而未排除事故隐患，最终导致事故发生的，由负有监管职责的人员承担主责；对违反规定，错误操作导致事故发生的，直接从事生产、作业的人员应当承担主责。然而这种精神只是司法机关的适用原则，并没有上升到立法层面。这就导致我国在立法层面没有树立追究监督者责任的导向，很长一段时间对生产安全事故的发生只关注其直接原因，首当其冲的责任承担者是一线生产作业人员，其刑事责任一般也最重。如果立法可以对监督者和直接从业者的刑事责任做区别规定，将更有利于引导全社会重视监督职责的有效履行，有助于刑法在治理生产安全事故的功能上由事后惩处向事前预防转变。

第三，罪名设置的缺失。对比国外立法，我国目前尚未设置监督过失危险犯。《刑法修正案（十一）》新增的危险作业罪对设置生产安全事故领域的危险犯作出了积极的立法尝试与探索，但与国外在立法上大量设置过失危险犯还存在一定的差距。对此有学者指出，对一些具有明显主观恶意、事故发生紧迫性的严重监督失职行为，我国现行刑法的规

---

① 魏国巍、吴宇云：《重大责任事故罪责任认定难点问题探析》，江苏省法学会刑法学研究会 2022—2023 学术年会论文。

制手段还存在一定程度的失灵。①

（二）司法实践层面：刑事追责范围不明确

研究现行刑法的规定，主要是在静态上分析我国刑法治理生产安全事故犯罪的特点。研究刑法对生产安全事故犯罪的实然处置情况，则是在动态上对我国司法处置现状进行分析。笔者立足于全国司法办案数据，并重点选取江苏省2018年至2020年的办案数据进行实证分析，分析研究追究监督过失责任中存在的问题。

1. 生产安全事故犯罪案件司法处置现状

从最高人民检察院通报的数据来看，2017年1月至2020年12月，全国检察机关在生产安全事故犯罪案件中共批准逮捕2348件3909人，不批准逮捕1729件3025人，不捕率为43.6%，共提起公诉7978件13205人，不起诉1686件3283人，不诉率为19.9%。从最高人民检察院的统计分析来看，主要有三个特点：一是生产安全事故犯罪案件的罪名主要集中在重大责任事故罪，每年的占比均超过80%，其次是重大劳动安全事故罪，占比在10%以上。二是事故发生原因多系多因一果，主要包括涉案单位或人员安全意识淡漠、缺乏从业资质、违反安全操作规程、内部监管混乱、相关职能部门外部监管不到位等。三是采矿、化工、交通运输、电力等领域重特大事故社会危害性大，后果特别严重，舆情高度关注，如2020年的浙江温岭槽罐车爆炸事故、重庆吊水洞煤矿安全事故等。②

上述分析有助于我们从宏观层面了解我国当前生产安全事故司法处置现状，但由于全国数据的样本庞大，不利于发现一些当前司法处置的具体、微观特征，因此，本书进一步选取江苏省2018年至2020年办理的生产安全事故犯罪案件作为研究样本进行分析研究，以下数据均来源于2020年12月22日江苏检察机关召开的依法保障和促进安全生产工作新闻发布会③，并以此为基础总结当前生产安全事故犯罪案件的特点。

（1）定罪量刑情况

第一，从罪名分布看，起诉罪名主要集中在重大责任事故罪和重大劳动安全事故罪，这一点与前述全国数据特点相同。在2018年至2020年起诉的1202件危害安全生产犯罪案件中，重大责任事故罪1028件，重大劳动安全事故罪130件，两项罪名占比96.34%；其他罪名：非法制造、买卖、运输、储存危险物质罪33件，危险物品肇事罪8件，工程重大安全事故罪、消防责任事故罪、强令他人违章冒险作业罪各1件。

第二，从量刑来看，轻缓刑适用率和认罪认罚适用率高。在一审生效判决的1482人中，判决缓刑的有1378人，占比92.98%，判处三年以下有期徒刑的1467人，占比98.99%。自2018年11月新刑事诉讼法实施以来，在危害安全生产犯罪案件中适用认罪认罚从宽制度1342人，占比86.81%，高于同期刑事案件11.04个百分点。

---

① 代海军：《风险刑法背景下我国惩治危害生产安全犯罪功能转向——基于〈刑法修正案（十一）〉危险作业罪的分析》，《中国法律评论》2021年第5期，第200页。

② 《最高检举行"筑牢生产安全底线 守护生命财产平安"发布会》，http://www.scio.gov.cn/xwFbh/gfgjxwfbh/xwfbh/44194/Document/1697949/1697949.htm，中华人民共和国国务院新闻办公室网站，访问日期：2021年1月27日。

③ 《江苏检察机关依法保障和促进安全生产工作新闻发布会》，https://m.jschina.com.cn/v3/waparticles/1249/Hfl0Y0fFWfhmDB9B/1，江苏检察新闻发布平台，访问日期：2020年12月22日。

(2) 司法处置力度变化情况

第一，起诉人数逐年上升。2018 年起诉 497 人，同比增长 30.79%；2019 年增长 11.27%；2020 年起诉 671 人，超过 2019 年起诉人数，同比增长 21.3%。通过对比生产安全事故发生数量可以发现，在事故数量逐渐减少的情况下，追责人数却呈现上升趋势，一定程度反映了刑事打击力度的加大。

第二，审前羁押率低，不捕率高于普通刑事案件。由于该类犯罪均为业务过失犯罪，大部分事故为一般性事故，犯罪嫌疑人人身危险性较小，因此审前非羁押性强制措施适用比例高。2018 年以来审查起诉的案件中，被采取逮捕措施的仅有 135 人，占 5.97%；批捕的人数除 2019 年同比上升 56.41% 外，其他年份均同比下降；危害安全生产类犯罪案件不捕率 47.73%，高于同期刑事案件 24.16 个百分点。

第三，案件退查率较高，办案时长普遍较长。2018 年以来，在审结的 1358 件危害安全生产犯罪案件中，退回补充侦查 607 件，退查率约 44.7%，高于普通刑事犯罪案件 18.28 个百分点。其中，一退 441 件，占危害安全生产犯罪案件的 32.47%；二退 166 件，占危害安全生产犯罪案件的 12.22%。在起诉的 1202 件案件中，平均办案时长为 57.27 天，而同期重罪检察平均为 41.35 天，普通刑事案件为 1.66 天。这反映出当前生产安全事故犯罪调查周期一般比较长，追责主体范围确定、事故发生的因果关系认定、事故损害后果的确认等往往比其他普通刑事案件更加复杂。

2. 存在问题：追责范围不明确

目前，各地出现了对生产安全事故犯罪追责范围不统一的情形，在违反同种规定的情况下，有的地区追究刑事责任，有的只作行政处罚；有的追究了事故背后监督管理者的责任，有的只追究了一线操作工人的责任。这反映出司法机关对生产安全事故犯罪追责的标准仍不统一。具体来看：

第一，根据事故后果轻重程度确定追责范围。从最高人民检察院公布的数据可以看出，2020 年全国生产安全事故发生 3.8 万余起，重特大事故仅 16 起，绝大多数生产安全事故犯罪案件为一般事故，即造成 3 人以下死亡，或者 10 人以下重伤，或者 1000 万元以下直接经济损失的事故。由于国家当前对民营企业的保护政策，大部分事故涉及的生产企业，在经营管理者积极赔偿、认罪认罚的情况下，都做了轻缓化的处理，或者被判处缓刑，或者相对不起诉，很少适用羁押措施，监督管理责任的追究会被限定在很小的范围，目的是尽量不影响企业下一步的生产经营。然而对于后果严重、社会负面影响大的生产安全事故犯罪案件，司法机关往往会从严打击，特别是对事故背后的经营管理者，尽可能追究到各个层级，如江苏响水 "3·21" 特别重大爆炸事故，司法机关对失职失责的企业负责人员、中介组织和监管人员进行了全链条打击，对涉案的 7 个被告单位、53 名被告人依法提起公诉，相关人员被判处九个月至二十年不等有期徒刑[①]，说明当前对生产安全事故背后监督过失责任的认定依然存在结果责任的倾向。

第二，行政执法机关责任认定标准与刑事责任认定标准不相同。行政执法机关对事故

---

① 《江苏检察机关依法保障和促进安全生产工作新闻发布会》，https://m.jschina.com.cn/v3/waparticles/1249/Hfl0Y0fFWfhmDB9B/1，江苏检察新闻发布平台，访问日期：2020 年 12 月 22 日。

大小的认定与刑法相关司法解释的认定不一致，特别是行政执法机关出具的事故调查报告，往往只写明事故发生原因，不区分主要原因和次要原因。在责任认定中，只写明直接责任、间接责任，与刑法条文规定的主要责任、次要责任、同等责任的认定角度不同，无法准确作出刑法意义上的责任区分与判断，导致案件的事实认定和定罪量刑均处于两难境地。

第三，犯罪主体认定存在争议。在一项建设工程或施工作业涉及多家企业合作时，如何准确认定从事生产、作业的包括哪些单位和个人，应当追究哪些层级的责任，法律尚未明确规定。在司法实践中，直接责任人容易界定，但组织领导者的刑事责任很难定性，部分组织领导者在组织、指挥或者管理方面是否负责，无法得到直接证据予以证实。

四、生产安全事故犯罪监督过失责任追究不力原因分析

监督过失理论经过近几十年的不断发展，对整个犯罪论体系的发展与变革，以及刑法功能的转向都具有重要作用，对刑法更好地适应由传统社会向风险社会的转变具有积极意义，也得到了各国刑法学界的广泛认同。我国从 20 世纪 80 年代开始对监督过失理论展开研究，并一直试图将其引入我国刑法的治理体系。然而，截至目前，针对监督过失理论还没有形成适合我国法治实践的、体系化的成果与共识，主要原因在于三个方面：首先，我国对监督过失理论的研究依然存在许多分歧，没有形成统一准确的认定标准；其次，当前的生产安全事故犯罪立法体系与观念还没有适合监督过失理论发展的"温床"；最后，司法实践层面没有形成统一的认定监督过失责任的标准。笔者立足监督过失理论的历史发展和最新成果，从上述三个方面分析我国生产安全事故犯罪监督过失责任追究不力的原因，为下一节提出有针对性的解决措施打下基础。

（一）法教义学层面：传统过失理论影响与新过失论探索的不足

从法教义学层面来看，生产安全事故犯罪中监督过失责任追究不力的根源在于传统过失理论对我国司法实践的影响，以及新过失论视野下认定标准的不统一。前者主要导致监督过失责任的追究范围过窄，后者则导致追究范围过于宽泛。

1. 以结果预见可能性为中心的传统过失理论的影响

（1）传统过失理论的基本内容

我国传统的过失理论深受苏联刑法理论的影响。该理论将过失理解为行为人主观上的心理态度，是与故意并列的主观罪过形式，重点关注行为人主观上对危害结果的预见义务，并从认识因素与意志因素两个维度对过失犯的主观根据做统一的解读[①]，本质上类似于刑法学界所称的旧过失论。

旧过失论产生于古典犯罪论体系，代表人物有费尔巴哈、李斯特、贝林等。旧过失论认为，故意和过失是并列的、值得非难的心理状态，是一种主观责任，其核心是对结果的预见。认定行为人具有结果预见义务，在行为人意志支配下的行为与损害结果之间有因果

---

① 高铭暄、马克昌：《刑法学（第十版）》，北京大学出版社、高等教育出版社，2022，第109页。

关系，即可以认定为不法，属于结果无价值的立场。这种观点与古典犯罪论体系所坚持的条件说、心理责任论有很大关联。如李斯特在论述过失与故意的区别时，指出过失与故意的区别在于心理认识的不同，当行为人没有预见到符合犯罪构成要件的结果或造成这种后果的危险时，才有可能被认定为过失犯罪。[①]

总之，传统的过失理论或者旧过失论是类比故意来对过失进行研究和定义的，即认为故意与过失在客观行为上并没有明显的不同，只是在主观上有差别。过失犯罪本质是主观上没有尽到相应的注意义务，自身的行为最终导致危害结果的发生。根据不同的过失犯类型，注意义务又做了结果预见义务与结果避免义务的区分，即疏忽大意过失的本质是结果预见义务的违反，而过于自信过失的本质是结果回避义务的违反。如对于故意杀人与过失杀人，传统过失理论认为二者在客观行为上并没有什么不同，只是在主观方面存在差异。在传统过失理论的观点下，对过失犯的归责主要依赖于对犯罪主体主观有责性的判断。在这一点上，传统过失理论坚持只有当主观上认识到自己的行为可能造成某种危害后果，且实际上也发生了这种危害后果时，才能够进行归责，即预见的对象是过失犯罪中作为构成要件要素的具体结果，而不是法益侵害结果[②]，否则便难以认定过失犯罪。

（2）传统过失理论的影响

目前，我国过失犯理论正处于变革期，传统过失理论的迷雾依然不同程度地笼罩在许多法律工作者的心中，这使得司法实践中追究监督过失责任成为没有地基的空中楼阁，导致许多监督过失行为很难被认定为犯罪。具体表现在：

一是在判断监督过失的注意义务时，仍然坚持具体的预见可能性，容易导致部分监督过失责任难追究。如在生产安全事故犯罪中，生产单位明确规定监督者要定期巡查，发生危险情形要及时报告，但企业负责人或者其他监管人员工作不认真、不仔细，未按期巡查，从而没能发现事故隐患，最终因为一线生产作业人员的违规操作导致事故发生。如果就此认定监督者可以预见被监督者（直接行为人）的过失行为，以及该行为引发的生产安全事故，未免强人所难。因为对于企业负责人来说其虽然具有安全巡查责任，但依然离生产现场较远，一般不在一线生产现场工作，对一线工人的作业行为并不是十分了解，很难知悉生产行为是合规还是违规，此时便难以存在具体的预见可能性，从而难以追究监督过失责任。

二是受古典犯罪论的影响，传统过失理论在判断过失行为与结果之间的关系时坚持了一种哲学层面、自然主义的条件说进行考察，即"非 P 则非 Q"的因果关系链条。然而，"哲学上的认知对部门法学具有指导性，但刑法作为一个独立的部门法，它有着自身的特殊性"[③]。如果坚持纯粹的条件说，无疑会导致因果关系判断不成体系、不成规范，造成追责范围的扩大。因为按照"没有前者就没有后者"的观点，一个监督过失犯的出生也是其犯罪的前提条件，而据此追究其父母的责任显然有违常理。所以条件说只涉及事实判

---

① 弗兰茨·冯·李斯特：《德国刑法教科书》，徐久生译，法律出版社，2000，第 304 页。

② 劳东燕：《过失犯中预见可能性理论的反思与重构》，《中外法学》2018 年第 2 期，第 306 页。

③ 梁云宝：《回归与突破——我国刑法因果关系在归属层面的厘清》，《南京师大学报（社会科学版）》2019 年第 5 期，第 121 页。

断，要想作出刑法意义上的因果关系评价，还必须进行规范评价。除此之外，条件说还容易导致"地位越高、责任越轻"的困境。在司法实践中，追究生产安全事故中相关主体的责任往往直接依据行政机关出具的事故调查报告进行因果关系认定，而事故调查报告中认定的事故直接原因是一线生产操作人员的过失行为，间接原因才是监督管理者的过失行为，司法机关往往没有进行实质审查，便直接据此认定事故的主要责任在一线操作人员，次要责任在监督者。这种简单地将直接原因等同于主要责任的做法，本质也是受条件说的因果关系判断方法所影响。

三是传统过失理论坚持主观上对危害后果具有具体的预见可能性，这就需要重点从犯罪主体的主观认知来进行判定，需要司法工作人员重点获取犯罪主体的供述，要求他们承认在作出行为之时就已经预见到结果可能会发生。然而在生产安全事故犯罪领域，多数犯罪嫌疑人供述并不认为自己的行为会导致危害后果发生，特别是背后的监督者，一般都不会认为自己的行为具备导致危害后果发生的可能性。如此一来，具体的预见可能性很容易被否定，导致司法工作人员作出出罪的决定，监督者的监督过失责任变得难以认定。

2. 新过失论探索的不足：认定监督过失的路径尚未形成共识

近年来，我国刑法学界已经开始对传统过失犯理论进行重构与反思。其中，新过失论的观点逐渐得到学界的认可与支持，这在一定程度上指引着监督过失责任的司法认定向统一的标准靠近。然而在新过失论视野下，我国学者对监督过失责任的认定路径依然没有形成统一的认识。在司法实践中，由于缺乏统一的认定标准，而又迫于追究监督过失责任的现实需要，特别是在事故造成人员死亡的情况下，往往会出现"只要有人死亡就要想方设法追究相关人员的刑事责任"[①] 的情况，最终造成了监督过失犯罪追究的范围过于宽泛、入罪门槛过低的司法现状。

（1）新过失论的基本观点

新过失论出现于工业革命以后，以规范责任论为指导，是为了应对风险社会背景下日益增多的交通、医疗事故等过失犯罪，防止过失犯的处罚范围进一步扩张而产生的。[②] 新过失论受目的行为论的影响，将对过失的关注从有责性阶段提前到构成要件和违法性阶段，使得过失论在三阶层的犯罪论体系中发生重大变化。[③] 这种变化使得新过失论重点关注行为人的行为是否在客观上违反社会生活中的基准行为。例如，韦尔策尔指出过失犯的不法内容关键在于与社会交往中一般应当遵守的注意义务之间存在不吻合之处。[④] 这里的过失不排除预见可能性的认定，但同时更强调过失的本质是社会生活中的标准行为上的懈怠，属于结果回避义务的违反，属于行为无价值的立场。

---

① 张明楷：《论缓和的结果归属》，《中国法学》2019 年第 3 期，第 275 页。

② 陈兴良：《教义刑法学（第三版）》，中国人民大学出版社，2017，第 511 页。

③ 陈兴良：《阶层理论在过失犯认定中的司法适用》，《华东政法大学学报》2018 年第 6 期，第 20 页。

④ 汉斯·韦尔策尔：《目的行为论导论——刑法理论的新图景（增补第 4 版）》，陈璇译，中国人民大学出版社，2015，第 41-42 页。

（2）新过失论视野下的监督过失责任的司法认定分歧

新过失论坚持从客观违法和主观归罪两个方面构造过失犯罪，最大的优势是在客观阶段对过失行为进行规范和限定，从而更加准确地评价过失犯罪。在司法实践中，运用新过失论认定监督过失犯罪依然存在一定的分歧与争议，主要集中在监督过失犯罪的注意义务来源、注意义务在客观方面和主观方面的具体内容及因果关系的认定。

首先，监督过失犯罪注意义务的来源究竟为何？注意义务即结果预见义务、结果避免义务。关于如何确定上述义务的具体内容，司法实践中依然存在争议。有观点认为注意义务的内容只能依据安全生产相关的法律、行政法规、规章等成文的规定进行确定，而不包括一些行业领域内普遍认可的不成文的生产操作习惯和行业惯例，甚至有些司法机关直接将范围限定为法律、行政法规，这就导致了前述部分司法机关直接以行政违规性代替注意义务违反的判断等问题。

其次，监督过失注意义务的内容究竟为何？在监督过失犯罪中，监督者应当尽到的结果预见义务和结果避免义务主要有两个方面：一是对自身监督职责履职不力导致被监督者开始或继续实施的违规生产行为，应当具有预见义务和避免义务；二是对被监督者的违规生产行为可能导致的生产安全事故的发生，应当具有预见义务和避免义务。在客观阶段判断监督者的构成要件的监督过失（注意义务的违反性），是从两个方面进行判断，还是只需要考虑其中一个方面即可认定具有监督过失呢？比如，对于被监督者故意实施的违规生产行为，监督者是否要对其负责？如果坚持两个方面都要判断的话，则会因为监督者不具有预见义务而否定监督过失责任，而如果只对结果避免义务进行判断的话，则可以肯定监督者的监督过失责任。

最后，关于监督过失行为与危害结果之间的因果关系究竟如何规范认定，存在一定争议。在监督过失犯罪中，监督过失行为与危害结果之间介入了被监督者的过失行为，因此监督过失犯罪因果关系的判断变得更为复杂。一方面，有观点认为判断监督过失犯罪的因果关系，只能从两个阶段入手，一是监督者过失行为与被监督者过失行为之间的因果关系，二是被监督者行为与危害后果之间的因果关系。相对于危害结果来说监督者的过失行为是间接原因，被监督者的过失行为是直接原因。[①] 而新过失论视野下所倡导的客观归责理论则认为，监督过失行为与危害结果之间不存在间接原因一说，而是可以直接认定监督过失行为与危害结果之间存在因果关系，因为监督者的监督过失行为创设了被监督者的过失行为，后者已经具有发生构成要件结果（生产安全事故）的风险，属于风险制造，由此最终出现结果，便可以对其进行归责。[②] 这对司法实践造成了一定困扰。如有些案件中，如果坚持监督者的监督过失行为与危害后果之间属于间接因果关系，那么将会产生对监督过失责任的主体应当追究到哪一层级的困扰。对于一线生产现场的监督者，如车间主任，认定为监督过失责任主体之后，对于明显未履行监督职责的更高层级的监督主体，将会因为因果关系的中断而难以追究，因为不能在一线监督者的间接原因基础上再寻找相关的间接原因，那样将会导致因果关系认定的恣意性。

---

① 张明楷：《刑法格言的展开（第三版）》，北京大学出版社，2013，第265页。

② 童德华、马嘉阳：《刑法中监督过失的适用条件及归属限制》，《社会科学动态》2020年第6期，第18—19页。

（二）立法层面：对生产安全事故犯罪缺乏体系性思考

我国生产安全事故犯罪采取了分散式、列举式的立法模式，即"无一般性规定、较多单独性规定"，这是一种缺乏体系性思考的立法模式。[①] 正是这种没有将生产安全事故犯罪进行集群化的列举式、分散式的立法模式，才最终造成了前述存在的此罪与彼罪区分不清、监督过失责任主体规定混乱、责任未作精确区分等问题。这种体系性思考的缺乏主要体现在罪名设置与量刑设置两个方面。

1. 罪名设置

列举式、分散式的立法模式可以提高刑事处罚的针对性，甚至在特定时期能针对特定领域犯罪的多发态势发挥重要的惩治作用。但长期来看，无论不断出现的新兴领域还是不断变化的事故类型，都会使立法随着时间的推移变得越来越臃肿，因为只有通过新增条文才能治理新的生产事故犯罪类型。这反映出立法者没有体系性地思考生产安全事故犯罪，没有将其作为一个类罪名展开研究，对其一般意义上的主体范围、行为类型、刑事责任等究竟为何缺乏系统性总结。有学者便毫不避讳地指出，用一个业务过失致人死伤的罪名就可以涵盖相关的罪名。[②] 与此同时，现行刑法长期以来只规定了已经发生实害后果的犯罪，却忽视了生产安全事故的发生是由众多小的危险行为造成的，而这些过失危险行为却没能纳入刑法治理过程，使得刑法变成了被动的事后惩治工具。这对整个生产安全事故犯罪体系来说无疑是一种缺失。

2. 量刑设置

如前所述，我国刑法中没有对监督过失责任与一线工人过失责任作明显区分。而事实上，我国现行刑法对生产安全事故犯罪的量刑设置，整体上也缺乏统筹思考。主要体现在：

一是现有量刑主要分为两个档次，即三年以下有期徒刑或拘役、三年以上七年以下有期徒刑，个别罪名为五年以下有期徒刑或拘役、五年以上有期徒刑。然而，根据生产安全事故的划分标准，较大、重大、特别重大事故的量刑档次一般直接会在第二档次，即三年以上七年以下有期徒刑，而案件数量最多的一般事故案件，入罪标准[③]一般也低于事故划分标准，往往也会适用第二个量刑档次。这就导致了第一个量刑档次的适用空白，反映出

[①] 杨绪峰：《安全生产犯罪立法的体系性反思——以〈刑法修正案（十一）〉的相关修改为契机》，《法学》2021年第3期，第48页。

[②] 张明楷：《刑事立法的发展方向》，《中国法学》2006年第4期，第31页。

[③] 《最高人民法院、最高人民检察院关于办理危害生产安全刑事案件适用法律若干问题的解释》第6条："实施刑法第一百三十二条、第一百三十四条第一款、第一百三十五条、第一百三十五条之一、第一百三十六条、第一百三十九条规定的行为，因而发生安全事故，具有下列情形之一的，应当认定为'造成严重后果'或者'发生重大伤亡事故或者造成其他严重后果'，对相关责任人员，处三年以下有期徒刑或者拘役：（一）造成死亡一人以上，或者重伤三人以上的；（二）造成直接经济损失一百万元以上的；（三）其他造成严重后果或者重大安全事故的情形。……"第7条："实施刑法第一百三十二条、第一百三十四条第一款、第一百三十五条、第一百三十五条之一、第一百三十六条、第一百三十九条规定的行为，因而发生安全事故，具有下列情形之一的，对相关责任人员，处三年以上七年以下有期徒刑：（一）造成死亡三人以上或者重伤十人以上，负事故主要责任的；（二）造成直接经济损失五百万元以上，负事故主要责任的；（三）其他造成特别严重后果、情节特别恶劣或者后果特别严重的情形。……"

在设置定罪量刑标准时没有统筹考虑事故划分标准，很难说已经做到了罪责刑相适应。

二是仅以人员伤亡和经济损失作为定罪量刑标准。一方面，难以拉开不同危害程度的事故之间的量刑，如有些事故没有造成人员伤亡，因经济损失超过了 500 万元即属于情节恶劣，而有些事故既造成了人员伤亡同时又造成了经济损失，同样也达到了情节恶劣标准。例如，李某等重大责任事故案中，被告人李某违法建设地下室，导致施工现场发生坍塌，附近道路塌陷、部分民房倒塌，直接经济损失达 584 万元①；而在"青岛 11·22"中石化输油管道爆炸事故中，原油泄漏引发的爆炸造成 63 人死亡、156 人受伤，直接经济损失达 7.5 亿元，8 名相关负责人员犯重大责任事故罪，分别被判处三年至五年不等有期徒刑，其中 2 名被告人被依法适用缓刑②。另一方面，没有细化不同主体之间的量刑标准，量刑设置的精细化程度还有待提升。正如本书所关注的监督过失责任，刑法中只规定了负有组织、指挥或者管理职责的负责人、管理人员、实际控制人、投资人等监督管理人员应负刑事责任，却没有区分设置不同的量刑标准和量刑档次，难以实现对监督过失责任主体的惩罚、威慑、矫正等功能。③

（三）司法实践层面：监督过失责任认定标准不统一

1. 监督过失责任主体判断标准不统一

当前我国监督过失责任的主体在司法解释④中初步明确，即监督责任主体主要是指负有组织、指挥或者管理职责的负责人、管理人员、实际控制人、投资人等。但是在具体司法实践中，这种列举式的解释并没有明确监督过失责任主体的本质特征，具体的判断标准应当如何把握依然不够明确。这就导致各地在认定监督者过失责任时，出现标准不统一、同案不同判、打击力度存在差异等情况。有学者指出，我国司法实践中对结果归属的判断缺乏具体规则，经常出现将处于源头的行为全部作为犯罪行为予以对待的情况，因为只要符合条件关系往往就可以认定具有因果性，从而追究责任。⑤ 在这种理念定式之下，司法实践中存在对监督过失责任追究的扩张化趋势。⑥

2. 以行政违规性代替注意义务违反的判断

生产安全事故犯罪属于行政犯罪的一种，首先违反了国家安全生产相关的法律、行政法规、规章等，其次违反了刑法。当前我国司法实践中，认定生产安全事故中刑事责任的主要依据是行政机关出具的事故调查报告。在这种背景下，对监督者注意义务的判断，往往集中于该监督义务是否为行政性法律法规所确认，一旦确认了监督者具有监督管理义务，则会认定其具备监督过失责任。这背后隐藏着管辖原则的思想。管辖原则作为风险社

---

① 国家法官学院案例开发研究中心：《中国法院 2018 年度案例·刑事案例二》，中国法制出版社，2018，第 74-77 页。

② 《青岛中石化东黄输油管道泄漏爆炸特别重大事故案一审宣判 14 人被判刑》，https://www.gov.cn/xinwen/2015-11/30/content_5018220.htm，中华人民共和国中央人民政府网站，访问日期：2023 年 10 月 13 日。

③ 周光权：《刑法总论（第三版）》，中国人民出版社，2016，第 11 页。

④ 《最高人民法院、最高人民检察院关于办理危害生产安全刑事案件适用法律若干问题的解释》第 1 条至第 4 条。

⑤ 张明楷：《论缓和的结果归属》，《中国法学》2019 年第 3 期，第 274-275 页。

⑥ 姜涛：《监督过失的限缩适用方案》，《清华法学》2021 年第 6 期，第 32 页。

会背景下提出的一种归责机制，要求谁管辖风险谁就对风险造成的后果负责。[1] 然而，这种代替属于注重形式而忽视监督管理权限的实质判断，监督责任的认定不应当仅局限于行政法律法规的明文规定，而应当关注实质的监督管理权限配置，否则容易导致一些具有实质监督职责的主体逃避法律制裁的现象。

3. 追究监督过失责任存在结果主义倾向

生产安全事故的发生往往是多种原因综合作用的结果，具体的因果关系判断专业性较强，很难进行条理清晰的分析。这就导致司法实践中追究监督过失责任的范围缺乏统一标准，甚至出现追责范围与生产安全事故后果的严重程度成正比的不合理现状。不可否认，生产安全事故犯罪作为一种特殊的过失犯罪，应当以结果的有无和严重程度进行定罪量刑。但在生产安全事故犯罪中为了织密刑事追责的法网，凡是对结果发生存在纰漏之处的相关人员均被纳入刑事制裁范围，导致归责方式过于宽泛。[2] 这一点其实不难理解，因为大多数法律制度的运行都是基于这样一个前提，即一个错误是如此严重，以至于有理由将其定罪。如发生在江苏的响水"3·21"特别重大爆炸案，造成 78 人死亡、76 人重伤，直接经济损失近 20 亿元，对于如此严重之后果，检察机关全链条打击失职失责的企业负责人员、中介组织和监管人员，对涉案的 7 个被告单位、53 名被告人依法提起公诉，相关人员被判处九个月至二十年不等有期徒刑。[3] 但江苏范围内占比约 80% 的其他一般事故中，起诉件数和人数比约为 1∶1.5，即每 1 个案件中平均只有 1.5 名被告人被提起公诉。[4] 除去直接违规的一线操作工人，最理想的情况也只在每 2 起案件才会有 1 个对生产安全负有监督管理职责的人员被追究刑事责任，由此可以大致看出当前我国对生产安全事故背后监督过失责任的认定仍然存在结果责任的倾向。

4. 行政执法与刑事司法衔接机制不健全

2019 年 4 月，应急管理部联合公安部、最高人民法院、最高人民检察院制定下发了《安全生产行政执法与刑事司法衔接工作办法》，从案件移送、证据收集与使用、法律监督、协作机制等方面健全"两法衔接"工作机制，提升"两法衔接"效率，行政法与刑事法的打击、防范合力进一步增强。然而，该办法出台的主要目的是在程序上使行政机关、司法机关的衔接渠道更加顺畅，对于证据收集审查、事实认定、责任分配等标准并没有进行统一，相关问题的衔接仍然有待进一步完善。具体体现在：

第一，行政机关与司法机关对证据收集与审查的侧重点不同，标准不统一。生产安全事故发生后，行政部门首先开启事故调查程序，在证据收集调查方面更加注重行政责任认定，特别是一线操作人员的责任认定、轻刑事责任认定，容易造成对关键的刑事证据收集

① 劳东燕：《过失犯中预见可能性理论的反思与重构》，《中外法学》2018 年第 2 期，第 312 页。
② 杨绪峰：《安全生产犯罪立法的体系性反思——以〈刑法修正案（十一）〉的相关修改为契机》，《法学》2021 年第 3 期，第 53 页。
③ 《江苏检察机关依法保障和促进安全生产工作新闻发布会》，https://m.jschina.com.cn/v3/waparticles/1249/Hfl0Y0fFWfhmDB9B/1，江苏检察新闻发布平台，访问日期：2020 年 12 月 22 日。
④ 《江苏检察机关依法保障和促进安全生产工作新闻发布会》，https://m.jschina.com.cn/v3/waparticles/1249/Hfl0Y0fFWfhmDB9B/1，江苏检察新闻发布平台，访问日期：2020 年 12 月 22 日。

不全面、不规范。如对于刑事诉讼比较重要的证人证言，行政部门往往只简单对现场证人进行调查核实，形成的笔录过于简单，不能与其他证据相互印证，因而达不到刑事责任的证明标准。而安全生产事故调查时间长，跨度较大，进入刑事诉讼阶段后容易出现证人证言前后不一致的情况，且部分证人与涉案企业存在支付劳动报酬等利益关系，证言易发生动摇，不利于对背后监督管理者刑事责任的认定。

第二，对事故调查报告的审查认定存在争议。实践中，部分事故调查报告对责任人员究竟违反什么规定、应负何种责任，表述较为笼统，导致需要追究刑事责任的人员与事故调查报告不一致。特别是对监督管理人员在事故中所起的作用缺少调查核实，导致司法机关追责范围与事故调查报告存在不一致的情况。同时，不同的审判机关对事故调查报告的效力认定存在不同的认识，有的审判机关认为事故调查报告不能随意推翻，应当严格按照事故调查报告所认定的责任来认定刑事责任，只有在重新出具报告或情况说明时才能推翻原来的报告。农村自建房等领域发生的生产安全事故，因缺乏监管机关导致没有职能部门负责出具事故调查报告，这给刑事责任追究带来较大阻碍。

五、准确认定生产安全事故犯罪监督过失责任的对策

通过前述现状阐述和原因分析，我们认识到，要进一步完善我国认定生产安全事故犯罪监督过失责任的司法路径，应当致力于转变生产安全事故犯罪的立法体系，并在司法实践中深入结合监督过失理论，找到合理的司法认定路径，从立法、司法两大方面形成统一的、规范的、成体系的监督过失犯罪认定合力，从而使我国监督过失犯罪追究打击不力问题得到根本解决。

(一) 准确认定监督过失犯罪应当坚持新过失论的观点

任何法律都可能存在不周延、不完善的地方，关键是发现之后如何完美地通过解释来弥补缺陷。[①] 虽然我国生产安全事故犯罪的刑法立法体系不甚完美，但这并不妨碍我们运用合适的过失论观点，去准确界定相关犯罪中的监督过失责任。

1. 其他过失犯罪论的不足

旧过失论、修正的旧过失论和新新过失论，与新过失论相比最主要的劣势体现在对注意义务的预见可能性方面。旧过失论坚持具体的预见可能性，这一点在风险社会是不可想象的，因为风险社会中许多生产经营行为本身就带有一定的风险，如机动车驾驶行为、工厂的生产作业行为，但不能因为已经预见到了风险而直接放弃这些行为。修正的旧过失论则认识到了新过失论的优势，并做了亲近性调整，但它已经越来越朝着新过失论的方向发展，不如直接承认以结果预见义务为前提、以结果避免义务为核心的新过失论。[②] 虽然新新过失论坚持了预见可能性与结果回避义务的直接关联，但是在内心具有不安感、危惧感时就产生了结果回避义务，显然有扩大处罚范围的嫌疑，在司法实践中也难以进行认定。

---

① 张明楷：《刑法格言的展开（第三版）》，北京大学出版社，2013，第8页。
② 刘艳红：《实质犯罪论》，中国人民大学出版社，2014，第127页。

2. 新过失论的优势

本书认为，准确界定监督过失责任采用新过失论的观点更加适合。主要原因在于：第一，两者都考虑了刑事政策的风向转变。有学者指出，正是由于当今社会人们越来越关注如何有效控制风险和预防风险，刑法才不再仅关注惩治犯罪，而是不可避免地走向预防刑法。[①] 监督过失理论的出现与发展，坚持了刑事政策从事后处罚向事前预防的转变，在处置重大公害事故时既不放纵监督者行为，也不扩大追究范围，通过准确认定监督过失责任督促各类组织体切实履行监督责任，达到预防重大公害事故的目的。而新过失论的出现正是为了缓和刑法教义学与刑事政策之间的紧张关系，正如罗克辛教授所言，教义学与刑事政策的观点并不完全一致。[②] 从这个角度来说，新过失论的观点更加符合监督过失理论的初衷。第二，在过失犯的具体构造上，坚持新过失论更有利于认定监督过失责任。在现代风险社会背景下，新型风险与传统社会的危险完全不同，这主要体现在技术的革新与发展速度之快、领域之广、程度之深远远超乎一般人的想象，对风险的预测将变得更加困难。[③] 因此，坚持新过失论的观点，从客观上设定监督者应当遵守的基准行为模式，只要遵守相关的行为准则，履行结果避免义务，不仅仅可以不被追究监督过失责任，从而在客观层面限制监督过失犯罪的追究范围，更有利于准确认定监督过失犯罪，准确限定监督过失犯罪的处罚范围，保证社会生产各个领域的持续发展。

（二）增强生产安全事故犯罪立法的体系性

如前所述，我国当前列举式、分散式的立法模式，亟须进行体系性的思考，以防止罪名的不断增加导致罪名之间出现重叠、交叉现象，给司法实践带来困难。正如陈兴良教授所言，体系性思考最大的优点是富有逻辑层次，并且十分实用，这种方法论致力于寻找由逻辑关系建立起来的知识体系，可以在一定程度上减少司法者的判断难度。[④] 同时，《刑法修正案（十一）》开始尝试依据行为方式进行罪名修订，一次性增加了重罪（组织他人违章冒险作业罪）和轻罪（危险作业罪）两种行为类型，这便使安全生产犯罪体系性思考成为可能。[⑤]

1. 罪名设置建议

在现有生产安全事故犯罪中，对依据业务性质分类设置的相关罪名进行整合，以其中最具有普遍代表性的罪名为蓝本，设置一般性的生产安全事故犯罪。在我国司法实践中，重大责任事故犯罪的适用率较高。其中的主要原因在于该罪名并没有限制其适用的生产作业领域，而是以一定的行为模式对罪状进行表述，使得该罪名非常适合作为生产安全事故犯罪的一般性罪名。因此，要想使生产安全事故犯罪的立法变得更加体系化，应当关注以

---

① 劳东燕：《风险社会与变动中的刑法理论》，《中外法学》2014 年第 1 期，第 79-82 页。

② 克劳斯·罗克辛：《刑事政策与刑法体系（第二版）》，蔡桂生译，中国人民大学出版社，2011，第 14 页。

③ 李培林：《风险社会理论与现代社会风险》，载李培林、覃方明主编《社会学——理论与经验（第二辑）》，社会科学文献出版社，2005，第 5 页。

④ 陈兴良：《体系性的思考与问题性的思考——刑法方法论之二》，《人民检察》2009 年第 23 期，第 6-7 页。

⑤ 杨绪峰：《安全生产犯罪立法的体系性反思——以〈刑法修正案（十一）〉的相关修改为契机》，《法学》2021 年第 3 期，第 63 页。

下几点。

（1）从生产安全事故犯罪的行为类型上进行立法设置

如现行刑法中的重大飞行事故罪、铁路运营安全事故罪、危险物品肇事罪、消防责任事故罪等罪名，其基本的行为类型均是违反相关规定的过失行为，导致事故的发生，与重大责任事故罪的行为模式完全相同，法定刑也相同，只是由于领域不同而进行了罪名区分，这显然并没有体现生产安全事故犯罪的体系性，因此建议予以整合。比如借鉴日本刑法，在一般的过失致人死亡罪、过失致人重伤罪后面，增加之一罪名或者增加新的条文，为业务过失致人死亡、重伤罪，并在刑事责任上区别于一般性的过失致人死伤罪，由此形成更具体系的生产安全事故犯罪罪名。

（2）将生产安全事故犯罪处罚扩展至危险犯领域

《刑法修正案（十一）》对危险作业罪的设置，属于将生产安全事故犯罪从实害犯扩展至危险犯领域。这也提示我们不应当仅关注造成实害后果的生产安全事故犯罪，还应当将行为类型扩展至危害较轻的危险犯，即只要造成一定的危险便可构成犯罪。特别是对过失危险犯的设置，在应对当前风险社会的大背景、体现刑法预防作用的需求下，显得更加必要。如针对危化品的生产、储存、运输，房屋建筑等领域，建议增设过失危险犯，即在违反相关法律法规等规定的情况下，只要造成一定的危险，即可构成犯罪。具体到我国立法状况来看，由于我国所特有的行政处罚与刑事处罚的二元处罚体制，目前并没有大量地设置过失危险犯。因为设置过失危险犯即将一部分行政违规的生产作业行为规定为犯罪，延伸刑事处罚的范围，增强打击力度。从这一点来看，设置过失危险犯应当慎重，只能将一些具有严重现实危险的过失行为设置为过失犯罪。

（3）在刑法总则规定业务过失犯刑事责任一般应当高于普通过失犯

除了对刑法分则的罪名进行体系化设置，在刑法总则中也应当做一定的体系性调整，即对业务过失犯罪与普通过失犯罪进行区分。现行刑法总则只是将普通过失区分为疏忽大意和过于自信两种情形，而没有对普通过失与业务过失进行区分。如此区分虽然并不影响我国设置业务过失犯罪的罪名，但在一定程度上不利于构建业务过失犯罪的罪责刑体系，不利于立法者、司法者在对待相关业务过失犯罪时给予应有的关注和重视。主流观点认为，业务过失的刑事责任一般应当高于普通过失的刑事责任。如有的学者指出，业务过失犯中，从事某种业务的人往往会因为业务经验而具有超出一般人的预见能力和避免危害发生的预防能力，所以一旦造成危害后果，其可归责性应当高于普通过失犯。[①]

2. 量刑设置建议

在罪名依据行为类型进行体系化设置后，相应的量刑标准也应当进行统一的体系化设置。

（1）综合平衡生产安全事故划分标准与相关犯罪入罪标准

当前，无论事故划分标准还是事故类犯罪的入罪标准，均采用"人员伤亡或经济损失"的标准，即两者满足一个即可。这种设置方式表面看比较全面，但实际上由于事故划

---

① 陈兴良：《刑法适用总论》，中国人民大学出版社，2017，第166页。

分标准远高于事故的入罪标准，因此容易造成事故的直接责任人在构成犯罪后会直接在最高的量刑幅度内进行量刑。应当综合平衡生产安全事故划分标准与相关犯罪的入罪标准，一方面，虽然入罪标准与事故标准是完全不同的标准，但是事故划分标准主要考虑的是事故造成的损失大小、后果轻重程度及社会影响，因此建议入罪标准应当向事故标准靠拢，进行适当提高，防止第一档量刑幅度难以被适用。另一方面，建议在采用"人员伤亡或经济损失"的标准下，进一步区分有人员伤亡的情况与没有造成人员伤亡的情况，对于没有造成人员伤亡的情况，在犯罪主体尽力挽回经济损失的情况下，可以适用最低档的量刑幅度，以做到罪责刑相适应。

（2）适当提高生产安全事故犯罪的量刑幅度

以重大责任事故罪为例，现有的量刑为两个幅度，最高刑为七年有期徒刑，普通的过失致人死亡罪虽然最高刑也同为七年，但在适用时却存在区别。过失致人死亡罪首选的量刑幅度是三年以上七年以下有期徒刑，情节较轻时，才处三年以下有期徒刑；重大责任事故罪首选的幅度是三年以下有期徒刑或拘役，只有情节特别恶劣时，才处三年以上七年以下有期徒刑。这种业务过失比一般过失适用刑罚较轻的不合理现状，亟须改变。

（3）依据行为类型的严重性划分量刑档次

这里的严重性区分具体到生产安全事故犯罪中，首先是危险犯与实害犯的区分，实害犯的刑事责任一般应当高于危险犯；其次是在实害犯中，要区分不同主体、不同层级，分别制定不同量刑幅度。当前适用量刑档次的标准，主要是依据犯罪主体在事故中所负的责任大小，负主要责任的犯罪主体的量刑一般应当高于负次要责任的主体。这里需要特别强调的是，对于监督过失责任主体，其所适用的刑罚并非一定高于被监督者的刑事责任，而是依然要根据其在事故中所负责任的大小进行区分。监督者的监督过失行为是事故发生的主要原因，则监督过失主体负主要责任，量刑自然应当高于被监督者，反之则被监督者的刑事责任应高于监督者。

（三）新过失论视野下监督过失犯罪认定路径

1. 新过失论视野下认定监督过失的基本构造

简而言之，新过失论坚持从客观阶段即开始考察过失因素，并将其作为考察重点，同时也没有忽视对主观责任上的过失因素的考察，具体到监督过失也不例外。

（1）客观不法阶段

监督者违反了客观注意义务，即可成立客观不法阶段的监督过失。这里的客观注意义务包括客观的结果预见义务与客观的结果避免义务，是二者的结合。[①] 其中，结果预见义务只是结果避免义务的前提，新过失论更注重的是结果避免义务的履行。[②] 这些义务来源于法律法规、企业规章制度、行业标准等一切可以赋予监督者实质监督职责的安全规范，基于这些安全规范的内容构造了一个理想化的、客观的理性监督者标准，用来判断监督者的监督行为是否违反注意义务。以该理性监督者为标准进行评判，如果理性监督者在行为

---

① 大塚仁：《刑法概说　总论（第三版）》，冯军译，中国人民大学出版社，2003，第204页。

② 劳东燕：《过失犯中预见可能性理论的反思与重构》，《中外法学》2018年第2期，第324-325页。

人所处的具体情形之下能够作出合理的监督行为，避免结果的发生，而行为人没有作出，则行为人构成不法阶段的监督过失，此时只关注其客观实施了什么样的监督行为，至于主观上是出于什么心理状态暂时不问。

（2）主观责任阶段

判断监督者主观上是否构成监督过失，重点关注的是监督者是否具有对结果的预见能力。此时，应当以监督者本人为标准进行判断，而非以客观上的理性监督者为标准。当行为人的预见能力低于一般的理性监督者时，就应当以行为人为标准。判断监督者本人的预见能力，重点考察的是实质监督权限的获取与是否具有实质的对下支配管理关系。前者是判断监督者是否具有预见被监督人实施不当行为的义务，后者是判断监督者是否具有判断被监督者过失行为的可能性。

上述两个阶段是阶层性的判断方法，先从客观上判断监督者是否构成监督过失，在满足客观注意义务违反的条件下，再进行主观判断，并由此得出是否构成监督过失责任的结论。

2. 生产安全事故犯罪中监督过失实行行为的认定

要想判断监督者的行为是否违反客观注意义务，进而判断其行为是否构成监督过失犯罪，首先需要明确监督过失实行行为的内容。实行行为是指导致刑法意义上的危害结果发生的具有危险性的行为。[①] 具体到生产安全事故犯罪中的监督过失责任而言，实行行为的认定应当包含三个方面。

（1）监督者的行为违反了安全规范

此处的安全规范等同于一般过失犯罪的注意义务，并不应当仅局限于涉及安全生产管理的法律法规，还应当包括在某一生产领域被普遍认可和适用的行业规范、行业惯例、规章制度等，可以是成文的规范性文件，也可以是不成文的惯例等。因为监督者违反的安全规范，是一种客观的标准，是一般的理性监督者所应当遵守的行为规范，一旦违反便有可能实现生产安全事故犯罪的构成要件结果。安全规则是行为风险度的指标，可以显示构成要件的不法界限，应当是一种普遍客观的标准。[②] 因此，生产安全事故犯罪中对监督者注意义务违反性的判断不能受生产安全事故犯罪属于行政犯的影响，而将其注意义务仅仅局限于行政法律法规的违反范畴。同时，此处的安全规范并非关于安全生产的全部法律法规，而是只包括保障生产安全的相关规定，对于安全生产管理中涉及部门分工、组织管理的规定，不应纳入此范围。

需要注意的是，监督过失违反规范的实行行为可以是作为方式，也可以是不作为方式。作为方式的监督过失，主要表现为不正确履行监督职责，如向一线生产人员下达了错误的指令，或者强行要求他人违反规定进行生产等。不作为方式的监督过失，主要表现为疏于对生产安全进行监督管理，这也是生产安全事故中监督过失犯罪的主要行为方式。作为方式的监督过失犯罪判断并不存在难题，重点是不作为方式的监督过失犯罪判断。对于不作为犯，需从"当为""能为"而"不为"来着手分析，"当为"是指行为人负有特定

---

① 张明楷：《外国刑法纲要（第三版）》，法律出版社，2020，第75页。

② 许玉秀：《主观与客观之间——主观理论与客观归责》，法律出版社，2008，第151页。

的作为义务，"能为"是指具有避免事故结果发生的作为条件，如果两者都具备而不为，则成立不作为犯。

（2）具有导致生产安全事故发生的现实危险

即监督者违反安全规范的行为，具有发生生产安全事故的现实紧迫危险。这里要明确两种不构成实行行为的情形：一是监督者的过失行为具有发生生产安全事故的危险或已经造成了事故，但其行为符合安全规范，则不构成实行行为；二是监督者的行为虽然违反了安全规范，但在违反安全规范的基础上并不会造成导致生产安全事故的现实危险，监督者的该行为亦不具有危险性，不属于监督过失犯罪的实行行为。

（3）最终造成了生产安全事故犯罪的构成要件结果

生产安全事故犯罪的构成要件结果应当是在生产经营过程中发生的重大伤亡事故。我国刑法规定的生产安全事故犯罪均为结果犯，要求造成了实害后果。对生产安全事故犯罪中的监督过失责任主体，也应当要求其监督过失行为已经造成重大事故。在立法和司法解释中，均明确了生产安全事故犯罪中"量"的标准，即只有实害后果达到了一定的"量"才属于构成要件结果。[1] 在这一点上，区分监督过失犯罪与一般的监督过失违法行为，并不存在太大困难。困难的是在我国现行刑法的罪名体系下，某一起事故后果究竟属于哪个罪名的构成要件结果，容易出现一定争议。如重大责任事故罪与危险物品肇事罪，两罪属于法条竞合关系，究竟属于哪一罪名的构成要件结果，需要结合事故发生的领域进行区分。再如危险物品肇事罪与非法运输、储存危险物质罪，两者的结果均可以是在危险化学品领域发生的重大伤亡事故，但该起事故究竟属于何种构成要件结果，还需要对监督管理者违反的安全规范、客观行为、主观目的进行综合考虑后确定。

3. 监督过失责任因果关系判断

（1）坚持从事实评价到法律评价的逻辑层次

探究行为与结果之间的因果关系，目的是对行为人进行归责，单纯探讨事实上的因果关系，即运用通说的条件说进行判断，容易造成因果关系的无限关联，没有一个可供衡量的具体标准，从而使得因果关系中断的节点无法准确界定，造成追责范围的扩大。特别是生产安全事故的发生，往往是多种原因所引发，如果单纯运用条件说判断因果关系进而直接进行归责，容易使每一种原因背后的行为人均受到刑事追究，显然会使追责范围扩张。学界进一步改造了条件说，提出了改进的相当因果关系说，通过相当性这一概念来限制因果关系的无限关联，即在存在条件关系的基础上，判断行为与结果之间是否具有相当关系。[2] 然而这种相当性的判断依然没有一个固定的标准，依据的仍是判断者的社会生活经验。不过值得一提的是，相当因果关系说已经开始尝试对因果关系进行规范评价，并力求将结果进行准确归责，这其实也是一种从事实到规范的逻辑层次。

相比而言，客观归责理论在对因果关系进行规范评价时更加具体和准确。客观归责理论来自德国刑法，该理论在规范评价因果关系时，以条件说为事实基础，从规范上考察结

---

[1] 张明楷：《外国刑法纲要（第三版）》，法律出版社，2020，第 86 页。
[2] 刘艳红：《实质犯罪论》，中国人民大学出版社，2014，第 177 页。

果是否可以归属于行为主体。① 因此，该理论更加关注行为人的行为是否制造了法所不允许的危险，如果制造了且这种危险也现实化了，并且符合某种犯罪的构成要件范围，那么行为与结果之间便具有刑法上的因果关系。何为制造了法所不允许的危险，客观归责理论提出了两种情形，一是制造了原本不存在的危险，二是推动了原本已经存在的风险进一步升高，反之行为减少了风险或没有提高已经存在的风险，就不属于法所不允许的风险。② 具体到生产安全事故犯罪而言，只要生产作业人员或者监督管理者遵守了相关法律法规、规章制度等安全规范，则其行为就没有制造法所不允许的危险，即不存在生产安全事故犯罪的实行行为，更不需要进行因果关系的判断，即使发生了事故也不应当归责于该行为。

（2）具体判断方法

"因果关系概念的任务，只是表明在进行法律评价时可能予以考虑的所有事实，而刑法责任则是在该最大的可能性范围内来确定。"③ 因此，判断生产安全事故中监督管理者的监督过失行为与事故发生之间是否具有因果关系，应当坚持从事实评价到法律评价的逻辑层次，以条件说作为事实评价，以客观归责理论进行法律评价。

首先，运用条件说进行事实评价。对于生产安全事故犯罪的监督者而言，没有尽到监督义务，如果是下达错误指令等作为方式导致直接行为人出现操作失误引发事故，显然具有事实上的因果关系，这一点无须赘述。对于怠于履行或者不正确履行监督职责的不作为方式，则需要在事实上判断该行为是否具有结果回避可能性。如果监督者正确履行了监督职责，事故仍然会发生，如系自然灾害导致事故发生，则不能认定监督过失行为与事故结果之间具有因果关系。

其次，运用客观归责理论进行规范评价。对于作为方式的监督过失行为，也很容易判断，其不正确履行监督职责，显然不符合法律法规等安全规范的规定，制造了法所不允许的危险或者升高了已经存在的风险，增加了生产安全事故的发生概率，一旦引发事故则可以归责于监督者。对于不作为方式的监督过失行为，虽然在客观上没有制造危险，但是其不作为的监督为直接行为人的过失行为引发生产安全事故提供了一定的"便利"，使其更容易出现违规生产作业的行为，从这个角度来看，不作为的监督过失行为在一定程度上提高了生产安全事故发生的危险，也应当肯定监督者的刑事责任。

这里需要强调的是，不管直接生产作业人员有无感知到监督者的监督过失行为，均不影响监督过失责任的认定。即在因果关系判断过程中，不应该考虑监督过失行为对直接行为人过失行为的影响，只要是在监督者的管辖范围内，其监督职责履行不力造成了事故发生，一般均应当认定二者具有因果关系。从这个角度也进一步明确了监督过失责任究竟应当追究到哪个层级的问题，即应当基于监督者的职责管辖范围确定追究监督过失责任的层级。对于一线的监督者，如车间主任，主要审查其在事故发生时是否履行了监督指导职责，而对于更高层级的企业负责人、主管人员等，应当着重审查其有无履行安全生产规章

① 陈兴良：《教义刑法学（第三版）》，中国人民大学出版社，2017，第317页。
② 克劳斯·罗克辛：《德国刑法学总论（第1卷）》，王世洲译，法律出版社，2005，第247~250页。
③ 汉斯·海因里希·耶塞克、托马斯·魏根特：《德国刑法教科书》，徐久生译，中国法制出版社，2017，第386页。

制度的建立、完善、执行等义务，有没有定期开展安全检查、培训等，如果因为没有履行而导致事故的发生，应当将事故结果归责于更高层级的监督者。

4. 合理限制监督过失犯罪的追责范围——信赖原则的引入

除了正向判断监督过失责任的认定标准，对于生产安全事故犯罪的监督者而言，有必要通过反向排除的方法对追责范围进行合理限制，以更加精准认定监督过失责任。这里就涉及信赖原则的引入。

（1）信赖原则适用于监督过失犯罪的正当性

信赖原则主要源于现代社会日益多发的交通事故，该原则的主要目的是缓和危险业务从事者的注意义务，遏制过失犯罪惩罚扩张的倾向。[1] 学术界对信赖原则最经典的定义来源于日本学者西原春夫，他认为信赖原则是行为人为某种行为之际，信赖被害者或第三人能够适切行动且该信赖属于相当的场合，即使因为被害人或第三人的不适切行动导致了法益侵害结果的发生，行为人对此也不负责任。[2] 对于该原则能否适用于监督过失犯罪，理论界存在一定争议。有学者认为，监督过失犯罪应当否定信赖原则的适用，因为被监督者相当于监督者的“手脚”，是一个整体，只有在无法适用信赖原则的情况下才存在讨论监督过失的可能，两者互不相容。[3] 也有学者认为信赖原则的合理运用可以实现惩治犯罪与限制监督过失追责范围扩大的双赢。[4]

本书认为，在当前社会各类组织体分工日益复杂化和精细化的背景下，在监督过失犯罪中适用信赖原则具有理论与实际的双重正当性。首先在理论上，根据新过失论的观点，过失犯罪判断的核心是结果避免义务的违反，而信赖原则就是免除了过失行为的结果避免义务，因为过失行为人有理由信赖被害人或第三人实施适切行为，即被害人或第三人违反安全规范在先，因此过失行为人不因其行为而具有结果避免义务。从这个意义来说，监督过失犯罪显然可以适用信赖原则。因为在日益精细化的社会分工下，被监督者从事的工作虽然由监督者进行监督，但这种监督并不可能时时刻刻进行，被监督者作为组织的一分子具有自主行为，而并非监督者的“手脚”，完全可以视为信赖原则中所指的“第三人”，因此监督过失犯罪可以适用信赖原则。其次在当前社会背景下，对监督过失犯罪适用信赖原则具有现实必要性。随着社会管理的日益复杂化与精细化，监督者特别是企业组织体的高层管理者，往往远离一线生产作业现场，其具体的职责是建立完备的安全生产体制，而不是对一线操作人员进行实时监控，也很难将二者作为一个整体。只有在监督者未有效履行安全生产体制建立的职责，导致被监督者在缺乏安全生产条件的环境下进行生产作业，并最终造成了生产安全事故时，才可以将监督者与被监督者视为一个整体，排除信赖原则的适用。除了此种情况之外，监督者只要有充足的理由相信被监督者会实施适当的行为，信赖原则就能够适用于监督过失犯罪。

---

① 王海涛：《过失犯罪中信赖原则的适用及界限》，中国人民公安大学出版社，2011，第3页。
② 王海涛：《过失犯罪中信赖原则的适用及界限》，中国人民公安大学出版社，2011，第3页。
③ 周光权：《刑法总论（第三版）》，中国人民大学出版社，2016，第170页。
④ 钱叶六：《监督过失理论及其适用》，《法学论坛》2010年第3期，第30页。

（2）信赖原则适用于监督过失犯罪的条件

通过信赖原则排除监督者的监督过失责任，核心条件是监督者与被监督者具有"实质的信赖关系"。① 所谓"实质的信赖关系"，关注的是监督者与被监督者之间需要长期的合作与共事，经过一定时间的磨合而相互熟悉了解、相互信赖，在这种情况下，监督者便可以直接信赖行为人不会违反安全规范从事生产作业，相信其不会造成事故。在这一核心关系下，适用信赖原则还应当坚持两个前提：一是监督者必须实施合义务的监督行为，认真履行监督职责，否则即使其与被监督者存在实质信赖关系，事故发生的结果依然可以归责于监督者。二是被监督者应当具有从事生产工作的资质与能力。实践中，生产企业的管理者既是监督者，又是确定被监督者具有从事某一工作的资质与能力的决策者，如果其在安排被监督者从事某项工作时，明知被监督者不具有相关资质和能力，则依然不能排除其监督过失责任。如对于建筑行业领域长期存在的违规分包、转包问题，负责施工的组织者与具体施工的人员长期合作，但分包、转包行为本身属于违规行为，且具体施工人员往往不具有相应的施工资质，在这种情况下发生事故，即使二者具有实质的信赖关系，也不能排除监督过失责任的适用。

拓展讨论问题 ⬇

1. 刑事法与行政法对于生产安全事故的认定标准有何联系和区别？
2. 新过失论与旧过失论的主要区别是什么？监督过失理论的本质倾向于哪种观点？
3. 在客观不法阶段，监督过失犯罪主体违反的注意义务包括哪些？
4. 在主观责任阶段，判断监督者是否构成监督过失应当关注的重点是什么？
5. 判断监督过失行为与结果之间的因果关系应当坚持什么逻辑层次？
6. 如何运用信赖原则合理限制监督过失犯罪的追责范围？
7. 监督过失理论在整个过失犯理论体系中的地位与价值是什么？

拓展阅读文献

（一）著作

1. 甲斐克则：《责任原理与过失犯论》，谢佳君译，中国政法大学出版社，2016。
2. 刘艳红：《实质犯罪论（第二版）》，中国人民大学出版社，2022。
3. 王海涛：《过失犯罪中信赖原则的适用及界限》，中国人民公安大学出版社，2011。
4. 易益典：《风险社会中监督过失犯罪的刑法治理》，中国社会科学出版社，2014。
5. 刘纯燕、陈立：《业务监督过失犯罪研究》，武汉大学出版社，2022。

（二）论文

1. 陈兴良：《公共安全犯罪的立法思路嬗变——以〈刑法修正案（十一）〉为视

---

① 甲斐克则：《责任原理与过失犯论》，谢佳君译，中国政法大学出版社，2016，第95页。

角》，《法学》2021 年第 1 期。

　　2. 代海军：《风险刑法背景下我国惩治危害生产安全犯罪功能转向——基于〈刑法修正案（十一）〉危险作业罪的分析》，《中国法律评论》2021 年第 5 期。

　　3. 姜涛：《监督过失的限缩适用方案》，《清华法学》2021 年第 6 期。

　　4. 劳东燕：《过失犯中预见可能性理论的反思与重构》，《中外法学》2018 年第 2 期。

　　5. 童德华、马嘉阳：《刑法中监督过失的适用条件及归属限制》，《社会科学动态》2020 年第 6 期。

　　6. 周峰、李加玺：《生产安全责任事故犯罪案件及其立法中的若干问题》，《人民司法（应用）》2017 年第 7 期。

　　7. 张明楷：《论过失犯的构造》，《比较法研究》2020 年第 5 期。

　　8. 杨绪峰：《过失犯的结果回避可能性——规范构造与实践运用》，《环球法律评论》2023 年第 4 期。

专题四　　　侵犯公民个人信息罪的刑法规制

一、侵犯公民个人信息罪的立法和司法适用现状

我国最早对个人信息收集、利用和保护加以规范的法律是刑法。但刑法对于公民个人信息的保护不是独立的，而是附属于金融管理秩序的。刑法并未专门设立罪名对侵犯公民个人信息的行为进行规制，仅在其他罪名涉及国家利益、社会利益时，"顺带实现了对公民个人信息的保护"。例如，2005 年《刑法修正案（五）》增设的"窃取、收买、非法提供信用卡信息罪"，可谓我国法律上第一个关于侵害公民个人信息犯罪的法律规定。随着 5G 通信、人工智能、物联网等技术的快速发展和普及，公民个人信息安全也面临重大挑战——强制使用人脸识别、App 过度索权、大数据"杀熟"等问题层出不穷，侵犯公民个人信息案件数量剧增。这种附属性保护已无法应对个人信息屡遭侵害的问题，将侵害个人信息的危害行为入刑的呼声日益高涨。

（一）侵犯公民个人信息罪的立法沿革

1.《刑法修正案（七）》规制侵犯个人信息的犯罪行为

2009 年《刑法修正案（七）》出台，在修正案第 7 条中增设了出售、非法提供公民个人信息罪和非法获取公民个人信息罪两个罪名，我国刑法对公民个人信息采取了更加直接的保护方式，开启了个人信息刑法保护的新阶段。《刑法修正案（七）》规定仅国家机关或者电信、教育、交通等涉及国家利益和公共利益的单位的工作人员在工作过程中实施了侵犯公民个人信息的行为时才能构成这两项犯罪。普通个人通过窃取等非法手段获取他人个人信息的行为，或者将自己知悉的相关信息出售或非法提供给其他人的行为，都不构成上述犯罪，因而这两项罪是身份犯。犯罪主体范围狭窄就会导致那些不具有特殊身份的自然人实施了侵犯公民个人信息的行为后不会遭受刑事处罚，公民个人信息安全、人身安全、财产安全得不到保护，因此，对侵犯公民个人信息犯罪的规定还需进行完善。

2.《刑法修正案（九）》正式确立侵犯公民个人信息罪

继《刑法修正案（七）》颁布后，2015 年我国又出台了《刑法修正案（九）》，该修正案将出售、非法提供公民个人信息罪和非法获取公民个人信息罪合并为侵犯公民个人信息罪这一个罪名，且在犯罪主体、行为方式和法定刑方面都有所改变。具体而言，该罪的犯罪主体由原来《刑法修正案（七）》规定的相关单位的工作人员转变为一般主体，即满足承担刑事责任的年龄条件且具有刑事责任能力的自然人和单位，出现国家机关和相关单位的工作人员犯本罪的情形，则需要根据刑法的规定从重处罚。这一规定不仅将普通个体实施侵犯公民个人信息的犯罪行径纳入刑法规制范围，弥补了《刑法修正案（七）》的不足，而且有利于预防和惩处特殊主体合法获取公民个人信息后再非法提供或者出售给他人的行为。因为这些人员接触到公民个人信息的可能性更大，利用工作便利实施信息犯罪的风险更高，对他们处以更重的刑罚能够在一定程度上警醒和威慑其他人员。

此外，《刑法修正案（九）》还调整了公民个人信息的范围，调整之后的保护范围与之前的相比呈现出明显的扩张趋势；同时将《刑法修正案（七）》规定的前置条件"违反国家规定"修改为"违反国家有关规定"，即只要行为人实施的非法获取、非法提供等行为违反了法律、行政法规等相关规范性文件关于公民个人信息的规定，情节严重的，都可以构成本罪，从而延伸了侵犯公民个人信息罪的法律依据，个人信息受到刑法保护的范围也随之扩展。该修正案还变更了量刑幅度，将此罪的法定最高刑提高到了七年有期徒刑，加大了惩罚力度。

《刑法修正案（九）》对侵犯公民个人信息罪的表述和规定更加详细具体，从定罪到量刑皆有变化，后来出台配套的司法解释亦增强了司法实践中的可操作性，加上民法、专门法的出台，我国在公民个人信息保护方面形成了更加严密的法网（见表4-1）。

表 4-1　侵犯公民个人信息类犯罪的法律规制体系完善

通过和施行时间	名称	内容	意义
2009 年 2 月 28 日	《刑法修正案（七）》	增设非法获取公民个人信息罪和出售、非法提供公民信息罪	首次将侵犯公民个人信息情节严重的行为归为犯罪行为
2013 年 4 月 23 日	《关于依法惩处侵害公民个人信息犯罪活动的通知》	界定公民个人信息的核心要素为"狭义的可识别性+个人隐私"	公民个人信息定义：能够识别公民个人身份或者涉及公民个人信息的电子信息
2015 年 8 月 29 日通过，同年 11 月 1 日施行	《刑法修正案（九）》	将非法获取公民个人信息罪和出售、非法提供公民信息罪合并为侵犯公民个人信息罪	A. 取消身份限制，犯罪主体扩大 B. 前置法范围延伸，入罪边界扩大 C. 刑罚力度加大
2016 年 11 月 7 日通过，2017 年 6 月 1 日施行	《中华人民共和国网络安全法》（以下简称《网络安全法》）	以列举、概括的方式明文规定个人信息的内涵，明确个人信息收集的原则和对侵害公民个人信息行为的惩处措施	首次从法律层面明确界定个人信息即"能够单独或者与其他信息结合识别自然人个人身份的各种信息"，规定个人信息保护相关主体的法律责任（包括刑事责任）
2017 年 3 月 20 日、2017 年 4 月 26 日通过，同年 6 月 1 日施行	《最高人民法院、最高人民检察院关于办理侵犯公民个人信息刑事案件适用法律若干问题的解释》（以下简称《司法解释》）	囊括反映特定自然人活动情况的各种信息，如行踪轨迹、账号密码、财产状况等严格说来不具有可识别性的个人信息	进一步扩展个人信息概念边界，可识别性标准降低，为侵犯公民个人信息罪的司法认定提供操作细则

续表

颁布和施行时间	名称	内容	意义
2020 年 5 月 28 日通过，2021 年 1 月 1 日施行	《中华人民共和国民法典》（以下简称《民法典》）	专章规定"隐私权和个人信息保护"，确立个人信息权益而非权利的保护立场及一般规则	增加电子邮箱、健康信息等内容，丰富个人信息的含义，区分私密信息和非私密信息的不同处理规则，明确处理个人信息应遵循的原则、合理使用个人信息的情形
2021 年 8 月 20 日通过，同年 11 月 1 日施行	《中华人民共和国个人信息保护法》（以下简称《个人信息保护法》）	将《中华人民共和国民法典》个人信息保护规则具体化，延续"权益保护"基本立场，包括信息处理规则、个人权利、处理者义务、法律责任等方面的内容	旨在建立独立的部门法体系，协调现有个人信息保护规则，具有里程碑意义

（二）侵犯公民个人信息罪的构成要件分析

1. 侵犯公民个人信息罪的客体

侵犯公民个人信息罪的客体，即该罪侵犯的法益，一直以来都是一个富有争议的话题，学者们并没有形成统一的观点。法益作为犯罪的核心问题，在区分罪与非罪方面起着举足轻重的作用，也是判断一种行为是否构成犯罪的重要依据。侵犯公民个人信息罪成立时要满足"违反国家有关规定"这一前提条件，该罪的前置法中并没有明确规定个人信息的相关权益，故此罪的法益存在着争议，目前主要有个人法益说和复合法益说两种不同的学说。

（1）个人法益说

个人法益说将侵犯公民个人信息罪侵犯的法益限缩在个人权益之内进行探讨。有的学者认为刑法保护的是个人隐私权不受非法侵犯，有的学者认为保护的是个人信息的相关权利，也有学者认为保护的是信息自决权。每种学说都有支撑该观点的理由，这些理由也具有一定的合理性，但无论哪种学说，都认为侵犯公民个人信息罪的法益属性为个人法益，而不涉及社会或者国家的法益。

持隐私权法益说的学者认为该罪侵犯的具体法益为个人隐私权，个人信息具有很强的私密性，应当隶属于个人隐私权，未经信息主体的同意或者授权，任何人都不能随意侵犯，具有隐私性的个人信息才是侵犯公民个人信息罪侵犯的法益。[①] 此外，还有学者认为侵犯公民个人信息罪被规定在"私自开拆、隐匿、毁弃邮件、电报罪"之下，表明刑法对个人信息的保护是附属于隐私权保护的，其保护的客体是公民的人格隐私利益[②]，体现出了刑法保护个人隐私的价值追求。

当前，个人信息权法益说的影响力较大，得到了众多学者的认同，这种学说的核心观

---

① 张明楷：《刑法学（第五版）》，法律出版社，2016，第 921 页。
② 于志刚：《"公民个人信息"的权利属性与刑法保护思路》，《浙江社会科学》2017 年第 10 期，第 10 页。

点在于将个人信息权视为一种兼具人身属性和财产权属性的新型人格权。其人身属性注重对个人信息中隐私性权利的保护以抵御他人的非法侵害，财产权属性则侧重于信息的自主性利用，既包括自己行使个人信息权利，也包括授予他人合法使用权利①，该项权利已经在民法学界得到普遍认可，故也应作为一项独特的信息权益被刑法保护。杨立新教授认为："个人信息权是指自然人依法对其本人的个人身份信息所享有的支配并排除他人侵害的人格权。"② 由此可见，个人信息权既是一种支配权又是一种人格权，侵犯公民个人信息的行为不仅会导致信息主体的相关权利受到侵犯，还会导致其人格利益受到侵犯。因此，个人信息作为个人信息权的客体应被纳入刑法的保护之中。

信息自决权法益说认为公民对其个人信息享有的信息自决权才是刑法保护的法益。信息自决权是指信息主体可以自行选择、决定、排他使用、处置个人信息的权利，有权决定个人信息公开的对象、方式和程度，且不被其他人非法干涉和侵犯，因而信息自决权在性质上属于绝对权，并且具有排他属性。维护信息自决权是刑法保护公民个人信息的首要意义，也是一般性的自我决定权在刑法个罪中的体现。③ 刑法关注和保护个人信息自决权有助于实现刑法的自由保障机能，就整个刑法内部体系而言，侵犯公民个人信息罪侵犯的法益与其他类型的自决权犯罪所侵犯的法益是一致的。④

（2）复合法益说

复合法益说认为探讨侵犯公民个人信息罪侵犯的保护类型不能仅局限于单一的个人法益范畴之内，还需要从社会、国家的角度进行解释，个人信息不仅与个人的生活和权益相关，而且关系着社会管理秩序的稳定和国家安全，因而侵犯公民个人信息罪所侵犯的法益应当具有复合性。

一方面，随着信息社会的发展，个人信息不再只为个人所有，而是会从个人流向社会，当个人信息被政府等国家管理部门收集利用时，个人信息所蕴含的价值也随之增大，成为国家或者社会所占有的信息资源。这些资源一旦被泄露，不仅信息主体的个人信息安全会受到影响，公共管理部门的形象和公信力也会受到一定程度的损害，更甚者会造成公众恐慌，对维持社会管理秩序产生不利影响。例如，在新冠疫情期间，涉疫人员的个人信息就与公共利益相关，若有关部门掌握的这些信息被泄露，不仅不利于防疫措施的开展，还会造成社会恐慌。此外，若涉及国家秘密的个人信息被泄露或者被侵犯，会给国家造成安全隐患，危害到国家安全。

另一方面，公民个人信息常常被用于其他领域的犯罪，如绑架罪、盗窃罪、敲诈勒索罪等，严重危害个人安全和社会稳定。更有不法分子利用互联网实施新型的网络犯罪，即网络黑灰产犯罪。这类犯罪在形式上表现为上、下游犯罪相互协作，形成犯罪产业链，其

---

① 赵龙：《个人信息权法益确证及其场景化实践规则》，《北京理工大学学报（社会科学版）》2021年第5期，第171页。

② 杨立新：《个人信息：法益抑或民事权利——对〈民法总则〉第111条规定的"个人信息"之解读》，《法学论坛》2018年第1期，第41页。

③ 马永强：《侵犯公民个人信息罪的法益属性确证》，《环球法律评论》2021年第2期，第111页。

④ 刘艳红：《民法编纂背景下侵犯公民个人信息罪的保护法益：信息自决权——以刑民一体化及〈民法总则〉第111条为视角》，《浙江工商大学学报》2019年第6期，第29页。

中，上游犯罪主要是非法获取、处理、提供个人信息，为下游实施精准犯罪提供信息基础，因此，上游侵犯公民个人信息的犯罪行为是整个网络黑灰产犯罪的源头，并在网络黑灰产业链中居于核心地位。① 下游犯罪的类型较多，可能涉及刑法分则中多个章节的具体罪名，包括故意杀人罪、诈骗罪、敲诈勒索罪、绑架罪等多项罪名，对个人、社会和国家都会造成危害。因此，公民个人信息在信息时代已经突破了个人法益的边界，侵犯公民个人信息罪侵犯的法益应当是包括人身、财产、社会秩序、国家安全等多项内容在内的复合法益。

（3）复合法益的证成

虽然公民个人信息与个人隐私、人身安危、财产安全及个人信息权益有着直接关联，但是任何侵犯公民个人信息的犯罪行为都不可能只会导致个人法益受到侵害，其本质上会同时具备侵扰个人的人身权益、财产利益和社会利益的危害性。当前背景下个人信息不仅仅表现为个人隐私，个人隐私与个人信息之间是交叉关系，二者有重合也有界分。

一方面私密性的隐私信息属于个人信息，另一方面个人信息的范围更为广泛，除了隐私类信息外，还包括不具有隐私属性的、可以对外公开或者已经对外公开的信息。

此外，个人信息与个人隐私在权利性质、权利内容、保护方式、保护强度等方面也存在区别②，若把个人信息与个人隐私等同，则缩小了个人信息的范畴，故隐私权法益说已经不适应当今时代。

虽然刑法学界的大多数学者都承认个人信息权是一种新型民事权利，但是法律并没有明确规定公民享有个人信息权，《民法典》第 1034 条仅规定了自然人的个人信息受法律保护，尚未将公民个人信息确立为一项私法权利，只表明自然人享有个人信息的相关权益，这是对宪法规定的个人信息国家保护义务的具体阐述③，侵犯公民个人信息罪侵犯的法益为个人信息权并没有法律依据。另外，从《网络安全法》《司法解释》《个人信息保护法》等法律文件可以看出，法律在保护个人信息时不再采用权利保护模式，而是逐渐向数据秩序控制模式过渡，限制国家部门及网络平台等数据权力对个人信息的侵犯④，因而侵犯公民个人信息罪侵犯的法益还涉及信息管理秩序。

信息自决权起源于德国，我国法律并没有相关的表述，仅根据《宪法》第 38 条关于公民个人尊严不受侵犯的相关规定而将信息自决权视为宪法上的人格权加以保护。但是我国部分学者将信息自决权视为私法上的一种新型人格权，并将其作为侵犯公民个人信息罪的保护法益，这是对该权利的性质产生了误解。信息自决权法益说将"知情同意"作为信息自决权的核心内容，且将信息自决权视作一项排他性权利也是不妥的，同意不等于排他支配，知情同意原则仅仅是为了让信息主体自主决定是否愿意承担他人处理信息所带来的风险。⑤ 因此，信息自决权既不是私法体系中的绝对权，也不是一项支配权，甚至不是法

---

① 刘宪权：《网络黑灰产上游犯罪的刑法规制》，《国家检察官学院学报》2021 年第 1 期，第 5 页。

② 王利明：《和而不同——隐私权与个人信息的规则界分和适用》，《法学评论》2021 年第 2 期，第 17-18 页。

③ 王锡锌：《个人信息国家保护义务及展开》，《中国法学》2021 年第 1 期，第 146 页。

④ 许亚洁：《个人信息的刑法保护体系研究》，博士学位论文，华东政法大学，2020，第 72 页。

⑤ 欧阳本祺：《侵犯公民个人信息罪的法益重构——从私法权利回归公法权利》，《比较法研究》2021 年第 3 期，第 59 页。

学意义上的权利①，将其作为侵犯公民个人信息罪指向的法益存在论证不足的问题。

综上所述，将侵犯公民个人信息罪指向的法益视为个人权益中的一种显然是不合理的。数据化时代背景下对侵犯公民个人信息的犯罪行为进行刑法规制，不仅是对个体的人格权和财产权的保护，也是对信息领域的国家安全、公共安全和社会秩序的维护，其中自然人的人格利益是个人信息犯罪的直接指向，财产利益是个人信息犯罪的动力源泉，社会利益则是个人信息犯罪行为的隐含内在。② 侵犯公民个人信息罪侵害的法益具有多元性，在探讨具体的法益属性时应该从整体性角度出发，不能仅以单一的个人法益为视角，个人信息保护模式应以个人法益保护为基础，以公共利益和社会秩序利益为归依，根据信息安全等级和敏感程度建立起层次化和体系化的保护机制。

2. 侵犯公民个人信息罪的客观方面

（1）公民个人信息的范围界定

刑法虽然规定了侵犯公民个人信息罪这一罪名，但却未对犯罪对象作出更为详细、具体的解释，需要借助该罪前置法的相关规定来判断某一信息是否属于公民个人信息。第一次明确界定个人信息含义的法律是《网络安全法》，该法第 76 条第 5 项采用列举加概括的方式对个人信息的内涵进行了阐述③，表明公民个人信息的核心特征是具有可识别性，既包括可直接识别出特定自然人身份的信息，如公民身份证件号码，也包括需要通过一定方式将不同种类的信息结合起来才能识别出具体自然人身份的信息，如姓名和出生日期。《司法解释》对公民个人信息进行了更加全面的释义④，将账号密码、财产状况、行踪轨迹等纳入了刑法保护的范围，丰富了个人信息的种类。《民法典》进一步扩展了个人信息的范围⑤，增加了电子邮箱、健康信息等内容，使得公民个人信息的法律保护更加全面和严密。《个人信息保护法》第 4 条在对个人信息进行定义时，仍然将可识别性作为个人信息的核心判断标准，但同时增加了关联性这一界定标准，并规定经过匿名化处理的信息不再具备公民个人信息的性质，不属于个人信息的范畴。⑥ 《中华人民共和国数据安全法》（以下简称《数据安全法》）第 3 条规定的数据范围更为广泛，不论以任何形式记录下来

---

① 杨芳：《个人信息自决权理论及其检讨——兼论个人信息保护法之保护客体》，《比较法研究》2015 年第 6 期，第 29 页。

② 陈伟、宋坤鹏：《数据化时代"公民个人信息"的范围再界定》，《西北民族大学学报（哲学社会科学版）》2021 年第 2 期，第 92 页。

③ 《中华人民共和国网络安全法》第 76 条第 5 项："个人信息，是指以电子或者其他方式记录的能够单独或者与其他信息结合识别自然人个人身份的各种信息，包括但不限于自然人的姓名、出生日期、身份证件号码、个人生物识别信息、住址、电话号码等。"

④ 《最高人民法院、最高人民检察院关于办理侵犯公民个人信息刑事案件适用法律若干问题的解释》第 1 条："刑法第二百五十三条之一规定的'公民个人信息'，是指以电子或者其他方式记录的能够单独或者与其他信息结合识别特定自然人身份或者反映特定自然人活动情况的各种信息，包括姓名、身份证件号码、通信通讯联系方式、住址、账号密码、财产状况、行踪轨迹等。"

⑤ 《中华人民共和国民法典》第 1034 条："自然人的个人信息受法律保护。个人信息是以电子或者其他方式记录的能够单独或者与其他信息结合识别特定自然人的各种信息，包括自然人的姓名、出生日期、身份证件号码、生物识别信息、住址、电话号码、电子邮箱、健康信息、行踪信息等。……"

⑥ 《中华人民共和国个人信息保护法》第 4 条："个人信息是以电子或者其他方式记录的与已识别或者可识别的自然人有关的各种信息，不包括匿名化处理后的信息。……"

的信息都视为数据①，个人信息属于数据的一部分，也适用该法关于保护数据的规定。总体看来，个人信息的保护范围呈现出扩张趋势。

法律规范层面的个人信息因处于不同的部门法领域，其定义也有所不同，总体而言个人信息的认定应当遵循以下几个标准：公民个人信息应当始终以身份的可识别性作为核心判断标准，且应与个体的某些特征或者活动情况密切相关。首先，目前国际上通过身份识别标准来界定个人信息的做法已经得到了普遍认可，我国法律规定也采用了此标准，顺应了国际潮流。其次，个人信息必须是能够反映公民的社会角色的信息②，并能够通过这些信息定位到特定的个人。再次，公民个人信息应当是能够反映个人生活轨迹和活动情况的信息，是个人日常生活现状的一种表现形式。最后，个人信息的种类和范围应当具体细化，并且根据社会的发展进行动态调整。

刑法规定侵犯公民个人信息罪要以"违反国家有关规定"为前提条件，当《民法典》《个人信息保护法》等前置法中关于个人信息的含义和范畴发生变化时，刑法也应当顺应时代的潮流，在遵循上述几个认定标准的前提下进行重新界定，既不能无限扩张，又不能过分限缩，而应当与其他部门法之间保持一致，尤其应当与最新出台的《个人信息保护法》保持一致。因为刑法在规定侵犯公民个人信息罪时已经用了"情节严重"这一入罪条件加以限制，只有当侵犯公民个人信息的行为具备了严重的社会危害性，且其他部门法不能规制时，才会用最严厉的刑法进行惩罚。这就表明《刑法》与《民法典》《个人信息保护法》等其他部门法在惩罚程度上已经有所区别，因而也就没有必要再次对个人信息的范围和形式加以限制来显示刑法的差异性和谦抑性。③

此外，《个人信息保护法》在信息分类方面具有较强的归纳性，以个人信息被泄露或者被非法使用后是否会造成严重后果为分类标准④，采用"二分法"的形式将个人信息划分为敏感个人信息和一般个人信息两种类型，将生物识别、医疗健康、金融账户等信息归为敏感个人信息，除此之外的其他个人信息则归为一般个人信息。相较于《司法解释》中对个人信息采取"三分法"的分类方式而言⑤，《个人信息保护法》中的"二分法"更能将大数据背景下具有较高融合度的个人信息进行精准归类，能够有效避免司法实践中一些具有交叉、重合属性的个人信息不能正确归类的问题。例如，新冠疫情防控期间使用的"健康码"，不仅能够查看个人身体健康状况，还能知晓个人的核酸检测情况、接种新冠疫苗的情况、是否到访过中高风险地区等。按照《司法解释》对个人信息的分类来看，"健

---

① 《中华人民共和国数据安全法》第 3 条："本法所称数据，是指任何以电子或者其他方式对信息的记录。……"

② 黄伟庆：《论我国个人信息的刑法保护——基于最新司法解释的角度》，《刑事法判解研究》2020 年第 1 期，第 165 页。

③ 赵秉志：《〈刑法修正案（七）〉专题研究》，北京师范大学出版社，2011，第 147 页。

④ 《中华人民共和国个人信息保护法》第 28 条："敏感个人信息是一旦泄露或者非法使用，容易导致自然人的人格尊严受到侵害或者人身、财产安全受到危害的个人信息，包括生物识别、宗教信仰、特定身份、医疗健康、金融账户、行踪轨迹等信息，以及不满十四周岁未成年人的个人信息。……"

⑤ 《最高人民法院、最高人民检察院关于办理侵犯公民个人信息刑事案件适用法律若干问题的解释》第 5 条第 1 款第 3、4、5 项：侵犯公民个人信息罪中的个人信息有三类，第一类包括行踪轨迹信息、通信内容、征信信息、财产信息；第二类包括住宿信息、通信记录、健康生理信息、交易信息等其他可能影响人身、财产安全的公民个人信息；第三类包括以上两类个人信息以外的信息。

康码"既可以被归入第二类信息中的健康生理信息，又可以被归入第一类信息中的行踪轨迹信息，二者有一定的交叉、重叠，在定罪量刑时很容易因不能精准归类而出现分歧。而《个人信息保护法》将个人信息分为两大类别进行保护很好地解决了信息高度融合的问题，因为无论将"健康码"认定为健康生理信息还是行踪轨迹信息，都属于敏感个人信息，适用敏感个人信息的保护规定，这种分类方式更加科学、明确、合理。[①]

故刑法在重新界定公民个人信息的保护范围及划分个人信息的类型时应当以《个人信息保护法》为基础，准确区分敏感类信息和非敏感类信息，这样既能更全面、有效地规制侵犯公民个人信息的犯罪行为，严格保护敏感个人信息，又能更好地实现侵犯公民个人信息罪与其前置法之间的衔接适用，以维护法律的统一性，避免出现不同法律之间相互矛盾的情形。当然，敏感个人信息在入罪的数量标准和情节要素上要与一般个人信息有所区分。一方面要降低敏感个人信息入罪的数量，另一方面可以将犯罪造成的人身伤害、财产损失等损害后果纳入情节严重的评价范围，充分考虑行为人犯罪时的主观目的和犯罪产生的社会危害性，以便对不同层次的个人信息予以不同强度的刑法保护。[②]

（2）非法获取公民个人信息行为的认定

非法获取行为是侵犯公民个人信息罪的行为方式之一，常表现为"窃取"和"以其他方法非法获取"两种形式。从语义环境来解释，窃取与偷窃、盗窃、盗取含义一致，都是指通过不被他人发现的行为方式将他人占有的财产转移给自己占有的行为。在刑法体系中，本罪的窃取行为与盗窃罪的盗窃行为指向的对象不同，前者窃取的是个人信息，后者盗窃的是有形的财物或者无形的财产性利益。对于窃取是否应以秘密方式进行，学者们持有不同观点。有的学者认为行为人应当采取不被信息主体知悉的方式取得个人信息[③]，这与传统盗窃行为方式的认定标准相同，即需要以秘密性为要件。但这一观点逐渐被淘汰，更多的学者认为以公开方式进行的也应认定为窃取。张明楷教授就认为通过平和手段转移占有他人所有或者已经占有的财物的行为，即使是以公开方式进行的也构成盗窃[④]，因此，在行为方式的判断上，窃取与盗窃是相同的，可以公开进行。笔者赞成后一种观点，个人信息是无形物，具有共享性和非排他性，允许他人合理利用与传播，即使信息被公开侵犯，信息主体也不能立即察觉，况且在高科技手段的作用下，公开获取他人的信息轻而易举，如果刑法仅打击秘密窃取行为而对以非法手段公开获取个人信息的行为予以放任，那么会缩小刑法对该类犯罪的打击范围，导致公民的个人信息安全得不到保障。

窃取行为也不应以转移占有为前提，占有一般要求对物实现独占和排他性的支配。对于有体物而言，只有转移占有才能导致他人遭受财产损失，行为人才会获得利益。但是个人信息不是有体物，也不具有排他性，并且可以在多个主体之间实现共享，不具有转移占有的条件。行为人窃取个人信息的方式一般是对信息进行复制，这既没有侵犯个人信息的

① 刘宪权、何阳阳：《〈个人信息保护法〉视角下侵犯公民个人信息罪要件的调整》，《华南师范大学学报（社会科学版）》2022 年第 1 期，第 146 页。

② 杜嘉雯、皮勇：《人工智能时代生物识别信息刑法保护的国际视野与中国立场——从"人脸识别技术"应用下滥用信息问题切入》，《河北法学》2022 年第 1 期，第 165 页。

③ 韩玉胜、赵桂民：《侵犯公民个人信息犯罪客观方面辨析》，《人民检察》2013 年第 19 期，第 8 页。

④ 张明楷：《刑法学（第六版）》，法律出版社，2021，第 1235−1236 页。

所有权也没有改变信息主体对个人信息的占有状态，仅使信息主体丧失了对个人信息的控制权，却已然产生了个人信息被侵犯的结果，可见窃取个人信息不需要实现信息的转移占有。

窃取的对象不仅限于个人信息资料，还应当包括其载体。个人信息是无形的，通常被储存在一定形式的载体（如 U 盘、手机、电脑等）中，这些载体可以被看作个人信息的一种存在形式，能够成为窃取行为所指向的对象。当然，窃取个人信息的行为是否构成侵犯公民个人信息罪还要结合载体的价值及行为人的主观目的来分析。若行为人盗取的信息载体价值较高，且行为人只是看中了其经济价值才实施了盗窃行为，而不具有窃取其承载的个人信息的目的，则构成盗窃罪；若行为人在盗窃个人信息这一主观目的的支配下，实施了盗窃信息载体的行为，则构成侵犯公民个人信息罪；若同时持有盗窃公民个人信息和窃取信息载体的故意，则满足想象竞合的成立条件，依据刑罚较重的罪名来定罪处罚。

"以其他方法非法获取"行为是对"窃取"行为的补充规定，作为侵犯公民个人信息罪的兜底性条款而存在。《司法解释》释明了"其他方法"的含义，是指违反有关规定而实施的购买、收受、交换、收集等行为，并要求其与窃取行为具有相同程度的社会危害性，在满足"违反国家有关规定"这一前提条件后才能构成侵犯公民个人信息罪。这一弹性规定为今后可能出现的新的行为方式预留了处罚空间，具有合理性。

（3）非法提供公民个人信息行为的认定

非法提供行为是指违反有关规定以有偿或者无偿的方式转让个人信息的行为，表现为出售和提供两种行为方式。出售行为要求具有牟利目的，进行有偿转让，所获得的利益包括财物和财产性利益。财物种类多样，无须赘述。财产性利益是指不以具体财物的形式呈现出来的、具有经济价值的一种利益，可以间接地用金钱进行衡量，本质上与财物的性质是一样的，其可能是积极利益，如对他人享有债权，也可能是消极利益，如让他人减少或者免除自己的债务。

当然，行为人通过出售个人信息所获得的利益不要求与个人信息的价值具有等价性，即出售行为不以对价为基础。这一方面是因为个人信息具有人身属性和抽象性，难以用货币来衡量，无法实现对价；另一方面是因为个人信息虽然可以产生经济利益，潜藏着巨大的商业价值，但是每个人的信息种类和内容是不同的，信息的有用性和经济价值也存在差异，不能用统一的标准来衡量，况且个人信息也不是商品，不能明码标价。因此，出售个人信息只要求是有偿即可，并不需要等价交换。

提供行为又可以细分为无偿提供给他人和有偿提供给他人两种情形。① 无偿提供不要求具有对价性，行为人向他人提供个人信息时不以从对方获取相关利益为目的，未经当事人授权就自行对外公布其信息且没有获取任何利益的行为就属于无偿提供，如疫情期间在网络上违规披露感染新冠的公民的个人信息。有偿提供是指向他人提供信息并收取报酬，以追求利益为前提条件。相较于无偿提供而言，有偿提供的主观恶性更大。根据当然解释原则，无偿提供都要受到刑法规制，有偿提供更应当被纳入刑法打击的范围。况且，在刑法语境下，无偿提供行为并不能完全涵盖提供行为的所有内涵，将有偿提供单独作为一种

---

① 马改然：《个人信息犯罪研究》，法律出版社，2015，第 109 页。

行为方式有利于全面打击侵犯公民个人信息的行为。

对于提供与出售两种行为是什么关系，学者们有不同的观点，一种观点认为二者并列，另一种观点认为前者包含后者。笔者赞同后一种观点，出售行为比无偿提供行为多了主观牟利的要件，在他人知悉信息内容的基础之上行为人还获得了利益，但提供行为通常不要求必须具备牟利和获利的要件，因而提供行为在外延上更宽泛，出售行为必然会产生提供行为，反之却不然。再者，出售行为的交换对象为财物或者财产性利益，而有偿提供行为还可以将非财产性利益作为交换对象，非财产性利益包括但不限于数据控制、声誉提升、升学就业、奖惩及晋升机会等。行为人不要求获利，而是希望获得资格、机会等不具有直接经济价值的利益。例如，行为人以提供个人信息为条件，要求获得职务晋升的机会，这种情况就不视为出售个人信息。可以看出，有偿提供行为并不完全等同于出售行为，甚至还能将出售行为涵盖在内，只是因为出售行为在司法实践中更为常见，也更为典型，便将其独立出来。

3. 侵犯公民个人信息罪的主体

《刑法修正案（九）》扩大了侵犯公民个人信息罪的主体范围，取消了主体身份的限制[1]，扩张了侵犯公民个人信息罪的刑法规制范围。这一变化产生的主要原因在于时代的进步和信息技术的广泛应用使得个人信息具有共享性，能同时被多个主体掌握。如果仅打击特殊主体侵犯公民个人信息的犯罪行为，而对非特殊主体实施该行为予以放任，那么信息被泄露、被侵犯的危险性会显著增加，只有取消了侵犯公民个人信息罪犯罪主体的身份限制，才能更好地发挥刑法打击个人信息犯罪和预防此类犯罪的功能，让公民信息安全得到更多的保障。而针对具有特殊身份的人实施的该犯罪行为，法律规定要从重处罚，《司法解释》中也规定了该类主体比一般主体的入罪门槛更低，违法所得数额和侵犯个人信息的数量达到一般主体的一半即可认定构成此罪。[2]

除了自然人可以构成此罪以外，单位实施侵犯个人信息的行为达到情节严重程度的，也成立犯罪。自《刑法修正案（七）》规定个人信息犯罪可以由单位构成以来，《刑法修正案（九）》和《司法解释》都一直沿袭该规定，并在刑罚适用上将单位犯罪区别于自然人犯罪，既要处罚单位，对其判处罚金，也要对相应的责任人员判处刑罚。

4. 侵犯公民个人信息罪的主观方面

刑法规定侵犯公民个人信息罪的主观方面为故意，即行为人明知自己的行为会发生侵犯他人信息安全的危害后果，仍希望或者放任该结果发生。故意分为直接故意和间接故意，且都由认识因素和意志因素构成。从认识因素上看，这两种故意类型并无不同，都要求行为人认识到行为的性质、对象、后果、因果关系等要素；在意志因素方面，与积极追

---

[1] 《中华人民共和国刑法修正案（九）》第 17 条第 1 款："违反国家有关规定，向他人出售或者提供公民个人信息，情节严重的，处三年以下有期徒刑或者拘役，并处或者单处罚金；情节特别严重的，处三年以上七年以下有期徒刑，并处罚金。"

[2] 《最高人民法院、最高人民检察院关于办理侵犯公民个人信息刑事案件适用法律若干问题的解释》第 5 条第 1 款第 8 项："将在履行职责或者提供服务过程中获得的公民个人信息出售或者提供给他人，数量或者数额达到第三项至第七项规定标准一半以上的。"

求犯罪结果发生的直接故意不同，间接故意对危害结果采取放任态度，既不希望其发生，也不会采取措施避免其发生。

侵犯公民个人信息罪的主观形态为直接故意得到了学者们的一致认可，关于间接故意是否构成本罪则存在争议。有学者认为直接故意和间接故意都是本罪的责任形式[①]，也有学者认为该罪只能由直接故意构成，因为间接故意在主观上不符合出售行为和提供行为所要求的获利目的[②]。笔者认为本罪的主观方面应当包括间接故意，原因在于刑法条文中并没有对直接故意和间接故意进行详细区分，从文义解释来看，故意应当包含这两种形态。其次，行为人虽然主观上十分期待并主动追求危害后果的发生，但是在实施出售、窃取等非法行为时如果没有认识到危害结果发生的必然性，只是对信息主体的合法权益造成损害的可能性有所认识，那么行为人对行为后果所持的态度是放任不管，也即持有间接故意的心态，此时对于信息主体来说其信息安全仍然处于高度危险的状态，因此，间接故意也是本罪的主观罪过形式之一。刑法和《司法解释》中均没有关于过失犯本罪在定罪量刑方面的相关表述，况且本罪的行为方式也不符合过失的表述，因此遵循罪刑法定原则，本罪的主观方面不包括犯罪过失。

（三）侵犯公民个人信息罪的司法适用情况

从前文立法梳理可知，我国于2009年在《刑法修正案（七）》中增设第253条之一，规定了出售、非法提供公民个人信息罪和非法获取公民个人信息罪。2015年，《刑法修正案（九）》将该条修订为侵犯公民个人信息罪。2016年，《网络安全法》制定了网络运营者收集、使用个人信息的规则。2020年，《民法典》进一步明确个人信息的定义和处理原则。2021年，《个人信息保护法》实施，完善了公民个人信息保护体系。那么，侵犯公民个人信息行为入刑以来的司法适用状况如何呢？

1. 刑事案件数量持续增长

为了解全国范围侵犯公民个人信息的犯罪情况，笔者检索了中国裁判文书网中的相关判决书。检索词包括：案件类型选择"刑事案件"，案由选择"刑事案由"，文书类型为"判决书"，审判程序为"刑事一审"或"刑事二审"，限定"判决结果"为"出售、非法提供公民个人信息罪"、"非法获取公民个人信息罪"或"侵犯公民个人信息罪"。统计结果如表4-2所示。

表4-2　侵害公民个人信息行为入罪以来刑事判决数量统计

罪名	一审刑事判决书	二审刑事判决书	裁判年份
出售、非法提供公民个人信息罪	15份	3份	2011—2019年
非法获取公民个人信息罪	775份	14份	2011—2021年
侵犯公民个人信息罪	9698份	202份	2015—2023年

不难发现，上述表格的统计结果说明，以"出售、非法提供公民个人信息罪""非法

---

① 张明楷：《刑法学（第五版）》，法律出版社，2016，第921页。
② 赵秉志：《公民个人信息刑法保护问题研究》，《华东政法大学学报》2014年第1期，第124页。

获取公民个人信息罪"判决的案件总量较少，一审刑事判决书总计 790 份，二审刑事判决书总计 17 份，两罪一审、二审刑事判决书合计才 807 份；而以"侵犯公民个人信息罪"判决的一审、二审刑事判决书总数达 9900 份。可见，刑事法网的扩大和严密使得侵害公民个人信息的行为被追究刑事责任的概率显著提高。侵犯公民个人信息罪具体年份的案件刑事判决书数量见图 4-1、图 4-2。

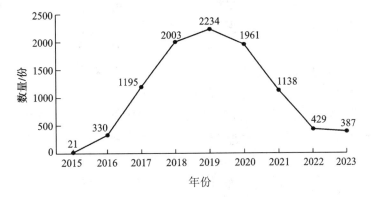

图 4-1　侵犯公民个人信息罪案件一审刑事判决书数量走势

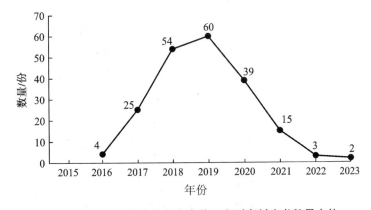

图 4-2　侵犯公民个人信息罪案件二审刑事判决书数量走势

上述两图显示，侵犯公民个人信息罪一审、二审判决书的数量走势是一致的，都是先升后降，2015—2019 年呈线性增长态势，顶峰都在 2019 年，而 2019—2023 年逐年下降。就一审而言，本罪判决书在 2015 年只有 21 份，2016 年达到了 330 份，2016 年是 2015 年的近 16 倍；2017 年突破千份，增至 1195 份，比上一年度增多了 865 份，增长幅度最大；2018 年突破 2000 份，增至 2003 份，比上一年度增加了 808 份；2019 年达到最高数值，计 2234 份，但只比上一年增加了 231 份，增长幅度明显放缓。2019 年本罪一审刑事判决书数量是 2015 年的 106 倍。2020 年至 2023 年，本罪刑事判决书数量则几乎直线下降，一审、二审都是如此。

假设犯罪人都是理性的，实施犯罪都会计算成本收益，犯罪圈扩大化与犯罪量呈正相关关系，可以预估犯罪总数初期会随着刑事打击范围的扩大化而攀升，但由于刑法的威慑作用，犯罪圈内犯罪量逐渐趋于饱和状态，犯罪数量增长速度将不断下降。上述统计正好与该理论预估相符，《刑法修正案（九）》于 2015 年 11 月 1 日生效实施，最高人民法院和最高人民检察院也于 2017 年出台了配套的司法解释，促进了本罪的司法适用。那么，在刑事法网严密和民事法律协同作用下，涉及公民个人信息的犯罪是否得到了有效遏制？

遗憾的是，尚不能得出肯定结论。因为 2021 年 7 月开始，由于最高人民法院的整改，裁判文书公开上网的数量大幅减少，所以 2021 年至 2023 年的统计样本并不完全，也无法直接得出涉公民个人信息类犯罪的数量在下降的结论。相反，从最高人民检察院网上发布厅公开的数据可知，本罪案件数量仍保持在高位。2020 年，全国检察机关起诉侵犯公民个人信息犯罪 6000 余人，2021 年起诉人数攀升至 9800 余人，2022 年起诉 9300 余人，近三成被告人被判处三年以上有期徒刑。① 北京市高级人民法院公布的《侵犯公民个人信息犯罪审判白皮书（2018 年—2023 年）》对此亦有所印证。自 2018 年以来，北京法院审结侵犯公民个人信息罪一审、二审案件共计 229 件。与 2018 年相比，2019 年全市法院侵犯公民个人信息罪案件数量、结案数量有所上升，后开始下降，2020 年和 2022 年下降幅度尤为明显。从 2023 年的收案情况来看，案件数量出现反弹，反映出侵犯公民个人信息犯罪多发的态势。② 总体看来，侵犯公民个人信息罪的犯罪率逐年增长且形势严峻，公民个人信息的安全隐患不容忽视。

2. 自然人是刑事责任的主要承担者

笔者在中国裁判文书网上以"单位犯罪"为关键词，检索单位侵犯公民个人信息的犯罪情况，从 2016 年 1 月 1 日起至 2021 年 7 月 20 日止，一共检索到 154 件相关案件，其中一审判决共计 147 件，二审判决共计 7 件。从法院的判决来看，单位成立侵犯公民个人信息罪的案件数量较少，在这 154 份裁判文书中，仅有 51 件案件法院认定单位构成犯罪，例如周某勤、衡阳红牛装饰有限公司等侵犯公民个人信息案③，江苏甲古创艺文化发展有限公司、陆某侵犯公民个人信息案④，淮安九创装饰工程有限公司、刘某武等侵犯公民个人信息罪案⑤，潘某旭、广州市广昇银信息咨询有限公司侵犯公民个人信息案⑥，等等，其余 100 多件案件，法院只判决单位员工构成侵犯公民个人信息罪，而员工所在的单位不构成本罪。经过分析得知，构成侵犯公民个人信息罪的单位一般为有限责任公司，公司的规模较小，股东人数少，公司决策过程简单，缺乏相应的监管机制，且大多数公司都涉及推销业务，需要以大量收集公民个人信息作为合法开展业务的前提。此外，这些涉案单位的股东、董事、法定代表人、经理、负责人等管理层人员及具体从事推销业务的工作人员一般都会为了公司的利益而非法购买或者出售公民个人信息，其行为具有单位意志，最终作为单位犯罪的相关责任人员与单位一起构成侵犯公民个人信息罪。

---

① 《依法严惩侵犯公民个人信息犯罪 2022 年检察机关起诉 9300 余人》，https://www.spp.gov.cn/spp/xwfbh/wsfbh/202303/t20230302_605284.shtml，中华人民共和国最高人民检察院网站，访问日期：2024 年 7 月 12 日。

② 《北京市高级人民法院侵犯公民个人信息犯罪审判白皮书（2018 年—2023 年）》，https://www.faxin.cn/lib/lfsf/SfContent.aspx? gid=H10498&libid，法信网站，访问日期：2024 年 7 月 15 日。

③ 湖南省衡阳市中级人民法院（2020）湘 04 刑终 51 号刑事判决书。

④ 湖北省汉川市人民法院（2020）鄂 0984 刑初 606 号刑事判决书。

⑤ 江苏省淮安经济技术开发区人民法院（2020）苏 0891 刑初 259 号刑事判决书。

⑥ 广东省广州市中级人民法院（2018）粤 01 刑终 566 号刑事判决书。

由此可知，司法实践中侵犯公民个人信息罪在绝大多数情况下由自然人构成，虽然单位也是犯罪主体之一，但由于单位犯罪在构成要件方面与自然人有所区别，一般需要满足主体资格要件、主观意志要件、为单位谋取利益要件等成立条件，法院在处理单位员工或者单位负责人、股东、法定代表人等利用职务之便收集、处理公民个人信息的案件时，一般难以认定该自然人的行为具有单位意志、难以判断自然人购买公民个人信息的目的是为单位谋取非法利益，在这种情况下法官往往只判处有关责任人员的刑罚，而不会处罚单位，所以单位承担责任不是普遍存在的情况。

3. 刑罚适用具有"轻刑化"倾向

刑法规定侵犯公民个人信息罪的法定刑种类有拘役刑、罚金刑和有期徒刑。① 从立法上看，该罪在有期徒刑的适用上设置了不同梯度，便于法官根据情节严重程度进行选择。但在司法实践中，不论一审判决还是二审判决，法官对被告人判处的刑罚都比较轻缓，并且往往会适用缓刑。笔者从中国裁判文书网随机选取了 170 份涉及侵犯公民个人信息罪的刑事判决书，用于统计该罪的刑罚适用情况，具体情况如图 4-3 所示。

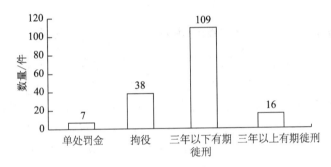

图 4-3　侵犯公民个人信息罪案件的量刑分布图

经过统计发现，侵犯公民个人信息罪在刑罚适用上以三年以下有期徒刑为主，案件数量共计 109 件，其中法官判处被告人一年以下有期徒刑并宣告缓刑的案件所占比例较大，共有 64 件。适用拘役刑的案件数量仅次于判处三年以下有期徒刑的案件数量，共有 38 件。从总体上看，判处三年以上有期徒刑的案件数量较少，仅有 16 件，即使在情节特别严重，需要适用三年以上七年以下有期徒刑这一量刑档次的情况下，法官也常常会在三年至四年这一量刑区间判处刑罚。就统计数据来看，单独适用罚金刑的情况并不常见，仅仅只有 7 份刑事判决书中使用了单处罚金的处罚方法。

就单处或者并处的罚金而言，刑法没有规定具体的量刑幅度，《司法解释》中规定应当根据被告人的违法所得数额、犯罪的危害程度、前科情况等方面进行综合判断。② 在上述样本中，法官判处被告人单处罚金的案件共有 7 件，其余案件为并处罚金，法官判处的

---

① 《中华人民共和国刑法》第 253 条之一第 1 款："违反国家有关规定，向他人出售或者提供公民个人信息，情节严重的，处三年以下有期徒刑或者拘役，并处或者单处罚金；情节特别严重的，处三年以上七年以下有期徒刑，并处罚金。"

② 《最高人民法院、最高人民检察院关于办理侵犯公民个人信息刑事案件适用法律若干问题的解释》第 12 条："对于侵犯公民个人信息犯罪，应当综合考虑犯罪的危害程度、犯罪的违法所得数额以及被告人的前科情况、认罪悔罪态度等，依法判处罚金。罚金数额一般在违法所得的一倍以上五倍以下。"

罚金数额一般为几千元到几万元不等，其中判处 1 万元以下罚金的案件有 93 件，判处 1 万元以上 5 万元以下的案件数量为 45 件，罚金数额在 5 万元以下的情况较为普遍，案件数量共计 138 件，罚金适用范围在 5 万元以上 10 万元以下的案件有 21 件，而超过 10 万元的案件数量较少，仅有 4 件，法官判处罚金的平均数额在 1 万元左右。总体看来，这类案件的刑事处罚较为轻缓，整体量刑偏轻，从重处罚的情况较为少见，即使在同一量刑幅度内，法官一般也不会选择适用较重的刑罚，具体情况如图 4-4 所示。

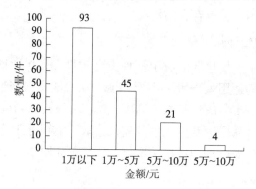

图 4-4 "并处罚金"的侵犯公民个人信息罪案件之罚金数额分布图

北京市和上海市的统计分析同样显示，本罪的刑罚程度整体较轻。2018 年至 2023 年，北京市被判处侵犯公民个人信息罪的被告人共 302 人，其中，三年以下有期徒刑（含拘役、单处罚金、免于刑事处罚）人数占比约为 73.2%；五年以下有期徒刑（含拘役、单处罚金、免于刑事处罚）人数占比约为 98.7%，重刑率较低；缓刑适用率基本在 14.6% 左右；约 83.2% 的被告人被判处的罚金在 10 万元以下。① 2016 年至 2020 年侵犯公民个人信息罪中随机筛选 205 个被告人，其中 92 人被判处不满一年的有期徒刑，56 人和 14 人分别被判处一至二年和二至三年有期徒刑，被判处三年有期徒刑及以下刑罚的合计占比79.02%，且有期徒刑及拘役的缓刑适用率约为 69.51%。刑事判决中情节严重犯罪占比64.16%，情节特别严重犯罪占比 38.81%，但是与量刑情节对比，从轻处罚案件占比93.07%，从重处罚案件占比 7.92%。② 这表明本罪的宣告刑轻缓、缓刑适用率高，刑罚威慑性不足。

二、侵犯公民个人信息罪刑法规制的不足

虽然个人信息保护的刑事立法越来越完善，司法实践更是竭力打击个人信息犯罪活动，致力于保护公民个人信息安全从而实现刑法保护公民人身安全、财产安全的目的，但是随着大数据时代的到来，各种信息呈爆炸式增长，人们在享受大量信息带来的红利时，也不得不面临信息洪流下个人信息被泄露、被非法使用的风险。信息共享与信息泄露犹如

① 《北京市高级人民法院侵犯公民个人信息犯罪审判白皮书（2018 年—2023 年）》，https://www.faxin.cn/lib/lfsf/SfContent.aspx?gid=H10498&libid，法信网站，访问日期：2024 年 7 月 15 日。
② 上海市金山区人民法院课题组：《侵犯公民个人信息类犯罪形势变化及体系化防控路径研究》，https://www.sohu.com/a/522893096_121123741，搜狐网站，访问日期：2024 年 7 月 20 日。

一枚硬币的正反两面，现代科学技术不仅挖掘出了信息的更多隐藏价值，实现了信息的增值效益，也将信息的安全置于危险边缘，各种犯罪手段层出不穷，个人信息的安全风险呈上升趋势。刑法作为保障个人信息的有效手段，对个人信息犯罪的规制仍然具有滞后性，存在着许多不足，但社会在不断进步，社会变迁会引发犯罪变化，犯罪变化则推动着刑法调整。① 现行刑法关于侵犯公民个人信息罪的相关规定已经不能满足个人信息和数据深度融合背景下有效打击这类犯罪的需要，在大数据广泛应用于各行各业这一时代背景下，有必要重新探讨侵犯公民个人信息罪的相关法律规定并予以完善，以强化刑法对个人信息的保护。

（一）客观行为的前端规制模式存在缺陷

1. 客观行为的前端规制模式分析

侵犯公民个人信息罪的刑法规制重心主要在信息的获取和提供环节，对后续的利用环节予以放任，采取非犯罪化的处理方式，使其不受刑法处罚。大数据背景下侵犯公民个人信息的犯罪手段层出不穷，现有的客观行为方式无法涵盖现实生活中复杂且多样化的侵犯公民个人信息的行为表现，刑法仅对非法获取和非法提供等前端行为进行规制的模式致力于在信息流转方面打击犯罪，通过规制非法获取行为和非法提供行为从而消解处于末端的非法利用行为赖以生存的土壤，减少非法利用行为的发生。采用这种对侵犯公民个人信息的前端行为进行规制而对后端行为予以放任的模式，主要是出于以下几个方面的考量。

一是人工智能等科学技术的发展使得非法利用行为的外延还在持续扩张，并不断产生新的行为样态，非法利用行为因具有手段复杂性和多样性而难以类型化，不能准确进行界定。根据罪刑法定原则，目前法律尚没有关于非法利用行为的明确、具体的规定，故难以进行有效规制。此外，非法获取行为、非法提供行为是非法利用行为的前提条件，因此，切断前端行为与后端行为的联系就足以使处于后端的非法利用行为丧失实施的基础，进而减少后端行为的发生，以实现刑法对非法利用行为的间接防控。二是后续的非法利用行为持续涌现并常常与下游的其他犯罪竞合，行为人通过各种途径获取个人信息的最终目的就是利用这些信息实施诈骗、盗窃等犯罪行为以获取非法利益。前端的获取行为与后端的利用行为之间往往具有牵连性，通过打击后续利用个人信息以实施其他下游犯罪的行为就能够达到惩罚犯罪行为人的目的。三是在步入大数据时代之前，个人信息的数量有限且利用价值不高，可利用的方式也极为有限，个人信息尚未被广泛开发利用，这就导致非法获取和非法提供公民个人信息的行为对信息主体产生的危害要比非法利用行为大得多，非法利用行为因不具备刑法规制的必要性和紧迫性而未被纳入刑法打击范围。② 另外，在时代环境的限制下，电子化和数据化的应用程度都不高，个人信息与个人隐私之间的界限还不太明显，此时个人信息只在小范围内持有和流通，刑法也只规制信息流转环节的犯罪行为，

---

① 焦旭鹏：《现代刑法的风险转向——兼评中国当下的刑法观》，《西南民族大学学报（人文社会科学版）》2018 年第 12 期，第 85 页。

② 黄陈辰：《大数据时代侵犯公民个人信息罪行为规制模式的应然转向——以"AI 换脸"类淫秽视频为切入》，《华中科技大学学报（社会科学版）》2020 年第 2 期，第 107 页。

将打击的重点放在非法获取行为和非法提供行为上。

2. 前端规制模式的固有局限性

刑法针对侵犯公民个人信息罪所采取的前端规制模式有其合理性，但弊端也较为明显，非法获取行为和非法提供行为主要涉及个人信息的取得和传播方面，并不包括信息的非法使用、加工、传输等非法利用方面，虽说从信息收集的源头上打击侵犯公民个人信息的犯罪行为有利于截断后续犯罪链条存续的可能性，消灭下游犯罪的前提条件，但从整个产业链的犯罪流程来看，后续利用个人信息实施其他犯罪行为才是这类犯罪的核心环节。正是由于这些后续非法利用行为的需要才会出现前端的收集行为，可以说利用行为是收集行为的最终目的，没有需求就没有供给，仅对信息收集环节进行规制难以有效遏制非法利用环节的需求，相反对非法利用环节进行规制才能起到釜底抽薪的效果，彻底消除非法获取行为和非法提供行为的原动力，减少这两种行为的发生。

虽然现行法律规定信息处理者将其收集的信息提供给他人或者改变用途时应当征求权利主体的同意，但在大数据时代面对海量的个人信息时根本不可能做到一一征求其同意，在知情同意原则运用越来越弱化的情形下，同意机制出现了被架空的问题，法律对信息收集环节的规制便显得有些力不从心。行为人轻易越过法律在信息收集环节所设下的唯一关口之后便可以随意地利用所获得的信息而不需要承担责任，这种只规制信息收集环节而不规制利用环节的法律设定，不仅会纵容信息处理者不受任何妨碍地使用个人信息，还会导致合法获取公民个人信息后滥用该信息的行为得不到应有的法律追究。

此外，前端规制模式发挥作用的原因在于后端非法利用行为对前端非法获取行为和非法提供行为具有绝对依赖性，即想要实施后端行为就必须从前端行为那里获取相应的个人信息，并排除通过其他渠道获取该信息的可能性，因而非法获取行为、非法提供行为与非法利用行为之间具有绝对的供应关系，故只要出现了非法利用行为，就表明行为人也一定实施了非法获取行为，只有这样才能通过打击后续行为以实现对前端行为的规制。但这一规制模式在大数据技术的冲击下缺乏稳定性，一旦前端的非法获取行为与后端的非法利用行为之间的绝对供应关系消灭，就会导致整个前端规制模式失去效力。例如，行为人利用互联网等公众平台获取他人已经公开的图像信息，或者通过其他途径合法获取他人照片后利用 AI 换脸技术制作色情淫秽视频，并将这些视频出售或者在网络上传播。现如今个人信息在商业上的用途越来越广泛，行为人出于对利益的追求，侵犯个人信息的方式也逐渐变得复杂化和多样化，这种"合法获取、非法利用"的行为便无法通过前端规制模式进行打击，为了实现规范化保护公民个人信息法益这一目标，理应精确而恰当地认定相应的犯罪行为。[①] 况且，非法获取行为、非法提供行为与非法利用行为在概念、行为方式上均有所区别，前者无法涵盖后者，故非法利用行为具有独立性，且其给公民造成的损害和给社会带来的危害都更为严重。目前，侵犯公民个人信息罪的客观行为方式已经不足以全面涵盖侵犯个人信息的行为，亟须将非法利用行为纳入本罪的行为方式之中，以期更全面地保护公民的合法权益。

---

① 于志刚、李源粒：《大数据时代数据犯罪的类型化与制裁思路》，《政治与法律》2016 年第 9 期，第 26 页。

（二）犯罪主体责任承担失衡

1. 主体归责机制显失公平

纵观侵犯公民个人信息的刑事审判案例，承担责任的主体绝大多数都是自然人，而利用公共管理职能与先进技术掌握个体信息的政府部门和以互联网等科技企业为代表的社会主体被追责的情况比较少见，尽管他们在个人信息的收集、支配、利用上享有较大的权利，也是社会中最主要的个人信息风险的制造主体。在一般情况下，单位员工实施侵犯公民个人信息的犯罪行为后，法官很难将其个人意志上升为单位意志、将其个人行为上升为单位行为以此认定构成单位犯罪。例如，公司的业务销售员为了提升销售业绩以合法经营公司业务为掩饰，大量地非法获取公民个人信息，然后以打电话、发短信或上门走访的形式给这些信息主体推销公司产品。这些犯罪行为人大多是能接触到单位收集、处理、保管个人信息相关业务的员工，其犯罪手段往往与工作岗位密切相关。行为人利用工作之便实施了侵犯公民个人信息的犯罪行为，而司法机关往往重在追究犯罪的直接实行者的刑事责任，真正会追诉单位的情况比较少见，这就导致作为占据社会优势地位的信息收集、处理、利用者没有承担起相应的责任，反而是相对来说处于弱势地位的单位员工被追责，这一归责机制显然有失公平。

例如，在刘某文侵犯公民个人信息一案中①，被告人刘某文系深圳市大川信息咨询有限公司股东，为了挖掘潜在的贷款客户以提高公司业绩，通过从网上下载、从朋友处获取、向他人购买等方式非法获取了大量公民个人信息，后将非法获取的公民个人信息通过通讯助手 App 发送或打印的方式分发给公司业务员，由业务员联系客户是否有贷款需求，从中赚取服务费用。其辩护人在辩护意见中认为本案应定性为单位犯罪，被告人刘某文仅作为直接责任人员承担刑事责任。刘某文是基于深圳市大川信息咨询有限公司意志实施的违法行为，且非法利益归于深圳市大川信息咨询有限公司，依法应认定为单位犯罪。法院经过审理认为，深圳市大川信息咨询服务有限公司的其他股东、法定代表人、经理、销售业务员等证人均不知道被告人刘某文非法获取公民个人信息一事，均认为系被告人的个人行为，不能认定具有单位意志。法院最终认定辩护人关于本案系单位犯罪的辩护意见与查明事实不符，不予采纳，仅追究被告人刘某文实施侵犯公民个人信息罪的刑事责任。从上述案例就可以看出，侵犯公民个人信息罪采取的归责原则是"打击个人，放过单位"，即依法追究单位员工的刑事责任而不予追究员工所在单位的相关责任，显然这种归责机制是不公平的，没有做到罪责刑相适应。正是因为单位在经营管理过程中对内部员工的监督管理不足，才会频繁出现员工泄露、滥用、购买、非法提供个人信息的犯罪行为，给信息主体和社会秩序带来严重的危害。因此，需要转变当前的归责机制，更加注重从信息收集和处理的源头进行规避，增加单位的监督责任和管理义务以强化单位内部防控，让单位承担起保护公民个人信息的责任，预防单位及员工实施侵犯公民个人信息的犯罪行为，减少个人信息领域的犯罪隐患。

---

① 广东省深圳市福田区人民法院（2021）粤 0304 刑初 997 号刑事判决书。

2. 当前规则机制实施的原因

商业主体收集个人信息的方式通常表现为通过各种途径获得信息主体的概括式同意，信息主体一旦同意个人信息被收集、使用，便丧失了对信息的控制权，出现个人信息所有权与控制权分离的情形。一些单位及员工在"合法"获取个人信息后会进行不当利用，甚至用于违法犯罪活动，单位作为侵犯公民个人信息罪的犯罪主体在现有的归责机制中很少被追究刑事责任，究其原因主要包括以下几个方面。

其一，我国的经济体制使得现行法律把保护经济持续健康发展、增加产业利益、维护社会安全放在了绝对优先的地位并将其当作法律的价值取向①，虽然《网络安全法》《民法典》《个人信息保护法》《数据安全法》中都规定了企业等信息处理者在收集、处理个人信息时应当维护信息安全，但法律还是倾向于将促进信息流通与利用作为价值导向，兼顾信息的保护与利用之间的平衡。即使政府部门和相关企业单位在利用权力和信息技术收集、处理个人信息时会增加信息滥用和信息犯罪的风险，抑或没有尽到匿名处理、加密处理等信息保护义务，基于刑法的谦抑性原理，也很少追究这些风险制造主体的刑事责任。

其二，现行保护个人信息的相关法律都以知情同意原则作为承担法律责任的基础，个人信息的权利主体作出同意的意思表示之后，单位就可以对相关信息进行收集和处理，除此以外不需要再额外承担任何积极义务，这便将个人信息被侵犯的风险转移到信息主体身上，即单位在后续处理和利用公民个人信息的过程中可能存在的信息泄露风险由个人负责，信息主体被迫承担起了单位应当承担的责任和义务，降低了单位承担责任的可能性。一方面，知情同意原则中的同意标准在法律适用过程中不断降低，概括同意、被迫同意、不知情状况下的同意都可以被认定为有效同意，例如市场上的许多 App，如果不同意其隐私条款的规定，不同意其获取手机上的位置信息、通信信息、图片信息等隐私信息就无法使用其功能，而一旦被迫同意，便意味着信息主体责任的增加，需要对自己的同意行为负责。另一方面，单位等信息处理者对公民个人信息进行处理和利用的目的要合法、正当，采取法律允许的手段，遵循相关的信息处理原则，但这些原则并没有具体化的标准，在实践中难以认定单位是否违反了相关原则，是否满足"违反国家有关规定"这一入罪标准，因而很难在事后追究单位的刑事责任。

其三，在司法实践中，绝大部分个人信息都是从国家机关或者互联网公司、教育公司、医院等能够大量掌握公民个人信息的单位流出，犯罪主体大多是单位内部的管理者或者工作人员，他们利用工作便利监守自盗，很容易实施侵犯个人信息的行为。然而，公诉机关一般只以单位的法定代表人或者员工为被告人进行起诉，很少会将单位作为被告人，主要原因在于单位犯罪的立案及定罪门槛较高，证明个人犯罪行为具有单位意志的难度比较大，单位犯罪的构成要件难以满足，因而单位犯罪的责任追究最终演变成了只追究直接涉案个人的法律责任。此外，我国大多数企业在治理结构方面仍然采用的是家族式管理模式，即公司的所有权与经营权合一的管理模式，尚未完全将两权分离开来，导致难以区分犯罪行为人实施侵犯公民个人信息的犯罪行为在主观方面到底是源于单位意志还是源于个

---

① 劳东燕：《个人信息法律保护体系的基本目标与归责机制》，《政法论坛》2021 年第 6 期，第 10 页。

人意志，在追究单位责任方面存在一定的难度，所以当前司法实践中的普遍做法是"放过企业，严惩责任人"①。

（三）主观方面欠缺过失犯罪的规定

1. 主观罪过形式单一

法律规定侵犯公民个人信息罪的主观罪过形态为犯罪故意，不管是普通主体，还是特殊主体，只有持故意心态才能构成本罪。在立法上刑法没有对过失侵犯公民个人信息的行为进行规制，在学理上对于过失是否可以成立犯罪，学者们观点不一。

有的学者认为本罪体现了客观行为的非法性和对个人信息的处分性，并且往往是以作为的方式实施的。无论出售行为、提供行为还是窃取或者以其他方法非法获取行为，都是行为人积极主动的作为，其在实施这些行为时必然对行为的性质和后果有着清晰的认知，故该罪只能由故意构成。②

有学者认为故意和过失都是本罪的主观罪过形式，因为过失犯罪有着相当程度的社会危害性。过失犯罪的构成要件主要有以下三个方面：① 行为人主观上必须是疏忽大意的过失或过于自信的过失；② 客观上必须造成了严重危害后果；③ 刑法分则明确规定。虽说根据罪刑法定原则，成立过失犯罪必须得到刑法明确规定，而本罪并没有关于过失侵犯个人信息可以成立犯罪的相关表述，但法律具有滞后性，尤其是在大数据时代，大量不作为而侵犯公民个人信息的情况依然存在，这类不作为往往就是过失行为的表现形式。况且各类信息数据的收集、储存、传播具有了新的形式，这使得信息处理在更加方便快捷的同时，因操作失误或者程序故障泄露个人信息的风险也随之增加，因疏忽在信息去识别化不够彻底的情况下公开个人信息导致信息泄露的事件也时常发生，如 2018 年的 Facebook 个人信息泄露事件，在客观上造成的严重危害后果不亚于故意犯罪，二者的社会危害性相当③，显然刑法只规制故意侵犯公民个人信息的行为已不适应社会发展需要。

2. 未重视过失行为的社会危害性

如今，个人信息的价值和重要性越来越凸显，个人信息已然成为各行各业持续发展所需要抢占的一手资源，公民的生活、学习和工作都与之息息相关。互联网公司、国家机关或者具有公益性质的事业单位掌握着数以万计的个人信息，其工作人员在履行职务的过程中常常会接触到这些信息，如果因为过失而使这些信息被泄露出去往往会造成无法挽回的后果，不法分子可能会利用这些因过失泄露的个人信息对信息主体实施诈骗、敲诈勒索、绑架等犯罪行为，抑或通过不断地给信息主体拨打骚扰电话、发送骚扰短信、进行恶意推销等方式扰乱其生活安宁。这不仅会影响社会管理秩序，而且会给信息主体带来困扰，甚至会造成人身和财产损失，波及的范围和受害群体都比较宽泛，具有严重的社会危害性。从主观恶性上看，过失虽然没有故意的主观恶性大，但这两种主观罪过形式所造成的危害后果是不相上下的。如果刑法对过失泄露个人信息的行为不予处罚，便会放任这类行为的

---

① 周新：《涉罪企业合规不起诉制度重点问题研究》，《云南社会科学》2022 年第 2 期，第 144 页。
② 刘宪权、房慧颖：《侵犯公民个人信息罪定罪量刑标准再析》，《华东政法大学学报》2017 年第 6 期，第 115 页。
③ 王渊、刘传稿：《在个人信息合法保护与合理利用之间寻求平衡》，《检察日报》2017 年 3 月 29 日。

发生，甚至会出现名为过失实为故意侵犯个人信息的行为，给公民和社会带来危害。因此，过失泄露公民个人信息的行为具有刑法规制的必要性，而且承认过失危险犯这一概念也是应对风险社会环境的必然选择①，刑法只规制故意侵犯公民个人信息的行为已经不适应社会发展的需要了，应当重视过失泄露公民个人信息的行为给信息主体和社会秩序带来的严重后果，并给予相关责任人员刑事处罚。

（四）刑罚设置不完善

1. 罚金数额规定不明确

司法实践中法官在判处构成侵犯公民个人信息罪的被告人罚金刑时，刑法及相关司法解释都没有细化规定如何适用罚金刑，没有规定罚金数额的起始标准，没有表明最高的数额上限，更没有具体的数额计算标准，在司法运用上的可操作性不强。《司法解释》中规定法官要根据具体犯罪行为的社会危害性、行为人从事个人信息犯罪活动所获得的非法利益情况及犯罪前科状况等因素进行综合裁量，这就表明法官对此具有较大的自由裁量权，即使是案情类似的案件，不同的法官也有不同的考量，可能会出现判处的罚金数额相差较大的情形，使得判决的主观性较为明显。

例如，常某福侵犯公民个人信息罪一案②，被告人常某福与其妻子郑某艳在永城市鄜阳镇经营"永城××数码城"期间，被朋友何某拉入"抖音""淘宝""京东"微信群，并将其非法获取的客户手机号码及验证码出售给他人注册抖音、淘宝、京东 App 软件，从中获利 11659.35 元。河南省永城市人民法院认为被告人常某福伙同他人违反国家有关规定，向他人出售公民个人信息，情节严重，已构成侵犯公民个人信息罪，在罚金刑的适用上，法官判处常某福罚金人民币 6000 元。

而在谭某波侵犯公民个人信息罪一案中③，被告人谭某波于 2021 年 9 月通过微信群结识号商，并帮助号商出售实名微信号 64 个，未实名微信号 6 个，获利 11008.98 元。湖南省宜章县人民法院认为被告人谭某波的行为已构成侵犯公民个人信息罪，并判处罚金人民币 26000 元。

上述两个案例中的犯罪行为人均实施了侵犯公民个人信息的犯罪行为，且获利都在 1 万元左右，而法院在罚金刑的适用上却相差甚大，差额高达 2 万元。为了改善这一情况，维护法律的公正性，需要对罚金数额的适用进行明确规定，制定全国统一的适用标准，缩小法官可自由行使裁量权的空间，提高判决公正性。

2. 尚未适用刑事职业禁止的规定

职业禁止的相关规定是在《刑法修正案（九）》中增设的④，该条款主要针对的是在

---

① 付潇：《公民个人信息的刑法保护研究》，硕士学位论文，青岛大学，2021，第 20 页。
② 河南省永城市人民法院（2022）豫 1481 刑初 211 号刑事判决书。
③ 湖南省宜章县人民法院（2022）湘 1022 刑初 75 号刑事判决书。
④ 《中华人民共和国刑法修正案（九）》第 1 条："因利用职业便利实施犯罪，或者实施违背职业要求的特定义务的犯罪被判处刑罚的，人民法院可以根据犯罪情况和预防再犯罪的需要，禁止其自刑罚执行完毕之日或者假释之日起从事相关职业，期限为三年至五年。被禁止从事相关职业的人违反人民法院依照前款规定作出的决定的，由公安机关依法给予处罚；情节严重的，依照本法第三百一十三条的规定定罪处罚。其他法律、行政法规对其从事相关职业另有禁止或者限制性规定的，从其规定。"

工作中利用职业之便或者违背职业义务实施犯罪的人员，致力于将其从犯罪前所在的相关行业或特定领域中清除出去，防止其再次利用职业便利进行违法犯罪活动。

职业禁止规定的适用对象是特定的，仅限于违反职业道德和职业义务实施犯罪行为的人，或者利用职业上形成的便利条件从事与其职业领域相关的犯罪活动的人。这里所述的职业上的便利条件，是指行为人在工作过程中获得的业务管理方面的权利、领导下级员工的权利、业务经营范围内的权利等能给自己实施相关领域内的犯罪行为创造便利条件的权利。而违反职业义务，是指行为人实施的犯罪行为严重违反其所在工作岗位需要严格遵守并执行的相关义务规定。这些义务包括保管义务、保密义务、注意义务等从业人员从事特定职业时所应当遵守的义务规定。此外，职业禁止规定中的"职业"范围没有特定的限制，可以依据《职业分类大典》关于"职业"的解释进行理解，即从业人员为了满足基本的生活需求、支撑日常生活开销所选择的社会工作类别①，并非仅限于刑法分则具体罪名中的特定职业身份，以拥有该身份的人为犯罪主体的相关罪名所涉及的职业类型，如医疗事故罪中的医务人员可适用职业禁止规定，而是应当将"职业"做通常的理解，任何法律允许从事的、具有较长劳动周期且从事该项活动的目的是维持基本生存需要的都可以被认定为职业，并适用职业禁止规定。由此可知，具有收集、加工、处理、保管公民个人信息义务的人员，在工作过程中违反相关义务规定，利用职务便利泄露公民个人信息并造成严重后果的，可以适用职业禁止规定，职业禁止时长为行为人刑事处罚执行完毕之后或者被法院允许假释之后的三至五年。

但在司法实践中，法官在处理侵犯公民个人信息罪时却没有对犯罪行为人适用职业禁止规定，从中国裁判文书网上反映的情况来看，大多数被告人都能够接触到大量公民个人信息，并且对这些信息具有保管义务，但他们往往利用职务之便非法收集、贩卖个人信息以获取利益，即使被判处刑罚也难以达到预防再犯罪的目的。加上他们重新就业时也没有任何限制，在金钱的诱惑下，可能会重操旧业，利用工作便利再次实施侵犯公民个人信息的行为。因此，有必要适用非刑法处罚措施，对能够接触和处理个人信息的相关岗位进行从业资格限制，从而预防和减少再犯罪的风险。

三、域外个人信息犯罪刑法规制的考察与借鉴

在全球信息科技蓬勃发展的时代，个人信息变得尤为重要，对个人信息的传播与保护意识也在逐渐提升。2021 年，我国颁布了专门的《个人信息保护法》，为公民个人信息安全保驾护航，也为刑法完善对公民个人信息的保护提供了一定的法律基础。但是相较于在个人信息保护方面起步早、立法成熟、法律保护完善的其他国家而言，我国个人信息保护的刑事立法显示出了一定的滞后性，笔者将会对比美国、德国、日本等国家个人信息的刑事立法规定和保护措施，结合我国实际情况进行借鉴、吸收、采纳，从而为我国个人信息的刑法保护更加完善和体系化提出建设性意见。

---

① 黄陈辰：《刑事职业禁止制度的理解与适用——基于四个关键问题的探讨》，《西部法学评论》2020 年第 5 期，第 86 页。

（一）域外个人信息犯罪的刑法规制现状

1. 美国的刑法规制现状

美国十分注重个人隐私保护，公民个人隐私的范围决定了个人信息的界限，保护个人隐私权不受侵犯就能够达到保护公民个人信息的目的。法律在保护公民个人隐私方面发挥着重要作用，美国不仅立法起源较早，而且法律保护体系也较为健全。沃伦和布兰代斯在共同发表的《隐私权》中提出了关于隐私权的主张，认为隐私权是以利益为外衣的价值宣誓，并进一步区分了隐私权与私有财产权，以及商业秘密、契约等在对外公开行为规制上的区别①，为美国法律制定和完善个人隐私的相关内容奠定了重要的基础，并且在修补法律体系漏洞与推动权利内容革新方面也具有重要价值。

美国刑法是以隐私权为核心展开关于个人隐私保护的制度构建的，美国对个人隐私的保护并非仅限于刑事立法，大多数法律都是由各个部门按照不同行业、不同领域对个人隐私保护的需求制定的②，如《电子通讯隐私法案》《加州消费者隐私权法案》等。刑法与其他部门法一起构成了公民个人隐私保护的法律体系，共同承担起了个人隐私保护的责任。1974 年美国通过了《联邦隐私权法》，规定了政府等公共机构收集、处理、保管和利用个人隐私时应当遵循的义务，同时也规定了公民对个人隐私享有知情权、决定权等相关权利。该法既具有民法、行政法的性质，也具有刑法的性质，集三法于一体，并对泄露、骗取、毁损、出售、非法使用等侵犯个人隐私的行为划分了民事、行政和刑事责任。

此外，美国的《模范刑法典》将一些侵犯个人隐私的犯罪行为进行了规制。该法典直接规定了侵犯隐私罪及其构成要件，即为了获取他人隐私，在私人场所实施偷听、偷录、偷拍行为及违反知情同意原则获取、利用他人隐私的行为都构成犯罪，应负刑事责任。③美国法律还通过打击身份盗窃的行为来保护美国公民的个人隐私，这一规定主要针对的是身份信息领域存在着的盗窃身份证件的严重犯罪行为，并在《美国法典》第 1028 条和第 1028（A）条进行了详细规定。④《美国法典》中还规定了一些侵犯公民通信的罪名，凡是未经权利主体许可秘密拦截通信或者明知是非法拦截的通信还将其泄露、使用的行为均为侵犯通信秘密的犯罪行为并应受刑事处罚，具体罪名包括第 2511 条（1）（c）的披露拦截的通信罪、第 2511 条（1）（d）的使用拦截的通信罪和第 2701 条的非法侵入存储的通信罪，通过规制侵犯通信的犯罪行为来实现间接保护公民个人隐私的目的。

美国公民的个人隐私主要由公法领域的刑事立法和私法领域的其他部门法分别进行保护，前者主要是对政府等公权力机构侵犯个人隐私的行为进行刑法规制，后者则是对除政府之外的其他主体侵犯个人隐私的行为进行限制。⑤通过各部门的分散立法及大量的司法

---

① Samuel D.Warren，Louis D.Brandeis，"The Right to Privacy," *Harvard Law Review* 5（1890）:214-215.

② 翟帅：《域外个人信息保护立法模式与规制范围之反思》，《信息安全研究》2018 年第 7 期，第 613 页。

③ 《美国模范刑法典及其评注》，刘仁文、王祎等译，法律出版社，2005，第 212-213 页。

④ 《美国法典》第 1028 条规定了身份的盗窃罪，即明知未经合法授权而转移、持有或者使用他人的身份信息，意图实施、帮助、教唆、关联到违反联邦法律的不法行为或者有效的州法律、地方法律构成重罪的行为。第 1028（A）条规定了加重的身份盗窃罪，该罪以身份盗窃后续犯罪的严重程度作为判断依据，予以不同程度的加重处罚。

⑤ 齐爱民：《个人资料保护法原理及其跨国流通法律问题研究》，武汉大学出版社，2004，第 79 页。

判例，美国个人隐私保护不断完善，保护体系较为健全。

2. 德国的刑法规制现状

德国通常将个人信息称为个人数据。德国是最早开始保护公民个人信息的国家，早在1970 年就制定了世界上第一部个人数据保护法律，即《黑森州数据保护法》，开启了个人数据的法律保护。德国在刑事立法上打破了传统隐私权保护范围的界限，并逐步向个人数据这一内涵更丰富的层面延伸。《德国刑法典》第 15 章作为打击侵犯个人数据犯罪的专章，对一般个人数据的保护更为体系化，保护的数据范围较为广泛，对凡是以电子的、磁性的或者以其他非直接感知方式进行存储或传输的数据都进行保护，客体也不要求具有一般人格属性，不论数据的内容是什么或者权利人是谁，只要数据的完整性、私密性、可用性受到侵犯，就构成犯罪。其中，《德国刑法典》第 202 条规定了多项相关罪名，如窥探数据罪、截获数据罪、数据窝赃罪等，第 203 条规定了侵害私人秘密罪，第 204 条规定了利用他人秘密罪，第 303 条规定了数据变更罪和破坏计算机罪。① 德国对非法获取、利用、转让、公开公民数据的行为进行了刑法规制，从而形成了完整的个人数据刑法保护体系。

1977 年德国正式通过的《联邦数据保护法》作为附属刑事立法，弥补了德国刑事立法关于个人数据保护的范围仍然较为狭小的缺陷，后又多次予以修订，对公民个人数据的获取、处理、使用等行为进行了约束和规范，并将个人信息自决权作为一项特殊保护法益进行法律保护，认为信息主体应当享有对个人信息的知情同意等权利。此外，《联邦数据保护法》还在附属刑法规范部分简化了个人数据犯罪的相关罪行条款及犯罪构成要件，并在第 44 节专门规定了个人数据犯罪的刑事违法条款，即凡是为自己获取利益或者意图损害他人利益而违反该法关于个人数据保护的相关规定的，应当被判处二年以下监禁或者罚金刑。该法还删除了行政法前置的规定，并形成一定的逻辑结构，仅保留了未经授权而实施的传输、公开、处理、骗取四种犯罪行为类型②，使得刑法条文更清晰、简洁。

德国除了通过《联邦数据保护法》和《德国刑法典》这两部法律来保护公民个人数据以外，还设置了专门的监督机构对负有保护个人数据义务的主体进行监督。针对公权力机构处理个人数据的行为设置了资料保护委员会予以监督，对于公司、企业等其他组织则设置了资料保护人进行监督。监督机构的设置在一定程度上弥补了法律保护存在的漏洞，二者相辅相成，共同构建起了完整的个人数据保护体系。

3. 日本的刑法规制现状

2003 年 7 月，日本颁布了专门的《个人信息保护法》，完善了对个人信息的法律保护，对于保护个人信息权益、促进信息社会的健康发展起到了重要作用。《个人信息保护法》主要内容包括个人信息保护的目的、基本原则、保护措施，国家及公共团体在个人信息保护方面的职责，个人信息处理业者的义务，以及违反法律规定的相关处罚。2015 年对其进行了修订，颁布了《个人信息保护法修正案》，增设了违反个人信息保护规定的相关刑罚规定，具体内容变化体现在以下几个方面。

---

① 《德国刑法典》，徐久生译，北京大学出版社，2019，第 107—109 页。
② 王华伟：《数据刑法保护的比较考察与体系建构》，《比较法研究》2021 年第 5 期，第 138 页。

首先，修正案进一步扩大了个人信息保护的主体范围，使得所有的个人信息处理业者，如相关部门、机构、企业和事业单位都受到该法律的规制，并设置了专门的个人信息保护委员会履行监管职责，主要负责监督和管理企业收集、保管、使用个人信息的行为，预防企业对个人信息的侵犯。其次，修正案对个人信息的内涵也进行了扩充，将"个人识别符号"纳入个人信息的保护范围。所谓"个人识别符号"是指由文字、符号、记录所构成的个人资料，如指纹、脸部识别等。最后，修正案还规定了个人信息保护委员会的主要职责是监督相关机构是否遵守法律关于个人信息保护的规定，并拥有对违法者进行刑事处罚的权利。例如，信息处理者实施了侵犯公民个人信息的行为后拒绝接受个人信息保护委员会要求其解释或者改正的相关命令，委员会就可以对其判处六个月以下有期徒刑或者处以 30 万日元以下的罚金。若企业或者相关机构的工作人员以牟利为目的盗用或者传播公民个人信息，可以判处其一年以下有期徒刑或者处以 50 万日元以下的罚金。2020 年日本对《个人信息保护法》再次进行了修订，新增了"假名化信息"① 这一概念，即只能通过其他信息间接识别出自然人身份的信息，假名化信息的出现丰富了公民个人信息的内涵，延伸了保护范围。此次修订还进一步强化了个人信息犯罪的处罚力度，其中，有期徒刑最高可以处两年，罚金最高可以处 1 亿日元。②。

日本具有强烈的个人信息保护意识，除了依据专门法保障个人信息安全以外，日本《刑法典》也对信息犯罪行为进行了刑法规制，其保护的个人信息主要是不公开的信息，即秘密信息。刑事立法采用的是隐私权保护模式，规定了许多与个人隐私有关联的罪名，包括侵入住宅罪、隐匿书信罪等众多与侵犯个人隐私相关的罪名，其中大多为亲告罪③，刑罚适用上以罚金刑为主。此外，与其他国家的刑法规制范围相比，日本刑法拓展了信息犯罪的客观行为方式，将其他国家不认为是侵犯公民个人信息的一些行为也认定为犯罪并用刑法典进行规制，如私自拆开他人书信的行为被《刑法典》认定为开拆书信罪；未经许可私自泄露他人秘密的行为被《刑法典》规定为泄露秘密罪。④ 由此可见，日本刑事立法极为重视个人隐私性信息安全，并且相关的罪名大多是亲告罪，将是否追诉的权利交付到被害人手里，防止在被害人不同意的情况下再次将其个人隐私呈现在第三人面前，以减少个人隐私多次被曝光和侵犯的可能性，在一定程度上体现出了人文关怀。

（二）域外个人信息犯罪刑法规制的经验借鉴

1. 进一步扩大个人信息的范围

国外在界定个人信息的范围时都不是一成不变的，会随着科技的发展和时代的进步而不断扩大个人信息的内涵，通过订立新的法律或者不断修改原有法律力求实现对个人信息的全面保护，如日本在修订《个人信息保护法》时将"个人识别符号"规定为个人信息。综合各国来看，个人信息仍以可识别性为核心判断标准，该标准在界定个人信息的范围时

---

① 许亚洁：《个人信息的刑法保护体系研究》，博士学位论文，华东政法大学，2020，第 64 页。
② 《日本个人信息保护法》，刘颖译，《北外法学》2021 年第 2 期，第 255-256 页。
③ 西田典之：《日本刑法各论（第三版）》，刘明祥、王昭武译，中国人民大学出版社，2007，第 137-138 页。
④ 《日本刑法典》，张明楷译，法律出版社，2006，第 51 页。

并不会显得狭隘，反而具有一定的扩张趋势，能够根据社会实际情况扩大个人信息的保护范围。我国也应当紧跟国际潮流，在刑事立法中适当扩大公民个人信息的范围。虽然《司法解释》已经将大部分能够识别出特定自然人身份的信息认定为公民个人信息，但随着科技的发展，"个人信息"一词的内涵在现实生活中不断丰富，原有的个人信息种类无法将其涵盖，尤其是在生物识别信息的关注度越来越高、生物识别技术的应用范围越来越广泛的社会背景下，人脸识别、指纹识别、声音识别等生物识别信息的商业价值和重要性越发凸显。每个自然人的生物识别信息都是独一无二的，一般情况下很难进行更改，并且也不具备匿名化处理的可能性，因而这类信息一旦被泄露、滥用或者被其他人以非法手段采集并使用将会给信息主体带来严重的、持续的、长久的损害①，这一损害后果具有不可逆性，其已经造成的不利影响并不会因为采取了一定的补救措施而得以完全消除。当前生物识别技术已经被广泛应用到现实生活的方方面面，生物识别信息也逐渐被用于许多下游犯罪，给权利人带来严重的人身、财产损害，因而生物识别信息具有刑法保护的必要性和紧迫性。

但侵犯公民个人信息罪及其司法解释却没有涉及生物识别信息的相关规定，体现不出我国刑法对生物识别信息的重视和保护。当司法实践中出现盗用他人指纹进行移动支付等侵犯公民生物识别信息的行为时，由于生物识别信息尚未出现在《司法解释》关于个人信息的分类中，办案人员对生物识别信息的归属往往会发生争议，处理结果亦有所不同，这在一定程度上会损害公民的合法权益。《司法解释》为了弥补个人信息分类上的弊端和缺陷，实现分层级保护个人信息安全，强化对生物识别信息的重视和保护，理应扩充公民个人信息的种类，认识到生物识别信息的重要性并将其纳入刑法保护的范围之内进行严格保护，加大对公民人身安全和财产安全的保护力度。

2. 完善侵犯公民个人信息罪的客观行为方式

美国刑法主要规制不正当地获取和利用他人隐私的犯罪行为；德国刑法将非法获取、转让、利用、公开公民数据的行为规定为犯罪；日本设立专门机构来监督和管理企业收集、处理、保管、利用个人信息的行为。上述国家的刑法都对个人信息的收集、处理、使用、删除等全过程予以了保护，较全面地规制了各个阶段可能出现的侵犯个人信息的犯罪行为，以实现对个人信息更为周全的保护，这为我国完善对公民个人信息的保护提供了极大的启示。我国刑法规制个人信息犯罪的主要罪名是侵犯公民个人信息罪，但是该罪名规定的客观行为方式不健全，只对非法获取和非法提供公民个人信息的行为进行打击，却放任有可能对公民人身和财产造成更为严重损害的非法利用行为，并将其排除在刑事立法之外，出现刑法保护不周全的问题。因此，我国也应当学习借鉴国外保护个人信息的经验，将非法利用行为作为侵犯公民个人信息罪的客观行为方式，采取全程打击模式全面规制公民个人信息流通过程中出现的犯罪行为，从各阶段、多角度规制个人信息犯罪行为。

3. 设立专门的个人信息监管部门

纵观其他国家在保护公民个人信息方面的立法规定，大多数国家都重视对信息领域相

---

① 黄陈辰：《侵犯公民个人信息罪"情节严重"中信息分级保护的结构重塑》，《东北大学学报（社会科学版）》2022年第1期，第98页。

关企业和部门的监督，以预防和减少企业及其内部员工利用个人信息从事违法犯罪活动的风险，这表明事先采取措施预防个人信息被侵犯比事后进行追责和惩罚更有利于个人信息的保护。例如，德国设置了资料保护委员会，日本设有个人信息保护委员会，这些专门机构的设立对于公民个人信息的保护具有诸多益处。一方面，可以强化企业等信息处理者所负有的保护公民个人信息的责任和义务，防止其随心所欲地处理和利用收集的信息，以促进企业对个人信息的规范利用；另一方面，设立专门的、相对独立的监管机构不仅能够提高监管的专业化水准，加大个人信息的安全保障力度，还便于收集民众的反馈意见，及时发现和处理企业侵犯公民个人信息的行为，强化打击犯罪力度。我国刑法在预防和治理单位及其员工侵犯公民个人信息方面还存在着许多不足，在事后追责方面也具有一定的改进空间。为此，我国可借鉴国外经验实行事前防范，设置专门的个人信息监管机构以约束和规范单位收集、处理、使用公民个人信息的行为，尽可能地避免单位出现泄露和非法利用个人信息的情形。

四、侵犯公民个人信息罪刑法规制的完善措施

基于上述的侵犯公民个人信息罪存在的客观行为方式不全面、缺乏对单位及员工利用个人信息犯罪的预防和监管、主观方面缺乏对犯罪过失的规定及刑罚设置不完善等问题，笔者将有针对性地提出一些解决办法和完善措施，并借鉴国外经验，以期弥补侵犯公民个人信息罪相关规定的不足，加强对犯罪行为的刑法规制，维护公民的个人信息安全、人身安全和财产安全。

（一）将非法利用行为纳入刑法规制范围

1. 非法利用行为入罪的必要性

首先，非法利用公民个人信息行为的社会危害性要远远大于非法获取行为和非法提供行为。基于个人信息所具有的共享性、重复使用性的特点，个人信息常常在多个犯罪主体之间交换、转让和非法利用。[①] 在信息化社会中，个人信息犯罪已经不再是单一类型的犯罪，而是常常会与其他犯罪相结合，逐步形成流水线式作业，成为多种违法犯罪的上游行为，最终形成一条具有完整体系、分工明确、利益共享的黑灰产业链。[②] 在这样的犯罪链条中，个人信息的获取和流动常常发生在犯罪的上游阶段，目的是给行为人实施其他犯罪提供便利条件，并未给信息主体造成实体损害，而非法利用个人信息以获取非法利益才是链条化犯罪中最为关键的一环，是整个黑灰产业链犯罪的最终落脚点，直接危害到信息主体的合法权益，并造成具体化、实害化的危害后果。与非法获取行为和非法提供行为相比，非法利用行为对法益的侵害更严重，具有刑法规制的必要性。

其次，非法利用行为可以衍生出众多其他类型的犯罪，给信息权利人造成严重损失。财产犯罪多以诈骗罪和盗窃罪为典型，诈骗罪的犯罪频率最高，行为人将其获取的个人信

---

① 沐玲：《宽严相济刑事政策视野下公民个人信息的刑法保护》，《曲靖师范学院学报》2022年第1期，第103页。
② 喻海松：《网络犯罪黑灰产业链的样态与规制》，《国家检察官学院学报》2021年第1期，第42页。

息作为实施诈骗的前提条件，再通过一定的技术手段和诈骗团伙的明确分工来实现对信息主体的精准诈骗。例如，在一些 AI 换脸诈骗案中，犯罪行为人以空巢老人为诈骗目标，通过一定方式非法获取这些老年人的家庭成员的个人信息后，利用空巢老人对子女的思念和关爱，采用 AI 换脸技术将犯罪行为人的脸换成老人子女们的脸用以录制向老人索要钱财的视频。由于老年人不懂 AI 换脸技术，再加上子女常年不在身边或者不经常与老人联系，老人们常常对诈骗视频信以为真，在被犯罪分子多次实施精准诈骗的情况下倾家荡产，最终因没钱治病而亡或因自杀而亡的老年人不在少数。行为人还会通过对计算机投放病毒等方式来获取公民个人的财产、账户及密码等信息，然后盗取信息主体支付宝、微信、网上银行中的财产，给信息主体造成巨大的财产损失。

利用公民个人信息实施的侵犯公民人身权利的犯罪主要有绑架罪、故意杀人罪、侮辱罪、诽谤罪等，行为人往往先行掌握犯罪对象的身份信息、住址信息、行踪信息、轨迹信息等个人信息，以便为接下来实施的犯罪活动做准备。例如，行为人在了解他人行踪信息的基础上进行跟踪和踩点，为杀害、绑架他人做准备，或者利用他人信息对信息主体进行人肉搜索，通过编造虚假信息和散播负面信息等行为对信息主体进行侮辱和诽谤，从而侵犯公民的生命安全和个人名誉。由此可见，非法利用行为的社会危害性已然达到了入刑所必需的相当严重之程度，具有刑法规制的紧迫性和必要性。目前刑法将侵犯公民个人信息罪的刑法规制重心放在信息获取环节的做法忽视了信息被合法收集后用于非法活动的情形，缺乏对非法利用行为的规制会出现刑法保护不周延的问题。在个人信息处理过程中极易衍生出黑灰产业链，只有将非法利用行为纳入刑法规制范围，才能弥补前端规制模式存在的缺陷，从而形成对非法获取行为、非法提供行为、非法利用行为的全过程打击模式。

最后，对合法获取了个人信息后再进行非法利用的行为也需要进行刑法规制。非法利用行为指的是违反国家有关规定，未经信息权利人许可而利用他人信息从事金融、科研甚至违法犯罪等活动的行为。① 非法利用行为的前提既可以是非法获取个人信息也可以是合法获取个人信息，只有在获取他人信息后进行非法利用并达到情节严重的程度才能构成犯罪并利用刑法进行规制，否则仅用相关的民事、行政法律进行规制即可。如果行为人先采用非法手段获取个人信息再进行非法利用，则不能将该行为认定为非法利用行为进行独立评价，而应当视为非法获取个人信息的后续衍生行为②，就好比盗窃后再进行销赃，因为这两个行为都侵害了个人信息安全，不需要再次用侵犯公民个人信息罪进行重复评价，可以直接认定为侵犯公民个人信息罪。与之相反的是，合法获取个人信息的行为不属于侵犯公民个人信息罪的行为方式之一，通过合法手段获取个人信息后再进行非法利用就需要对非法利用行为进行独立评价，且这种情况下的非法利用行为与非法获取行为、非法提供行为之间不存在包含关系和衍生关系，非法利用行为具有独立性，需要刑法予以规制。③

当非法利用行为衍生出其他类型的下游犯罪时，虽然可以由其他罪名进行评价，但这

① 黄陈辰：《非法利用公民个人信息行为的刑法应对》，《政法学刊》2022 年第 1 期，第 59 页。
② 刘宪权、何阳阳：《〈个人信息保护法〉视角下侵犯公民个人信息罪要件的调整》，《华南师范大学学报（社会科学版）》2022 年第 1 期，第 150 页。
③ 皮勇、王肃之：《大数据环境下侵犯个人信息犯罪的法益和危害行为问题》，《海南大学学报（人文社会科学版）》2017 年第 5 期，第 122 页。

种规制方式只是附带性地对非法利用行为进行打击与遏制，从而将刑法评价其他犯罪行为的效果波及非法利用行为，从本质上来说刑法并没有直接地、实际性地评价该行为，刑法条文中也没有与非法利用行为对应的相关罪名。所以，无论将非法利用行为看作其他犯罪的手段行为，通过牵连犯的处罚规则进行处理，还是在非法利用行为同时触犯其他罪名时，利用想象竞合犯的处罚规则定罪处罚，都需要存在非法利用行为构成犯罪这一前提条件，否则就会出现无法全面评价非法利用行为的问题。当然，司法实践中所有的非法利用行为都会伴随着其他犯罪的发生，非法利用个人信息的行为也没有完全被现有的犯罪行为涵盖，司法实践中仍然存在着一些游离在下游犯罪评价之外的非法利用行为。例如，一些互联网公司为了充分发挥个人信息的价值，超越信息的合理使用权限将其合法收集的个人信息非法用于其他商业活动以获取利益，或者通过拨打电话、发送短信等形式进行恶意营销，虽然这些非法利用行为没有达到犯罪的程度，但严重损害了信息主体的生活安宁。行为人合法获取个人信息后通过非法利用给信息主体带来损害的情形较为普遍，如行为人通过合法途径获取他人信息后到银行办理多张信用卡或者去工商部门注册多家公司，当信息主体的信誉或者财产遭受损害后，由于公安机关受理此类案件需要以银行及工商部门完成相应的注销程序为前提，如果没有完成注销手续或者因手续烦琐、注销难度大而难以实现注销，那么非法利用个人信息产生的危害后果就只能由信息主体自行承担，其合法权益无法获得法律保护。① 因而有必要将"合法获取、非法利用"的行为入罪，进行刑法层面的独立评价，全面打击非法利用行为。

2. 刑法规制非法利用行为的可行性

将非法利用行为进行刑法规制有利于实现刑法与前置法之间的衔接适用，避免出现刑法与民法、行政法在个人信息保护方面不协调的情形。《民法典》《个人信息保护法》《网络安全法》等相关法律是保护公民个人信息的主要法律依据，其中规定的处理个人信息要遵循的合法性、正当性、必要性原则及知情同意、公开处理、明示处理规则是认定行为人是否满足"违反国家有关规定"的入罪条件从而构成刑事犯罪的前提和基础，有助于缓解司法实践中侵犯公民个人信息的违法行为入罪规定模糊不清的情况。刑法规定的非法获取和非法提供个人信息的行为方式在这些前置法中都被认定为违法行为，刑法尚未规制的非法使用、加工、传输、公开等非法利用个人信息的行为亦被前置法作为一种独立的行为类型加以规定，并列于非法获取行为、非法提供行为之中，这就表明在民法、行政法中非法利用行为具有独立的违法性和独立的评价意义。这一规定为刑法完善该罪的客观行为方式、将合法获取他人信息后再进行非法利用的行为纳入刑法规制范围提供了有力的依据，这样不仅可以对非法利用行为进行刑法层面的负面评价，而且有利于刑法规制与其他法律规制的相互协调及合理衔接，也为刑法实现全方位、多角度、综合性地保护个人信息安全奠定了法律基础。

另外，虽然刑法并没有给出具体的或者类型化的定义来解释非法利用行为，但是司法实践中频繁出现的将个人信息用于其他活动的相关行为可以视为非法利用行为的具体表现

---

① 洪乾贺、刘仁文：《"非法使用公民个人信息"也宜入罪》，《检察日报》2019 年 1 月 31 日。

形式，大体可以概括为以下几种类型：① 将具有身份识别性的个人信息用于商业上的精准营销和商业推广或者向信息主体拨打骚扰电话、发送垃圾短信等；② 将他人的身份、财产、行踪等信息用于其他犯罪活动，包括盗窃信息主体的财产及对信息主体进行精准诈骗、绑架等；③ 利用公民私密性的个人信息进行敲诈勒索。① 上述行为方式将非法利用行为类型化和具体化，非法利用的外延和内涵清晰明确，根据罪刑法定原则，这些行为可以被纳入侵犯公民个人信息罪的客观行为方式，成为刑法规制的对象。

3. 非法利用行为产生的罪数分析

非法利用行为常常与其他犯罪行为相结合，将非法利用行为认定为侵犯公民个人信息罪的行为方式之后，便会产生罪数问题。对此，需要具体情形具体分析，以厘清行为人犯罪的数量。

行为人除了实施非法利用个人信息的行为以外，还具有购买、非法交换个人信息的行为或者向他人非法提供个人信息的行为时，由于侵犯公民个人信息罪的客观行为方式包括非法获取行为、非法提供行为、非法利用行为，且这三种行为侵害的法益也相同，行为人同时实施了其中的两种或者三种行为，应当仅认定其触犯一个罪名，以侵犯公民个人信息罪来定罪处罚。

若行为人通过一定途径合法获取公民个人信息之后再利用这些信息进行其他领域的犯罪活动，则可以认定行为人同时实施了非法利用公民个人信息的行为和其他犯罪行为，既成立侵犯公民个人信息罪又构成其他下游犯罪。行为人的一个行为同时触犯了两个罪名，符合想象竞合的成立条件的，应当择一重罪处罚。

如果行为人实施非法获取行为、非法提供行为在前，实施非法利用行为和其他下游犯罪行为在后，前后行为形成了一个完整的犯罪链，如网络黑灰产业链，此时，行为人在整个犯罪链条中同时构成上游犯罪和下游犯罪，在确定具体罪数时，先利用想象竞合的处理原则确定非法利用行为与下游犯罪行为的具体罪名，如果认为构成侵犯公民个人信息罪，则与之前的非法获取行为所触犯的罪名相同，仅以侵犯公民个人信息罪定罪处罚；如果后一行为构成其他犯罪，如诈骗罪、盗窃罪等，则前面的非法获取行为与其他犯罪行为具有牵连关系，成立牵连犯，按照从一重罪的原则进行定罪处罚。

（二）完善单位内部个人信息的监管合规制度

1. 采取企业数据合规的治理方式

有关个人信息保护的现有归责机制明显有失公平性且缺乏有效性，具有转嫁责任的嫌疑，单位作为个人信息的处理者与个人信息保护的主要义务人理应承担起相应的责任，以与其所获得的收益相匹配。② 然而，司法实践中自然人才是侵犯公民个人信息罪刑事责任的主要承担者，单位鲜少受到刑事处罚。例如，国内频频出现物流公司的员工将快递发件人姓名、电话、地址及收件人姓名、电话、地址转卖给他人以获取非法利益的情况，法院

---

① 肖雅菁、郭旨龙：《刑民衔接视角下侵犯公民个人信息罪的规范重构》，《江西师范大学学报（哲学社会科学版）》2021 年第 5 期，第 112 页。

② 劳东燕：《个人信息法律保护体系的基本目标与归责机制》，《政法论坛》2021 年第 6 期，第 11 页。

判决相关员工构成侵犯公民个人信息罪并给予刑事处罚，物流公司却不承担任何法律责任，亦不需要停业整改。这一归责理念应当随着信息领域犯罪呈现出的一些新特点而有所改变，不仅要严厉打击个体犯罪，还要加大对单位犯罪的预防和监管力度，注重从信息收集的源头进行治理，更加强调单位在收集和管理公民个人信息方面的责任与义务，采取企业数据合规的方式对企业进行治理。

建立数据合规管理体系首先需要各企业对涉及个人信息的相关业务定期开展全面的刑事风险调查，并以此为依据建立完善的预防机制避免企业及其员工陷入侵犯公民个人信息的刑事犯罪中。其次，企业在制订数据合规计划时要遵守《网络安全法》《个人信息保护法》《数据安全法》等关于信息处理者收集、存储、使用、加工、传输、提供、公开和删除等信息处理全过程的合规义务的规定。例如，《个人信息保护法》第51条对信息处理者合规内容作出了具体规定①，第54条要求企业等个人信息处理者定期履行合规审计的相关义务②，并在企业内部的法律事务工作中体现出刑事合规的价值理念，梳理、优化、完善信息收集、管理等各个环节的合规管理制度，加强内部控制。企业制订的数据合规计划应当包括个人信息犯罪的风险识别、企业内部的规章制度、企业审计与会计审核的规定、对企业员工的日常培训与沟通、举报与查处制度设定等主要内容③，并将数据合规计划的制订和执行情况作为检察机关评判企业数据合规有效性的标准。最后，企业还需建立数据合规的组织架构，增设数据合规部门，通过该部门向企业员工开展常态化、规范化的数据合规风险培训与沟通，增强员工对企业合规观念上的认同感和行动上的执行力，并对合规管理的相关责任人员定期开展合规考核，对合格者予以奖励，对违规者进行追责与处分。合规部门还应当建立起完善的企业刑事风险应对机制，及时化解企业内可能存在的侵犯公民个人信息的犯罪风险，防止刑事风险转变为现实的犯罪。④ 若企业或员工已经构成侵犯公民个人信息罪，企业需要承担起监管过失的责任，合规部门应当积极配合刑事诉讼程序，收集罪轻的证据，并制定纠错和整改方案以预防今后再次犯罪，配合行政机关的日常检查监督、检察机关的定期回访监督。

2. 设立联合的监管部门

单位在合法收集并使用公民个人信息的过程中也要全面履行信息不被泄露的义务，企业数据合规主要是从企业内部着手预防企业及员工犯罪的一种治理方式，有利于单位履行监管内部员工处理和使用个人信息的职责和义务，保护公民个人信息安全。但个人信息犯

---

① 《中华人民共和国个人信息保护法》第51条："个人信息处理者应当根据个人信息的处理目的、处理方式、个人信息的种类以及对个人权益的影响、可能存在的安全风险等，采取下列措施确保个人信息处理活动符合法律、行政法规的规定，并防止未经授权的访问以及个人信息泄露、篡改、丢失：（一）制定内部管理制度和操作规程；（二）对个人信息实行分类管理；（三）采取相应的加密、去标识化等安全技术措施；（四）合理确定个人信息处理的操作权限，并定期对从业人员进行安全教育和培训；（五）制定并组织实施个人信息安全事件应急预案；（六）法律、行政法规规定的其他措施。"

② 《中华人民共和国个人信息保护法》第54条："个人信息处理者应当定期对其处理个人信息遵守法律、行政法规的情况进行合规审计。"

③ 周新：《涉罪企业合规不起诉制度重点问题研究》，《云南社会科学》2022年第2期，第145页。

④ 徐博强：《合规视野下民营企业刑事风险防控探析》，《东北师大学报（哲学社会科学版）》2022年第2期，第108页。

罪具有犯罪手段多、涉及内容广、传播速度快、危害后果严重等特点，仅靠单位内部防控和监督不能达到有效杜绝个人信息犯罪的效果，还需要内外联合，采取单位内部监督与国家相关部门外部监督相结合的形式，防止单位及内部员工利用职务之便实施侵犯公民个人信息的犯罪行为。因此，各单位可以联合网信部门、公安机关及检察机关共同建立完善的个人信息安全监督体系，加强社会和司法机关的互动合作，健全个人信息的保护体系。

首先，可以借鉴其他国家对个人信息处理行为的监管经验，更加注重个人信息领域犯罪的事先预防，设立专门的机构或部门对国家机关和企业收集与处理个人信息的行为进行监管。国家可以通过网信部门设立个人信息监管部门，专门针对掌握了大量公民个人信息的单位在日常运作中对个人信息的保管、处理和泄露情况进行动态的、实时的监督，当发现单位及员工出现泄露、贩卖、非法向他人提供个人信息等侵犯个人信息的犯罪行为时，可以向公安机关和检察机关报告，让司法机关进行调查、起诉，追究单位及员工的刑事责任。

其次，监督单位在保护个人信息安全的过程中，应当将监管重点放在从事处理信息业务的员工身上，若单位多次出现信息被泄露的情况，则可以对该公司作出行政处罚；如果员工有多次购买、出售、非法提供个人信息的行为，或者多次泄露其保管的个人信息造成严重后果，而单位对此存在重大过失，可追究单位和员工的刑事责任，一并提起刑事诉讼，惩罚犯罪，保护公民的个人信息安全。

最后，当监管部门未及时向公安机关或者检察机关反馈单位和内部员工的犯罪情况，或者已经向公安机关报告并要求立案侦查而公安机关不立案时，检察机关应当发挥监督作用，提出检察建议，要求相关主体履行职责，打击侵犯个人信息的犯罪行为。

只有强化相关部门对单位及员工收集和使用公民个人信息的监管力度，才能增强单位内部对员工处理公民个人信息的监管意识，履行对员工履职的监管义务，提高单位内部泄露和侵犯公民个人信息的违法犯罪成本，从而预防和减少单位及员工面临刑事风险的可能性。

（三）增设过失侵犯公民个人信息罪

1. 过失入罪的理由分析

从立法上看，侵犯公民个人信息罪的主观方面为故意，刑法尚未对过失泄露公民个人信息的行为进行定罪处罚，其他法律也没有相关规定。司法实践中的普遍做法是对相关责任人员进行经济上的处罚和职务上的处罚，但并不需要承担法律责任，故从防控信息泄露风险的角度来说，增设过失侵犯公民个人信息罪更有利于保护个人信息安全。

首先，将过失泄露公民个人信息的行为规定为犯罪适应了大数据时代社会发展的需要。在数据作为重要生产要素的信息时代，公民个人信息的收集和利用非常普遍，随之产生的信息泄露风险也在逐年上升，造成的损害后果也在不断扩大。大数据时代信息领域违法犯罪的特征已然区别于过去，特别是在犯罪手段和社会危害性方面的变化更加明显，这些变化也在迫切期待着刑法的回应。[1] 以故意犯罪为核心主观事由的传统刑法体系难以预

---

① 于志刚、郭旨龙：《网络刑法的逻辑与经验》，中国法制出版社，2015，第 27 页。

防和控制信息泄露风险，许多过失泄露个人信息的行为会因为不符合刑法主观故意的归责理念而躲过法律的规制。

例如，某家网络科技公司的主要业务是保障电子邮件系统的安全，很多涉密单位都是这家公司的客户，他们常常会利用该公司搭建的电子邮件系统传送一些涉密信息。公司的一位技术人员在未采取任何防范措施的情况下，在公司的内网服务器中存入了客户的地理位置、远程登录方式、账号密码等重要信息，并搭建了一个连接内网和外网的便捷通道，操作者只需要登录 VPN 账号就能够进入内网查询相关信息。由于这位技术人员的过失，三家境外的间谍情报机构对这家网络科技公司进行了多次网络攻击，最终窃取了大量涉密的敏感信息资料，而这名员工却没有承担相应的刑事责任。[①] 因此，将主观过失作为侵犯公民个人信息罪的主观方面弥补了大数据时代刑法规制的不足，有利于约束相关主体收集和处理个人信息的行为，使其在工作中更加谨慎、小心，减少因主观过失而造成大量个人信息被泄露的情况发生，通过采取事前防范的方式降低过失泄露个人信息的风险，从而减少对个人信息的侵害。

其次，个人信息的价值和重要性在大数据时代越发显现，信息的开发和利用已然成为公民日常生活中不可分割的一部分，个人信息犯罪所侵害的法益具有复合性，个人信息犯罪既损害了个人权益，又侵害了社会秩序和国家利益，行为人不论出于故意还是出于过失导致法益受到侵害，其造成的社会危害后果具有等价性，都具有严重的社会危害性。例如，大量的学生个人信息被学校的工作人员不小心泄露，不法分子通过一定渠道获取和收集之后，以学校的名义要求学生交各种学杂费，或者利用一些新型技术手段对这些学生及其家长进行精准诈骗，又或者利用学生个人信息进行网贷、借高利贷、非法注册公司等违法犯罪活动从而给信息主体造成大量的财产损失和个人信用损害，抑或将其收集的个人信息转卖给一些公司用于推销公司的产品和业务，让信息主体饱受广告轰炸和信息骚扰的痛苦。由此可见，合法收集公民个人信息后因工作人员的过失导致信息被泄露从而给信息主体和社会秩序带来的危害与故意侵犯公民个人信息的犯罪行为的危害同样严重，应当将过失侵犯个人信息的行为与故意犯罪同等对待，在主观罪过方面仅规制故意而放任过失不能对侵犯公民个人信息罪所侵犯的法益进行全面保护。此外，非法获取、非法提供、非法利用等故意犯罪所造成的危害结果大多可以进行防控，而过失泄露个人信息所带来的后果却是难以预料的，无法判断该信息会被哪些主体获取并用于何种违法犯罪活动，故有必要对有权利收集、储存、使用公民个人信息的主体进行督促和警醒，提前防范信息泄露的后果。

2. 过失犯罪的主体认定

过失犯罪的主体是能够在履行职责和提供服务过程中获取个人信息并具有管理个人信息义务的公民、法人和其他组织[②]，如政府部门中涉及信息管理的工作人员或者高校、互

---

① 《警惕！员工无意间泄露企业数据信息或比黑客入侵更可怕》，https://blog.csdn.net/qq_43380549/article/details/118585759，知道创宇 KCSC，访问日期：2021 年 7 月 8 日。

② 吴佩琪：《数据保护刑法路径的完善——以侵犯公民个人信息罪为切入视角》，《湘江青年法学》2020 年第 2 期，第 56 页。

联网公司、旅游公司等单位中能够大量接触到公民个人信息的员工，而不是所有的主体。这些主体之所以能够成立过失犯罪，一方面在于他们在履行职务的过程中比普通人更容易接触到大量的公民个人信息，对信息进行合法收集后因操作不当或者未采取加密措施等疏忽大意的过失导致个人信息被泄露的可能性也比一般人大。这些个人信息关系着成千上万公民的合法权益，影响着社会秩序的稳定，其价值不言而喻，上述主体依据自身的工作职责和生活经验应当认识到信息泄露将会给信息主体和社会秩序带来无法控制和无法预见的严重危害，并埋下十分严峻的信息安全隐患，因此这类主体对于保护信息安全具有更高的注意义务，需要对自己过失泄露信息的行为负责。另一方面，他们在履行职务的过程中具有合法收集和管理个人信息的权利，同时也应当承担起维护信息安全的义务，依据职业规范履行保护信息不被泄露的保密职责。这是职务、业务上的要求，也是义务的来源。如果这些主体因过于自信或者疏忽大意的过失而未尽到合理的注意义务和保管义务导致信息被泄露，损害了他人的人身权益、财产权益和社会秩序，刑法就有理由以过失侵犯公民个人信息罪对其进行定罪处罚，要求其承担起相应的刑事责任。只有通过严格的刑事立法，对履行职责和提供服务过程中因过失将合法收集的个人信息泄露出去并造成严重后果的行为主体进行刑事处罚，才能提高他们对待工作的认真程度和谨慎程度，进行事前预防，降低信息被泄露的风险。

3. 入罪标准和刑罚设定

故意犯罪和过失犯罪在主观责难性上有着最为本质的区别，无论直接故意还是间接故意，其主观恶性都比过失犯罪要大，并且主观恶性的大小还直接关系着行为人非难可能性的程度，也直接影响着入罪标准。[①] 在我国刑法中故意实施侵犯公民个人信息行为的入罪标准是达到"情节严重"的程度，因为故意犯罪的入罪门槛总是比过失犯罪要低，将"情节特别严重"作为过失侵犯公民个人信息罪的入罪条件是合理的，也不会出现因入罪标准太低而导致本罪滥用的情形。

过失犯罪的行为人与故意犯罪的行为人对其实施的犯罪行为和产生的社会危害有着不同的看法和态度，相比较而言，过失犯罪在主观恶性方面远远不及故意犯罪那样严重。我国刑事立法在法定刑幅度的设定上一般会按照过失犯罪略轻于故意犯罪的逻辑作出相应的规定，例如，司法实践中常见的故意伤害罪，刑法规定持故意心态并造成他人身体严重损害的，最低刑罚是三年有期徒刑；相反，出于过失心理致使他人身体遭受重创形成重伤的，法定刑最高才达到三年有期徒刑。因此，过失侵犯公民个人信息罪的刑罚应当比故意犯罪更轻，并且根据过失犯罪所造成的损失大小和严重程度来决定有期徒刑、拘役刑、罚金刑的轻重程度，也符合刑法的谦抑性原则。

（四）完善罚金刑并适用资格刑

1. 完善罚金刑

行为人侵犯公民个人信息一般是为了获得非法利益，因此，相较于对他们判处自由刑

[①] 吴佩琪：《数据保护刑法路径的完善——以侵犯公民个人信息罪为切入视角》，《湘江青年法学》2020 年第 2 期，第 62 页。

来说对其处以罚金刑更能够起到良好的惩罚作用，并且在一定程度上具有预防再犯罪的功能。侵犯公民个人信息罪中罚金刑的规定过于简单，法官的自由裁量常常也会出现罪责刑不相适应的情形，因此，在面对犯罪后果不严重、社会危害性不大、刑事处罚比较轻的犯罪行为时，要更多地关注刑事处罚的类型，规避出现处罚漏洞。① 完善罚金刑的适用规则，提高其在司法实践中的实际可操作性，明确罚金适用的具体范围和数额计算标准对于惩罚犯罪具有积极作用。

针对有违法所得的犯罪行为人，在判处罚金刑时，应该以其违法所得作为衡量的基础，再结合犯罪情节、社会危害程度、悔罪表现等多种因素进行综合评价，科学地设置不同幅度的罚金数额，形成不同程度的量刑梯度以明确和区别罚金刑的适用对象，统一罚金刑的数额标准，实现犯罪后果与刑事处罚相匹配。例如，行为人通过出售公民个人信息获取了大量的非法利益，法官在适用罚金刑时应当将其非法获利的金额作为主要评判依据，然后再根据作案的主观动机、犯罪行为带来的损害后果、犯罪之前对犯罪行为的认识情况、犯罪之后的悔罪情况等认定行为人犯罪情节的轻重。以情节较轻、情节严重和情节特别严重这三个档次为基础分别设置罚金的上限数额和下限数额，法官可在这个范围内自由裁量。

当然，法官在行使自由裁量权的过程中还可以根据犯罪行为人是否认罪认罚、是否积极退赔退赃等情形酌情增加或者减少罚金的数额，以实现罪责刑相适应。对于不以牟利为目的或者没有获取非法利益的行为人，则可以设置固定的数额作为罚金数额。根据行为人的违法所得及违法程度不同科学地设置罚金刑的标准，便于司法实践中法官对罚金刑的具体适用，也有利于针对不同严重程度的犯罪处以科学的刑罚。

2. 适用刑事职业禁止制度

个人信息作为一种重要的资源，其本身蕴含的价值是巨大的，侵犯公民个人信息罪具有犯罪成本低、犯罪收益高的特点，这也是司法实践中此罪案件数量呈高爆发趋势的主要原因。该罪犯罪主体往往都是企业内部成员，他们利用工作中能够大量接触个人信息的便利，出于追求非法利益的目的，向他人购买、出售或者非法提供个人信息，致使个人信息从企业内部流出，给他人和社会造成危害。因此，有必要从犯罪情况和预防再犯罪需要的角度出发，综合各方面情况判断有无适用刑事职业禁止的必要性，坚持适度原则，禁止行为人在一定期间内再次从事能够接触到大量个人信息的行业或者应聘相关的岗位，将其在信息行业的从业资格暂时剥夺，防止其在信息领域内再次犯罪。

职业禁止不仅仅是一种非刑法处罚措施，在司法实践中更是有利于警示信息领域的企业和个人完善行业纪律、提高从业人员的职业素养、预防再次出现个人信息犯罪的情况发生以保障社会公共安全。对于能够利用职务之便接触、处理个人信息的员工而言，应当综合多种考察因素判断是否有必要实行职业禁止制度。例如，企业员工在工作过程中盗窃或贩卖其掌握的个人信息，情节特别严重或者多次实施侵犯个人信息行为的，可以禁止其在一段时间内或者终生从事类似的行业岗位。对于具有合法收集、处理个人信息资质的企业

---

① 张明楷：《〈刑法修正案（十一）〉对司法解释的否认及其问题解决》，《法学》2021 年第 2 期，第 13 页。

来说，若将合法收集到的信息非法提供给他人，达到一定程度的，可以对其适用职业禁止，取消其在信息行业开展业务的营业资格。上述规定可以防止在履职过程中严重侵犯过个人信息的自然人或者相关企业再次进入同一行业继续实施相同的犯罪活动，也是对从事个人信息相关行业的从业人员的威慑和警告，可以实现刑法的社会目的。

司法实践中，法院可以通过以下三种方式来判断犯罪行为人有无适用职业禁止规定的必要性：一是侦查机关在对行为人实施个人信息犯罪的情况进行详细调查后，认为犯罪活动与其从事的工作联系紧密且具有严重的社会危害性，综合各种因素来看对其适用职业禁止并无不当的，可以向检察机关说明具体情况并向其建议对行为人适用职业禁止的相关规定。检察机关听取公安机关提出的建议后，在全面了解犯罪基本情况的基础之上认为有必要实行职业禁止的，应当向审理案件的法院提交载明相关情况的意见书。二是个人信息受到侵害的当事人及其近亲属出于维护自身个人信息安全的考虑，认为行为人继续从事相关工作后再次犯罪的可能性较大，且有必要限制其工作方向的，可以直接向公安机关、检察机关或者法院提出对犯罪行为人适用刑事职业禁止的书面意见。三是犯罪行为人认为不需要对自己适用刑事职业禁止的，可以在侦查机关或受害人提出适用的建议时进行反驳，表达自己的观点，并提供相应的证据证明自己再次违反刑法规定触犯侵犯公民个人信息罪的概率比较小，没有实行刑事职业禁止的必要性。出于维护司法公正与保障人权的双重考虑，法院收到建议书之后需要就行为人是否满足职业禁止的适用条件作出裁判，此时应当尽可能地听取各方的意见，邀请刑事诉讼的各方当事人参与到合议庭的裁判过程中来，以确保该裁判的正义性和公信力。合议庭审理后认为确有必要对犯罪行为人的工作领域进行限制、暂时剥夺其信息行业的从业资格的，可以作出适用职业禁止的决定。

当然，行为人不服法院对其作出的职业禁止决定的，可以通过以下途径进行救济：① 向作出职业禁止决定法院的上一级法院申请复议，上一级法院应在一定期限内完成审查工作，并以书面形式将复议结果送达给行为人；② 行为人仍然认为复议结果不正确的，可以向有关机关提出申诉，通过阐述重新进行审查处理的理由来寻求救济，以期法院改变对自己适用职业禁止的决定；③ 检察机关充分履行监督职能，重点监督法院作出决定的决策过程和行为人执行决定的具体情况，认为法院不应当对行为人适用职业禁止规定的，可以建议上级法院重新审查，就行为人是否满足适用职业禁止条件进行重新评估和判断，从而形成新的决定。

刑事职业禁止制度作为一种非刑罚处罚措施是对我国刑事制裁体系的重要补充，有助于提升职业禁止规定在司法实践中的适用率，推动法官在适用侵犯公民个人信息罪对被告人进行处罚时附带地适用刑事职业禁止的相关规定，更好地发挥刑法惩罚犯罪和预防犯罪的功能和作用。

针对司法实践中侵犯公民个人信息罪的刑事处罚力度越来越"轻刑化"的问题，细化罚金刑和适用刑事职业禁止制度等相关刑罚措施的完善能够有效改善这一情况，增加行为人的犯罪成本，在侵犯公民个人信息罪的司法适用上努力实现罪责刑相适应，有效降低侵犯公民个人信息罪的发生率，保护公民个人信息安全。

拓展讨论问题

1. 根据刑法、民法和专门法的相关规定，谈谈"个人信息"的概念与特征。

2. 谈谈侵犯公民个人信息罪的立法变迁带给人们的启示。

3. 《刑法》保护个人信息到底保护了什么法益？如何与《民法典》和《个人信息保护法》衔接，以达到法秩序的统一？

4. 谈谈人脸识别技术在我国大规模普及、应用存在哪些安全隐患及其防范对策。

5. 侵犯公民个人信息罪的主观方面包括故意和过失吗？为什么？

6. 对于侵犯公民个人信息罪构成要件中的"违反国家有关规定"和"情节严重"该如何进行具体解释？

7. 在保护个人信息时如何平衡个人对信息的支配利益与社会对信息的使用利益之间的关系？

拓展阅读文献

（一）著作

1. 皮勇、王肃之：《社会智慧环境下个人信息的刑法保护》，人民出版社，2018。

2. 程啸：《个人信息保护法理解与适用》，中国法制出版社，2021。

3. 池建新：《个人信息保护政策的国际比较研究》，东南大学出版社，2021。

4. 于冲：《动态数据与动态安全——大数据时代个人信息的刑法保护进路》，中国法制出版社，2021。

5. 李玉萍：《侵犯公民个人信息刑事案件裁判规则》，人民法院出版社，2023。

（二）论文

1. 王利明：《论个人信息权的法律保护——以个人信息权与隐私权的界分为中心》，《现代法学》2013 年第 4 期。

2. 曲新久：《论侵犯公民个人信息犯罪的超个人法益属性》，《人民检察》2015 年第 11 期。

3. 冀洋：《法益自决权与侵犯公民个人信息罪的司法边界》，《中国法学》2019 年第 4 期。

4. 储陈城：《大数据时代个人信息保护与利用的刑法立场转换——基于比较法视野的考察》，《中国刑事法杂志》2019 年第 5 期。

5. 劳东燕：《个人数据的刑法保护模式》，《比较法研究》2020 年第 5 期。

6. 刘宪权：《网络黑灰产上游犯罪的刑法规制》，《国家检察官学院学报》2021 年第 1 期。

7. 欧阳本祺：《侵犯公民个人信息罪的法益重构——从私法权利回归公法权利》，《比较法研究》2021 年第 3 期。

8. 彭辅顺：《非法使用公民个人信息行为的刑法规制》，《中国刑事法杂志》2023 年第 1 期。

9. 罗翔:《论人脸识别刑法规制的限度与适用——以侵犯公民个人信息罪指导案例为切入》,《比较法研究》2023 年第 2 期。

专题五　**第三方支付下盗窃与诈骗的界限**
　　　　　——基于司法裁判文书分析

一、第三方支付平台的法律属性探析

伴随着互联网经济的飞速发展，信息网络技术促使电子商务行业逐渐繁荣，传统的支付方式已无法满足人们的支付需求，支付方式不断更新。我国在 1999 年就出现了第一家第三方支付企业，但限于电子商务行业的发展而发展较慢。2004 年阿里巴巴推出了专业在线支付平台"支付宝"，并将其与淘宝独立开来。银行也于当年推出快捷支付业务，并在全国快速推广。次年，腾讯推出"财付通"，打开了社交、O2O 消费领域，第三方支付行业自此迎来了飞速发展。

（一）第三方支付概述

1. 第三方支付的概念及特点

（1）第三方支付的概念

关于第三方支付，学界并没有统一的概念或定义。中国人民银行于 2010 年发布的《非金融机构支付服务管理办法》中，将非金融机构支付服务定义为"非金融机构在收付款人之间作为中介机构提供货币资金转移服务"[①]，这可以看作广义上的第三方支付的定义，即非金融机构作为资金往来的支付中介，所提供的网络支付、移动支付及中国人民银行所确定的其他支付方式。对于狭义上的第三方支付，有学者认为，"是指具有良好的信用和雄厚资金的机构，通过与银行签订协议链接网银或通过用户向支付机构虚拟账户中存入资金的网络支付模式"[②]；也有学者认为，是指以互联网技术为支撑、以第三方支付机构为依托、以信息安全技术为保障，通过电子设备中的支付软件，在消费者、第三方独立机构、银行支付结算系统之间建立起来的电子支付方式[③]。本书所讨论的第三方支付采用狭义上的定义，即指非银行独立机构凭借其实力和社会认可度，通过与各大银行签约的方式，对接签约银行的支付接口或其他通道，以此促使交易双方能够安全、快速地进行交易的网络电子支付模式。

（2）第三方支付的特点

关于狭义的第三方支付的定义，虽然学界没有形成统一定论，但是基于以上几种狭义

[①]《非金融机构支付服务管理办法》第 2 条第 1 款："本办法所称非金融机构支付服务，是指非金融机构在收付款人之间作为中介机构提供下列部分或全部货币资金转移服务：（一）网络支付；（二）预付卡的发行与受理；（三）银行卡收单；（四）中国人民银行确定的其他支付服务。"

[②] 刘淑波、李雨旋：《论第三方支付的法律监管》，《电子科技大学学报（社科版）》2018 年第 4 期，第 94 页。

[③] 秦新承：《支付方式的演进对诈骗犯罪的影响研究》，博士学位论文，华东政法大学，2012。

定义，可以总结出第三方支付的特点。

第一，网络化。互联网技术的飞速发展，使得第三方支付过程与传统支付截然不同。第三方支付不再需要借助现金、票据或者信用卡这样的实体媒介完成支付，而是依托网络这一电子媒介完成。借助通信技术，第三方支付通过发出支付指令保证电子资金在交易双方的第三方账户之间相互流转，交易双方可以选择在线下完成商品的交付，资金实时到账，由此大大地提高了交易双方的交易效率。同时，由于交易是在网络环境中完成的，所以资金流转的同时会在双方的网络账户中留下痕迹，这也减少了一些因为证据缺失而导致的资金纠纷，极大地方便了人们的生活。

第二，虚拟性。第三方支付通过对接现实交易与互联网技术，使得人们不用携带现金就可以随时完成交易活动，此时资金流转发生在网络空间中，从交易一方的第三方账户流转至另一方的第三方账户。通过将银行卡与第三方支付平台的虚拟账户相关联，用户可以将银行卡中的资金转入自己的虚拟账户中，也可以借助第三方支付平台，将自己虚拟账户所关联的银行卡内的资金，直接转入对方的虚拟账户中，这打破了非现金支付结构中只有银行一方作为支付主体的格局。作为帮助保管资金和提供便捷支付的中介平台，第三方支付平台通过设置密码来验证用户身份，以此保障虚拟化账户中用户资金的安全，便于在虚拟化环境下给用户带来多元化的支付体验。

第三，便捷性。通信技术的发展，以及移动设备与网络技术的不断融合，为第三方支付带来新一轮革新浪潮。近年来，移动终端愈加智能化，与传统支付方式相比，第三方支付在交易过程中使双方主体变为三方主体，借助网络消除了交易双方的地域和距离限制，用户可以便捷地享受商品和服务。同时，各类移动 App 层出不穷，用户在移动智能终端中安装第三方支付软件，交易时只需要打开该软件，就可以实现支付，使用成本大幅降低。

2. 第三方支付的发展现状

（1）交易规模逐年扩大

在"互联网+"的热潮下，全国互联网金融行业飞速发展，第三方支付业务也逐年上升，并在支付领域发挥着越来越重要的作用。根据中国支付清算协会统计，我国的非现金支付业务从 2008 年的 183.27 亿笔发展到 2022 年年底已高达 4626.49 亿笔，金额从 2008 年的 633 万亿元发展到 2022 年年底达到 4805.77 万亿元。仅 2023 年第二季度，银行共处理电子支付①业务 735.78 亿笔，金额 842.19 万亿元；非银行支付机构处理网络支付业务②3082.57 亿笔，金额 82.74 万亿元，同比分别增长 18.38% 和 16.07%。③ 可见，我国的非现金支付业务在 2008 年至 2022 年的十四年间，无论是交易数量还是交易金额，都呈现出大幅度的增长趋势，其中在网络支付业务的数量上，第三方支付机构所处理业务量已远远

---

① 银行处理的电子支付是指客户通过网上银行、电话银行、手机银行、ATM、POS 和其他电子渠道，从结算类账户发起的账务变动类业务笔数和金额，包括网上支付、电话支付、移动支付、ATM 业务、POS 业务和其他电子支付六种业务类型。

② 非银行支付机构处理网络支付业务量包含支付机构发起的涉及银行账户的网络支付业务量，以及支付账户的网络支付业务量，但不包含红包类等娱乐性产品的业务量。

③ 《2023 年第二季度支付体系运行总体情况》，https：// www.pcac.org.cn/eportal/ui？ pageId=598168&articleKey=618744&columnId=595055，中国支付清算协会官网，访问日期：2023 年 11 月 22 日。

高于银行业金融机构，展示出蓬勃的生命力。

（2）以移动支付为主，支付方式、场景多样化

随着商业模式的逐渐完善，支付服务方式不断创新，网络支付、移动支付、预付卡支付等支付方式层出不穷。智能移动终端的普及，以及信息网络技术的迅速发展，使得各类电商、团购等消费类平台移动化，改变着人们的消费习惯。自 2014 年以来，智能手机和4G 网络的普及大力推动了移动支付业务的增长，部分网端支付转移到移动支付，移动支付业务迅速成为第三方支付的主要业务。根据中国支付清算协会的统计数据，2016—2021年非银行支付机构移动支付业务规模保持增长态势，五年复合增长率为 48.37%，但增速有所放缓。2022 年非银行支付机构移动支付业务规模近五年首次出现同比下降，为317.33 万亿元，同比下降 11.73%。结合历年统计数据及市场变动趋势，初步统计 2023 年非银行支付机构移动支付业务规模将小幅上涨，约为 368 万亿元。① 第三方支付的应用场景同样涵盖极广，从网络购物、公共事业缴费等传统领域，到航空、教育、理财、保险等领域，甚至已深入街边小吃摊、个体工商户市场等，第三方支付服务正覆盖生活的方方面面。

（二）第三方支付平台的业务属性厘清

第三方支付根据业务类型可以细分为银行卡收单、网络支付、预付卡发行与受理。如今第三方支付平台提供的服务已不仅仅局限于支付业务，更涉及金融理财和信贷方面。

1. 网络支付

《非金融机构支付服务管理办法》将网络支付定义为："依托公共网络或专用网络在收付款人之间转移货币资金的行为，包括货币汇兑、互联网支付、移动电话支付、固定电话支付、数字电视支付等。"② 第三方支付平台提供的网络支付业务，一般是互联网支付和移动支付两种。第三方支付机构通过与各商业银行建立的支付接口，使消费者和商家通过第三方支付平台实现安全而快捷的支付结算。根据第三方支付平台在支付过程中所起的作用的不同，网络支付又可以分为通过银行接口的网关支付模式和在第三方平台创建虚拟户的账号支付模式。

网关支付模式就是在整个支付过程中，第三方支付平台仅仅起到网关的作用，消费者需要提前开通网银支付功能，第三方支付平台连接网银接口，消费者在某商户平台下单之后，再在第三方支付平台上选择付款银行，页面通过接口跳转至网银界面，接着消费者按照银行支付流程进行付款即可。

账号支付模式即用户在第三方支付平台上注册账号，并绑定银行卡，用户在提交付款指令之后，第三方支付平台验证用户身份，然后直接将用户银行卡内的钱划扣出来。在账号支付模式中，消费者一般凭借在第三方支付平台上注册的账号和设置的密码即可完成支

---

① 《2024 年中国第三方支付机构移动支付业务分析：业务规模增速有所放缓》，https://www.qianzhan.com/analyst/detail/220/240304_1b5c2649.html，前瞻产业研究院官网，访问日期：2024 年 3 月 20 日。

② 《非金融机构支付服务管理办法》第 2 条第 2 款："本办法所称网络支付，是指依托公共网络或专用网络在收付款人之间转移货币资金的行为，包括货币汇兑、互联网支付、移动电话支付、固定电话支付、数字电视支付等。"

付流程。

2. 网络理财

在第三方支付平台推出网络理财服务之前，基金的销售主要在线下进行，有的是基金公司直接销售，有的是银行代为销售，银行从中收取管理费。随着 2013 年支付宝推出余额宝，第三方支付平台转向互联网金融理财领域的序幕被揭开。

虽然各第三方支付平台理财产品的名称五花八门，如支付宝推出的余额宝、微信推出的理财通、京东推出的小金库等，但其本质是相同的，此类理财产品是第三方支付机构针对自身用户投资小额资金推出的。通过与一些基金管理公司合作，第三方支付平台为用户投资闲散小额资金提供平台，且由于投资的资金可以获得收益、随时转出和消费而获得用户青睐。当前的网络理财产品实质上属于投资增值产品，通过第三方支付平台，用户将支付账户内资金或者绑定的银行卡内资金转账，用于购买不同基金公司募集的货币基金，其所购买的货币基金并不是真正意义上的货币，而只是一种用于货币市场的投资工具。通过此类理财产品，第三方支付平台向基金公司收取相应的平台管理费，基金公司向用户收取资金管理费和托管费。而对于第三方支付平台的用户，也就是基金投资人而言，基金公司将用户购买的基金投资后获得收益，该收益扣除用户应该缴纳的费用之后，就是用户应得收益。因此，第三方支付平台所提供的网络理财属于一项综合性业务，该业务由基金公司和第三方支付平台共同提供，建立在货币市场基金的基础上，用户除了可以利用余额实现收益外，还可以享受随时消费转账等附加服务。[①]

3. 网络信贷

电子商务和第三方支付的飞速发展，不断刺激着消费者的网络消费，随着电子商务市场竞争日趋激烈，人们网购愈加频繁。在此基础上，许多平台开始向用户推出消费信贷产品，如支付宝推出的蚂蚁花呗、京东推出的京东白条、苏宁易购推出的任性付等，越来越多的消费者在网络购物时使用这些信贷产品先消费，然后在规定的时限内还款。

网络消费信贷可以分为两类，即电商信贷和第三方信贷，前者以京东白条为代表，后者以蚂蚁花呗为典型，其区分标准是支付方式的不同。电商信贷就是电商自己先将消费者的消费款额进行支付，随后消费者在特定时间内向电商还款，因此电商信贷并不涉及新的第三方主体参与，也没有新的民事法律关系产生，只是在付款时间上迟延支付。与电商信贷不同，第三方信贷涉及第三方主体，用户在第三方支付平台上与小贷公司签订合同，第三方支付平台对用户的信用等级进行风险评估后形成信用值，小贷公司根据第三方支付平台形成的信用值下发给用户相应的审批金额。[②] 用户使用第三方信贷时，先与电商之间形成债权债务关系，接着从先前小贷公司审批的资金中扣除用于网络消费的钱款，然后次月在小贷公司规定的时间内还款，因此第三方信贷本质上是用户向小贷公司申请贷款，与小贷公司形成借贷关系。

[①] 杨志琼：《利用第三方支付非法取财的刑法规制误区及其匡正》，《政治与法律》2018 年第 12 期，第 43 页。

[②] 赵香如、潘雨：《利用人工智能侵财犯罪的刑法性质》，《南宁师范大学学报（哲学社会科学版）》2019 年第 6 期，第 157 页。

(三) 第三方支付平台性质

探究行为人利用第三方支付平台实施侵犯他人财产行为的性质，首先要了解第三方支付平台的运行模式，以及第三方支付平台内资金流转的方式。如前所述，如今第三方支付平台除了提供快捷支付业务外，还有理财和信贷两大业务，这就使得资金在不同业务领域流转的过程中，其属性可能会发生变化。利用第三方支付平台实施的侵害财产犯罪，其犯罪对象一般是第三方支付账户内的资金，该资金的性质受第三方支付平台性质的影响，对界定行为人的犯罪行为十分重要。因此，利用第三方支付平台实施的侵财行为在刑法上应该如何评价，首先需要辨明第三方支付平台的性质。

1. 第三方支付平台属于支付中介

《非金融机构支付服务管理办法》规定，在收款人和付款人转移资金的过程中，第三方支付机构所扮演的角色是中介机构。结合第三方支付的定义，以及第三方支付平台的主要业务可知，第三方支付平台往往采取与国内和国外各大银行签约的方式，同各大银行之间达成支付协议，对接银行的支付接口，以此促进收款人和付款人、基金投资人和基金公司、借贷人与小额贷款公司之间快速完成资金转移，促进双方订立合同。用户在第三方支付平台中，使用真实的身份信息进行注册、绑定银行卡，充值在第三方支付账户里的资金归该支付平台保管。通过第三方支付平台，在网络支付、网络理财、网络信贷业务中，收款人和付款人、基金投资人和基金公司、借贷人与小额贷款公司可以实现双方账户资金的便捷转移，第三方支付平台只是作为支付中介，起到桥梁辅助作用。

2. 第三方支付平台是一种支付工具

第三方支付平台的用户有时会选择把绑定的银行卡内的资金"充值"到账户中，或者在不同账户之间发生资金流转，收款方收到的资金往往会直接流转到自己的账户中。从形式上来看，在第三方支付平台中流转的资金在第三方支付平台账户中，但事实上第三方支付平台对这些资金并不享有所有权，也不占有该财产，这些资金实际上都在银行账户中。资金在第三方支付平台发生流转时，资金流出方输入密码，发出支付的命令，第三方支付平台在接到命令后，会根据密码的正确与否来判断是否执行该命令。如果密码正确，第三方支付平台就继续将该命令传递给银行，银行在收到该命令后再将相应钱款转移到第三方支付平台的银行账户中，该钱款由第三方支付平台帮助收取资金的一方保管，可以被该收取资金的用户随时取出。因此在资金流转过程中，第三方支付平台并不支配或占有相应的钱款，只是协助验证身份和传递支付命令，只是作为一种支付工具在被使用。

3. 第三方支付平台账户不是信用卡

在中国人民银行发布的《银行卡业务管理办法》中，信用卡与借记卡并不一样[①]，借记卡并不具备透支功能[②]，但是该管理办法只是金融领域的规定。2004 年，全国人民代表

---

① 《银行卡业务管理办法》第 5 条："银行卡包括信用卡和借记卡。银行卡按币种不同分为人民币卡、外币卡；按发行对象不同分为单位卡（商务卡）、个人卡；按信息载体不同分为磁条卡、芯片（IC）卡。"
② 《银行卡业务管理办法》第 7 条："借记卡按功能不同分为转账卡（含储蓄卡，下同）、专用卡、储值卡。借记卡不具备透支功能。"

大会常务委员会通过司法解释，对信用卡在刑法领域的内涵予以界定①，既包括了金融领域的信用卡，也包括了借记卡。可见，刑法领域内的信用卡，实际上就是金融领域内的银行卡。从功能角度来说，信用卡的主要功能是消费、转账、贷款等，第三方支付平台同样具备这些功能，因此第三方支付平台发行的虚拟账户，与信用卡确实相似。但是从发行主体来说，信用卡的发行主体必须是商业银行或者金融机构，而第三方支付平台并非金融机构，更不是商业银行，因此在法律意义上第三方支付平台的虚拟账户并不属于信用卡。

二、利用第三方支付平台侵财行为的类型化分析

鉴于目前我国第三方支付平台数量较多，根据《互联网周刊》和 Net 研究院统计，2019 年度我国第三方支付平台以微信支付和支付宝为主②，因此本书选取支付宝平台作为调研对象，以"支付宝"为关键词在中国裁判文书网上进行检索。由于检索结果过多，同时为保证实证分析结论的客观性，本书选取了 2019 年 12 月的以盗窃罪、诈骗罪和金融诈骗罪为案由的生效刑事案件判决书作为研究对象，研究利用支付宝平台侵犯他人财产行为的司法裁判现状。截至 2020 年 1 月 30 日，共检索到 2019 年 12 月相关判决文书 1407 份。在这些裁判文书中，利用支付宝侵犯他人财产案件的裁判文书有 239 份，去除案件事实过于简略而无法确定行为人侵财类型的 29 份判决书，共获得有效裁判文书 210 份。

（一）利用第三方支付平台侵财行为的类型及现状

第三方支付平台内，用户注册的账户资金可以细化为四种，即账户内余额资金、账户绑定银行卡资金、账户所关联信贷资金和账户所关联理财资金。其中，根据侵财行为方式的不同，侵犯银行卡内资金又可分为侵犯账户已绑定的银行卡内资金和行为人绑定银行卡后再侵犯银行卡内资金两种。本书根据涉案资金的来源，以及侵财行为方式的不同，将利用第三方支付平台侵财案件分为五种类型：侵犯第三方支付账户余额型、侵犯第三方支付账户已绑定银行卡型、侵犯第三方支付账户所关联信贷型、侵犯第三方支付账户所关联理财型、绑定银行卡型。③

1. 利用第三方支付平台侵财犯罪的特征析出

刑事裁判文书往往可以直观反映出犯罪行为的特点，根据对上述判决书的分析，目前我国利用第三方支付平台侵财的犯罪行为呈现以下特点。

（1）侵财类型多样化

通观供分析的 210 份判决书，案件涉及类型呈现多样化的杂糅样态，即并不仅仅是某一种类型。据统计，单一类型的案件数为 148 件，占比 70.48%；涉及两种类型的案件数为 57 件，占比 27.14%；剩下 5 件案件，涉及类型皆为三种，占比 2.38%。可见，在利用

---

① 《关于〈中华人民共和国刑法〉有关信用卡规定的解释》："刑法规定的'信用卡'，是指由商业银行或者其他金融机构发行的具有消费支付、信用贷款、转账结算、存取现金等全部功能或者部分功能的电子支付卡。"

② 好山：《2019 年度第三方支付 TOP50》，《互联网周刊》2020 年第 1 期，第 58 页。

③ 为方便文中表格排列，五种类型在下文表格中依次简称：余额型、银行卡型、信贷型、理财型和绑定型。

第三方支付平台侵财的案件中，一个案件并不局限于某一侵财行为类型，超过25%的案件涉及两种及以上类型，具有多样化的特点。

根据案件涉及侵财类型的不同，笔者做了如下统计（见表5-1、图5-1）。

表 5-1　利用第三方支付平台
侵财案件涉案资金类型占比

侵财类型	案件数量/件	占比/%
余额型	67	24.19
银行卡型	75	27.08
信贷型	101	36.46
理财型	7	2.53
绑定型	27	9.75

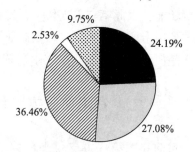

图 5-1　利用第三方支付平台
侵财案件涉案资金类型占比

由表5-1、图5-1可以清晰地看出，在利用第三方支付平台侵犯他人财产的类型中，以侵犯第三方支付账户所关联信贷类型的行为最多，其次是侵犯第三方支付账户已绑定银行卡型，两者比重占到全部行为的一半以上。

（2）涉案金额较大

根据盗窃类犯罪和诈骗类犯罪对涉案金额量刑标准的不同，笔者将供分析的210份判决书中的涉案金额①细分为1000～3000元、3000（不含，下同）～5000元、5000～3万元、3万～5万元、5万～10万元和10万元以上6个等级进行统计（见表5-2、图5-2）。

表 5-2　利用第三方支付平台侵财案件涉案金额规模分布

涉案金额/元	1000～3000	3000～5000	5000～3万	3万～5万	5万～10万	10万以上
案件数量/件	11	17	120	27	17	18
占比/%	5.24	8.095	57.14	12.86	8.095	8.57

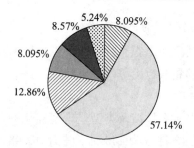

图 5-2　利用第三方支付平台侵财案件涉案金额规模分布

① 部分共同犯罪案件的涉案金额根据裁判文书中第一被告涉案金额统计。

从表 5-2、图 5-2 可以看出，在利用第三方支付平台侵犯他人财产的案件中，涉案金额数额较大，超过一半的案件涉案金额在 5000 元到 3 万元，3 万元至 5 万元的次之，数额巨大和数额特别巨大的案件数所占比例较小。在涉案金额超过 10 万元的 18 起案件中，30 万元至 50 万元的案件有 2 起，50 万元以上的案件仅有 1 起。

（3）以单人及亲友作案为主

在供分析的 210 起案件中，仅有 6 起案件属于共同犯罪，占案件总数的 2.86%。可见，在利用第三方支付平台侵犯他人财产的案件中，以单人作案为主，共同作案或团伙作案的概率较小，社会危害性相对较低。在犯罪手段方面，一般有利用便利秘密登录后侵财（秘密型）、骗取被害人信任后侵财（骗取型）、破解或更改被害人账户密码后侵财（破解型）三种。在 210 份裁判文书中，三种犯罪手段的数据分布如下（见表 5-3、图 5-3）。

表 5-3　利用第三方支付平台侵财案件犯罪手段特征分类占比

犯罪手段	秘密型	骗取型	破解型
案件数量/件	99	67	44
占比/%	47.14	31.90	20.95

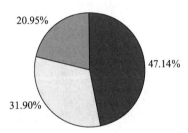

图 5-3　利用第三方支付平台侵财案件犯罪手段特征分类占比

秘密型主要表现为利用日常生活接触机会或职务便利，事先知悉被害人的账户密码，抑或利用接触被害人手机的机会侵犯被害人第三方支付平台账户中的财产；骗取型一般表现为行为人假称帮助被害人提高贷款或信用额度，以此获得被害人的身份信息、银行卡信息和第三方账户密码等；破解型表现为行为人在拾得、盗取被害人手机后，通过短信登录方式，或者通过技术手段破解或更改被害人第三方账户密码，实施侵财行为。通过图 5-3、表 5-3 可知，利用第三方支付平台侵犯他人财产的案件中犯罪手段以秘密型为主，骗取型次之，破解型最少。一般而言，大部分的秘密型和骗取型案件通常是亲友熟人间作案。

2. 利用第三方支付平台侵财行为的类型及典型案例

（1）侵犯第三方支付账户内余额

侵犯第三方支付账户内余额一般表现为，行为人侵犯的是被害人在第三方支付平台注册账户中的财产（如支付宝账户中的余额），并未从其绑定的银行卡中转移财产。

【案例 1】被告人朱某某在好友周某家中，趁周某酒醉睡觉之际，以用周某指纹解锁的方式，将周某手机支付宝内 1 万元人民币转至自己指定的账户中，后又将周某的手机窃走，窃得财物价值共计 11458 元。一审法院判朱某犯盗窃罪。①

（2）侵犯第三方支付账户所绑定的银行卡内资金

侵犯第三方支付账户所绑定的银行卡内资金是指行为人登录他人第三方支付平台的账

---

① 朱某某盗窃罪一审刑事判决书，浙江省嵊州市人民法院（2019）浙 0683 刑初 700 号。

户后，侵犯该账户所绑定的银行卡内资金的行为。一般来说，分为三种情形。

情形一：行为人登录被害人的第三方支付平台账户后直接转账，将账户绑定的银行卡内现有资金转移。

【案例2】被告人杨某某从他人处收购被害人毕某某被盗的手机一部，在家中利用 QQ 信息查询的方式，推测出被害人的手机及支付宝密码后将该手机绑定的银行账户中的 13710 元取走。后采用相同方式分别从被害人王某、马某绑定的银行卡中取走 15700 元、6350 元。一审法院判决被告人杨某某犯信用卡诈骗罪。①

情形二：行为人获得他人第三方支付平台的账户密码后，先将该账户绑定的银行卡内资金转移至第三方支付账户余额中，再通过消费或转账的形式将余额内的资金取走。

【案例3】被告人焦某某捡到被害人高某的一部手机，当日，其破解被害人的微信钱包密码，并利用手机短信验证码更改了被害人微信绑定的银行卡支付密码，多次从银行卡向被害人的微信充值累计 5 万元，充值后通过京东商城以 280 元/克的价格购买金条 150 克。后被告人焦某某又使用被害人的手机号码注册支付宝账号并绑定被害人的银行卡，从被害人支付宝账户向其使用的吴某 4 支付宝账户转账 3 万元，用以归还个人欠款 2000 元，以 280 元/克的价格购买金条 95 克。一审法院判决被告人焦某犯信用卡诈骗罪，被告人提起上诉，二审法院裁定驳回上诉，维持原判。②

情形三：行为人在被害人第三方支付平台的账户上，通过被害人绑定的银行卡，直接转移被害人银行卡中的可用额度。

【案例4】被告人高某捡到被害人王某乙遗失的手机一部。当晚被告人高某在家中利用王某乙的手机号码及验证码变更其支付宝及微信的支付密码，后将王某乙支付宝绑定的建设银行信用卡可用额度 3000 元通过王某乙支付宝转至其支付宝内，后通过建设银行短信提示，将该信用卡额度提升至 27000 元，通过扫码支付，向自己新注册的支付宝内分三次转入 100 元、200 元、53 元。次日被告人高某又利用买奶茶的机会，通过扫码向奶茶店隔壁的烧烤店店主王某甲支付宝内转入 25634 元，同时支付宝扣除手续费 205.07 元，后王某甲将 25428 元转给奶茶店店主任某，任某通过扫码转入被告人高某支付宝账户。一审法院判决被告人高某犯盗窃罪。③

（3）侵犯第三方支付所关联信贷资金

侵犯第三方支付所关联信贷资金是指第三方支付平台结合用户的基本信息，给予该用户一定的信用额度，行为人利用该信用额度，冒充该用户使用第三方支付平台中的信贷产品套取贷款，并将该笔资金用于消费或套现。

【案例5】被告人范某甲趁其嫂子马某生病住院之机，偷用马某放在家里的手机，从马某的支付宝账户余额内窃得 3900 元，并转入其前妻赵某账户。几日后，被告人范某甲再次偷用马某放在家里的手机，通过马某支付宝账户的借呗借款 20000 元，后转移至其本人账户。公诉机关以盗窃罪和贷款诈骗罪起诉被告人范某甲，一审法院认为指控被告人范

① 杨某某信用卡诈骗罪一审刑事判决书，兰州市城关区人民法院（2018）甘 0102 刑初 1926 号。
② 焦某某信用卡诈骗罪二审刑事裁定书，新疆维吾尔自治区乌鲁木齐市中级人民法院（2019）新 01 刑终 21 号。
③ 高某犯盗窃罪一审刑事判决书，中阳县人民法院（2019）晋 1129 刑初 23 号。

某甲犯贷款诈骗罪的定性不当，判决被告人范某甲犯盗窃罪。①

（4）侵犯第三方支付所关联理财资金

侵犯第三方支付所关联理财资金是指行为人冒名登录第三方支付平台用户账号，将该用户所申购的理财份额赎回，接着将该笔资金用于消费或转账。

【案例6】被告人刘某东在其同学张某（系聋哑人）租住的宿舍内，趁张某熟睡之际，打开张某的手机支付宝，发现张某支付宝的余额宝里有10075元，就想占为己有，遂分四次通过张某微信向自己的微信转账10075元，并在网吧内将该笔资金挥霍。一审法院判被告人刘某东犯盗窃罪。②

（5）绑定银行卡非法取财

绑定银行卡非法取财是指被害人手机号码原本没有开通第三方支付账户，行为人用其手机号注册第三方支付账号并且绑定被害人的银行卡，或者被害人已注册第三方支付账户但没有绑定银行卡，行为人秘密擅自将被害人的银行卡绑定在第三方支付账户上，进而非法获取被害人银行卡内的钱款。

【案例7】被害人邓某某住院期间，被告人陈某以帮助被害人邓某某办理轻松筹为由，借机获取邓某某的身份证、银行卡和手机，在绑定邓某某的银行卡与支付宝后，陈某利用邓某某的支付宝秘密地将邓某某银行卡内的1万元分两次转账至自己的邮政储蓄卡内。一审法院判陈某犯盗窃罪。③

（二）案件裁判的司法现状及争议焦点整理

1. 案件裁判的司法现状

在提供分析的210份裁判文书中，法院最终定罪罪名主要集中在盗窃罪、诈骗罪和信用卡诈骗罪上（见表5-4、图5-4）。其中，绝大多数法院将利用第三方支付平台实施的侵财行为定性为盗窃罪，占比85.71%，少数以诈骗罪和信用卡诈骗罪定罪。

表5-4 利用第三方支付平台
侵财案件定罪罪名分布比例

定罪罪名	案件数量/件	占比/%
盗窃罪	180	85.71
诈骗罪	17	8.10
信用卡诈骗罪	6	2.86
信用卡诈骗罪、盗窃罪	5	2.38
信用卡诈骗罪、诈骗罪	2	0.95

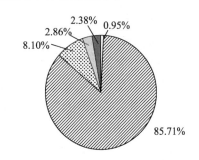

图5-4 利用第三方支付平台
侵财案件定罪罪名分布比例

---

① 范某甲盗窃罪、贷款诈骗罪一审刑事判决书，南京市建邺区人民法院（2019）苏0105刑初152号。

② 刘某东盗窃一审刑事判决书，涿鹿县人民法院（2019）冀0731刑初134号。

③ 陈某盗窃罪一审刑事判决书，宁陕县人民法院（2019）陕0923刑初50号。

通过分析司法裁判文书可以发现，目前涉及利用第三方支付平台的侵财案件，司法裁判中主要存在以下问题：

第一，"同案不同判"现象明显。以侵犯第三方支付账户所绑定的银行卡内资金为例，在75份涉及侵犯第三方支付账户所绑定的银行卡内资金的裁判文书中，以盗窃罪定罪的案件数为63件，占比84.00%；以信用卡诈骗罪定罪的案件数为8件，占比10.67%；以诈骗罪定罪的案件数为4件，占比5.33%。可见，同一类型的侵财行为下，被告人实施的犯罪行为基本相同，但在定罪方面却相差明显，涉及"盗窃罪""诈骗罪""信用卡诈骗罪"等罪名，不同法院的观点往往截然不同，甚至同一地区的上下级法院间，意见也会不同。

第二，公诉机关与法院观点冲突。第三方支付下侵财行为的定性众说纷纭，未取得共识。对于同类案件的类似侵财行为，不同法院会判决不同罪名，即便是对于同一个案件的定性，公诉机关和法院的意见也时常不一致。在210份判决书中，公诉机关起诉罪名与法院最终定罪罪名不一致的案件有6件，占全部案件比例的2.86%。在该6起案件中，有1起案件辩护人提出了与公诉机关起诉罪名、法院定罪罪名都不一致的辩护意见。

第三，法院裁判缺乏类型化。在涉及利用第三方支付平台侵财的案件中，犯罪人实施的往往并非单独的一个类型的犯罪行为，而是两个甚至两个以上类型的行为。在笔者先前筛选出的239份裁判文书中，有29份裁判文书表述不明，并未提及侵财行为类型，占比12.13%。而在供分析的有效的210份裁判文书中，存在两个或两个以上侵财行为类型的裁判文书有62份，占有效裁判文书总数的29.52%。但是在该62起案件中，只有7起案件的法官考虑到侵财行为类型的不同，并在定罪上予以区别，占比11.29%。可见，在叠加的综合性侵财行为中，法院通常不加区分地只以一个罪名定罪，很少考虑不同行为间的性质差异。

2. 案件争议焦点整理

结合审判实践，以及学界对该类侵财案件的讨论，定性观点大致如下：侵犯第三方支付账户余额型案件多数观点认为应该构成盗窃罪，少数观点认为符合诈骗罪的要件；侵犯第三方支付账户已绑定银行卡型案件的定性分歧集中在盗窃罪和信用卡诈骗罪之间；侵犯第三方支付账户所关联信贷型案件在司法实践中大多被定性为盗窃罪或者诈骗罪，实践中还有少数法院将其认定为贷款诈骗罪，在理论界中除了这三种观点外，还有观点认为成立合同诈骗罪；侵犯第三方支付账户所关联理财型案件一般都认为构成盗窃罪，少数认为构成诈骗罪；绑定银行卡型案件中，定性为信用卡诈骗罪和盗窃罪的都存在。

（1）盗窃罪与诈骗罪的罪名适用争议

有关盗窃罪和诈骗罪的定性争议，主要争议点在"第三方支付平台是否被骗"和"被害人提供账户密码信息是否表示有交付财产的意愿"上。主张构成盗窃罪的理由主要在于，在利用第三方支付平台侵财案件中，行为人通过各种非法手段，在知晓被冒名用户的账户及密码后，实施转移被害人账户内资金的行为，这一行为往往是在被害人不知情的情况下完成的，符合盗窃罪的构成要件，同时第三方支付平台并不可能被骗，不符合诈骗罪的主体要件；而认为构成诈骗罪的理由主要在于，行为人获取被害人的账户密码后，登录被害人的第三方支付账户，此时行为人隐瞒了自己的真实身份，使第三方支付平台以为行为人就是被害人，陷入了错误认识并处分被害人的财产，符合三角诈骗的构成。对于"被害人提供账户密码信息是否表示有交付财产的意愿"争议，主张成立盗窃罪的观点认为，被害人被骗后提供账号、密码等信息，但其初衷是为了自己办理相关服务更加便利，并无将财物交付行为人的意愿①；而主张构成诈骗罪的观点认为，欺诈行为的手段、方法在理论上并没有限制，行为人编造谎言骗取他人账户密码信息后秘密转移财产，被害人向行为人告知账户密码时，可视为被害人已陷入错误认识并对自己的财产作出处分，诈骗行为完成②。

（2）盗窃罪与信用卡诈骗罪的适用争议

此种争议往往集中在侵犯第三方支付账户所绑定银行卡内资金的案件中，争议点主要在于"侵犯第三方支付所绑定银行卡内资金的行为对信用卡管理秩序是否有侵害"和"第三方支付账户的信息是否属于司法解释中的信用卡信息资料"。认为应当以信用卡诈骗罪定罪的理由主要为，用户将自己的第三方支付平台账户与银行卡绑定后，通过第三方支付平台输入账户密码与银行卡密码都会带来资金变动的法律后果，此时第三方支付平台的支付密码属于信用卡信息的一部分。主张构成盗窃罪的理由为，行为人的行为并不侵犯信用卡管理制度，转走被害人银行卡里的钱仅具有占有被害人钱财的目的③，如果没有变更被害人第三方支付平台密码，也没有在平台内自行绑定他人银行卡或者对该用户之前绑定的银行卡做一些重要变动，就不应该视为侵犯信用卡管理制度④。

（3）盗窃罪、诈骗罪与贷款诈骗罪的适用争议

此类争议往往集中在侵犯第三方支付账户所关联信贷型案件中，主要争议在于"侵犯第三方支付账户所关联信贷型案件的受害人是谁"和"利用信用工具消费或者套现时，信贷公司是否被骗"。鉴于此类争议讨论在理论界中更为全面，且在相关判决文书中缺乏理由论证，所以在此主要选取理论争议。主张构成盗窃罪的理由为，行为人冒名使用他人账户对信贷产品套现的行为，本质上是使用他人的信息通过信贷产品购买商品，被害人对此毫不知情，符合盗窃罪中"秘密窃取公私财物"的情形，行为人应构成盗窃罪。⑤ 主张构成诈骗罪的理由为，行为人非法使用他人账户冒充合法的用户，信贷公司因此对用户的身份认知存在错误，并基于该错误认识对财产实施了处分，行为人构成诈骗罪。⑥ 主张构成贷款诈骗罪的理由为，侵犯第三方支付账户所关联信贷型案件的受害人是为信贷服务提供资金的小额贷款公司，既然信贷产品中的资金由小额贷款公司提供，那么该资金就属于贷款，行为人冒用他人账户，属于冒用他人名义骗取贷款，构成贷款诈骗罪。⑦

---

① 赵某权盗窃、诈骗罪一审刑事判决书，东丰县人民法院（2019）吉 0421 刑初 149 号。
② 赵某权盗窃罪、诈骗罪二审刑事判决书，吉林省辽源市中级人民法院（2019）吉 04 刑终 137 号。
③ 李某信用卡诈骗一审刑事判决书，雄县人民法院（2019）冀 0638 刑初 309 号。
④ 王某砖信用卡诈骗罪、盗窃罪一审刑事判决书，盐城市亭湖区人民法院（2018）苏 0902 刑初 772 号。
⑤ 尹志望、张浩杰：《冒用他人支付宝账户进行蚂蚁花呗套现的定性》，《人民法院报》2016 年 11 月 10 日。
⑥ 陈罗兰：《互联网消费金融的刑法规制》，《中国律师》2017 年第 3 期，第 77 页。
⑦ 王潜：《互联网金融信贷消费中"冒用行为"的刑法规制》，《福建法学》2016 年第 3 期，第 11-17 页。

三、第三方支付下盗窃罪与诈骗罪的界限

（一）盗窃罪和诈骗罪的传统界限

1. 盗窃罪和诈骗罪的立法界限

盗窃罪是伴随着财产私有制的出现而出现的。在原始共产制度时期，财物都是公共所有，因而并不存在盗窃，随着生产力的发展，原始共产制变成了私有制，于是产生了"盗"。作为最古老的犯罪之一，盗窃罪从奴隶社会开始出现，并被严厉惩罚。《周礼·秋官司寇·掌戮》中记载："凡杀人者，踣诸市，肆之三日，刑盗于市。"随后在漫长的封建社会里，盗窃犯罪的立法随着各时期的社会经济背景发生变化，但无一不体现统治阶级的意志，维护统治阶级的利益。盗窃罪一直以来都是统治者打击的重点罪行，李悝甚至提出"王者之政，莫急于盗贼"的说法。在新中国成立后，我国对盗窃犯罪的立法也经历了一个逐步完善的过程，在称谓上从"窃盗""偷窃"演变到沿用至今的"盗窃"，量刑幅度也从最初的最高可判处死刑演变到如今的最高判处无期徒刑，立法的变化体现出盗窃犯罪的各方面变化和特点。"盗窃罪作为财产犯罪与财产关系和财产形态存在着密切联系，随着财产表现方式呈现出多元化的特征，盗窃犯罪的表现形态也日趋复杂。"[①]

由于社会经济和生产力发展的限制，诈骗罪虽然与盗窃罪一样，都是自古就有的罪名，但是两罪并非同时作为独立的罪名出现。从奴隶制时期到汉代，诈骗罪与盗窃罪相融合，并没有明确的界限，刑罚也大致相同。到了南北朝时期，《北齐律》十二篇中，诈伪篇作为单独一篇，与贼盗篇并列，这代表着诈骗罪开始从盗窃罪中分离出来，作为独立的罪名出现。《北齐律》的体例基本被隋唐至明清的法典沿袭，篇名也基本被继承。《唐律》对于盗窃罪和诈骗罪的规定更为明确，两罪在行为方式和犯罪对象上存在差异。在行为方式上，《贼盗律》将盗窃规定为"潜身隐面而取"，《诈伪律》中诈伪是指"诡诳"，即盗窃行为是秘密窃取，而诈骗是欺骗手段；在犯罪对象上，《贼盗律》规定盗窃对象一般不包括无形物，只是有形物，而《诈伪律》中诈骗罪的对象既包括有形物，也包括口诏等无形物。自此，盗窃罪和诈骗罪的界限开始清晰起来。新中国成立之后，我国1979年刑法将盗窃罪和诈骗罪规定在了一起，集中在第151条和第152条的条文中。

现行1997年刑法将盗窃罪和诈骗罪分条设立，从刑法条文来看，对盗窃罪和诈骗罪的规定都只简单地概括了具体犯罪的基本构成特征，并没有详细的描述，条文比较简洁，属于简单罪状。从立法体例来看，我国刑法中盗窃罪一般是指盗窃公私财物，诈骗罪则采用分立的模式，普通诈骗罪之外还另行规定了特殊诈骗罪。普通盗窃罪和普通诈骗罪都规定在《刑法》第五章的侵犯财产犯罪中，盗窃罪主要规定在第264条中，同时其他条文如第265条涉及的盗窃行为也按照第264条的规定定罪处罚；诈骗罪主要规定在第266中条，同时也有特殊诈骗罪，常见于破坏社会主义市场经济秩序罪一章。从行为模式上来看，典型盗窃行为一般是秘密窃取，还有一些特殊盗窃行为，包括"多次盗窃、入户盗

[①]　陈兴良：《口授刑法学》，中国人民大学出版社，2017，第216页。

窃、携带凶器盗窃和扒窃",而诈骗行为一般是采用欺诈的手段骗取利益。从具体的数额认定标准上看,两罪在"数额较大""数额巨大""数额特别巨大"的认定标准上并不相同,同等涉案数额下,诈骗罪的刑罚较盗窃罪更为轻缓。

2. 盗窃罪和诈骗罪的理论界限

《刑法》第264条、第266条分别规定了盗窃罪和诈骗罪。目前理论界对盗窃罪和诈骗罪的定义基本形成共识,即认为盗窃罪是指"以非法占有为目的,窃取他人占有的数额较大的财物,或者多次盗窃、入户盗窃、携带凶器盗窃、扒窃的行为"①,诈骗罪是指"以非法占有为目的,使用欺骗方法,骗取数额较大的公私财物的行为"②。从构成要件上来看,盗窃罪和诈骗罪的行为对象都是公私财物,既可以是公民的私有财产,也可以是公共财产,财物包括有体物和无形物。同时,两罪都是以非法占有为目的,因此区分诈骗罪和盗窃罪的关键在于两罪构成要件的客观方面。

盗窃罪的行为是秘密窃取他人占有的财物,主要从两个方面理解:一是秘密性。通说认为,盗窃罪成立需要盗窃行为具有秘密性,秘密性可以从三个层面理解。① 行为人并不想让别人知道自己的盗窃行为,采取了隐蔽秘密的盗窃手段。② 行为的秘密性是相对于财产的所有者或保管者而言,利用财产所有者或保管者不在场,抑或在场但未加防备的状态实施盗窃行为。③ 行为人主观上认为自己实施盗窃行为时是秘密的、未被察觉的。尽管通说认为成立盗窃罪应以秘密性为必要条件,但也有学者提出不同观点。例如,张明楷教授提出平和窃取说,认为盗窃可分为秘密盗窃和公开盗窃。二是窃取行为。从词语构成来看,"窃取"一词属于偏正词组,即"窃"是"取"的限定词,"窃"是"取"的手段,"取"是"窃"的结果,因而"窃取"更着重强调"取"。窃取行为的最终结果是行为人改变他人对财物的合法控制状态,而使该财物置于本人的控制之下,因此可以将窃取行为视为财产控制状况的非法转移过程。在现实生活中,窃取行为一般分为单纯窃取型、入室窃取型、破坏窃取型、杀生窃取型、信息窃取型、电信窃取型、电脑窃取型和扒窃窃取型。③

诈骗罪的行为是行为人使用欺骗方法骗取公私财物,具体构成为:① 行为人实施了欺骗行为。欺骗行为实质上包括两个方面,其一是虚构事实,其二是隐瞒真相。虚构事实,就是行为人故意捏造并不真实的事情,或者在原有事实的基础上夸大;隐瞒真相,指对于已经存在的事实,行为人故意不告知受骗人,使受骗人的认识发生偏差。无论是虚构事实还是隐瞒真相,都会使受骗人因此出现、维持、加强错误认识,最终使受骗人作出处分财物的行为。因此,欺骗行为可以是作为的方式,也可以是不作为的方式。② 受骗人出现或维持认识错误。受骗人的错误的主观认识,并不是指其对整个案件事实的错误认知,而是指在处分财产上的错误认知,由于行为人前面的欺骗行为,受骗人的主观认识与客观事实产生了偏差,从而错误地处分了财产。③ 受骗人处分财产。成立诈骗罪,要求受骗人必须实施了某种处分财产的行为,且该处分行为是由于行为人的欺骗使其陷入了错

---

① 张明楷:《刑法学(第六版)》,法律出版社,2021,第1229页。
② 张明楷:《刑法学(第六版)》,法律出版社,2021,第1303页。
③ 陈兴良:《口授刑法学》,中国人民大学出版社,2017,第219-221页。

误认识而作出的。④ 行为人取得财产，被害人财产受到损失。在诈骗罪中，欺骗行为最终引发的结果，就是行为人非法取得了被害人的财产，抑或使被害人减少、免除行为人的债务，行为人的欺诈行为与被害人的财产损害之间存在因果关系。

从上述对盗窃罪和诈骗罪的犯罪构成分析可以看出，盗窃行为转移财物的方式具有秘密性，财产的损失完全违背被害人的主观意志，被害人在主观上根本不认同行为人的财产转移行为。而纵观诈骗罪的犯罪构成可以看出，在整个诈骗犯罪的过程中，被害人自身对诈骗犯罪的成功实施也起到了很大的作用。行为人在实施欺诈行为之后，被害人在陷入错误认识的状态下，主动进行了财产转移，这种财产转移行为是在被害人自由意志下，自愿主动作出的，除了欺诈行为之外，行为人并没有实施其他的行为。可见，盗窃罪和诈骗罪区分的一个重要界限就是被害人是否具有处分财产的行为，对其财产的转移是否具有自愿性。

3. 盗窃罪和诈骗罪的关系

盗窃罪和诈骗罪是侵犯财产犯罪中最为常见的两项罪名，理论界对两罪之间究竟是什么关系也讨论颇多。目前理论界主要有两种观点，一种观点认为盗窃罪和诈骗罪之间存在竞合关系，另一种观点认为两罪并不存在竞合关系。盗窃罪和诈骗罪是否存在竞合关系，对实践中处理盗骗交织型案件存在影响，因此需要予以讨论。主张存在竞合关系的学者列举了"卖旧压路机"案①进行论证，指出该案存在不同的被害人，从不同的被害人角度分析，行为人分别构成了盗窃罪和诈骗罪，因此在该案中，行为人的行为属于盗窃罪和诈骗罪的想象竞合。② 主张盗窃罪和诈骗罪存在竞合关系的学者认为，事实上一个案件完全可能同时触犯两种罪名，盗窃罪和诈骗罪所侵害的都是财产类法益，从大类别上来说是相同的，但是如果将两者侵犯的财产法益做进一步细分，仍然存在不同之处。因此，"如果危害行为侵害财产权法益，且同时触犯盗窃罪与诈骗罪两个罪名，则有可能构成想象竞合犯"③。刑法规范中各罪之间并非都具有明确的界限，刑法理论为了区分不同的犯罪，有意无意地增减了一些犯罪构成要件，但这些要素都属于用以区分该罪与相关犯罪的分界要素，而并非本质性要素。从本质上来说，诈骗罪和盗窃罪一样，其财物的转移占有都是违背被害人的真实意思表示的，因此诈骗罪也符合盗窃罪的本质性要素，两罪存在法条竞合关系。④ 主张二者不存在竞合关系的学者认为，在出现盗骗交织型案件时，如果不能在盗窃和诈骗上明确加以区分，那么就会使案件处理陷入难题。张明楷教授也指出，实践中难以区分盗骗交织型案件，往往是因为没有明确盗窃和诈骗是两个不可兼容的犯罪行为，"针对一个财产损失而言，一个行为不可能同时既属于盗窃，也属于诈骗"⑤。

---

① 甲闲逛时发现本市高速公路旁有一台闲置的旧压路机，即产生变卖的念头。次日，甲假冒公司人员来到附近一废品收购站，找到经营者乙，谎称该压路机已报废准备变卖，并与乙一起到现场查看，二人当场决定以6000元的价格成交。次日，乙便组织人力找来切割工和吊车赶到现场，正在拆卸时被群众发现报警，甲被公安机关当场抓获。

② 陈洪兵：《盗窃罪与诈骗罪的关系》，《湖南大学学报（社会科学版）》2013年第6期，第140页。

③ 赵运锋：《转移他人支付宝钱款行为定性分析——兼论盗窃罪与诈骗罪的竞合关系》，《华东政法大学学报》2017年第3期，第96页。

④ 陈洪兵：《盗窃罪与诈骗罪的关系》，《湖南大学学报（社会科学版）》2013年第6期，第139-141页。

⑤ 张明楷：《犯罪之间的界限与竞合》，《中国法学》2008年第4期，第89页。

本书同意盗窃罪和诈骗罪之间并不存在竞合关系，两罪应属于互斥关系。我国刑法条文中，盗窃罪和诈骗罪的犯罪结构并不相同，盗窃罪属于他损型犯罪，刑法保护的是权利人对财物的现有支配状态，诈骗罪则是典型的自损型犯罪，刑法保护的是人们依据真实的信息来支配财物的知情权。从刑法体系上来讲，盗窃罪和诈骗罪针对的客体是同一的，就针对同一客体的犯罪行为而言，刑法规范中规定的行为方式应该是相互平行的，很少出现交叉重叠的现象。盗窃和诈骗行为都是单一的行为，从社会一般观念来说，偷和骗也是完全不同的两种行为，因此盗窃罪和诈骗罪并不存在竞合的可能，两罪属于互斥关系。在"卖旧压路机"案中，针对两个分别被骗和被盗的被害人，其指向的财物并不相同，因此该案针对不同被害人的不同财物成立想象竞合并无不妥。但是在盗骗交织型案件中，行为人所侵害的法益只有被害人的财产，对于同一个被害人的同一财产，不可能有同时满足两罪的情形出现。而且如果认为两罪属于法条竞合，盗窃罪和诈骗罪的法定刑相同，并不能确定优先适用哪项罪名，在实践中不具有可操作性。

（二）第三方支付对盗窃罪和诈骗罪区分的挑战

1. 第三方支付平台是不是被害人

在盗窃犯罪和诈骗犯罪中，被害人是否具有处分财物的行为是一个重要的区分标准。与盗窃罪相比较，诈骗罪中被害人多了一个因受骗而处分财物的行为，被害人在诈骗犯罪中有一定的"参与性"。诈骗罪是一种自损型犯罪，也就是被害人对犯罪的成功实施起到了一定的作用，因此在区分诈骗罪与盗窃罪时，首先应该从被害人开始确定。那么，第三方支付下的侵财案件中，第三方支付平台能否成为被害人？

当前第三方支付平台发展迅速，其业务范围已由最初的以网络支付为主，向现在的信贷、理财、基金等金融领域发展，综合了众多业务板块。目前，第三方支付平台早已成为一个多功能账户体系，而非原先单一的支付媒介。纵观第三方支付平台的主要业务，可以发现第三方支付下各业务可能涉及多方主体，包括用户、第三方支付平台和银行、信贷公司、基金公司等。因此，判断第三方支付平台能否成为被害人，首先需要厘清第三方支付下，各主体之间存在何种法律关系，第三方支付平台在犯罪中处于何种地位。

在正式使用第三方支付平台之前，用户首先会同意第三方支付平台制定的相关服务协议，该协议实质上是以合同的形式确立用户和第三方支付平台之间相应的民事关系。根据协议，第三方支付平台在收到用户的授权和相关指令后，向该用户提供资金转移等服务。因此，无论是第三方支付平台的用户和用户之间，还是用户与金融机构之间，当资金在两者间发生转移时，首先必然是两者之间产生了某合同关系。例如，用户与用户之间可能基于买卖合同关系，用户与金融机构之间可能基于储蓄合同关系、信托关系、借贷关系等。无论是基于何种合同关系发生的资金流转，对资金流转双方来说，其与对方形成的合同（用户与用户之间或用户与金融机构之间形成的合同），才是双方形成权利义务的主合同，第三方支付平台在其中只承担中介角色。换言之，用户或者金融机构在资金流转过程中，与第三方支付平台的支付合同关系仅仅是一个从合同关系。这种关系在实务中体现为第三方支付平台作为独立第三人为企业或个人提供个性化的支付清算服务或营销增值服务等。[①]

当行为人利用第三方支付平台实施侵财犯罪时，行为人假装用户向第三方支付平台发出指令，由于用户、金融机构与第三方支付平台之间具有委托关系，所以本应由用户自身或金融机构方完成的审查验证行为，由第三方支付平台代为实施。在行为人发出的指令符合双方交易的形式条件时，第三方支付平台就会依照支付服务合同，履行自身义务，代为转移用户或金融机构的资金。在此过程中，行为人利用第三方支付平台实施侵财犯罪所产生的财产损害结果并非由第三方支付平台承担，而是由用户或金融机构承担，除非第三方支付平台存在程序上的漏洞，被行为人利用，抑或没有尽到应尽的妥善保护和审查验证义务，使其基于委托合同关系应向用户承担赔偿责任，损害结果由用户和金融机构转移到第三方支付平台上，否则第三方支付平台不可能成为被害人。换句话说，在当前第三方支付中，如果行为人利用第三方支付平台的程序漏洞或者资金管理漏洞实施侵财犯罪，造成第三方支付平台基于合同关系需要向用户进行赔偿，那么第三方支付平台可能成为被害人，否则在一般情况下，第三方支付平台并不具备成为被害人的条件。

2. 第三方支付平台有没有被骗

要构成诈骗罪，要求被害人的处分行为必须是基于陷入错误认识的前提作出的，也就是说，被害人对事实陷入错误认识和接下来的处分财产的行为之间有直接的因果关系。在诈骗犯罪中，被害人与受骗人并不一定是同一关系，如三角诈骗。在三角诈骗中，行为人采用欺骗手段，使第三人陷入错误认识从而处分他人财产，此时受骗的第三人是财产处分人，但他并不是被害人，因此诈骗犯罪中，被骗人和被害人可以是不同的主体。如前所述，在一般情况下，第三方支付平台并不具备成为被害人的条件，那么第三方支付平台能否被骗，成为被骗人？

支持"第三方支付平台不能被骗"的学者认为，诈骗罪的实质要件要求被害人陷入错误认识处分财产，而以支付宝为代表的第三方支付平台并不存在陷入错误认识的可能性，因为第三方支付平台在接收到行为人提供的正确指令之后就应该提供相应服务，就机器而言，其只是依据编程语言机械运行，并不存在被骗的可能性[②]；支持"第三方支付平台可以被骗"的学者认为，"机器不能被骗理论"源于德国，针对的是 ATM 之类的通过机器本身物理运作的机械装备，与如今人工智能设备的智能程度有较大差别。神经网络算法上的突破使得人工智能可以进行深度学习、自主决策，拥有不弱于甚至超越人脑的判断、认识能力，高智能性使得智能设备可以代替人脑作出处分财产的意思和行为，欺骗人和欺骗智能机器的差异正逐渐缩小。[③]

第三方支付平台在运行时，其主要目的是实现转账、消费等功能的便捷使用，在保证系统和服务器安全的情况下，第三方支付平台保证用户在平台内的资金安全的方式，就是让用户设立唯一对应的账号和密码。也就是说，第三方支付平台确定其收到的指令是否来

① 杨志琼：《利用第三方支付非法取财的刑法规制误区及其匡正》，《政治与法律》2018 年第 12 期，第 39 页。

② 赵运锋：《转移他人支付宝钱款行为定性分析——兼论盗窃罪与诈骗罪的竞合关系》，《华东政法大学学报》2017 年第 3 期，第 92 页。

③ 杨志琼：《利用第三方支付非法取财的刑法规制误区及其匡正》，《政治与法律》2018 年第 12 期，第 45 页。

自用户本人操作或者来自用户本人授权的依据，就是看行为人是否正确输入了账号和密码。第三方支付平台不可能进行现实的人身或者其他验证，只能根据通过验证的指令进行支付，不存在陷入所谓的错误认识的可能性。[①] 在传统诈骗犯罪中，被害人对事情发展有分析判断的机会，被害人被行为人成功欺骗只是可能发生的事情，而不是必然发生的事情。但是在第三方支付下，行为人输入正确的账号和密码，第三方支付平台就不会继续对其身份做进一步的判断甄别，而是按照行为人的指令调出资金。[②] 虽然如今人工智能飞速发展，并在第三方支付平台上得到广泛使用，例如，利用人脸识别技术进行"刷脸支付"等，但目前人工智能尚属于弱人工智能阶段，还没有脱离工具的范畴，并不存在自主意识。因此，第三方支付平台本身不存在陷入错误认识的可能性。

3. 第三方支付下财物占有的认定

无论盗窃罪还是诈骗罪，两罪的成立都伴随着财产的占有转移。盗窃罪的主要行为方式是窃取，而窃取也就是将他人所占有的财产转移给行为人自己或第三人占有，因此盗窃的对象是他人占有的财物。诈骗罪中受骗人基于错误认识处分财产，其处分财产的行为就是将财产转移给他人占有。占有这一概念，无论在民法中还是在刑法中，都是极为重要的概念，作为私有财产的基础，占有同时也是一项刑法保护的重要法益。张明楷教授指出，刑法层面的占有概念与民法层面的占有概念并不完全等同。民法上的代理占有、间接占有与占有改定，不是刑法上的占有，刑法上也不承认占有的继承，刑法上的占有重在事实上的支配，占有意思往往只对认定是否占有起补充作用。事实上的支配，不是根据物理的事实或现象进行判断，而是根据社会的一般观念进行判断。[③]

与传统支付方式相比，第三方支付在财物占有上的状况比较复杂。传统支付主要是用纸币进行交易，纸币的持有人也是纸币的占有人，占有状态比较明确，但是在新型支付方式下，财物的占有有时候会呈现由两方主体同时支配或控制的情况，这时候财物的占有性质就比较复杂。在第三方支付平台中，对于自己存于第三方账户中的财产，用户毫无疑问地对该财产拥有实际的支配和控制权利，这也符合大众的基本认知。但是，用户将财产存入第三方支付平台账户，由第三方支付平台进行管理，第三方支付平台实质上对该财产也可以控制，那么第三方支付平台是否占有该财产？

第三方支付平台虽然可以对该财产直接进行管理，但是其管理权是基于用户的委托，从占有角度来说，该财产仍然是账户所有人直接占有。占有具有事实和规范的二重性。事实属性是指在认定占有的建立和存续时，作为必要条件的事实层面的控制力。规范属性包含两层含义：其一是以社会一般观念为内容的规范视角，是判断事实控制力有无时的观察工具；其二是以法律、道德或社会习俗等为内容的规范性秩序，是确认占有归属时评判控制力的标准，占有的有无以事实控制力为必要条件。[④] 虽然在事实上，第三方支付平台和

---

① 吴波：《秘密转移第三方支付平台资金行为的定性——以支付宝为例》，《华东政法大学学报》2017年第3期，第100页。

② 马淑娟：《利用第三方支付平台非法取财案件的刑法定性——基于对奉贤区近三年利用第三方支付平台非法取财案例的实证分析》，《犯罪研究》2019年第3期，第109页。

③ 张明楷：《刑法学（第六版）》，法律出版社，2021，第1230-1231页。

④ 车浩：《占有概念的二重性——事实与规范》，《中外法学》2014年第5期，第1194页。

用户一样，可以实际地支配用户账户内的财产，但是占有的规范属性才是占有的本质属性，在确认用户账户内的财产由谁占有时，不仅应该从事实角度出发，还需要考虑社会一般观念。对社会公众而言，将财产存于第三方支付平台账户中，一般都会认为自己仍然占有该财产，自己对财产的占有状态并不会随着财产存放机构的不同而发生变化。因此，无论从占有的哪种属性出发，都可以看出第三方支付平台内的财产属于用户，第三方支付平台并不占有该财产。

（三）第三方支付下盗窃罪和诈骗罪区分的思路

1. 通过行为人侵财手段区分

盗窃罪和诈骗罪在实行行为上的区别，是区分两罪的重要标准。传统理论认为，盗窃罪是窃取型犯罪，诈骗罪属于骗取型犯罪，盗窃罪在手段上突出"秘密性"，诈骗罪要求行为人和被害人之间有沟通交流。然而，在实践中出现的第三方支付下的侵财案件，其行为手段愈加难以区分。通过第三方支付平台实施侵财犯罪的案件，需要借助网络完成，因而具备网络犯罪的部分特征。由于不需要面对面交易，利用第三方支付平台实施的诈骗犯罪的行为方式也完全可能符合秘密性的特征，受骗者可能在不知情的情况下交付财产。同时，区别于传统受骗人和行为人之间存在意思沟通，第三方支付下，行为人以输入账号和密码的方式通过第三方支付平台审核，其中并不会出现双方意思沟通的过程，而在我国刑法中，是否存在沟通交流也不是诈骗罪成立的必要条件。因此，第三方支付下，行为人侵财手段是否具有秘密性，以及当事人双方是否经过意思沟通，都不能作为两罪的区分界限。

与盗窃罪相比，诈骗罪的一大特殊之处就在于在诈骗犯罪过程中，诈骗罪的行为人要实现财产变动的目的，就必须对被害人施加影响，使得被害人作为行为人的利用工具，同意财产交付。诈骗罪中，被害人的处分行为是行为人取得财物的关键，被害人财产的减损与被害人自己的处分行为直接相关，在行为人作出欺诈行为和其取得财产之间，被害人是作为"中间人"帮助其实现财产转移的。而在盗窃罪中，行为人的危害行为直接导致被害人财产的减损，并没有被害人的参与。也就是说，盗窃罪中行为人与被害人之间存在消极相关关系，而诈骗罪从表面上来看属于并不违反产权让渡的正常样态，行为人与被害人之间属于积极相关关系。虽然诈骗罪中被害人参与了行为人的行为过程，但是被害人的参与是行为人信息操纵的中间结果，"诈骗罪的不法本质是交易基础信息操纵，即创设导致交易决定的错误信息风险，并使得该风险实现"[①]。因此，第三方支付下区分盗窃罪和诈骗罪，从行为人的角度来说，需要判断行为人的侵财手段是否操纵了交易基础信息。如果行为人利用其与被害人所掌握信息不对称这一特点，在关系到交易是否成立的基础性信息上，对交易基础信息进行积极的虚假描述，或者故意对这些信息进行隐瞒，从而创造了被害人财产损失的风险，并借此达到操纵被害人配合风险实现的目的，完成财产转移，那么就构成诈骗罪，反之则构成盗窃罪。

---

① 王莹：《诈骗罪重构——交易信息操纵理论之提倡》，《中国法学》2019年第3期，第256页。

2. 通过被害人有无错误认识区分

在诈骗罪的构成中，被害人陷入错误认识有着重要地位。作为一种自损型犯罪，被害人的损失客观上是被害人自己的处分行为造成的，而被害人作出处分自己财产行为的原因，就是其在主观上陷入了错误认识，被行为人利用了其瑕疵意思。但是在盗窃罪中，被害人完全不会实施处分行为，所以如果行为人采用了操纵交易信息的手段，但是并没有造成被害人对该交易基础信息产生错误认识，或者虽然产生错误认识，被害人却并没有因为自己的错误认识实施处分财产的行为，那么就不能认定为诈骗罪。

被害人所产生的错误认识，往往与刑法所保护的法益相关。其通常是在法益的性质、范围或种类上发生错误认识，而并非漫无边际地对全部事实产生错误认识，也不是对动机、目的或者价值判断、未来可能发生的事情产生错误认识。也就是说，被害人产生的错误认识以处分财产为内容。"如果被害人基于该错误认识作出了财产处分行为，就能够认定行为人成立诈骗罪。相反地，在被害人错误认识不属于与法益有关的错误认识，基于该错误认识而作出财产处分行为的场合，行为人的行为不成立诈骗罪。"① 例如，在第三方支付下，如果行为人通过欺骗手段骗取了被害人第三方支付平台的账号和密码，行为人登录被害人账号并转走其账户内财物的行为，应该认定为盗窃罪，而不是诈骗罪。这是因为被害人虽然基于被欺骗而将其第三方账号和密码告知行为人，但被害人的错误认识内容与其财产法益并不相关。换言之，被害人对其账户内财产的处分并没有产生错误认识，因此只能构成盗窃罪。

被害人陷入错误认识的程度，是否影响诈骗罪的成立呢？当被害人对行为人欺骗的内容没有丝毫怀疑而处分财物时，行为人的行为符合诈骗罪的构成是毫无疑问的。但是当被害人对行为人的欺骗抱有怀疑，却仍然交付财产时，是否也同样构成诈骗罪？有学者从被害人教义学角度提出，被害人在有具体怀疑，但仍然作出投机行为时，是不值得被保护的。不过，尽管被害人对自身法益缺乏保护意识，但刑法并不能因此认为缺乏保护被害人的必要。是故，当被害人对行为人欺诈的内容产生一定程度的怀疑，主观上却因为不能确定真伪，最后选择相信时，就可以认定被害人因为行为人的欺诈行为陷入错误认识。

3. 通过有无处分行为区分

处分行为也叫交付行为，交付行为的有无是盗窃罪和诈骗罪的一个主要区分界限。处分行为既可以是将财产处分给他人的直接交付，也可以是通过辅助者将财产处分给第三人的间接交付。诈骗罪中的处分，与民法中的处分概念并不完全一样，既包括了受骗人作为的处分，也包括了受骗人忍受的、不作为的处分。②

首先，处分行为是受骗人陷入错误认识引起的。行为人的行为如果构成诈骗罪，需要满足两个因果关系：在行为上，行为人的欺骗行为引发了受骗人的错误认识；在心理上，受骗人的错误认识导致受骗人作出了处分行为。如果受骗人作出了处分财产的行为，但是这一行为是其他因素引起的，而并非基于对相关信息的认知错误，那么就不能说行为人诈

---

① 马卫军：《论诈骗罪中的被害人错误认识》，《当代法学》2016 年第 6 期，第 59 页。

② 张明楷：《刑法学（第六版）》，法律出版社，2021，第 1307 页。

骗既遂。诈骗罪中，受骗人处分财产的行为，必须是由于受骗人陷入错误认识，而"自愿"将自己占有的财产转移给他人占有。需要注意的是，这种"自愿"只是受骗人由于瑕疵意思表示，在当时其所处环境下，对财产占有转移的状态的同意和认可，并不代表受骗人在明晰客观事实真相后仍然"自愿"。

其次，处分行为以处分意识为必要。在处分行为中，是否需要考虑被害人主观上有无转移占有的处分意识，理论上存在三种观点：必要说、不要说及折中说。处分意识的内容是意识到根据自己的"自由"意思作出了财产转移。① 支持必要说的学者认为，处分行为必须是受骗人转移占有财产的客观事实，并且对财产的性质、数量及占有转移所产生的后果等有全方位认识。也就是说，若仅仅是表面形式上而无真实意思的交付处分行为，就不可能构成诈骗罪。② 例如，对没有意思表达能力的或者没有处分意识的人实施欺诈，使其转移自己的财产，由于受骗人并没有处分意识，所以不构成诈骗罪。支持不要说的学者认为，诈骗罪中的处分行为只需要客观上发生财产的占有转移即可，只需要被害人知道财产外形上的占有转移，并不需要考虑受骗人是否有处分的意思表达能力，即只要被害人财产受到损失，行为人取得财产，就满足诈骗罪的构成要件。支持折中说的学者认为，在一般情况下，实施处分行为时需要具备一定的处分意识，但是在特定环境下也可以没有。此时，如果能够缓和处分意识的内容，将其解释为存在处分行为，就可以认定诈骗罪成立。③ 目前学界对处分意识必要与否存在争议，但进一步深究可以发现，无论是处分意识必要说还是不要说、折中说，在"被害人能够客观认识到自己的处分行为，会带来财产占有转移的后果"这一点上，都是没有争议的。三种学说的核心分歧其实在于有没有在"作为行为对象的财产的认识"这一意义上使用处分意识。④

第三方支付下，处分意识仍属必要。虽然德国学者在涉及无体财产性利益的场合往往主张处分意识不要说，即便坚持认为此时仍然应当要求被害人具有处分意识的见解一般也会特别地缓和对处分意识的要求。这与德国刑法盗窃罪对象不包括财产性利益有紧密关系，如果要求受骗者对无体财产性利益有处分意识，那么，受骗者没有处分意识时，被告人的行为既不能定盗窃，也不能定诈骗，就会形成处罚漏洞。我国盗窃罪对象包括无体财产性利益，但不能因此就认为处分意识不必要。相反，受骗者处分财产时必须有处分意识，即认识到自己将某种财产转移给行为人或第三者，但不要求对财产的数量和价格等具有完全的认识。⑤ 2014 年 6 月 23 日，最高人民法院发布了第 27 号指导案例，该案例是通过信息网络侵犯他人财产的案件。被告人臧某泉发送给金某一个交易金额标注为 1 元而实际植入了支付 305000 元的计算机程序的虚假链接，谎称金某点击该 1 元支付链接后即可查看到付款成功的记录。金某在诱导下点击了该虚假链接，其建设银行网银账户中的

① 杨柳、熊伟：《试论诈骗罪的处分行为》，《云南大学学报（法学版）》2008 年第 6 期，第 113 页。

② 刘明祥：《论诈骗罪中的交付财产行为》，《法学评论》2001 年第 2 期，第 68 页。

③ 秦新承：《认定诈骗罪无需"处分意识"——以利用新型支付方式实施的诈骗案为例》，《法学》2012 年第 3 期，第 158 页。

④ 姜涛、杨睿雍：《新型支付手段下诈骗罪的处分意识再定义》，《重庆大学学报（社会科学版）》2020 年第 1 期，第 172 页。

⑤ 张明楷：《刑法学（第六版）》，法律出版社，2021，第 1307-1308 页。

305000 元立即进了被告人的账户。从前文有关快捷支付平台运行机制的论述中可知，正是由于被告人植入的计算机程序违背了被害人的意志向快捷支付平台发送了支付 305000 元的支付请求，才造成了被害人的财产损失。被害人虽然能够认识到价值 1 元的财产的转移，但其对于计算机程序发送的支付 305000 元的请求却毫不知情，应当认为被害人对于这 304999 元债权没有处分意识，被告人对其构成盗窃罪。[1]

四、利用第三方支付平台侵财的盗窃罪与诈骗罪之界分

（一）利用第三方支付平台侵财行为与传统侵财行为的区分

1. 侵财手段更具隐蔽性

借助互联网发展，电子商务为交易全球化提供了平台，消费者和第三方支付平台日益追求快捷化的支付方式。从刚起步的账号密码到如今的刷脸支付、指纹支付，甚至到未来可能会出现的虹膜支付，支付方式的变化也让行为人实施犯罪行为更加方便隐蔽。鉴于网络虚拟性的特点，与传统侵财行为相比，第三方支付下行为人利用第三方支付平台实施侵财犯罪行为呈现出网络异化趋势。行为人可能通过各种技术手段攻击第三方支付平台的后台，或者通过各种钓鱼网站发送虚假的交易付款链接，抑或通过其他手段获得账号密码从而实施侵财行为。由于全部侵财过程都在网络空间中实施，而不像传统侵财行为需要行为人和被害人在现实中存在交集，因此利用第三方支付平台侵财行为的侵财手段更加具有隐蔽性。

2. 操作成本低、危及范围广

当代科技飞速发展，支付方式日新月异，从传统的需要实物媒介的方式，如使用现金、支票、银行卡等，到如今只需虚拟的账号密码就可以随时随地完成支付的方式，第三方支付方式打破了支付的地理空间限制，这也就意味着犯罪行为人远隔万里仍可以侵犯被害人的财产。再者由于不再需要实体媒介，通过一部手机，行为人足不出户就可以登录被害人的第三方支付账号，从而达到侵犯财产的目的，操作成本极其低廉。同时人们对第三方支付模式越发依赖，因此相较于传统侵财行为，第三方支付下侵财行为危及的范围极其广泛。

3. 犯罪对象具有虚拟性

侵财犯罪中的犯罪对象往往是公私财物，传统侵财行为的对象通常以有形物为主，有其存在的物理形态。但是第三方支付模式下，由于依托于信息网络，因此第三方支付平台财产的表现形式就是存在于网络中的电子数据，并没有具体的物理形态，具有虚拟性的特点。传统侵财犯罪中，行为人实施犯罪就是在现实中对侵犯的财产直接进行物理控制，从而改变财产的占有状态。而第三方支付下，财产具有虚拟性，该财产实际上只是存在于电

---

[1] 王钢：《盗窃与诈骗的区分——围绕最高人民法院第 27 号指导案例的展开》，《政治与法律》2015 年第 4 期，第 47 页。

子介质中的无形物，是一种数据，并无法脱离网络而存在。因此，第三方支付下行为人的侵财行为往往表现为对账号密码的非法支配，并不需要实体上的操控。

（二）利用第三方支付平台侵财行为的司法定性

1. 利用第三方支付平台侵财行为定罪问题的认定

（1）侵犯第三方支付账户内余额的行为定性

想要对行为人侵犯第三方支付账户内余额的行为进行准确定性，第一步要做的就是明确第三方支付账户内的余额具有何种法律性质。根据 2015 年中国人民银行发布的《非银行支付机构网络支付业务管理办法》第 7 条①的规定，第三方账户中的余额只是用以记录的数据，该数据代表着第三方支付平台基于用户的委托，帮助用户保管的、以自己名义存在银行的预付价值，这种预付价值并不由第三方支付平台所有，而是由用户本人拥有所有权。在用户向第三方支付平台发出调拨指令后，第三方支付平台接着向银行发出指令，将相应的资金调出。因此，第三方支付平台账户资金余额，实质上属于一种预付价值。②

用户将银行卡中的资金"充值"到第三方支付平台账户内，实际上资金是从该用户的银行账户中转移到了第三方支付平台的银行账户中，该资金流转过程实质上都是在银行账户之间完成的，用户的第三方账户内事实上并不存在资金，所谓账户余额只是一个虚拟的、有价值的预付凭证。当行为人侵犯他人第三方账户余额时，是通过对第三方支付平台发出资金调拨指令，调拨第三方支付平台的银行账户内保管的他人资金，这种调拨会通过用户账户内的余额记录反映出来。

本书认为侵犯第三方支付账户内余额的行为应该以盗窃罪论处。有学者提出三角诈骗理论，认为行为人通过各种手段登录被害人的账号，并转移账户内资金，此时第三方支付平台将行为人误认作账户所有者本人，该平台因为受骗而错误地处分了被害人的财产。③在前文已论述过，第三方支付平台并不存在被骗的可能，在整个犯罪过程中，行为人输入正确的第三方支付平台的账号、密码，根据双方的服务协议，为了保证资金周转的便捷性，第三方支付平台并不需要进行实质的身份检查，即可将此视为用户本人的操作。此时，第三方支付平台可以被视为用户在网络领域内的一个虚拟保险箱，只要行为人能够正确地输入账号、密码，就可以打开这个保险箱，并取得里面存放的资金。因此，储存在用户第三方支付账户内的资金，在性质上与用户放在保险箱中的资金并无差别，行为人输入账号、密码后非法转移用户账户内余额的行为，与非法打开他人保险箱后取走财产的行为

---

① 《非银行支付机构网络支付业务管理办法》第 7 条："支付机构应当与客户签订服务协议，约定双方责任、权利和义务，至少明确业务规则（包括但不限于业务功能和流程、身份识别和交易验证方式、资金结算方式等），收费项目和标准，查询、差错争议及投诉等服务流程和规则，业务风险和非法活动防范及处置措施，客户损失责任划分和赔付规则等内容。支付机构为客户开立支付账户的，还应在服务协议中以显著方式告知客户，并采取有效方式确认客户充分知晓并清晰理解下列内容：'支付账户所记录的资金余额不同于客户本人的银行存款，不受《存款保险条例》保护，其实质为客户委托支付机构保管的、所有权归属于客户的预付价值。该预付价值对应的货币资金虽然属于客户，但不以客户本人名义存放在银行，而是以支付机构名义存放在银行，并且由支付机构向银行发起资金调拨指令。'支付机构应当确保协议内容清晰、易懂，并以显著方式提示客户注意与其有重大利害关系的事项。"

② 潘星丞：《竞合论视角下盗窃罪与诈骗罪的界分》，《政治与法律》2019 年第 7 期，第 62 页。

③ 黄亚南：《新型支付方式下侵财犯罪的定性研究》，《辽宁警察学院学报》2018 年第 3 期，第 3 页。

性质是一样的，所以侵犯第三方支付账户内余额的行为应构成盗窃罪。

案例1中被告人朱某趁被害人周某睡觉之际，登录被害人第三方支付账号，并将账户资金转移到自己账户中，实际上是非法占有了被害人的预付价值，被害人和第三方支付平台都没有被欺骗，故而也不存在因被骗而作出处分行为，该预付价值的转移是由行为人朱某独立完成的，因此法院判决朱某构成盗窃罪定性正确。

（2）侵犯第三方支付账户所绑定的银行卡内资金的行为定性

侵犯第三方支付账户所绑定的银行卡内资金，从行为手段来看与侵犯账户余额相类似，两者都是通过各种手段登录用户的第三方支付账号，然后实施侵犯财产的犯罪行为，但不同之处在于两者侵犯财产的对象不同。如前所述，第三方账户内余额实质上是一种预付价值，是一种虚拟的财产，具有物权属性。但是在侵犯第三方账户所绑定的银行卡内资金时，其犯罪行为指向的对象是用户的银行卡内资金，而该资金实质上是用户对银行的债权。因此，窃取第三方账户内余额所侵犯的客体是被害人对该资金享有的所有权，而侵犯第三方支付账户所绑定的银行卡内资金的行为侵害的客体除了被害人对银行享有的债权外，还包括银行卡的管理制度。

由于第三方支付用户在绑定银行卡时，已经输入过银行卡相关信息进行认证，在交易中，第三方支付平台发挥的是受委托处理事务的作用，一方面代替用户向银行发送指令，另一方面帮助银行快速并且安全地检验用户身份。当行为人通过第三方支付平台侵犯用户绑定的银行卡内资金时，先向第三方支付平台发出指令，第三方支付平台在代替银行快速验证完行为人身份后，代替用户向银行发出指令，最终行为人完成侵财行为。不管是在理论界还是在实务界，在定性侵犯第三方支付账户所绑定的银行卡内资金的行为时，主要存在盗窃罪和信用卡诈骗罪两种观点，争议焦点主要在于行为人获得的第三方支付平台的账户信息是否属于"信用卡信息资料"范畴。

认为第三方支付账户信息不属于信用卡信息资料的学者以为，当第三方支付账户与银行卡绑定在一起时，使用第三方支付平台的账号、密码虽然可以调拨银行卡内资金，但是第三方支付平台的账号、密码与银行卡的卡号、密码并不相同，第三方支付平台并不是银行的分设机构，与银行之间并无联系。信用卡信息资料应该是与银行卡自身有关系的，代表该卡的申请人、密码、开户行等信息。第三方支付平台的账号、密码与用户的银行卡之间并不存在必然的联系，因此第三方支付账户的信息与银行卡信息并不相同，不属于传统银行卡信息资料范畴。笔者认为此种说法值得商榷。

根据中国人民银行发布的《银行卡磁条信息格式和使用规范》，信用卡信息资料主要包括主账号、发卡机构标识号码、个人账户标识、校验位、个人标识代码（持卡人个人密码）等内容。可见，银行卡信息主要是与银行卡有关的、可以用来识别用户的信息，每张银行卡都指代着不同的用户。而且从功能上看，银行卡的主要功能就是协助用户快捷地办理相关业务，银行卡号就相当于用户在银行注册的账号。因此，作为银行用户身份识别的载体，银行卡的主要用处就是便于用户通过银行信息系统办理各种业务，该作用并不随着银行卡使用环境的不同而改变。无论是在人工柜台处使用，还是在自动取款机处使用，都不影响银行卡的功能，同样，银行卡在第三方支付平台上使用时，其功能和身份也并不随之变化。虽然在利用第三方支付平台调拨银行卡内资金时，所使用的账号、密码与银行卡卡号、密码并不相同，但是当银行卡和第三方支付账户相关联时，该第三方支付账户所承担的功能和银行卡一样。根据用户与银行、第三方支付平台间的协议，第三方支付平台的账号、密码可以代替银行卡卡号、密码，成为用户身份认证的方式。既然银行卡信息资料主要是与银行卡有关的、可以用来识别用户的信息，那么当第三方支付平台的密码可以作为银行卡密码调拨银行卡内资金、实现银行卡的功能时，就可以将第三方支付平台账户的信息归入银行卡信息资料的范畴。

有判决认为第三方支付平台的支付密码不是银行卡密码，支付密码是对第三方支付平台下达的指令，根据该平台之前和银行签订的绑定协议，银行会当然地支付。在此种情况下，行为人妨害的是第三方支付平台的管理秩序，擅自冒用他人的第三方支付账号，而银行根据之前的绑定协议，在支付过程中是不存在错误认识的，不存在被骗情形。而且银行作出支付这一行为时，其行为的指令来源是第三方支付平台，行为人并没有直接对银行发出指令，而是对第三方支付平台发出指令，由于行为人没有直接与银行联系，行为人也就没有侵害到银行对信用卡的管理秩序，所以不能认定为信用卡诈骗罪。此类犯罪行为只能定性为妨害第三方支付平台的管理秩序，窃取他人的资金，应当认定为盗窃罪。[①] 那么，在行为人侵犯第三方支付账户所绑定的银行卡内资金时，银行是否被骗？银行的信用卡管理秩序是否受到妨害？

虽然行为人输入的是第三方支付平台的账号和密码，但该账号的所有人在先前已经绑定好银行卡，并完成相关的身份验证，此时无论是银行卡所有人，还是银行本身，根据先前协议，实际上已经默认了在银行卡所有人利用第三方支付平台支付时，调动口令由之前的银行卡卡号和密码变为验证之后的第三方账号及密码。正如前文所述，第三方支付平台只是代替双方"发出指令"和"验证身份"而已，因此，表面上看行为人发出的转移资金指令经历了"行为人—第三方支付平台—银行"这样的三方主体关系，但本质上来说与使用手机银行一样，仍然是"行为人—银行"双方主体关系，只是支付指令不同而已。

《刑法》第196条规定了构成信用卡诈骗罪的四种犯罪行为，其中第三项就是"冒用他人信用卡"。所谓冒用他人信用卡，指的是行为人假冒信用卡所有人的名义，在没有得到信用卡所有人的授权或者允许的情况下，擅自使用信用卡进行转账、消费等，侵犯信用卡所有人财产的行为。[②]《最高人民法院、最高人民检察院关于办理妨害信用卡管理刑事案件具体应用法律若干问题的解释》第5条第2款[③]则规定了"冒用他人信用卡"的具体情形。上文已论述过，被害人的第三方支付平台的账号密码属于刑法上的信用卡信息资料。当行为人通过各种非法手段获得了被害人的第三方支付账号和密码时，由于第三方支付账户已经与银行卡关联在一起，对于银行来说，正确的第三方支付账户和密码就相当于正确的银行卡卡号和密码，从而以为行为人发出的业务办理指令（如转账等）是来自银行

① 王某诈骗等一审刑事判决书，柳林县人民法院（2018）晋1125刑初71号。
② 黄祥青：《信用卡诈骗罪的立法分析与司法认定》，《人民司法》2000年第6期，第35页。
③ 《最高人民法院、最高人民检察院关于办理妨害信用卡管理刑事案件具体应用法律若干问题的解释》第5条第2款："刑法第一百九十六条第一款第三项所称'冒用他人信用卡'，包括以下情形：（一）拾得他人信用卡并使用的；（二）骗取他人信用卡并使用的；（三）窃取、收买、骗取或者以其他非法方式获取他人信用卡信息资料，并通过互联网、通讯终端等使用的；（四）其他冒用他人信用卡的情形。"

卡所有人，进而按照指令转移了资金。在这样的过程中，银行对信用卡的管理秩序实际上已经被侵犯了，整个犯罪过程契合司法解释规定的"冒用他人信用卡"情形，因此侵犯第三方支付账户所绑定的银行卡资金的行为应定性为信用卡诈骗罪。

案例2、案例3和案例4中，虽然都是侵犯第三方支付账户所绑定的银行卡内资金，但其中有细微差别。案例2和案例3中，行为人直接侵犯了被害人银行卡中的余额，案例4行为人侵犯的是被害人银行卡的可用额度。案例2构成信用卡诈骗罪无须赘言。那么类似案例3中，行为人将被害人银行卡内资金先转移至被害人第三方支付账户中，再直接消费或转出，应该如何认定？在案例3中，行为人将被害人银行卡内资金转出至被害人第三方账户内，从资金流转角度来说，其实资金是从被害人银行账户中转移至第三方支付平台的银行账户中，被害人相应地取得了预付价值，紧接着行为人将被害人第三方支付账户中的预付价值直接消费，导致被害人预付价值的减损。本案中，虽然行为人将"被害人银行卡内资金转移至被害人第三方账户内"这一行为，实际上并未导致被害人财产的减损，只是将财产性质由债权转为物权，行为人也没有因为该行为获得财产——导致被害人财产减损的是行为人接下来的消费预付价值的行为，但是因为行为人已经控制了该账户，所以被害人账户里的财产实际上已经处于行为人的事实占有之中，行为人后续转出行为应属于事后不可罚行为。因此，案例3中的行为人也适宜以信用卡诈骗罪论处。案例4与案例3的情形大致相似，不同于案例3是将被害人银行卡的资金余额转移至被害人绑定的支付宝账户后进行消费或转出，案例4则是将被害人银行卡的信用额度资金转入被害人绑定的支付宝账户后，再转入行为人新注册的支付宝账户或者借助奶茶店店主、烧烤店店主等的账户转出资金。两个案件虽然具体的实施过程不同，但行为模式都是利用第三方支付平台关联银行卡（含信用卡），进而获取被害人银行卡内资金，以信用卡诈骗论处为宜。

综上所述，当行为人通过窃取、骗取或其他方式，获取被害人的第三方支付账号和密码，并侵犯被害人银行卡内资金时，应当定性为信用卡诈骗罪。

（3）侵犯第三方支付所关联信贷资金的行为定性

侵犯第三方支付所关联信贷资金的行为应如何定性，实践中往往认为成立贷款诈骗罪或者盗窃罪，也有部分判决认为成立诈骗罪，其理由在前文已有论述。除了上述几种主要争议外，理论界还有学者认为成立信用卡诈骗罪或者合同诈骗罪。认为构成信用卡诈骗罪的学者以为，信贷产品在功能和使用方式上与刑法中的信用卡并无不同，可以视为一种"虚拟信用卡"，冒用他人第三方支付账户套现的行为属于冒用他人信用卡的情形，构成信用卡诈骗罪[①]；认为成立合同诈骗罪的学者以为，如果账户所有人没有开通信贷产品，行为人冒用账户所有人名义与信贷公司签订合同，那么应成立合同诈骗罪。

目前，市面上第三方支付平台中的信贷产品主要有两类，一类是消费信贷产品，其作用与信用卡类似，主要代表产品是蚂蚁花呗[②]，另外一类则是借贷产品，主要代表产品是借呗。第三方支付平台中的信贷产品，无论是消费信贷产品还是借贷产品，从流程上说，

① 张雪燕：《论第三方网络支付方式下套现行为的刑法定性——以支付宝"蚂蚁花呗"为例》，《广东开放大学学报》2018年第4期，第62页。

② 陆芳烨：《冒用他人蚂蚁花呗行为的刑事认定》，《中国检察官》2018年第16期，第31-34页。

绝大部分都是一些信贷公司与第三方支付平台合作，签订相关协议后，第三方支付平台作为中介人，在自己的用户和合作的信贷公司之间起中介辅助作用，帮助双方分别获取和提供贷款服务。也就是说，当提供信贷产品的信贷公司收到第三方支付平台用户的贷款指令时，就会与该账户所有人签订贷款合同，同时根据指令将申请人申请的贷款发放到第三方支付平台账户中。当行为人冒用第三方支付平台用户的账户使用信贷产品时，实际上是假借该账户所有人的名义向信贷公司申请贷款，因此在探究行为人侵犯第三方支付所关联信贷资金的行为该如何定性时，需要关注以下几点。

第一，信贷公司属于金融机构。信贷公司是否属于刑法意义上的金融机构一直存在争议。反对者认为目前绝大部分信贷公司均没有金融许可证，现有的金融监管规范性文件中，信贷公司也与传统金融机构并不相同，因此不属于金融机构。笔者认为信贷公司虽然与传统金融机构并不相同，但是从业务上看，信贷公司主要从事的是贷款业务，且该业务为法定部门所准许，即使信贷机构通常是公司形式，但这与其是否属于金融机构也并不冲突，不能否认其从事的贷款业务应该受到保护。同时，《金融机构编码规范》也将信贷公司纳入编码之中，足见信贷公司作为金融机构有相应的法律文件支撑。

第二，类信用卡的信贷产品不能视为信用卡。第三方支付平台所关联的信贷产品在功能上与信用卡类似，第三方支付平台的用户根据自己的信用等级，可以向信贷公司申请贷款，并在可以贷款的额度内能先用该贷款消费，再在信贷公司规定的时间内归还贷款，超出规定的时间则需要支付逾期利息。如前所述，刑法意义上的信用卡应该是由银行或其他金融机构发行的，结合《银行卡业务管理办法》第2条①的规定可知，信用卡的发行主体并不包含所有的银行和金融机构，商业银行想要发行信用卡需要经过中国人民银行的批准，金融机构也只是指拥有发行信用卡权限的邮政金融机构。因此，虽然信贷公司可以成为金融机构，但是刑法意义上的信用卡并不包括信贷公司发行的这些产品。所以说冒名登录他人第三方支付账号，侵犯账户所关联的信贷资金的犯罪行为不构成信用卡诈骗罪。

第三，侵犯第三方支付所关联信贷资金行为的受害人应分情况而定。第三方支付平台上的信贷产品，无论是类似于信用卡的消费信贷产品，还是小额借贷产品，用户协议上一般都会规定，除了技术风险之外，信贷公司只要借出了用户账户所贷的资金，那么安全风险即由用户承担。① 当第三方支付平台用户事先并未开通此类信贷产品时，受害人是信贷公司。由于此时被冒名用户未事先开通信贷产品，实质上并未与信贷公司签订相关的用户协议，不受用户协议的制约。根据《民法典》中关于民事法律行为的效力规定，第三方支付平台账户的所有者由于是被行为人冒充与小贷公司签订的相关合同，所以被冒名用户可以主张该合同并非自己签订，而是冒用者冒用自己名义签订的，请求撤销或宣告无效，从而免除自身债务。此时被冒名用户的财产并未遭受损害，最终的受害者是信贷公司。② 当第三方支付平台用户事先已经开通此类信贷产品时，受害人是该被冒名用户。根据用户协议可知，由于第三方支付账户的实际所有者先前开通了此类产品，所以理应遵守协

① 《银行卡业务管理办法》第2条："本办法所称银行卡，是指由商业银行（含邮政金融机构，下同）向社会发行的具有消费信用、转账结算、存取现金等全部或部分功能的信用支付工具。商业银行未经中国人民银行批准不得发行银行卡。"

议的相关规定，对非技术风险产生的债务负责。当行为人使用被冒名用户的账户借出相应资金后，该资金是由小贷公司直接发放至用户的账户中的，此时用户占有该笔资金，且根据相关协议与小贷公司产生债权债务关系。当行为人将用户账户内所借资金转出时，其侵犯的资金是用户合法占有的资金，因此受害人是被冒名的用户。

第四，信贷公司系受骗者。① 当第三方支付平台用户并未开通信贷产品时，此时行为人冒用用户名义开通信贷产品，使得信贷公司被骗陷入错误认识，与用户签订了合同，此时信贷公司误以为行为人就是被冒名的用户本人，信贷公司明显处于被骗状态。② 当第三方支付平台用户已经开通信贷产品时，信贷公司是否被骗？以支付宝的花呗服务商为例，《花呗用户服务合同》第6条规定，只要能够正确输入账号密码，就视为是账户所有人本人的行为。该条规定恰好说明，正是因为担心有人会冒用他人账户使得花呗服务商基于被骗发放贷款，花呗服务商才作出此条规定。"处分财产的人是否存在民法上的过错、是否承担民事责任，与其是否属于诈骗犯罪中的受骗者，是两个不同的问题。花呗服务商不承担责任，不等于其没有受骗。"① 因此，在第三方支付平台中，既然用户每使用一次信贷资金就是一次贷款行为，那么就算用户已经开通了信贷产品，也不妨碍信贷公司处于被骗的状态。

案例5中法院认为被告人范某甲窃取他人支付宝信用账号并使用，将钱款转入自己的账户，属于秘密窃取行为，法院最终判决被告人范某甲犯盗窃罪。实际上，将范某甲转移被害人借呗钱款的行为定性为盗窃罪并不妥当。第三方支付下，行为的秘密性已难以作为盗窃罪与诈骗罪的界分依据。本案中范某甲使用被冒名人的信用账户，使信贷公司陷入了范某甲是被冒名人本人的错误认识，并处分财产，应当构成贷款诈骗罪。

综上所述，无论被冒名用户是否开通了信贷产品，行为人侵犯第三方支付所关联信贷资金时都操纵了交易基础信息，利用信贷机构并不知道行为人真实身份的信息差，使得信贷机构陷入错误认识处分了财产，应当构成贷款诈骗罪。

(4) 侵犯第三方支付所关联理财资金的行为定性

第三方支付平台中的理财产品，实际上是第三方支付平台与基金公司合作，在平台上发布的由基金公司提供的基金。第三方支付平台的用户可以在该平台上直接购买基金，如支付宝中余额宝的钱款就是用户所购买的天弘基金。以支付宝的余额宝为例，余额宝中的资金可以随时用来消费、转出和转入，操作十分便捷，余额宝作为一种货币基金，其产品收益高低主要由基金公司的投资管理能力决定。用户在购买余额宝基金后，除了可以随时便捷使用，还可以获取相应的利息。虽然网络基金理财产品使用便捷，同时也有一定收益，但其与银行的活期存款性质不同。

第三方支付平台中的理财产品，是由第三方支付平台与基金公司联合推出的服务，共涉及三方主体，也就是第三方支付平台、提供理财产品的基金公司和购买理财产品的用户。用户购买基金后，用户和基金公司之间成立信托法律关系，基金公司就是基金管理人，用户持有基金份额，享受基金收益，第三方支付平台则扮演协助基金公司销售基金的角色。通过第三方支付平台，用户并不需要在基金公司重新开设账户，只需要通过第三方

---

① 张明楷：《合同诈骗罪行为类型的边缘问题》，《东方法学》2020年第1期，第36-37页。

支付平台的账户，就可以实现基金的购买与赎回。购买理财产品后，资金实际上进入了基金公司的账户，而不是第三方支付平台。用户如果想要赎回基金，就会先向第三方支付平台发出赎回基金的指令，第三方支付平台通过账号密码验证用户身份，在确认真实之后将该赎回基金的指令发给基金公司，然后基金公司按照指令将对应金额转移到用户的第三方支付账户中。因此，第三方支付账户所关联的理财产品，实质上是用户享有权利的债权凭证。

案例 6 中，法院将被告人定为犯盗窃罪的结论正确。行为人侵犯被害人第三方支付所关联理财资金的行为，实际上是通过第三方支付平台，以被害人的名义将被害人所购买的理财产品从基金公司处赎回，被赎回的基金份额转化为被害人账户中对应的预付价值，接着行为人将被害人账户中的预付价值转移到自己的账户中或者直接用于消费。在此过程中，行为人实质上侵犯的是被害人对基金公司享有的债权，应当以盗窃罪论处。

因此，侵犯第三方支付所关联理财资金的行为，应该定性为盗窃罪。

（5）绑定银行卡非法取财的行为定性

与第二种侵犯第三方支付账户所绑定的银行卡内资金的行为相比，绑定银行卡非法取财多了一个"绑定"的行为。第三方支付平台的用户，首先需要将银行卡与第三方支付账户进行绑定，银行在办理相应绑定业务时需要进行相关的信息认证，用户通过输入银行卡信息、持卡人信息和银行预留的手机号，接收银行发来的校验码后完成绑定程序。行为人想要完成"将被害人的银行卡与自己或被害人的第三方支付平台绑定"这一过程，就一定需要掌握被害人的各项信息，这些信息包括被害人的身份信息、银行卡相关信息等，从法律角度来说，它们显然属于刑法意义上的信用卡信息资料。

案例 7 中，行为人将被害人的信用卡绑定到第三方支付账户上，并转移银行卡内的资金，属于在互联网通讯终端上使用，此类行为完全符合司法解释的相关规定。该案审理法院认为被害人采取秘密手段窃取，将被告人定性为构成盗窃罪显然不妥，应定为信用卡诈骗罪。

因此，绑定银行卡非法取财的行为本质上是冒用他人信用卡实施的诈骗行为，侵害了信用卡管理秩序及正常的金融管理秩序，同时也侵犯了被害人的财产，应该构成信用卡诈骗罪。

2. 利用第三方支付平台侵财行为罪数问题的认定

第三方支付平台一般以互联网为依托，第三方支付账号往往由数字组成，具有虚拟性，因而想要利用第三方支付平台侵犯他人的财产，在实践操作中需要借助一些媒介，最为普遍的就是手机等移动设备。因此，行为人在利用第三方支付平台实施侵财行为时，往往伴随着一定的前置行为，如果行为人只是通过各种手段获得用户的账号、密码，但是并没有使用，就不应视为犯罪。通过梳理裁判文书可以发现，行为人在通过各种手段（如利用被害人的信任、生活或职务便利、高新技术截获等）获知他人账号、密码后，除了可能使用自己的移动设备登录外，还可能秘密使用被害人手机登录第三方支付平台，也有行为人通过盗窃、拾取、抢夺等手段占有被害人手机后，再登录被害人的第三方支付平台侵犯财产。那么在这种情况下，该如何认定行为人的罪数呢？可以从以下几个方面考虑。

（1）判断前置行为的合法性

如前所述，行为人在登录他人第三方支付平台并侵犯财产之前，往往存在一些前置行为，这些前置行为分为多种类型，如秘密使用、拾取等不构成犯罪的行为，也有盗窃、抢夺他人手机这种本身就构成犯罪的行为。如果行为人的前置行为并不构成犯罪，那么应该只对行为人侵犯财产的行为单独定罪；如果行为人的前置行为构成犯罪，那么就可以将前置行为和后续的侵财行为作为两个独立的行为分别判断。例如，行为人在借用被害人手机后，通过各种方式登录了被害人的第三方支付平台，并将被害人第三方支付账户绑定的银行卡内资金转出，那么就应当只以信用卡诈骗罪论处，因为"借用手机"这一前置行为并不构成犯罪。相反，如果行为人趁被害人不备，盗窃被害人手机后登录被害人的第三方支付平台账号，并将被害人第三方支付账户绑定的银行卡内资金转出，若行为人盗窃的手机价值达到盗窃罪的入罪标准，那么应该对行为人以盗窃罪和信用卡诈骗罪数罪并罚，因为此时行为人"盗窃手机"这一前置行为也构成犯罪，应该作为犯罪行为给予刑法评价。

（2）判断行为人的主观故意如何

行为人在实施盗窃、欺骗或者借用他人手机这些前置行为时，需要评判行为人在实施这些前置行为时的主观状态。如果行为人在实施前置行为时，其主观上就存在非法占有他人财物的目的，那么就可能存在数罪或者实质的一罪。例如，行为人刚开始就存在非法占有的目的，抢夺他人手机（手机价值达到入罪标准）后又通过各种手段登录被害人的第三方支付平台账号，并窃取第三方支付平台账户内余额，那么就应该对该行为人以抢夺罪和盗窃罪并罚，这是因为行为人实施抢夺和侵犯第三方支付账户余额行为时的主观故意并不相同。如果行为人以盗窃的故意盗窃他人手机，后又通过各种手段登录被害人的第三方支付平台账号，并窃取第三方支付平台账户内余额，那么应该对行为人以盗窃罪论处，因为前后两个行为都是基于盗窃的故意实施的。如果行为人刚开始并不存在非法占有的目的，而是基于其他故意，则同样应当以数罪论处。例如，行为人偷偷拿走被害人的手机后，想要将该手机扔进河里，到了河边后突然发现可以登录被害人的第三方支付平台账号，于是登录被害人的第三方支付平台账号并窃取了账户内余额，然后将手机扔入河中，此时应该以盗窃罪和故意毁坏财物罪论处，因为行为人在实施两个行为时，分别存在故意毁坏他人财物目的和非法占有他人财物目的，属于两个故意支配下的两个行为，应该在刑法上分别评价，数罪并罚。

（3）判断数行为之间的连贯性

"行为的连贯性和兼容性是认定犯罪故意数量的重要标准，也是区分数罪与一罪的重要考量因素。"[1] 从行为的牵连性角度来说，判断行为人的前置行为与后续利用第三方支付平台侵财行为是否具有牵连性，也就是判断前行为是否属于后行为的手段，后行为是否属于前行为的目的，应该从类型化的角度来判断。"只有当某种手段通常用于实施某种犯罪，或者某种原因行为通常导致某种结果行为时，才宜认定为牵连犯。"[2] 在利用第三方支付平台实施侵财行为的案件中，前置行为往往是盗窃、骗取他人手机等行为，而这些行

---

① 丁成：《转移互联网支付平台资金行为类型化分析》，《上海法学研究》2019 年第 7 卷，第 198 页。

② 张明楷：《刑法学（第六版）》，法律出版社，2021，第 651 页。

为显然不是利用第三方支付平台实施侵财行为的通常手段，因此前置行为和侵财行为之间不应认定具有牵连性，应该分别评价。从行为的连贯性角度来说，如果行为人基于非法占有的目的，盗窃被害人手机后紧接着实施了侵犯被害人第三方支付账户内余额的行为，应该以盗窃罪定罪处罚，涉案金额是手机价值和行为人侵犯的第三方支付账户内余额的总和。如果行为人在窃取被害人手机后，当时并没有侵害被害人第三方支付账户内余额，而是在几个月之后才实施了侵财行为，此时由于间隔时间比较长，应该作为两次盗窃罪进行评价，分别定罪量刑后再根据法定原则确定执行的刑罚。

拓展讨论问题

1. 移动支付技术普及之下，传统侵财犯罪有哪些行为方式的变化？

2. 传统理论中盗窃罪与诈骗罪的行为结构有什么异同？

3. 支付宝等支付平台能否被骗，即机器能否被骗？

4. 关于非法获取他人支付宝平台内资金的定性，获取绑定银行卡内资金类型犯罪应当认定为何罪？

5. 用户在第三方支付中应当如何保护自己的账户和个人信息安全？应当注意哪些常见的盗窃与诈骗手段？

6. 如何界定第三方支付平台对盗窃与诈骗行为的赔偿责任？他们应当在什么情况下对用户的损失负责？

7. 监管机构对第三方支付应当加强哪些方面的监管措施？

8. 从公众教育的角度看，如何提高用户对第三方支付安全的认知和警惕性？应当加强哪些方面的宣传和培训？

拓展阅读文献

（一）著作

1. 张红昌：《财产罪中的占有研究》，中国人民公安大学出版社，2013。

2. 张明楷：《刑法分则的解释原理（第二版）》，中国人民大学出版社，2011。

3. 马继华：《众赢：蚂蚁金服的财富密码》，电子工业出版社，2017。

4. 汪恭政、皮勇：《第三方支付平台犯罪及刑事责任研究》，中国社会科学出版社，2020。

（二）论文

1. 陈兴良：《盗窃罪与诈骗罪的界分》，《中国审判》2008 年第 10 期。

2. 张明楷：《三角诈骗的类型》，《法学评论》2017 年第 1 期。

3. 王钢：《盗窃与诈骗的区分——围绕最高人民法院第 27 号指导案例的展开》，《政治与法律》2015 年第 4 期。

4. 刘明祥：《论诈骗罪中的交付财产行为》，《法学评论》2001 年第 2 期。

5．秦新承：《认定诈骗罪无需"处分意识"——以利用新型支付方式实施的诈骗案为例》，《法学》2012 年第 3 期。

6．赵运锋：《转移他人支付宝钱款行为的定性分析——兼论盗窃罪与诈骗罪的竞合关系》，《华东政法大学学报》2017 年第 3 期。

7．吴允锋：《人工智能时代侵财犯罪刑法适用的困境与出路》，《法学》2018 年第 5 期。

8．蔡桂生：《新型支付方式下诈骗与盗窃的界限》，《法学》2018 年第 1 期。

9．刘宪权：《新型支付方式下网络侵财犯罪性质认定的新思路》，《法学评论》2020 年第 5 期。

10．王莹：《诈骗罪重构——交易信息操纵理论之提倡》，《中国法学》2019 年第 3 期。

11．陆芳烨：《冒用他人蚂蚁花呗行为的刑事认定》，《中国检察官》2018 年第 16 期。

12．周德金：《相当因果论——盗中有骗的边界之分》，《政法论坛》2020 年第 1 期。

**专题六**　　　　　**虚假破产罪司法疑难问题及对策**

一、虚假破产犯罪研究现状述评

（一）国内研究现状

现行刑法规制破产欺诈行为可能适用三个罪名：虚假破产罪，妨害清算罪，隐匿、故意销毁会计凭证、会计账簿、财务会计报告罪。

从法条的表述上看，虚假破产罪和妨害清算罪的区别在于公司、企业是否进入破产清算程序，这是区分二者的关键。《刑法修正案（六）》第6条规定了虚假破产罪。刑法学者黄太云认为，成立虚假破产罪，应当对虚假破产行为的发生时间设置条件，即公司、企业实施的虚假破产行为应当在提出破产申请之日前。[1] 此外，行江、王杨亦认为，公司、企业实施的虚假破产行为应当发生在提出破产申请之日前。[2] 按照刑法修正案的文字规定，成立虚假破产罪的构成要件之一应当系公司、企业实施虚假破产行为。王欣新认为这是不完善的，即公司、企业真实进入破产程序而发生的虚假破产行为不能够追究刑事责任。[3] 然而，行江、王杨对该观点提出了不一样的看法，认为成立该罪应当探究公司、企业进入破产程序的原因，而非目的。假使一个公司真实地破产，而其是为了逃避债务，则依旧在该罪打击的范围之内。[4] 刑法学者张晶认为，虚假破产罪中最关键的在于行为主体实施的犯罪行为必须能够反映出"破产"的属性。[5] 但是，犯罪主体实施的虚假破产行为未必就是为了虚假破产。如果现行刑法在行为性质处于模糊阶段就予以干涉，无疑会损毁刑法谦抑性精神，不利于保障公民合法权益。

二者的区别除了法条上表述的外，还体现在是否真实地满足"资不抵债"的条件。倘若债务人事实上已达到"资不抵债"状态，申请进入破产程序，即"真破产"，在进入破产程序之后，采取隐匿、转移财产等欺诈手段，使债权人或第三人利益遭受严重损害，在此情况下，债务人实施的行为也应被视为虚假破产行为，虽然个人法益是次要客体，但亦应将其作为主要的定罪要素，并以此认定该行为构成虚假破产罪。因此，对于"破产逃债"行为不能简单地认定其是否构成破产欺诈罪，而应当从该罪的主客观要件进行类型化分析。无论"假破产"还是"真破产"，只要行为人实施了"真逃债"，就不排除入罪的可能。关键是从实质解释角度，判定其侵害破产秩序和个人法益的社会危害性及其程度；

---

① 黄太云：《〈刑法修正案（六）〉的理解与适用（上）》，《人民检察》2006年第14期，第47页。
② 行江、王杨：《破产欺诈犯罪立法研究》，《北京科技大学学报（社会科学版）》2008年第1期，第58页。
③ 王欣新：《真假破产中"严重欺诈"均应追究刑责——评〈刑法修正案（六）〉中关于破产欺诈犯罪的规定》，《检察日报》2006年7月13日。
④ 行江、王杨：《破产欺诈犯罪立法研究》，《北京科技大学学报（社会科学版）》2008年第1期，第58页。
⑤ 张晶：《我国虚假破产罪的立法缺陷及其完善》，《企业经济》2011年第4期，第190页。

对于处在罪与非罪模糊边界的行为类型，应秉持刑法谦抑性精神，优先考虑适用民事赔偿或行政处罚的非刑事制裁措施，避免陷入过度犯罪化误区。[①]

与学者张勇观点相似的还有不少学者，譬如付中华认为，虚假破产行为可能是制造"假破产"条件，也可能已具备"真破产"原因，企业利用破产制度逃避债务，扰乱破产秩序，在我国破产犯罪立法不完善的情况下，刑法对虚假破产行为应做扩张解释。[②] 是故，在辨析虚假破产罪成立与否时，不仅应从公司、企业是否进入破产清算程序进行分析，而且应从虚假破产行为是否真实具备破产条件进行探讨。

（二）国外研究现状

1. 英美刑法对破产欺诈罪的认定

英国作为英美法系的发源地和核心地，是英美法系代表国家之一。英国对破产欺诈行为较早作出了规定，主要体现在以下 6 个条文。

首先，根据《英国破产法》（Insolvency Act 1986）第 206 条规定，行为主体在破产事实发生的前十二个月内或破产事实发生后实施下列行为的，构成犯罪：第一，隐瞒公司、企业财产 500 英镑以上的；第二，欺诈性抽逃公司、企业财产 500 英镑以上的；第三，隐匿、销毁公司、企业账册的；第四，在公司、企业账簿上作虚假记载的。

其次，根据《英国破产法》第 207 条规定，行为主体在公司清算过程中，实施下列行为的，构成犯罪：第一，无偿赠送公司、企业财产的；第二，以其他方法欺诈债权人交易的；第三，公司、企业的主管人员知道公司、企业败诉判决，在要求公司承担付款义务的通知之日前两个月内，实施隐匿、转移公司财产行为的。[③]

再次，根据《英国破产法》第 208 条规定，原公司人员实施下列行为的，构成犯罪：第一，隐藏公司、企业财产；第二，拒不交接公司、企业财产；第三，拒不交接公司、企业账簿；第四，违反披露公司、企业信息义务；第五，通过虚报公司、企业受到的损失数额或承担的费用的方法，减少公司、企业的财产。根据《英国破产法》第 209 条规定，承担连带清偿责任的公司高级职员，在公司清理期间实施销毁、更改、伪造公司账簿、文件或有价证券的行为，构成犯罪。根据《英国破产法》第 210 条规定，原公司人员或者现公司人员在公司清算过程中，实施了对公司事务陈述有重大遗漏行为的，应当承担刑事责任。

最后，根据《英国破产法》第 211 条规定，原公司人员或者现公司人员在公司清算过程中，实施了向债权人虚假陈述公司、企业信息的行为，使得债权人因此与公司就清算事务达成一致协议的，构成犯罪。此外，《英国破产法》第 206 条至第 211 条所规定的犯罪，纵使审判法院对该些行为适用简易裁决，刑罚处罚的力度相对也是较大的。根据法条规定，该罪刑罚处罚可判处法定最高额的罚金或六个月监禁，或二者并处。[④]

---

①　张勇：《破产欺诈的法律规制——以类型化为视角》，《社会科学辑刊》2022 年第 4 期，第 86 页。

②　吴杨：《虚假破产的程序困境与出路——基于解释论与立法论的双重视角》，《天津大学学报（社会科学版）》2022 年第 6 期，第 556 页。

③　《英国破产法》，丁昌业译，法律出版社，2003，第 402 页。

④　《英国破产法》，丁昌业译，法律出版社，2003，第 402−403 页。

英国学者 D. W. 福克斯在遏制破产欺诈行为方面，提出了通过适用职业禁止类型的资格刑来遏制破产欺诈行为的观点。例如，《英国破产法》第 216 条规定，当某公司进入破产清算程序，曾在清理前十二个月内担任过该公司经理等职位的任何人，未经法院同意或在法律未作出其他规定的情况下，不得在公司进入清算的日期开始后的五年内，担任使用"禁用名称"的公司的经理或以任何方式参与发起、组织或管理使用该名称的公司或其他组织。[1] 综上所述，《英国破产法》在科处破产欺诈行为时所适用的刑罚较重，应当受到刑事处罚的主体不仅包括公司、企业的现职人员，还包括已经离职的工作人员。

美国的破产法律制度以法律制度能否促进社会经济发展及能否为社会经济创造价值作为主线。美国刑事法律制度规定的破产欺诈行为主要包括：① 隐匿财产；② 虚假宣誓；③ 作假证明；④ 贿赂主管破产程序人员；⑤ 伪造、毁坏、销毁有关文件；⑥ 贪污或挪用债务人的资产；⑦ 故意强占破产财产，拒绝有关人员检查文件；⑧ 私分费用。[2] 此外，美国学者大卫·G. 爱泼斯坦等在《美国破产法》一书中提出了"欺诈的征象"理论，即通过对美国判例法的归纳和总结，能够得出可以作为证明债务人具有实际欺诈意图的标准。因此，他主张不仅要在立法层面对欺诈性转让行为进行规制，而且应当对推定欺诈行为进行规制。[3] 换言之，只要当事人能够证明行为人有"欺诈的征象"中的行为或事实，就可以证明行为人有欺诈的意图。"欺诈的征象"确认了推论的证据价值，列举了值得怀疑的行为和状态的范例，通过考虑这些因素及其他的条件就能确定行为人的主观状态。[4]

从美国刑事法律制度明文规定的破产欺诈行为来看，该法律所惩治的破产欺诈行为较为广泛。譬如，贪污、挪用资产的行为和贿赂主管破产程序人员的行为均被认为系破产欺诈行为，都应当定性为破产欺诈罪。另外，美国破产法律制度对成立破产欺诈罪的客观实行行为的着手时间做了调整，即破产欺诈行为的着手时间在公司、企业濒临破产时，也能够成立破产欺诈罪，不限于在破产程序的过程中实施破产欺诈行为。

2. 德日刑法对破产欺诈罪的认定

《德国刑法典》（2017 年修订）第 283 条规定，公司、企业的主管人员在公司、企业濒临破产或者明显缺乏偿债能力时，实施下列行为之一的，应当被判处五年以下自由刑或者科处罚金：① 对已经进入宣告破产清算程序的公司、企业的财产进行处分、隐匿，或者对有关财产加以毁弃、损坏或使财产丧失使用价值的；② 对赊欠货物或者有价证券，以明显低于该货物或有价证券价值的方式，处置给他人的；③ 对公司、企业商业账簿依法负有记录义务但未进行记录，或者虽然进行记录，但是却进行模糊记录，使得他人查询公司、企业财产状况困难较大的；④ 对公司、企业的财务账簿、商业资料等依法负有保管义务的责任人员，在负有保管义务期间，实施处分、隐藏、破坏或者毁损，并使得他人查询公司、企业财产状况存在困难的；⑤ 虚构他人的权利或者承认虚构的权利的。[5] 此

---

① D. W. 福克斯：《英国 1986 年破产法中的刑事责任》，欧德宏、高润生译，《世界法学》1988 年第 2 期，第 33 页。

② 储槐植：《美国刑法（第三版）》，北京大学出版社，2005，第 224-225 页。

③ 大卫·G. 爱泼斯坦、史蒂夫·H. 尼克勒斯、詹姆斯·J. 怀特：《美国破产法》，韩长印等译，中国政法大学出版社，2003，第 371 页。

④ 王龙刚：《欺诈性财产转让的破产法规制》，《中国政法大学学报》2010 年第 3 期，第 57 页。

⑤ 《德国刑法典》，徐久生译，北京大学出版社，2019，第 199 页。

外,《德国刑法典》还规定了优待债权人罪、庇护债务人罪、过失破产罪、过怠破产罪和特别严重的破产犯罪。① 此外,德国学者罗克辛认为犯罪行为的客观惩罚条件以应当附加在有责任的不法行为中并且能够引发刑事可罚性的情况为准。因而,从他的理念能够得出破产欺诈犯罪首先应当计算在内的是作为刑事可罚性的结果,而无须将行为人的故意或过失与犯罪结果相联系。②

通过阐述《德国刑法典》对破产欺诈行为的规定和罗克辛对该规定的观点能够看出,第283条第1款规定的客观行为方式与我国《刑法》第162条之二规定的隐匿财产的客观行为方式相似。另外,《德国刑法典》在规制破产欺诈行为时,涵盖了较多的行为方式,我国刑法则没有明确多种虚假破产行为。

日本作为大陆法系的代表国家之一,其破产制度具有悠久的历史。《日本破产法》第四编"罚则"中设置了破产欺诈罪。该法规定公司、企业的主管人员在债务公司、企业进入宣告破产清算程序前或者进入宣告破产程序后,为了自己能够获取利益或者为他人谋取利益,又或者为了损害债权人利益,实施下列行为之一的,成立破产欺诈罪,并且应当被科处自由刑:① 对债务公司、企业名下的财产进行隐藏、毁损,或者对债务公司、企业名下的财产进行处分并侵害债权人利益的;② 虚增债务公司、企业的债务数额,即通过虚假方式,加重债务公司、企业负担的;③ 负有依照法律规定制作财务账簿、商业资料的义务,却未依照法律规定制作,或者虽然进行制作但是未能制作出足以使人明白的财务账簿、商业资料,或者进行不正确制作,或者隐藏、毁损财务账簿、资料的;④ 根据法律规定,对应当由政府机关保存的账簿进行修改,或者对账簿进行隐藏、毁损的。③ 对于该规定以进入宣告破产清算程序作为成立破产欺诈罪的条件,日本学者佐佐木史朗提出了不同的观点,认为具备《日本破产法》第374条规定的破产欺诈行为即使与破产宣告没有关系,也不影响破产犯罪的成立。④

《日本破产法》对破产欺诈罪规定的前两种行为方式与我国《刑法》第162条之二规定的前两种行为方式基本相互对应,但刑罚处罚方式不同。此外,《日本破产法》对破产欺诈罪规定的第一种行为方式和《德国刑法典》对破产欺诈罪规定的第一种行为方式相似,并且均将债务人之外的第三人纳入破产欺诈罪的犯罪主体之中。

二、传统四要件视角下虚假破产罪的构成

《刑法修正案(六)》第6条增设的虚假破产罪作为现行《刑法》第162条之二,明确了何种行为应当定性为虚假破产罪并受到相应的刑罚处罚。至此,刑事司法机关对虚假破产行为的定罪完成了从无到有的质变。

---

① 陈正云、刘宪权:《破产欺诈及其防治》,法律出版社,1997,第99~100页。
② 克劳斯·罗克辛:《德国刑法学总论(第1卷)》,王世洲译,法律出版社,2005,第690页。
③ 李永军:《破产犯罪的比较研究》,《中国法学》1995年第2期,第51~52页。
④ 佐佐木史朗:《判例经济刑法大系(第2卷):关联经济法》,日本评论社,2001,第195页。

（一）犯罪客体

犯罪客体是指我国刑法所保护而为犯罪行为所侵害的社会关系。[①] 本书认为，虚假破产罪的犯罪客体是复杂客体。具体而言，行为主体实施虚假破产行为除了造成债权人及其他利害关系人利益遭受损失的结果之外，还扰乱了《中华人民共和国企业破产法》（以下简称《企业破产法》）维护的公平受偿破产秩序。

1. 债权人及其他利害关系人的合法权益

公司、企业实施的虚假破产行为，以及公司、企业与其他相关人员通谋采取非法手段，导致债权人合法权益遭到损害的行为应当受到现行刑法的处罚。当一家公司进入破产程序后，债权人对债务公司享有债权，债务公司以其现有的破产财产清偿破产债务。即便债务公司进入破产程序，债权人对其享有债权，债权人也无法提前或者优先对自己的债权进行清偿。尽管根据《企业破产法》第 25 条第 1 款规定，管理人有权接管债务人的破产财产，但这并不意味着债务人财产的所有权发生了变更。换言之，债务公司、企业进入破产程序后，债权人对公司、企业享有的债权则无法按照债务公司、企业破产前双方约定的方式受偿，而应当依照《企业破产法》的规定得到相应清偿。

显然，债权人的债权会因此而受到侵害。相应地，该债权人的相关权益在一定程度上也会受到侵害。对于债务公司、企业资不抵债进入破产程序，《企业破产法》考量到保护弱势群体的利益，会侧重保护该部分群体的权益。例如，《企业破产法》明确规定，债务人在分配阶段，应当优先分配职工债权。[②] 因此，债务公司、企业实施虚假破产行为，将造成全体债权人的权益遭受损失。除此之外，虚假破产行为亦将给公司、企业的次债权人的权益带来损害。

2.《企业破产法》维护的公平受偿的破产秩序

根据现行《刑法》第 162 条之二的规定，能得出虚假破产行为将造成债权人或者其他人利益遭受严重损害的结论。虽然无法从该条规定的字里行间得出虚假破产行为将侵害《企业破产法》维护的公平受偿秩序的结论，但是立足于传统四要件的视角，《企业破产法》维护的公平受偿的破产秩序应当被纳入虚假破产罪的犯罪客体。当前，公司、企业法人不能清偿到期债务并且资不抵债或者明显缺乏清偿能力时，即进入破产程序，继而按照法律规定将债务公司、企业剩余的全部破产财产用于清偿债务。根据《企业破产法》的相关内容和参照《企业破产法》的立法精神，《企业破产法》所形成的无形而有序的破产秩序不仅是能够保障相关利益方最大权益的清偿秩序，而且是维护国家、社会信用机制的重要保障。此外，我国破产法律制度设立的原因之一是维护社会主义市场经济健康运行的状态，而犯罪客体所表现的正是为现行刑法所保护的某种社会利益，除社会利益之外，某种

---

① 张明楷：《刑法学（第六版）》，法律出版社，2021，第 130 页。

② 《中华人民共和国企业破产法》第 113 条："破产财产在优先清偿破产费用和共益债务后，依照下列顺序清偿：（一）破产人所欠职工的工资和医疗、伤残补助、抚恤费用，所欠的应当划入职工个人账户的基本养老保险、基本医疗保险费用，以及法律、行政法规规定应当支付给职工的补偿金；（二）破产人欠缴的除前项规定以外的社会保险费用和破产人所欠税款；（三）普通破产债权。破产财产不足以清偿同一顺序的清偿要求的，按照比例分配。破产企业的董事、监事和高级管理人员的工资按照该企业职工的平均工资计算。"

社会正常运行的状态也应当被纳入刑法的保护对象。

再从我国破产法律制度所保护的权益主体和内容变化来看，《企业破产法》所保护的利益主体和权益内容分别呈现广泛性和合理性的趋势。从其诞生至今，立法宗旨经历了"债权人利益的保护—促进债权人和债务人的利益平衡—注重社会利益保护"的嬗变。[1]

《刑法修正案（六）》增设虚假破产罪，不仅着眼于打击频发的虚假破产行为，而且着眼于保护《企业破产法》所维护的公平受偿秩序。诚然，商业主体不诚信的经济行为增多，势必会加重社会经济发展的负担，更会对《企业破产法》所维护的公平受偿的破产秩序造成侵害。公司、企业破产这一经济现象所波及的除了公司、企业的债权人和债务人之外，还包括有利害关系的社会各方。公司、企业实施隐匿财产等虚假破产行为除了损害债权人利益之外，还破坏了《企业破产法》维护的公平受偿的破产秩序。是故，《企业破产法》所维护的公平受偿的破产秩序是该罪客体的一方面。

（二）犯罪客观方面

犯罪客观方面是指犯罪活动在客观上的外在表现，主要包括危害行为、危害结果、因果关系等。[2] 成立任何犯罪，应当存在客观犯罪行为。换言之，成立犯罪必须有客观存在的行为表现，仅有停留在大脑的犯罪思想不能被认定为犯罪。在传统刑法四要件的视角下，虚假破产罪的犯罪客观方面主要体现为造成债权人及其他利害关系人利益受损的行为。因而，该罪的犯罪客观行为系指对债权人法益和社会法益具有现实侵害危险的行为，除了构成要件结果和因果关系，在形式和实质上均符合基本构成要件的行为。[3] 虚假破产罪的实行行为能够表现为隐匿财产、承担虚构的债务等行为。此外，虚假破产罪系结果犯，犯罪行为的时间节点、与近似罪名的辨析等亦值得注意。下文便对虚假破产罪的客观方面进行阐明。

1. 犯罪行为构成方式的三种类型

（1）隐匿财产

从法条表述上看，隐匿财产是虚假破产罪客观方面的表现形式之一。从直观的行为方式上看，隐匿财产系指行为主体对公司、企业名下的财产进行隐藏和匿藏的行为。[4] 除了简单地对公司、企业的财产进行隐匿之外，隐匿财产还指行为主体对公司、企业的财产明细和月度、季度、年中、年末等资产负债表进行虚假记录的行为。另外，隐匿财产所指的还包括行为主体对公司、企业名下财产减少申报及进行隐瞒的行为。[5] 诚然，无论是否进入破产程序，公司、企业隐藏名下的固定资产或者流动资金，都会造成公司、企业的资产总额减少，都会对债权人及其他利害关系人的权益造成损害。就另一行为方式而言，公司、企业每到月末、季末、年中和年末对自身的资产负债情况进行记载、披露时，通过对资产负债数额作虚假记载或者隐瞒减少上报的方式，亦能够达到上述同样的侵害结果。

① 王毓莹：《企业破产重整中债权人利益的保护》，《人民法院报》2023 年 9 月 7 日。
② 张明楷：《刑法学（第六版）》，法律出版社，2021，第 130 页。
③ 大谷实：《刑法讲义总论（新版第二版）》，黎宏译，中国人民大学出版社，2008，第 125—126 页。
④ 陈冬：《解读〈刑法修正案（六）〉之虚假破产罪》，《中国检察官》2006 年第 9 期，第 14—15 页。
⑤ 黄太云：《〈刑法修正案（六）〉的理解与适用（上）》，《人民检察》2006 年第 14 期，第 46 页。

需要注意的是，该罪的行为主体实施的隐匿财产的行为所针对的对象应当系公司、企业名下的财产，而不应当系非公司、企业名下的财产。假使该罪的行为主体所隐匿的财产并非其名下所有的，则不能够以虚假破产罪对相关责任主体科处刑罚。因为该罪的行为主体对其所隐匿的财产不享有所有权，该部分财产在破产程序中不应当作为公司、企业名下的破产财产来清偿债务。是故，行为主体对不属于其名下的财产进行隐匿的，不成立虚假破产罪。[①] 总的来说，对隐匿财产这一行为，刑法学界确实存在较多不同的观点。尽管各种观点存在不同，但是能够确定的是：隐匿财产的行为方式将严重损害债权人及其他人的利益，势必损坏公平受偿的破产秩序，造成个人法益和社会法益均受到侵害的结果。

（2）承担虚构的债务

从现行《刑法》第162条之二的表述来看，承担虚构的债务是成立虚假破产罪的客观行为方式之一。根据现行刑法的规定和司法实践中的案例，承担虚构债务通常表现为债务公司、企业事实上对外没有负债，为了实现逃避债务的目的，而实施虚构债务公司、企业对外负有债务假象的行为，并承担该虚假的债务。根据《企业破产法》第2条第1款之规定[②]，当前，公司、企业法人不能清偿到期债务并且资不抵债或者明显缺乏清偿能力时，即满足进入破产程序的条件。在社会主义市场经济活动中，公司、企业承担虚构债务的表现形式为捏造、承认不真实或不存在的债务。事实上，行为主体实施捏造、承认不真实或不存在的债务，以此达到逃避债务目的的客观行为早已不足为奇。因而，虚假破产犯罪中，公司、企业捏造、承认不真实或不存在的债务的行为即为法定虚假破产行为之一。

所谓捏造、承认不真实或不存在的债务，系指公司、企业对外实际上没有负债，债务公司、企业为了达到逃避债务的目的而实施编造虚假会计账簿、虚构商业债务等行为。是故，捏造、承认不真实或不存在的债务通常是行为人的积极行为。此外，承认不真实的债务这一客观行为应当包括行为人承担虚假扩大的债务。譬如，A公司事实上对外仅有40万元的债务，却承认有100万元的债务，变相地虚构出60万元的债务。此行为在达到虚假破产的目的上与"承认虚构的债务"是同一属性。需要注意的是，捏造、承认不真实或不存在的债务，包括行为人与第三人恶意串通，积极捏造不真实的债务而损害债权人权益，亦包括行为人虽然并未与第三人恶意串通捏造虚假债务，但对于第三人的欺诈行为并不加以否认，即不作为地承认虚假债务。

总之，捏造、承认不真实或不存在债务的行为是承担虚构债务这一行为的表现形式。是故，承担虚构债务的行为徒增了濒临破产企业的债务数额，进一步侵害了债权人可能受偿的财产利益，扰乱了《企业破产法》维护的公平受偿秩序。进而，该犯罪客观行为在形式上和实质上均符合虚假破产罪的基本构成要件，亦满足犯罪构成要件结果和因果关系的关联性，对现实的法益造成了实质的危险和侵害。因而，毋庸置疑，承担虚构的债务系虚假破产罪的客观实行行为之一。

---

① 鲍绍坤：《新刑法与公司、企业犯罪》，西苑出版社，1998，第146页。

② 《中华人民共和国企业破产法》第2条："企业法人不能清偿到期债务，并且资产不足以清偿全部债务或者明显缺乏清偿能力的，依照本法规定清理债务。企业法人有前款规定情形，或者有明显丧失清偿能力可能的，可以依照本法规定进行重整。"

（3）以其他方法转移、处分财产

现行《刑法》第 162 条之二中"以其他方法转移、处分财产"是对虚假破产行为兜底性的规定。对于虚假破产罪这一"口袋"入罪的规定，既有益于打击债务人蓄意实行"逃废债"的行为，满足维护全体债权人利益、顺应优化营商环境的要求，也为各类市场经济主体注入了活力，在推动社会主义市场经济发展方面起到积极作用。此外，该款也弥补了现行刑法在遏制虚假破产行为方面的不足，完善了《企业破产法》的相关规定，因此更有利于审判法院甄别公司、企业是否实施了虚假破产行为，辨析犯罪行为与犯罪结果之间的因果关系。

结合《企业破产法》第 31 条的规定①，笔者认为"以其他方法转移、处分财产"的犯罪行为还有五种表现方式。因为，根据《企业破产法》第 31 条的明文规定，债务公司、企业在进入破产程序前一年内实施的侵害债权人利益的行为，管理人有权请求人民法院予以撤销。是故，参照该法条的立法精神和当然解释原理，当公司、企业在进入破产程序前实施上述任何一种转移或处分财产的行为时，审判法院能够参照该条规定进一步审理这些行为是否属于虚假破产行为。

以具有代表性的无偿转让、放弃财产来说，无偿转让、放弃财产包括转让、放弃财产和财产性权利，系指破产债务人将本应当属于破产程序中的财产，通过无对价或者几乎无对价的方式让渡给第三人。在通常情况下，即破产债务人财产状况正常的情况下，债务人实施的无对价转让自身的财产、放弃自身的财产性权利的行为是有效的单方法律行为。然而，当破产债务人实施虚假破产行为时，私分或者无偿转让财产给第三人势必会严重损害债权人及其他人的合法权益。对于公司、企业来说，实施私分或者无偿转让财产行为的最终目的系逃避债务，实现虚假破产。虚假破产罪中的"虚假"二字特别强调行为主体知道其所表达的行为意图是虚假的，但其仍旧依照虚假的行为意图继续实施犯罪行为。②

就公司、企业等犯罪主体而言，债务公司、企业明知不动产、股权、对外应收债权和无形资产等财产应当归属于自身名下所有，却仍然作出无偿转让、放弃公司、企业财产的行为。换言之，债务公司、企业实施无偿转让、放弃公司、企业的财产的行为就是为了获得被其隐匿的财产，是通过名为"合法破产而处置资产"，实为"虚假破产而无偿转让、放弃财产"的方式得到的。无偿转让、放弃财产这一行为，形式上和实质上均符合犯罪的基本构成要件，满足犯罪构成要件结果和因果关系的关联性，也对现实的法益造成了实质的危险和侵害。因而，无偿转让、放弃财产可以作为虚假破产罪的客观实行行为之一。同样，上述提到的其他四类行为亦能够作为该罪客观实行行为。

然而，"口袋罪名"常常受到学界诟病，学界长期以来更多地关注其消极方面，呈现"一边倒"的态度，比较一致的看法是认为"口袋罪名"严重破坏了罪刑法定的刑法基本原则。③ 罪刑法定原则是审判法官在定罪处罚、刑罚裁量过程中必须奉行的圭臬，"口袋

---

① 《中华人民共和国企业破产法》第 31 条："人民法院受理破产申请前一年内，涉及债务人财产的下列行为，管理人有权请求人民法院予以撤销：（一）无偿转让财产的；（二）以明显不合理的价格进行交易的；（三）对没有财产担保的债务提供财产担保的；（四）对未到期的债务提前清偿的；（五）放弃债权的。"

② 行江：《虚假破产罪的理论与实践研究》，法律出版社，2012，第 115 页。

③ 陈烨：《食品安全犯罪的罪名认定问题研究》，《北方法学》2016 年第 2 期，第 56 页。

罪名"与罪刑法定原则相悖势必会侵犯人权、对刑法的权威造成挑战、践踏我国司法权威和司法公信力。虽然现行《刑法》第162条之二规定的"以其他方法转移、处分财产"不是一个"口袋罪名",但该空白罪状显然扩大了虚假破产罪的打击范围。倘若时常将不属于虚假破产的行为认定为虚假破产罪,无疑会扰乱市场经济秩序,导致更多的经济主体在经营活动中畏手畏脚,挫伤市场经济主体的活力。是故,司法实践中应当尽量避免引用该条款将存疑的行为定性为虚假破产行为,更应当通过明确的罪状来打击"逃废债"的行为。

2. 虚假破产罪非行为犯,系结果犯

根据《刑法修正案(六)》第6条①,行为主体实施的犯罪行为须造成债权人或者其他人利益受损的结果,方能构成虚假破产罪。诚然,虚假破产罪作为经济犯罪之一,一方面,严重侵害了债权人及其他人的权益,破坏了《企业破产法》的公平受偿秩序;另一方面,扰乱了国家、社会信用机制,阻碍了社会主义市场经济的健康运行。此外,参照最高人民检察院、公安部颁布的《关于经济犯罪案件追诉标准的规定》第6条可知,公安机关和检察机关在打击债务公司、企业清算过程中的妨害清算行为时,应当以公司、企业的妨害清算行为是否造成债权人及其他人遭受10万元以上经济损失的结果作为是否追诉的依据。此外,该规定还释明与妨害清算罪有关的其他破产犯罪涉及的"隐匿财产"行为,要使该行为构成相应的破产犯罪,也应当造成债权人及其他人经济权益遭受10万元以上的损失。②

显然,该条规定系对《刑法》第162条所做的进一步解释,加之妨害清算罪与虚假破产罪存在诸多相似之处,都在破产犯罪范畴之内,因此,行为主体所实施的虚假破产犯罪行为,也应当达到严重损害债权人或者其他人经济损失10万元以上的结果,才能构成虚假破产罪。值得注意的是,所造成的直接经济损失应当是公司、企业隐匿财产等行为造成的债权人或者其他人从破产财产中少分配了10万元以上财产的严重后果,而不是因上述行为可能导致破产财产减少10万元以上的危险。

在现代经济社会全球化、地域化浪潮越发汹涌的环境之下,全球的社会分工越来越细致,经济交易和往来愈加频繁,发达国家和发展中国家在经济方面的互补性、依赖性亦越来越紧密。因此,类似虚假破产罪的破产犯罪不仅会导致个人的财产法益受到损失,而且势必会造成超个人法益受到侵害的后果。譬如,一个看似简单的企业破产倒闭所产生的蝴蝶效应或许是社会动荡,最终将扰乱经济社会的经济结构。综上所述,根据《刑法修正案(六)》第6条和《关于经济犯罪案件追诉标准的规定》第6条的规定,能够为虚假破产罪系结果犯找到法律依据。是故,虚假破产罪系结果犯。

3. 犯罪行为时间节点的要求

现行《刑法》第162条之二仅叙明了虚假破产罪的行为主体、客观行为和刑罚处罚方

---

① 《中华人民共和国刑法修正案(六)》第6条:"在刑法第一百六十二条之一后增加一条,作为第一百六十二条之二:'公司、企业通过隐匿财产、承担虚构的债务或者以其他方法转移、处分财产,实施虚假破产,严重损害债权人或者其他人利益的,对其直接负责的主管人员和其他直接责任人员,处五年以下有期徒刑或者拘役,并处或者单处二万元以上二十万元以下罚金。'"

② 王海涛:《刑法修正案(六) 罪名图解与案例参考》,中国法制出版社,2006,第75页。

式，没有明文规定该罪的犯罪行为应当发生在什么时间点。即便如此，刑法理论界对该罪犯罪客观行为实行阶段的两个方面也能够达成一致意见。

首先，该罪的隐匿财产、承担虚构的债务和其他转移、处分财产的行为应当发生在公司、企业进入破产程序前，而不应当发生在进入破产程序后，因为破产程序开始后根本谈不上虚假破产的问题。如果在破产程序开始之后，行为人实施隐匿财产、承担虚构的债务等行为，仅仅属于在公司、企业真实破产过程中实施的损害债权人或者其他人权益的行为，而不能构成虚假破产罪。换言之，行为人在进入破产程序后实施上述隐匿财产等行为，根据现行刑法的规定，应当以妨害清算罪论处，而不能构成虚假破产罪。[①] 是故，虚假破产罪的犯罪实行行为应当发生在进入破产程序前，而妨害清算罪的犯罪实行行为应当发生在破产清算过程中。隐匿、故意销毁会计凭证、会计账簿、财务会计报告罪所打击的犯罪行为并没有特定的时间节点，该罪既可以打击公司、企业进入破产程序前的犯罪行为，又可以打击进入破产程序后的犯罪行为。该罪与虚假破产罪关键的区别在于犯罪对象。

其次，此处所指的破产程序不应当是破产清算程序，而应当是广义的破产程序，即既可以是破产清算程序，也可以是破产重整程序和破产和解程序。倘若严格按照《企业破产法》中"破产"的字面意义来理解，破产只能是清算型破产。但是这样的解释既不符合《企业破产法》的立法原意，也不符合虚假破产罪的规范目的。《企业破产法》第131条明确了违反本法规定构成犯罪的，应当受到刑事责任追究。是故，该处所指的破产程序不单是破产清算程序，也应当包含破产重整程序和破产和解程序。而且，《企业破产法》第78条规定，在重整期间，债务人有欺诈、恶意减少债务人财产或者其他显著不利于债权人的行为的，经管理人或者利害关系人请求，人民法院应当裁定终止重整程序，并宣告债务人破产。此外，《企业破产法》第103条第1款规定，"因债务人的欺诈或者其他违法行为而成立的和解协议，人民法院应当裁定无效，并宣告债务人破产"[②]。由此，我们可以发现，在破产重整程序与破产和解程序中，同样有虚假破产行为出现的可能。

4. 与近似罪名的辨析

（1）虚假破产罪与妨害清算罪

虚假破产罪和妨害清算罪分别规定于《刑法》第162条之二和第162条，二者在犯罪主体、刑罚处罚方式和犯罪主观方面存在相似之处。然而，二者亦存在较多不同之处，这也是区分二者的关键。

第一，两罪犯罪行为的时间节点不同。前罪的犯罪主体实施隐匿财产、承担虚构的债务等犯罪行为应当发生在人民法院受理公司、企业破产申请之前，而后者的犯罪行为应当发生在公司、企业破产程序过程中。

第二，二者的犯罪主体是否达到清算条件存在差异。破产清算程序是公司、企业走向灭亡的最后程序。公司、企业经过法院一系列的审核，被认定已经符合法定的清算条件的，则将进入破产清算程序处理债权债务关系。在虚假破产罪中，公司、企业往往是通过

---

① 刘德法、肖本山：《虚假破产罪若干问题的认定》，《中国检察官》2007年第9期，第36页。
② 康均心、杜辉：《虚假破产罪若干问题研究——以刑法与破产法的协调为视角》，《人民检察》2007年第16期，第20页。

隐匿财产、承担虚构的债务等手段，呈现资不抵债的假象，以此来满足破产的条件，实际上公司、企业并未达到破产清算的条件。然而，妨害清算罪恰恰相反。妨害清算罪的犯罪主体是具备破产清算条件的。换言之，妨害清算罪惩治的是公司、企业真实地进入破产程序后所实施的妨害清算的行为。

第三，二者的犯罪行为存在区别。妨害清算罪的犯罪行为表现在隐匿财产，对公司、企业的资产作虚假记载，提前分配公司、企业的财产。妨害清算罪的犯罪行为实施时间决定了其行为的单一性，且公司、企业的整个清算过程是在严格的监督之下进行的，犯罪主体很难采取其他类型的犯罪行为。然而，虚假破产罪的犯罪行为呈现多样化的特点。除了上述的行为方式之外，现行刑法明文规定承担虚构的债务亦属于该罪的犯罪行为。此外，无偿转让财产、以不合理的价格进行交易、偏颇清偿、私分财产等行为亦是虚假破产罪犯罪行为的表现方式。

（2）虚假破产罪与隐匿、故意销毁会计凭证、会计账簿、财务会计报告罪

1999年12月，全国人民代表大会常务委员会通过的《刑法修正案》第1条规定，在我国《刑法》第162条后增加一条，作为第162条之一："隐匿或者故意销毁依法应当保存的会计凭证、会计账簿、财务会计报告，情节严重的，处五年以下有期徒刑或者拘役，并处或者单处二万元以上二十万元以下罚金。单位犯前款罪的，对单位判处罚金，并对其直接负责的主管人员和其他直接责任人员，依照前款的规定处罚。"2002年《最高人民法院、最高人民检察院关于执行〈中华人民共和国刑法〉确定罪名的补充规定》将该罪罪名确定为隐匿、故意销毁会计凭证、会计账簿、财务会计报告罪。

虚假破产罪和隐匿、故意销毁会计凭证、会计账簿、财务会计报告罪存在诸多相同之处。譬如，二者均为结果犯、主观方面均为故意等。二者主要存在以下几点不同。

第一，两罪的犯罪客体不同。前者的犯罪客体为复杂客体，不仅包括债权人及其他利害关系人的合法权益，而且包括《企业破产法》维护的公平受偿秩序。而后者的犯罪客体系国家会计资料的管理制度。

第二，两罪的犯罪对象不同。就虚假破产罪而言，该罪的犯罪对象应当系公司、企业名下的财产及公司、企业对外的负债信息等。而后者的犯罪对象应当系我国《会计法》和《会计档案管理办法》规定的会计资料。《会计法》和《会计档案管理办法》均将会计资料分为会计凭证、会计账簿、财务会计报告和其他类会计资料，但本罪只将隐匿、故意销毁前三类会计资料的行为认定为犯罪。① 按照罪刑法定原则，隐匿、故意销毁其他类会计资料（如银行存款余额调节表、银行对账单等）不构成犯罪。

第三，两罪的犯罪主体不同。前者系单位犯罪，犯罪主体应当是公司、企业。而后者的犯罪主体应当包括所有依照《会计法》规定对保管会计凭证、会计账簿、财务会计报告负有法定责任的单位和个人。2002年，全国人民代表大会常务委员会法制工作委员会在《关于对"隐匿、销毁会计凭证、会计账簿、财务会计报告构成犯罪的主体范围"问题的答复意见》中进一步明确："任何单位和个人在办理会计事务时对依法应当保存的会计凭

---

① 刘蔚文：《论隐匿、故意销毁会计凭证、会计账簿、财务会计报告罪：基于若干典型案例的分析》，《财会月刊》2013年第9期，第72页。

证、会计账簿、财务会计报告，进行隐匿、销毁，情节严重的，构成犯罪，应当依法追究其刑事责任。"是故，后者的犯罪主体应当系对保管会计凭证、会计账簿、财务会计报告负有法定责任的单位和个人。

(三) 犯罪主体

从现行《刑法》第 162 条之二看，虚假破产罪的主体是公司、企业，而对债务公司、企业内部直接责任人员科处自由刑和罚金刑。① 是故，在传统四要件的视角下，虚假破产罪系单位犯罪，犯罪主体只能由公司和企业这两种单位特殊主体构成。然而，在刑罚处罚上，虚假破产罪采取的是单罚制，即只对直接负责的主管人员和其他直接责任人员科处有期徒刑或拘役及财产刑。以下，本书从传统四要件的角度分析虚假破产罪的犯罪主体。

1. 公司

2023 年 12 月 29 日修订的《公司法》第 2 条规定，公司分为有限责任公司和股份有限公司两种形式。根据现行《刑法》第 31 条可知，该法条的前半段明确了单位犯罪的处罚原则，即对于单位犯罪，原则上采用双罚制。② 具体而言，单位犯罪既要追究公司、企业的刑事责任，又要追究公司、企业直接负责的主管人员和其他直接责任人员的责任。然而，亦存在例外，即有些犯罪采取的是单罚制。具体地说，部分单位犯罪在适用刑罚处罚上，只对公司、企业直接负责的主管人员和其他直接责任人员进行处罚。根据现行《刑法》第 162 条之二的规定，虚假破产罪属于单位犯罪。另外，在传统四要件犯罪构成理论的视角下，虚假破产罪属于破产犯罪。对于破产犯罪而言，只有能够实施虚假破产行为的主体才能构成此罪。换言之，只有能够进行破产的市场主体才是成立虚假破产罪的适格主体，否则不能构成破产犯罪。从《企业破产法》第 2 条的内容可知，无论是进行破产清算还是进行破产重整，实施破产这一客观行为所适用的主体扩大到所有的企业法人。是故，虚假破产罪的主体应当是各种形式的公司。即便如此，仍然需要注意总公司与分公司、母公司与子公司承担虚假破产罪涉及的刑事责任的问题。

第一，总公司与分公司的刑事责任问题。根据现行《刑法》第 30 条，公司实施了法律规定为单位犯罪的危害社会的行为时，应当承担相应的刑事责任。③ 又根据《公司法》的规定，总公司在法律地位上具有独立的人格和法人地位，能够独立地实施法律行为。是故，总公司应当对其所实施的犯罪行为自行承担相应责任。对于分公司的刑事责任，根据《公司法》第 13 条和第 38 条的规定④，分公司在法律人格上依旧统归于总公司，是总公司

---

① 《中华人民共和国刑法》第 162 条之二："公司、企业通过隐匿财产、承担虚构的债务或者以其他方法转移、处分财产，实施虚假破产，严重损害债权人或者其他人利益的，对其直接负责的主管人员和其他直接责任人员，处五年以下有期徒刑或者拘役，并处或者单处二万元以上二十万元以下罚金。"

② 《中华人民共和国刑法》第 31 条："单位犯罪的，对单位判处罚金，并对其直接负责的主管人员和其他直接责任人员判处刑罚。本法分则和其他法律另有规定的，依照规定。"

③ 《中华人民共和国刑法》第 30 条："公司、企业、事业单位、机关、团体实施的危害社会的行为，法律规定为单位犯罪的，应当负刑事责任。"

④ 《中华人民共和国公司法》(2023 年修订) 第 13 条："公司可以设立子公司。子公司具有法人资格，依法独立承担民事责任。公司可以设立分公司。分公司不具有法人资格，其民事责任由公司承担。"第 38 条："公司设立分公司，应当向公司登记机关申请登记，领取营业执照。"

的组成要素之一。尽管分公司经合法设立能够单独领取经营许可证明，并且在经营活动中能够以自身的名义对外进行商业和其他业务活动，但是在责任承担方面并不能独立。

是故，在某种程度上说，分公司是总公司不具有完全独立意义的代理人。该代理人的代理权限范围并非依据总公司的授权、许可，而是依据相关公司法律制度的规定。换言之，尽管总公司形式上未对分公司的经营活动进行授权，但是，分公司因经营行为而产生的法律后果由总公司承担。[①] 另外，《企业破产法》第 2 条明确指出，无论是进行破产清算还是进行破产重整，实施破产这一客观行为所适用的主体扩大到所有的企业法人。具体地说，只有主体系企业法人的市场主体方能进行破产。综上所述，分公司不具有法人资格，其所实施的犯罪行为是总公司犯罪意思表示的外化行为，其实施的犯罪行为的刑事责任应当由总公司承担，而分公司不能够成为虚假破产罪的犯罪主体。

第二，母公司与子公司的刑事责任问题。根据《公司法》第 13 条第 1 款的内容可以得知，母公司与子公司在法律地位上是两个相互独立的法人，二者均具有法人资格，子公司在法律上具有独立性。[②] 是故，母公司与子公司均能够成为虚假破产罪的犯罪主体，子公司所实施的客观犯罪行为由其自行承担。然而，在特殊情形之下，倘若母公司利用自身与子公司之间所形成的从属关系，命令或者指使子公司实施犯罪行为，则应当具体问题具体分析，依照客观具体情况，依共同犯罪的原理论处。[③]

综上所述，虚假破产罪作为破产犯罪，其犯罪主体应当系能够进行破产的市场主体。无论是有限责任公司、股份有限公司还是一人有限责任公司，都是法人型企业，都系本罪适格的犯罪主体。就分公司而言，因其主体不具备法人资格，不是能够进行破产的适格主体，故不能够成为该罪的犯罪主体。

2. 企业

根据法律规定进行划分，我国存在着种类繁多的企业，如国有独资企业、个人独资企业、外商独资企业、私营企业和合伙企业等。而且，企业按照不同的标准可以进行不同种类的进一步细分；根据法定标准进行划分，可以将企业分为个人独资企业、合伙企业和公司；根据经济类型进行划分，可以将企业分为国有企业、集体所有制企业、私营企业、股份制企业、联营企业、外商投资企业、港澳台投资企业和股份合作企业。结合我国对各类企业的法律规定，下文从传统四要件的视角，探究不同的企业形式能否作为虚假破产罪的犯罪主体。

正如上述所言，虚假破产罪作为破产犯罪，判断一个主体是否为该罪适格的犯罪主体的关键是分析该企业能否适用破产清算程序。首先，笔者认为，国有独资企业能够作为虚假破产罪的犯罪主体。2023 年《公司法》修订，增设国家出资公司组织机构的特别规定专章，将适用范围由国有独资有限责任公司扩大到国有独资、国有资本控股的有限责任公

---

① 甘培忠：《企业与公司法学（第三版）》，北京大学出版社，2004，第 392—393 页。

② 《中华人民共和国公司法》（2023 年修订）第 13 条第 1 款："公司可以设立子公司。子公司具有法人资格，依法独立承担民事责任。"

③ 杨敦先：《新刑法施行疑难问题研究与适用》，中国检察出版社，1999，第 191 页。

司、股份有限公司。① 不过，无论是修订前还是修订后，国有独资企业始终拥有法人独立地位，具有独立的法人资格，是该罪适格的犯罪主体。同理，外商投资企业亦是该罪适格的主体。外商投资企业，亦称外资企业，根据《中华人民共和国外商投资法》第 2 条之规定可知，外商投资企业系由外国投资者设立并经营管理，在我国境内进行投资活动、享有企业股权、独享经营成果和承担经营风险、自负盈亏的企业。在司法实践中，外商投资企业批准设立后，大多数采用有限责任公司的组织形式呈现在社会主义市场经济体系中。简言之，断定外商投资企业能否成为虚假破产罪主体，应当看其能否进行破产。如前所述，《企业破产法》规定的能够进行破产的市场主体是广义层面的公司、企业。是故，外商投资企业亦能够成为虚假破产罪的犯罪主体。

需要注意的是，个人独资企业、合伙企业和私营企业等不具备法人资格，责任承担方式与国有独资企业不同。下面以个人独资企业为例进行分析。根据《中华人民共和国个人独资企业法》第 2 条，个人独资企业是根据我国法律设立在我国境内的，投资主体仅为一个自然人，该投资主体以其所有的财产对该个人独资企业承担无限责任。《中华人民共和国个人独资企业法》第 31 条对个人独资企业的责任承担方式作出了规定②，即当个人独资企业所有的资产不足以清偿企业对外的全部债务时，投资主体应当对剩余未清偿完毕的债务承担无限责任。是故，在投资主体经营其投资的个人独资企业不善时，个人独资企业存在资不抵债且明显缺乏清偿能力的可能。《企业破产法》第 2 条明确指出，一般而言，能够进行破产的市场主体系企业法人。而个人独资企业不是独立的法人，因此个人独资企业不具备独立的法人资格，不是虚假破产罪的犯罪主体。但是，《企业破产法》第 135 条做了例外规定，即企业法人以外的组织的清算如果依照其他法律规定属于破产清算的，可以参照适用该法规定的程序。关于个人独资企业清算是否可以参照适用破产清算程序，最高人民法院专门做了批复解释："在个人独资企业不能清偿到期债务，并且资产不足以清偿全部债务或者明显缺乏清偿能力的情况下，可以参照适用企业破产法规定的破产清算程序进行清算。"同时指出，个人独资企业的清算程序终结后，相关债权人仍然可以就其未获清偿的部分向投资人主张权利。鉴于此，个人独资企业也可以成为虚假破产罪的犯罪主体。依此类推，合伙企业、私营企业也同样可能成为虚假破产罪的犯罪主体。

综上所述，在传统四要件的视角下，断定一个企业是否能够成为虚假破产罪的犯罪主体，关键在于判断其能否进行破产。尽管我国企业根据相关法律规定分为多种组织形式，但是仅需牢牢抱紧相关主体"能否进行破产"这棵大树，无论其系国有独资企业、外商投资企业还是个人独资企业，亦无论其责任承担方式为何、责任承担主体是谁，均能够按照上述观点判断其能否成为虚假破产罪的犯罪主体。

（四）犯罪主观方面

传统刑法理论认为，犯罪主观方面指犯罪主体对其实施的危害行为及犯罪行为造成的

---

① 《中华人民共和国公司法》（2023 年修订）第 168 条第 2 款："本法所称国家出资公司，是指国家出资的国有独资公司、国有资本控股公司，包括国家出资的有限责任公司、股份有限公司。"

② 《中华人民共和国个人独资企业法》第 31 条："个人独资企业财产不足以清偿债务的，投资人应当以其个人的其他财产予以清偿。"

犯罪结果秉持的心理态度，包括故意、过失及目的。① 犯罪主观方面系犯罪构成要件之一，是认定行为是否构成虚假破产罪的重要因素。从《刑法》第 162 条之二的内容来看，虚假破产罪的主观罪过形式是故意，而犯罪故意包含认识因素和意志因素两个方面。根据现行刑法对罪过的规定，犯罪故意的认识因素内容包括刑法规定的成立某个故意犯罪必不可少的危害事实，即应当作为犯罪构成要件的客观事实。

按照通说，犯罪故意主要包括三项内容。第一，行为人对其所实施的危害社会行为的内容及性质的认知，即犯罪主体对其犯罪行为的认识。假使行为主体认识到该行为危害社会却仍继续实施该行为，则行为人具有罪过性并应当受到谴责。第二，犯罪主体对其犯罪行为所造成的结果的认识程度。换言之，即债务公司、企业对其犯罪行为已造成的犯罪结果或将要造成的犯罪结果的认识程度。需要注意的是，行为人无须对危害结果有很具体的认识，只要求行为人认识到会发生什么性质的危害结果或者已经发生的危害结果的性质。② 第三，犯罪主体对其犯罪行为和犯罪结果的其他相关的犯罪构成的认识程度，如实施危害行为的时间、手段方式、地点等。③

下文便从传统四大构成要件的角度对虚假破产罪的主观方面进行探讨。

1. 直接故意犯罪

虚假破产罪的主观方面是直接故意，不包括过失和间接故意。成立虚假破产罪，必须满足如下两个条件。

其一，行为人实施为隐匿财产、承担虚构的债务做准备的行为。具体而言，债务公司、企业实施隐匿财产、承担虚构的债务等虚假破产行为时，已经预见相应的危害结果。即犯罪主体主观上认识到上述犯罪行为势必会侵害债权人及其他利害关系人的权益，而依旧实施。当行为人意识到也认识到危害行为的内容及危害结果，却继续实施虚假破产行为时，行为人是需要被谴责的。

其二，从主观罪过的认识因素上说，行为人明知自己实施的是虚假破产行为，且认识到所实施的犯罪行为必将造成债权人及其他人利益受损失的结果。同理，意志因素即为行为人继续实施相应的犯罪行为。对于直接故意与间接故意的区分，我国通说的学理解释认为，犯罪主体对其所希望通过行为能造成的结果即其所追求的内容，在态度上表现为希望，现行刑法把这一心理态度规定为直接故意。④ 行为人在实施虚假破产行为且认识到危害结果必然发生的情况下，只会产生唯一的结果，即行为人希望该结果发生。是故，虚假破产罪的主观方面系直接故意。

2. 本罪为非法定目的犯，但通常有逃避债务的目的

我国理论界对于目的犯的分类有多种，有法定目的犯和非法定目的犯之分，也有广义的目的犯和狭义的目的犯之分。法定的目的犯学说主张，某罪属于目的犯应当有法律明文规定，即法律规定以行为人主观上具有一定的犯罪目的作为犯罪构成必要要件的犯罪系目

① 张明楷：《刑法学（第六版）》，法律出版社，2021，第 130 页。
② 行江：《中国破产刑事法立法及实务研究》，安徽大学出版社，2021，第 79 页。
③ 高铭暄、马克昌：《刑法学》，北京大学出版社，2000，第 110—111 页。
④ 姜伟：《犯罪故意与犯罪过失》，群众出版社，1992，第 168 页。

的犯。换言之，目的犯的目的和与直接故意的意志内容相结合的一般犯罪的目的不同。法定目的犯的目的是通过法律明文规定的，即使采用系统复杂的刑法学解释原理，亦无法推导或者解释该罪名属于法定的目的犯。是故，法定的目的犯应当有法律的明文规定，没有法律明文规定犯罪目的的犯罪，不能称作法定的目的犯。[①] 现行《刑法》第 162 条之二没有明文将"为通过破产逃避债务"规定为成立虚假破产罪的构成要件之一，因此，虚假破产罪不是法定的目的犯，亦非目的犯。

虚假破产罪不是法定的目的犯并不代表其没有犯罪目的。就现行《刑法》第 162 条之二的立法目的而言，虚假破产罪设置之初除了维护债权人及其他利害关系人权益之外，更是为了稳固国家对公司、企业的管控力度，保护《企业破产法》维护的公平受偿秩序。犯罪主体实施隐匿财产、承担虚构的债务等行为，就是为了制造破产的假象。从虚假破产罪的行为方式上看，逃避债务系虚假破产罪的犯罪目的，犯罪主体实施上述虚假破产犯罪行为的出发点均是在为假破产做准备。具体而言，行为人实施上述行为，是为了能够满足《企业破产法》第 2 条规定的企业法人破产的条件[②]，最终实现逃避债务的目的。

三、虚假破产罪若干司法疑难问题分析

尽管现行刑法对规制虚假破产行为已作出了相应的规定，但是司法机关在实践中对"以其他方法转移、处分财产"的行为认定标准不一，在查处虚假破产行为时出现了窘境。另外，司法实践中出现的一些案例，导致虚假破产罪系单位犯罪的观点和单罚制的刑罚处罚方式遭到热议。因此，下文便对虚假破产罪在刑事司法实践中遇到的疑难问题进行阐述和分析。

（一）虚假破产罪主体资格自然人与单位之争

虚假破产罪包括两种情形：其一系公司、企业实体上并不满足《企业破产法》真实破产的条件，进入破产程序是因为行为主体虚造了破产的条件，使得债务公司、企业进入破产程序；其二系债务人实体上满足真实破产的条件，但在破产前或者在破产程序过程中实施了严重损害债权人或者其他人利益的行为。其中，处分行为并不限于民法上的处分行为，而是指广义的处分财产（包括债权）的行为。

从法条的表述上看，虚假破产罪的犯罪主体看似是公司、企业，但是现行刑法仅处罚直接负责的主管人员与其他直接责任人员。所以，本罪不应当认定为单位犯罪。[③] 此外，前文已阐述《刑法修正案（六）》第 6 条对虚假破产罪的行为主体和处罚对象的规定，这与我国《刑法》第 162 条妨害清算罪的规定相同，两罪行为主体都是公司、企业，都是

---

① 李希慧、王彦：《目的犯论纲》，载高铭暄、赵秉志主编《刑法论丛（第 5 卷）》，法律出版社，2002，第 68-69 页。

② 《中华人民共和国企业破产法》第 2 条："企业法人不能清偿到期债务，并且资产不足以清偿全部债务或者明显缺乏清偿能力的，依照本法规定清理债务。企业法人有前款规定情形，或者有明显丧失清偿能力可能的，可以依照本法规定进行重整。"

③ 张明楷：《刑法学（第六版）》，法律出版社，2021，第 973 页。

对直接责任人员科处刑罚。是故，对于虚假破产罪犯罪主体的认定，存在诸多争议。若按照认定妨害清算罪是单位犯罪的理念分析虚假破产罪的犯罪类型，则虚假破产罪是公司、企业单位（法人）犯罪①；若按照认定经济犯罪行为主体的理念进行分析，则虚假破产罪的犯罪主体既包括具备法人资格的公司、企业，也包括个体工商户、私营企业等②。是故，法律明文规定的行为主体和刑罚处罚对象方面的不同，导致学理上对犯罪主体产生了争议。下文便针对虚假破产罪犯罪主体的争议点进行阐述，进而针对犯罪主体论证本书的立场。

1. 自然人犯罪说

虚假破产罪系单位（法人）犯罪，行为主体系公司、企业。根据《企业破产法》第 2 条规定，进入破产程序的主体应当系企业法人。是故，唯有能够进行破产的企业法人的市场主体才能构成虚假破产罪。然而，在西方国家，有关破产欺诈罪的犯罪主体的规定却不一致，部分西方国家刑事法律规定，个人满足破产欺诈条件的，亦能够成为破产欺诈罪的主体。《企业破产法（试行）》于 1986 年在我国施行。从内容上看，《企业破产法（试行）》始终缺失了个人破产制度。正是因为缺失了个人破产制度，所以导致的不利后果不仅是自然人不能通过法定程序从债务困境中解脱出来，而且影响了破产制度体系，使其无法得到有效运行。③ 因此，个人破产制度的缺失不仅导致自然人无法借助法律手段挣脱破产这一羁绊，而且导致我国破产法法律体系迟迟得不到完善。近年来，深圳市试点个人破产制度成效显著，各地适用个人债务清理程序井然有序，我国学术领域对个人破产制度的研究逐步深入，导致全国实行个人破产制度的呼声越发强烈。在上述环境之下，部分学者开始质疑虚假破产罪的犯罪主体只能是单位这一说法。由此，萌生出自然人亦能够成为虚假破产罪的犯罪主体的呼声。

《最高人民法院关于人民法院解决"执行难"工作情况的报告》中强调，我国将大力推动建立个人破产制度，完善现行破产法。④ 另外，《深圳经济特区个人破产条例》于 2021 年 3 月 1 日在深圳市实施。自然人犯罪说认为我国正逐步试行个人破产制度，个人破产制度势必能够得到完善。在该制度得到健全的美好现实背后，必然存在着需要填补的漏洞。如今，学界对个人破产免责制度讨论激烈。英美法系国家数个世纪的破产免责判例传统，要求债务人在破产申请之前和破产程序中不得故意阻挠债权人追偿的努力，否则不能给予债务人任何免责。⑤ 又根据现行《刑法》第 162 条之二的规定，虚假破产罪的客观行为实施主体是公司、企业，而仅对公司、企业直接责任人员科处刑罚，使得该罪的犯罪主体只能系公司、企业的观点遭到质疑，自然人能够成为该罪的主体的观点进一步站稳脚跟。

---

① 孙国祥、魏昌东：《经济刑法研究》，法律出版社，2005，第 266 页。
② 刘生荣、但伟：《破坏市场经济秩序犯罪的理论与实践》，中国方正出版社，2001，第 150-151 页。
③ 侯佳儒、刘尉：《应适时启动个人破产立法》，《团结》2022 年第 5 期，第 26 页。
④ 《最高人民法院关于人民法院解决"执行难"工作情况的报告》："二是完善执行立法，按照党的十八届四中全会部署，加快制定强制执行法，为解决执行难提供充分法治保障。推动建立个人破产制度，完善现行破产法，畅通'执行不能'案件依法退出路径。"
⑤ 刘冰：《我国个人破产免责制度的构建》，《法商研究》2022 年第 5 期，第 93 页。

就以公司、企业不是虚假破产罪科处刑罚的对象而言，虚假破产罪不应当系真正意义上的单位犯罪，而应当属于自然人犯罪。然而，这并不是说一切自然人都能够成为本罪的犯罪主体，该处的自然人是具有身份的，即应当系公司、企业直接负责的主管人员和其他直接责任人员。假使虚假破产罪系单位犯罪，随之而来的有两大问题。第一，虚假破产罪系单位犯罪，实施犯罪行为的公司、企业不承担刑事责任，就会造成该罪的犯罪主体和刑罚科处对象相脱离的现象。这一现象不仅有违刑事法律的公平性，而且与罪责自负原则相悖。第二，虚假破产罪系单位犯罪，则涉嫌犯罪的单位就应当被列为被告，而作为被告的单位就应当承担相应的刑事责任、受到相应刑罚的科处。① 上述认为虚假破产罪系自然人犯罪的观点具有合理性，该观点指出犯罪主体和刑罚处罚对象不一致，提出虚假破产罪相关的法律规定存在有悖于罪责自负原则的弊端。综上所述，自然人犯罪说认为自然人也能够成为虚假破产罪的犯罪主体。

2. 单位犯罪说

从现行《刑法》第 162 条之二对虚假破产罪的行为主体和刑罚处罚对象的规定来看，行为主体为公司、企业，刑罚处罚对象系直接负责的主管人员和其他直接责任人员。再从《企业破产法》第 2 条规定看②，能够进行破产的主体应当系企业法人。综上所述，只有能够进行破产的企业法人方能构成虚假破产罪，不能进行破产的企业法人则不能构成虚假破产罪。是故，虚假破产罪在司法实践中应当被认定为单位犯罪。

3. 争议焦点

正如前述所言，虚假破产罪不仅在司法实践中被认定为单位犯罪，而且在诸多刑法学者看来也系单位犯罪。然而，虚假破产罪行为主体从现行刑法上来看系公司、企业，却只对公司、企业直接负责的主管人员和其他直接责任人员科处刑罚。这一特殊的规定是不可否认的。诚然，自然人犯罪说的理念就是萌生于这一特殊规定。持自然人犯罪说的学者认为虚假破产罪不系单位犯罪的原因有二：第一，现行《刑法》第 162 条之二并没有明文规定虚假破产罪系单位犯罪，司法实践中和传统刑法观点认为虚假破产罪系单位犯罪有悖于罪刑法定原则；第二，假使虚假破产罪系单位犯罪，那么会在该罪追究刑事责任方面带来问题。在司法实践中，给债权人和其他人造成损害的虚假破产行为在实施时，并不是为单位谋取利益，而是为了损害单位的利益。所以，司法实践中如果采纳虚假破产罪系单位犯罪的观点，则实施这些不是为单位谋取利益的虚假破产行为的行为主体，反而不会被追究刑事责任。显然，这是不符合设置虚假破产罪的最初理念的。③ 另外，随着我国个人破产制度的试行与发展，自然人犯罪说的理念更加能够得到相应的理论支持。既然虚假破产罪属于破产类型犯罪，那么，只要是能够进行破产的市场主体就能够成为该罪的主体。是故，自然人犯罪说主张虚假破产罪的犯罪主体除法人型的公司、企业之外，还应包括自

---

① 潘家永：《虚假破产罪探析——兼论破产犯罪的相关问题》，《政法论坛》2008 年第 2 期，第 146 页。

② 《中华人民共和国企业破产法》第 2 条："企业法人不能清偿到期债务，并且资产不足以清偿全部债务或者明显缺乏清偿能力的，依照本法规定清理债务。企业法人有前款规定情形，或者有明显丧失清偿能力可能的，可以依照本法规定进行重整。"

③ 贺丹：《论虚假破产罪中的"实施虚假破产"》，《政治与法律》2011 年第 10 期，第 62 页。

然人。

单位犯罪说除了有法律依据之外，也有理论支撑。持单位犯罪说的学者主张主要有三。第一，属于单位犯罪的部分犯罪，应当实行单罚制。该部分学者认为，假使立法上对所有单位犯罪均适用双罚制，将会违背刑法罪责刑相适应的原则并忽略犯罪的事实情况。[①] 第二，虚假破产罪虽然系单位犯罪并只对公司、企业直接负责的主管人员和其他直接责任人员科处刑罚，但是对公司、企业科处刑罚的话，势必对无辜者的权益造成损失。公司、企业进入破产程序后，破产财产已然确定，而对公司、企业加以刑罚处罚，势必会使破产财产进一步减少。这显然会对债权人权益造成更重的损害。第三，虚假破产罪是以公司、企业的名义实施虚假破产行为，而犯罪行为却对公司、企业的利益造成损害，但该罪在设立之初本身就是为了保护单位的利益。[②] 是故，虚假破产罪应当系单位犯罪。以下，便对本书的立场进行阐明。

4. 本书立场选择

对于单位犯罪说和自然人犯罪说，本书认为二者的观点和理论依据都具有合理性，但虚假破产罪应当系单位（法人）犯罪。第一，《企业破产法》第 2 条明确规定[③]，进入破产程序的应当系企业法人，即能够进行破产的市场主体应当系企业法人。而传统刑法观点认为，虚假破产罪的主体适用于一切类型的公司、企业。换言之，在传统刑法观点看来，虚假破产罪也属于单位犯罪。但是，二者并不矛盾。实际上，《企业破产法》第 2 条规定是在行为主体上对传统刑法观点做进一步明确，虚假破产罪依旧属于单位犯罪。第二，虚假破产罪刑罚适用单罚制与单位犯罪并不矛盾。根据现行《刑法》第 31 条规定，单位犯罪的，刑罚使用方式上以双罚制为原则，以单罚制为例外。虚假破产罪的行为主体系公司、企业，而只对公司、企业直接负责的主管人员和其他直接责任人员科处刑罚。[④] 这并不是虚假破产罪特有的规定，而是依法合理地将虚假破产罪认定为单位犯罪，但考虑到处罚单位将不利于债权人的利益，故而不处罚单位，这与虚假破产罪作为单位犯罪并不矛盾。

（二）查处"以其他方法转移、处分财产"的行为存在困难

根据现行《刑法》第 162 条之二的内容可知，隐匿财产、承担虚构的债务系法律明文规定的犯罪行为，"以其他方法转移、处分财产"系该罪的兜底条款。该条款未明确除法律明文规定之外的何种行为能构成虚假破产罪。当行为主体实施转移、处分公司、企业名下财产行为，且满足虚假破产罪追诉的条件时，则能够构成虚假破产罪。然而，随着社会主义市场经济的快速发展和现代科学技术手段的日益更迭，越来越多的犯罪主体使用新型

---

① 李淳、王尚新：《中国刑法修订的背景与适用》，法律出版社，1998，第 43 页。

② 行江：《中国破产刑事法立法及实务研究》，安徽大学出版社，2021，第 95 页。

③ 《中华人民共和国企业破产法》第 2 条："企业法人不能清偿到期债务，并且资产不足以清偿全部债务或者明显缺乏清偿能力的，依照本法规定清理债务。企业法人有前款规定情形，或者有明显丧失清偿能力可能的，可以依照本法规定进行重整。"

④ 《中华人民共和国刑法》第 31 条："单位犯罪的，对单位判处罚金，并对其直接负责的主管人员和其他直接责任人员判处刑罚。本法分则和其他法律另有规定的，依照规定。"

的科学技术手段，实施隐匿财产、承担虚构的债务之外的虚假破产行为，使得虚假破产行为更加隐蔽。此外，当前着重强调个人信息保护，公安机关、检察机关和法院等多方主体掌握的信息不互通、不共享，导致公检法机关在查处"以其他方法转移、处分财产"的虚假破产行为过程中受到重重阻碍。下文便列举两类具有代表性的法律明文规定之外的行为来分析公检法机关在查处"以其他方法转移、处分财产"的行为过程中的困难。

1. 债务人无偿加入他人债务

本书认为，现行刑法尚未明文规定的"债务人无偿加入他人债务"属于虚假破产行为之一，该行为系指债务人在人民法院受理破产申请前六个月内，没有代价、不求报酬地承担他人的债务的行为。无偿行为，在民法上即为无对价的行为。[①] 在民事法律规定中，第三人加入债务的构成要件分别有二。构成要件一是第三人以明示的意思表示加入债务。此种意思表示有两种情形：第一种情形是，第三人和债务人约定加入债务后，再通知债权人；第二种情形是，第三人直接向债权人表示加入债务中。构成要件二是债权人同意第三人加入债务。毫无疑问，债权人同意第三人加入能够起到债务加入的法律效果。而当债权人在合理期限内未明确拒绝第三人加入债务，亦能发生债务加入的法律效果。[②] 因而，从债务加入的构成要件来看，第三人以单方允诺的方式加入债务能够满足债务加入的构成要件。第三人以单方允诺的方式加入债务，其构成要件主要包括第三人的允诺行为是单方行为、允诺的意思表示有效、允诺内容是明确要加入债权人与债务人的债权债务关系。在此债务加入的行为关系中，破产债务人作为第三人，破产企业以不求报酬的目的承担与破产企业无关的债务，即破产债务人单方允诺加入他人债务。

值得注意的是，破产债务人实施无偿加入他人债务的行为应当发生于人民法院受理破产申请前六个月内。若破产债务人实施的无偿加入他人债务的行为发生于人民法院受理破产申请前六个月之前，债务人不构成虚假破产罪。根据《企业破产法》第32条可知[③]，企业法人在人民法院受理破产申请的前六个月内，实施对个别债权人清偿债务的行为，管理人有权请求人民法院予以撤销。对该法条进行当然解释，在受理破产申请前六个月内，具备破产条件的企业在与自己相关联的债权债务关系中实施个别清偿行为是破坏公平受偿秩序、不利于公平清偿债权的行为。

是故，在受理破产申请前六个月内，具备破产条件的企业不求报酬地加入与自身无关的债权债务关系中以增加自身的债务负担，这一行为毫无疑问将会导致破产债务人的财产相对减少，进一步破坏公平受偿秩序，使得债权清偿比例更加不均衡，债权人的权益更加无法得到保障。

假使破产债务人实施的无偿加入他人债务的行为发生于人民法院受理破产申请前六个月之前，则不构成虚假破产罪。因为在受理破产申请前六个月之前，该企业尚不具备破产条件，在此时间段是正常经营状态，所以，破产债务人在该时间段内实施单方允诺无偿加

---

① 行江：《虚假破产罪的理论与实践研究》，法律出版社，2012，第120页。

② 张娜：《浅述〈民法典〉之债务加入制度》，《法制博览》2020年第30期，第144页。

③ 《中华人民共和国企业破产法》第32条："人民法院受理破产申请前六个月内，债务人有本法第二条第一款规定的情形，仍对个别债权人进行清偿的，管理人有权请求人民法院予以撤销。但是，个别清偿使债务人财产受益的除外。"

入他人债务的行为属于正常经营过程中的决策行为，不满足构成虚假破产罪的条件。

2. 债务人优惠清偿债务

本书认为，现行刑法尚未明文规定的"债务人优惠清偿债务"属于虚假破产罪犯罪实行行为之一，该行为系指债务人在破产申请之前，蓄意优先清偿某个或者某些个债权人的债权的行为。换言之，债务人本着破坏《企业破产法》公平受偿秩序的目的，实施优先清偿本不应该得到优先清偿顺位的债权人的债权的行为，即为债务人优惠清偿债务。虚假破产的优惠清偿债务行为必须具备以下三个条件：第一，债务人优惠清偿的债务应当是"先存之债"，即优惠清偿的对象应当是在破产主体进入破产程序之前就形成的债权。[①]第二，债务人实施的优惠清偿债务行为必须成立于破产程序开始前法律规定的期间内，譬如，英国法律规定为六个月至二年，我国《企业破产法》规定在法院受理破产申请前六个月内。倘若债务人所实施的优惠清偿债务行为不在法律规定的期间，则属于债务人在正常经营过程中的正常偿债行为，不符合优惠清偿债务的构成要件。第三，债务人所实施的优惠清偿债务行为系针对某个或者某些个债权人作出的。

对于上述第三个构成要件，需要注意债务人实施的优惠行为的对象不能是全体债权人。倘若债务人作出的优惠行为系同时针对全体债权人的，自然不是此处所指的优惠行为。此外，这种优惠清偿债务的行为须令受到优惠清偿的债权人得到破产清偿顺位上和地位上的改善。虚假破产中的优惠清偿债务行为，行为人都是故意实施的，而优惠清偿债务的对象通常是行为主体的"关系户"。被优惠清偿方是否知道行为人准备实施虚假破产行为，并不影响优惠清偿债务行为的成立。如果被优惠清偿方知道行为人准备实施虚假破产行为，则受到优惠清偿的债权人和债务人构成虚假破产罪的共犯。

根据《企业破产法》第31条之规定[②]，债务公司、企业在人民法院受理破产申请前一年内（亦称"临界期"），实施了对未到期的债务提前清偿等处分财产的行为，管理人有权通过诉讼方式撤销。具有优惠性质的清偿行为，在民事法律上属于破产欺诈行为，在刑事法律上能否成为虚假破产罪的行为方式呢？《美国破产法》第547条规定了优惠转移，此行为系典型的庇护偏袒债务人的行为。然而，美国将此行为认定为可撤销的民事行为，并不追究刑事责任。[③]但是，从优惠清偿债务行为的社会危害性可以得知，债务人实施的优惠清偿债务的行为不仅在微观层面上对某个、某些个债权人或者相关利益人的利益造成严重损失，而且在宏观层面上势必会破坏《企业破产法》维护的公平受偿秩序，严重影响社会主义市场经济的健康发展。因而，应当对优惠清偿债务的行为给予法律规制。

《企业破产法》中的优惠清偿债务行为主要包括以下三种情形：

第一种情形，对未到期的债务提前进行清偿。在行为主体实施虚假破产行为时，对部分未到期的债权提前清偿，必然会造成债权清偿机会的不平等，破坏公平受偿秩序，严重

---

① 行江：《虚假破产罪的理论与实践研究》，法律出版社，2012，第121页。

② 《中华人民共和国企业破产法》第31条："人民法院受理破产申请前一年内，涉及债务人财产的下列行为，管理人有权请求人民法院予以撤销：（一）无偿转让财产的；（二）以明显不合理的价格进行交易的；（三）对没有财产担保的债务提供财产担保的；（四）对未到期的债务提前清偿的；（五）放弃债权的。"

③ 刘廷和：《破产犯罪研究》，博士学位论文，吉林大学，1999，第52～53页。

侵害其他债权人和其他利害相关人的利益。

第二种情形，对已到期的债务进行偏私清偿。该行为系指债务公司、企业明知自己处于破产或者明知自己即将破产，而预谋实施虚假破产行为。换言之，即行为主体在破产申请前的一定期间内，仍然对个别或者某些债权人进行清偿，进而损害其他债权人及其他利害相关人利益的行为。值得注意的是，债务人偏私清偿债权必须使债务人的财产减少。倘若债务人实施的偏私性清偿债权行为未导致债务人的财产受损，则不构成偏私性清偿。

第三种情形，债务人对没有财产担保的债务提供财产担保。根据民事法律规定可知，担保的目的主要在于保护债权人的利益，担保物权人和一般债权人相比，其利益能够得到优先保护，其债权能够得到优先受偿。是故，公司、企业在破产时，被担保的财产因需要得到优先受偿而不是按债权比例清偿，则其债权清偿被排斥在破产财产之外。假使债务公司、企业为没有财产担保的债务作担保，则毫无疑问会减少破产财产，严重损害没有财产担保的普通债权人的利益。

然而，上面论述的优惠清偿债务行为的三种情形能否构成虚假破产罪存在着诸多争议。本书认为，对于未到期的债务或者没有提供财产担保的债务，债权人在临界期并没有要求偿还债务或者设置担保，此时债务人以损害其他债权人利益为目的，实施优惠清偿债务的行为，则构成虚假破产罪，因为债务人的行为侵害了破产时债权人受偿债权的公平权，也损害了其他债权人和其他利害关系人的利益。

综上所述，因债务人无偿加入他人债务和债务人优惠清偿债务未被现行刑法明确规定为虚假破产行为，所以公检法机关在规制该类行为时，常出现打击不及时、观点不一致的矛盾局面。此外，行为主体在上述两类犯罪行为中，通过使用现代科学技术手段和新型通信加密设备，使其所实施的虚假破产行为更加隐蔽、隐形。另外，法院、检察院等多方主体在查处债务人无偿加入他人债务和债务人优惠清偿债务的行为过程中获取的信息，未做到相互共享、相互比对。这导致公检法机关难以核查行为主体是否实施了与隐匿财产等法律明文规定的行为具有相同法律结果的犯罪行为。是故，公检法机关在查处"以其他方法转移、处分财产"的虚假破产行为的过程中受到重重阻碍。

（三）单罚制与双罚制之争

从法条的表述上来看，虚假破产罪的行为主体系公司、企业，而仅对公司、企业直接负责的主管人员和其他直接责任人员科处刑罚。立法者设置刑罚时为何只处罚公司、企业直接负责的主管人员和其他直接责任人员，不处罚公司、企业？下文便对虚假破产罪单罚制与双罚制的争议进行分析并阐明本书观点。

1. 单罚制及其立法依据

根据现行《刑法》第 162 条之二的规定，虚假破产罪的行为主体系公司、企业，而仅对公司、企业直接负责的主管人员和其他直接责任人员科处刑罚①，是有法律依据的。在

---

① 《中华人民共和国刑法》第 162 条之二："公司、企业通过隐匿财产、承担虚构的债务或者以其他方法转移、处分财产，实施虚假破产，严重损害债权人或者其他人利益的，对其直接负责的主管人员和其他直接责任人员，处五年以下有期徒刑或者拘役，并处或者单处二万元以上二十万元以下罚金。"

单位犯罪中，原则上采用双罚制，例外时采取单罚制。换言之，单位犯罪通常对公司、企业和直接责任人员均科处刑罚，例外时只对该单位直接责任人员科处刑罚。显然，虚假破产罪采取单罚制，只对直接负责的主管人员和其他直接责任人员科处刑罚。为什么不对单位本身进行处罚呢？因为对单位进行刑事处罚，一般只有罚金刑，而对单位处以罚金，必然会损害企业债权人及利害关系人的合法权益。而且，在虚假破产犯罪中，企业本身也是受害者，因此立法者认为不宜采用双罚制，故采用单罚制，只对那些谋划实施虚假破产申请的企业主管人员或直接责任人员进行处罚。

2. 双罚制的理论支撑

根据现行刑法的明文规定，虚假破产罪在刑罚处罚时只处罚公司、企业直接负责的主管人员和其他直接责任人员，但不少学者认为该罪的刑罚处罚内容和方式不合理。在刑法学界，已有学者认为虚假破产罪系单位犯罪，就仅仅对公司、企业直接负责的主管人员和其他直接责任人员进行处罚的单罚制提出了质疑。虚假破产罪所适用的单罚制将会不适当地限缩现行刑法中规定有单罚制条文的处罚范围。[1] 另外，虚假破产行为涉及公司、企业以外的人予以帮助时，提供帮助的第三人显然是与公司、企业恶意串通而实施虚假破产行为，则提供帮助的第三人亦应当受到刑法的谴责。现行刑法倘若对提供帮助的第三人不予刑事责任追究，而仅对公司、企业直接负责的主管人员和其他直接责任人员科处刑罚，则难以规制司法实践中频繁出现的虚假破产行为。假使现行刑法不对提供帮助的第三人予以刑罚处罚，则有违破产刑事法律责任的规定。[2] 是故，虚假破产罪在刑罚处罚时，不仅应当对公司、企业直接负责的主管人员和其他直接责任人员予以刑罚处罚，而且应当对公司、企业科处刑罚。

3. 争议焦点

正如前述所言，司法实践中采取单罚制遏制虚假破产行为。但是，仍然有不少学者对现行刑法规定的单罚制提出了质疑，并且这些质疑具有合理性。支持单罚制的学者主张，虚假破产罪应当仅对公司、企业直接负责的主管人员和其他直接责任人员科处刑罚。这是现行刑法明文规定的内容。而反对单罚制的学者认为，虽然法律明文规定只对公司、企业直接负责的主管人员和其他直接责任人员进行刑罚处罚，但是这不应当是司法实践唯一奉行的圭臬。

换言之，现行刑法对虚假破产罪刑罚处罚的规定具有不合理之处。就以公司、企业之外的人员为实施虚假破产行为提供帮助而言，提供帮助的第三人在客观层面帮助公司、企业实施了虚假破产行为，亦对债权人及其他利害关系人的利益造成了损害；在主观层面明知公司、企业实施的是损害债权人及其他利害关系人的利益的行为，并且也符合承担刑事责任的主体资格条件。那么，公司、企业之外的提供帮助的人员也应当以虚假破产罪的共犯论处，更应当对此承担刑事责任并受到刑法的谴责。以下，便对本书的立场观点进行论述。

4. 本书秉持的观点

本书认为，虚假破产罪在刑罚处罚上应当适用双罚制，不应当继续适用单罚制。根据

---

① 贺丹：《论虚假破产罪中的"实施虚假破产"》，《政治与法律》2011 年第 10 期，第 62—63 页。

② 潘家永《虚假破产罪探析——兼论破产犯罪的相关问题》，《政法论坛》2008 年第 2 期，第 146 页。

现行《刑法》第31条①，该法条的前半段明确了单位犯罪实行双罚制，即既处罚单位，也处罚自然人；后半段规定单位犯罪例外时实行单罚制，即在刑法分则中规定的单位犯罪出现了不处罚公司、企业，仅对公司、企业直接责任人员科处刑罚的例外情况。显然，根据现行刑法的明文规定，虚假破产罪属于上述的例外情况。然而，对于适用单罚制的单位犯罪，公司、企业是否应当承担刑事责任这一问题，理论界有两种看法。第一种看法认为，单位犯罪的单位应被科处刑罚，因为根据刑法罪责刑相统一的原则，适用单位犯罪的单位不承担刑事责任，应当系不构成犯罪或者免予刑罚处罚。然而，不承担刑事责任的单位似乎找不到不构成犯罪、没有犯罪事实、情节显著轻微、危害不大的依据。所以，公司、企业亦应当被科处刑罚。② 第二种看法认为，虚假破产罪虽然属于单位犯罪，但如果同时对公司、企业予以刑罚处罚，则会进一步损害债权人等无辜者的权益。③

本书认为，虚假破产罪在刑罚处罚上应当适用双罚制。具体言之，在对实施虚假破产行为的主体科处刑罚时，应当对公司、企业和公司、企业直接责任人员科处刑罚。此外，还应当处罚除了上述主体之外的参与实施虚假破产行为的第三人。主要原因如下：

第一，虚假破产罪系破产类犯罪，属于单位犯罪。当刑罚处罚的对象仅限于直接负责的主管人员和其他直接责任人员时，债权人的合法权益反而无法得到更好的保障。当正常经营的公司、企业真实进入破产程序后，全体债权人的权益将得到《企业破产法》等相关法律的保护。而当公司、企业以虚假的方式进入破产程序时，全体债权人的合法权益更应当得到《刑法》和《企业破产法》的保障。退一步说，虚假破产罪不对公司、企业进行刑罚处罚，是因为处罚公司、企业将会进一步损害债权人的权益。实际上，单位犯罪中适用双罚制的犯罪均会损害债权人的权益。难道所有的单位犯罪都不能对公司、企业进行处罚吗？实则不然。是故，虚假破产罪只对直接负责的主管人员和其他直接责任人员予以刑罚处罚，全体债权人的权益反而无法得到更好的保障。

第二，虚假破产罪适用双罚制并不会进一步损害债权人的合法权益。现行刑法规定的刑罚处罚方式除了罚金刑之外，还有其他的刑罚处罚方式。虚假破产罪在对公司、企业进行刑罚处罚时，可以考虑对公司、企业适用罚金刑之外的其他刑罚处罚方式。譬如，限制公司、企业从事相关业务活动，要求其停业整顿等。这样对公司、企业进行处罚不仅能够有效化解"对公司、企业进行处罚会损害无辜者的利益"的忧虑，而且能发挥刑法的教化作用。

第三，根据现行刑法的规定，虚假破产罪的行为主体系公司、企业，而仅对直接责任人员科处刑罚，这有悖于责任自负的理念。因而，公司、企业亦应当受到刑罚处罚。本书认为，虚假破产罪在刑罚处罚上应当适用双罚制，应当对公司、企业与公司、企业直接负责的主管人员和其他直接责任人员科处刑罚。

① 《中华人民共和国刑法》第31条："单位犯罪的，对单位判处罚金，并对其直接负责的主管人员和其他直接责任人员判处刑罚。本法分则和其他法律另有规定的，依照规定。"
② 王拓：《废除"单罚制"恢复"双罚制"的本来面貌》，《检察日报》2020年7月23日。
③ 行江：《中国破产刑事法立法及实务研究》，安徽大学出版社，2021，第95—96页。

四、虚假破产罪司法疑难问题解决之策

为了解决司法实践中虚假破产罪的疑难问题，国家不仅需要在立法上扩大虚假破产罪的犯罪主体范围并明确兜底条款的行为类型，而且需要改双罚制并增设资格刑以精准打击实行虚假破产行为的单位。此外，公检法机关需要运用大数据技术手段和多方主体云端信息分享平台以精准查处虚假破产行为。合理运用上述手段，方能应对虚假破产罪在犯罪主体、刑罚适用和查处方面的问题，真正做到罚当其罪，罪刑法定。

（一）完善立法以缓解打击不力和打击不公的窘境

根据现行《刑法》第 31 条之规定，对于单位犯罪，原则上除了追究单位本身的刑事责任之外，仍需追责单位直接负责的主管人员和其他直接责任人员。然而，虚假破产罪系例外。如前所述，虚假破产罪在法律规定上系单位犯罪，即行为主体是公司、企业，但在刑罚方式上采用单罚制，即仅对公司、企业的直接责任人员科处刑罚。司法实践中，公司、企业在实施虚假破产行为时，通常以自身名义对外进行商业活动，实际上是由公司、企业的股东或直接负责的主管人员指使、授意其实施虚假破产行为。是故，现行刑法将虚假破产罪的主体规定为公司、企业，并对其直接责任人员科处刑罚。然而，本书认为将该罪的犯罪主体规定为公司、企业，并对其直接责任人员科处刑罚着实不能够精准打击实施虚假破产行为的行为主体，反而容易出现打击不力和打击不公的现象。下文便在完善立法层面，对消除虚假破产罪打击不力和打击不公的弊端提出建议。

1. 应当扩大虚假破产罪的犯罪主体范围

根据现行《刑法》第 162 条之二的规定①，虚假破产罪的主体是公司、企业，并由其直接责任人员承担刑事责任。另外，我国《企业破产法》中规定能够进行破产的市场主体是企业法人。如前所述，虚假破产罪系纯正的单位犯罪，只是规定刑罚处罚实行单罚制，属于例外情形。是故，虚假破产罪的犯罪主体范围如何界定，仍然是值得考虑的问题。本书认为，现行刑法对虚假破产罪主体范围的规定存在弊端，具体表现在司法实践中，债务公司、企业是虚假破产行为的实施主体，但是不能否认存在债务人与第三人恶意串通共同实施虚假破产行为的情况。譬如，第三人通过教唆债务公司、企业实施虚假破产行为的方式，损害债权人或者其他人的利益，最终达到债务清偿的目的。② 但是，因为现行刑法并没有明文设置第三人欺诈破产罪、庇护债务人罪等相关罪名，所以，根据罪刑法定原则，上述的第三人并不需要承担虚假破产罪产生的刑事责任。③ 这就出现了有犯罪行为，但不定罪处罚的现象。

在我国司法实践中，就存在第三人与债务人恶意串通实施虚假破产行为来逃避债务，

---

① 《中华人民共和国刑法》第 162 条之二："公司、企业通过隐匿财产、承担虚构的债务或者以其他方法转移、处分财产，实施虚假破产，严重损害债权人或者其他人利益的，对其直接负责的主管人员和其他直接责任人员，处五年以下有期徒刑或者拘役，并处或者单处二万元以上二十万元以下罚金。"

② 张晶：《我国虚假破产罪的立法缺陷及其完善》，《企业经济》2011 年第 4 期，第 192 页。

③ 潘家永：《虚假破产罪探析——兼论破产犯罪的相关问题》，《政法论坛》2008 年第 2 期，第 146 页。

而审判法院只对债务公司、企业的直接责任人员科处刑罚的案例。例如，吉林省梅河口市人民检察院指控吴某某、王某某、尹某某、倪某某犯虚假破产罪案。在该案件中，吉林市龙潭山制药厂和美国建成公司共同出资成立鹿王制药公司。鹿王制药公司成立时，股东系崔某、姜某、美国建成公司萧某（已去世），法定代表人和董事长为萧某。鹿王制药公司成立后，崔某委托王某1代管企业。2000年，姜某退股，后经崔某、萧某商议，由崔某前妻王某2代管企业，先后聘请王某某担任总经理、吴某某担任财务总监，负责公司生产经营等事项，崔某实际控制该公司的人、财、物及公司的发展经营等重大决策事项。崔某、王某2、吴某某经过多次预谋，企图借农行股改上市的机会，通过非法手段将企业贷款列入不良贷款，并注册成立新公司，将抵押资产通过拍卖转移至新公司，将未抵押资产及无形资产通过非法途径转移至新公司，致使鹿王制药公司成为"空壳"，再通过破产程序宣告公司破产，从而达到核销贷款的目的。在逃避债务的过程中，由崔某负责协调有关部门及人员，吴某某负责实施具体违法行为，王某某等人负责提供资金等帮助。为此，崔某找到时任农行吉林省分行行长王某3帮忙违规将企业贷款列入不良贷款，同时王某2、吴某某指使尹某某等人向银行提供虚假财务报表等材料，造成鹿王制药公司亏损的假象。最终，梅河口市人民法院判处吴某某、王某某、尹某某、倪某某犯虚假破产罪并承担相应刑事责任。[①]

梅河口市人民法院判处吴某某、王某某、尹某某、倪某某犯虚假破产罪并承担相应刑事责任固然无误。然而，在虚假破产行为实施过程中，崔某、王某2和王某3为逃避债务提供了帮助，这三人难道不需承担相应责任吗？本书认为，对崔某、王某2和王某3也应当予以刑罚处罚。本案中看似"天衣无缝"的逃避债务的行为，其实背后有多人提供了帮助。被判处刑罚的四人固然在实施虚假破产行为过程中起到主要作用，而崔某作为公司实际控制人，在核销贷款过程中协调各部门、人员，王某2和王某3在提供虚假财务报表过程中起到主要作用。是故，不仅要对吴某某等四人进行刑罚处罚，也应当扩大虚假破产罪的犯罪主体范围，即也应当对崔某、王某2、王某3予以刑罚处罚。倘若现行刑法不对提供帮助的主体科处刑罚，而仅对公司、企业直接责任人员科处刑罚，则难以遏制当前司法实践中颇为猖獗的虚假破产行为。[②] 倘若现行刑法未对崔某等三人予以虚假破产罪共犯处理，那么在立法上应当扩大虚假破产罪的犯罪主体范围。

需要注意的是，虚假破产罪的犯罪主体打击范围扩大至为虚假破产行为提供帮助的第三人，是否违背刑法的明文规定？本书认为，不违反。虚假破产罪的打击主体需要囊括提供帮助的第三人的主要原因如下：首先，提供帮助的第三人客观上帮助行为主体实施了虚假破产行为，并造成债权人和其他人利益损失，主观上明知公司、企业实施的是虚假破产行为却仍提供帮助。因而，提供帮助的第三人应当受到刑法的谴责。其次，在虚假破产罪中，该第三人起次要作用，通常充当教唆犯、帮助犯等角色，仅实施了一个犯罪行为，无法通过虚假破产罪之外的其他罪名进行定罪处罚。以上述吉林省梅河口市人民检察院指控

---

① 吉林省梅河口市人民检察院指控吴某某、王某某、尹某某、倪某某犯虚假破产罪案，吉林省梅河口市人民法院（2019）吉0581刑初366号刑事判决书。

② 潘家永：《虚假破产罪探析——兼论破产犯罪的相关问题》，《政法论坛》2008年第2期，第146页。

吴某某等人犯虚假破产罪为例，崔某、王某 2、王某 3 在犯罪过程中，只分别帮助鹿王制药公司实施了逃避债务行为的一部分。该三人所实施的行为具有侵害性，应当受到刑罚惩治，但无法以虚假破产罪之外的其他罪名定罪处罚。是故，提供帮助的第三人应当纳入虚假破产罪的犯罪主体打击范围之内。

2. 应当明确兜底条款的行为类型

从现行《刑法》第 162 条之二规定的内容上看①，法律明文规定的虚假破产行为有二，其一系隐匿财产，其二系承担虚构的债务。显然，"以其他方法转移、处分财产"系兜底条款。换言之，行为主体实施隐匿财产、承担虚构的债务之外的虚假破产行为亦构成虚假破产罪。但是，因为现行刑法未明确除法律明文规定的虚假破产行为之外的何种行为系虚假破产行为，所以，在司法实践中，常有法律明文规定之外的行为被定性为虚假破产行为，并对该行为予以刑罚处罚。倘若审判法官将法律明文规定之外的行为定性为虚假破产行为，则能够从侧面说明审判法官自由裁量的空间较大，存在违背以法律治理虚假破产行为的理念。本书认为，立法上应当明确"以其他方法转移、处分财产"的行为类型，使虚假破产行为能够以明文规定的法律条文的形式出现。

该建议的理由主要有二：第一，"以其他方法转移、处分财产"的规定存在"人治"虚假破产行为之嫌。"以其他方法转移、处分财产"作为虚假破产罪的兜底条款，呈现出概括性和模糊性的特点。以非法经营罪②的兜底条款而言，除了前三类明文规定的行为属于犯罪行为之外，第 4 款规定的"其他严重扰乱市场秩序的非法经营行为"应当系何种行为，或许只有当时的立法者才能给出答案。③ 当审判法官在自由裁量虚假破产行为而无法准确揣测立法原意时，该兜底条款就展现出人为规制虚假破产行为的特性。④

第二，"以其他方法转移、处分财产"的规定有悖于刑法的保障功能。与其他部门法相比，现行刑法以刑罚制裁虚假破产等犯罪行为，无疑是打击和预防"逃废债"行为的重要手段和最后屏障。显然，现行刑法在打击虚假破产行为、保障债权人及其他利害关系人权益时，发挥着不可估量的作用。尽管如此，审判法官在使用该兜底条款时，亦不应当随心所欲地将其他行为定性为虚假破产行为。在刑法分则体系中，例示条款所罗列的行为通常具有具体性、鲜明性，兜底条款所规定的内容则呈现出抽象性、笼统性。当例示条款未明确将某类行为纳入定罪量刑的行列之内时，审判机关方能参照适用示例条款的规定，将

---

① 《中华人民共和国刑法》第 162 条之二："公司、企业通过隐匿财产、承担虚构的债务或者以其他方法转移、处分财产，实施虚假破产，严重损害债权人或者其他人利益的，对其直接负责的主管人员和其他直接责任人员，处五年以下有期徒刑或者拘役，并处或者单处二万元以上二十万元以下罚金。"

② 《中华人民共和国刑法》第 225 条："违反国家规定，有下列非法经营行为之一，扰乱市场秩序，情节严重的，处五年以下有期徒刑或者拘役，并处或者单处违法所得一倍以上五倍以下罚金；情节特别严重的，处五年以上有期徒刑，并处违法所得一倍以上五倍以下罚金或者没收财产：（一）未经许可经营法律、行政法规规定的专营、专卖物品或者其他限制买卖的物品的；（二）买卖进出口许可证、进出口原产地证明以及其他法律、行政法规规定的经营许可证或者批准文件的；（三）未经国家有关主管部门批准非法经营证券、期货、保险业务的，或者非法从事资金支付结算业务的；（四）其他严重扰乱市场秩序的非法经营行为。"

③ 刘杨东：《刑法兜底条款研究》，博士学位论文，华东政法大学，2015，第 45-46 页。

④ 高立学：《弹性条款——法治肌体中的人治"内伤"》，《检察日报》2003 年 11 月 5 日。

未纳入定罪量刑行列的行为纳入兜底条款的范围进行规制。① 虽然设置"以其他方法转移、处分财产"在体系上为刑法的运用奠定了基础，但是虚假破产罪的兜底条款始终呈现出抽象性和笼统性的特点。是故，在司法实践中容易扩大打击虚假破产行为的范围，出现打击不公的局面。具体而言，诸多潜在威胁或者侵害法益的行为，不应当使用现行刑法科处刑罚，而应当通过其他部门法对相应的主体进行非难，倘若审判法官使用"以其他方法转移、处分财产"这一兜底条款进行入罪，显然有悖于刑法的保障功能，阻碍刑法发挥法益保障功能。

除了前文提出的"债务人无偿加入他人债务"和"债务人优惠清偿债务"的法律明文规定之外的虚假破产行为，立法上应当明确兜底条款的行为类型，以此限缩兜底条款的使用并更好地打击虚假破产行为。

首先，刑事立法上要规制公司、企业破产前的投资逃债行为。具体而言，在人民法院受理公司、企业破产申请前，公司、企业为了逃避债务往往会有预谋地对外投资，以此实施资产转移。

其次，刑事立法上应当明确单位为了逃避债务而在进入破产程序前实施的损害债权人利益的个别清偿行为属于虚假破产行为。在实务中，公司、企业进入破产程序是一个相对漫长的过程，尤其是国有企业进入破产程序需要经过上报、多方讨论、多方批准。然而，在这段时期，不排除公司、企业会置大多数债权人利益于不顾，而对个别债权人进行清偿的可能。

最后，刑事立法上应当规制公司、企业通过重组的方式逃避债务的行为。当公司、企业与当地政府事先沟通商议"先重组，后破产"，则其将获得"涅槃重生"的重组机会，实施"先剥离财产，后破产"的策略，将全部或者部分"干净资产"转移到新设的单位名下，最终剩下一个只有负债而无资产的"空壳企业"进行破产。

需要注意的是，不是任何行为都能够被总结至"以其他方法转移、处分财产"的范畴之内。该兜底条款的适用应当被控制在确定性、不得已性、合理性的范围之内。审判法官对法律明文规定之外的其他行为，应当进行全面分析、通盘考虑，考虑可疑行为与逃避债务、虚构债权债务关系、损害债权人及其他利害关系人利益等方面是否具有因果关系。另外，审判法官考量其他行为是否系虚假破产行为时，应当严格把控证据收集、分析论证等环节，谨慎、理性地判断法律明文规定之外的行为是否系虚假破产行为。② 是故，本书认为应当在立法上明确兜底条款的行为类型，以此缓解打击不力和打击不公的窘境。

（二）通过现代技术手段查处虚假破产行为

在社会主义市场经济快速发展的背景下，国家高度重视优化营商环境。破产制度在完善市场经济主体拯救和退出等机制方面始终发挥着积极作用，不少公司、企业等市场主体在"优胜劣汰"的竞争规则之下有序地维系着生存或者退出市场。然而，经济社会中仍然存在一些不诚信的公司、企业等市场主体，它们怀有"逃废债"的犯罪意图，企图通过破

---

① 刘杨东：《刑法兜底条款研究》，博士学位论文，华东政法大学，2015，第46页。
② 刁雪云：《经济刑法中兜底条款的适用研究》，博士学位论文，西南政法大学，2021，第149页。

产程序使自身实施的隐匿财产、承担虚构的债务等虚假破产行为"合法化"。是故，社会各界必然会对破产程序是否会成为"逃废债"的工具产生担忧。为了有效地消除担忧，下文便提出通过运用现代技术手段规制虚假破产行为的策略，使虚假破产行为透明化，能够更加精准地进行打击。

1. 大数据技术侦查机制让虚假破产行为透明化

当前，公检法机关所承办的经济类刑事犯罪中，诈骗类犯罪、洗钱罪等刑事犯罪已经占用了公安机关的大量精力，因而，公安机关的经侦部门时常会出现人手紧缺的情况。就虚假破产罪而言，该罪的法律依据系现行《刑法》第 162 条之二，但公检法机关在认定犯罪的客观行为时经常出现不一致的观点，因此侦查启动存在较大困难。具体而言，因为公检法机关在对虚假破产罪及邻近的妨碍清算罪等罪名存在此罪与彼罪认知与判断的差异，所以加大了公安机关对承办此类案件的担忧，导致其对虚假破产行为的立案侦查启动不及时。

为了进一步缓解公检法机关在认定虚假破产行为时出现不一致的矛盾，本书认为大数据技术在侦查虚假破产行为方面能够发挥效用，让具备科技性、隐蔽性、涉众性的虚假破产行为更加透明化，实现更加精确无误的打击。在对虚假破产行为进行经济侦查的过程中，大数据技术能够实现全天候治理、对虚假破产行为的精准分析、"零口供"破案，构建虚假破产罪犯罪行为类型化模型。

在大数据技术的侦查效用之下，虚假破产罪的隐匿财产等客观实行行为势必能够得到常态化治理。首先，要实现对虚假破产行为的全天候监控与治理，应当穷尽手段对行为主体的信息和资源进行归集和发掘；再充分运用数据分析技术，进一步对收集到的数据进行整合、处理、比对，推测行为主体实施犯罪行为的动机并预判其下一行为的趋向。通过上述手段，侦查机关能够形成犯罪的预警信息和案件线索，从而更有目的性和专门性地对虚假破产行为展开侦破活动。侦查机关通过运用大数据技术，可以高效地对与隐匿财产等类似的虚假破产行为的数据进行获取、分析和动态掌控。此外，公安机关在通过大数据技术对实施虚假破产行为的行为主体的资金流向、人员分布、信息内容进行深度挖掘的过程中，能够精准地对波及范围大的虚假破产行为采取打击措施，在犯罪结果发生前及时进行预警，并及时采取措施进行防范，实现化被动的事后打击为主动的事前预防的目的。①

其次，在当前虚假破产罪中，实施虚假破产行为的犯罪嫌疑人的行为活动更多地依托网络平台，让虚假破产行为更多地发生于虚拟环境当中。是故，要通过大数据技术实现对虚假破产行为精准分析的目的，更应当大范围地搜集犯罪嫌疑人在网络平台上所残留的数据痕迹，再归集、整合、处理各类零散数据，进而探析数据间的内在关系。最终，通过大数据技术生成犯罪嫌疑人的数据画像、追踪嫌疑人的可疑指纹，进一步探寻侦查犯罪行为的突破口，逐步精准打击虚假破产行为。

最后，公检法机关通过构建虚假破产罪犯罪行为类型化模型的方式打击传统虚假破产行为。这亦能够进一步遏制新型虚假破产行为的出现。公检法机关对虚假破产行为的规律

① 王晓东、杜修品：《大数据技术在经济犯罪侦查中的应用》，《中国人民警察大学学报》2022 年第 8 期，第 6 页。

特性和打击传统虚假破产行为的经验进行筛选，再通过算法对犯罪行为进行数据化描述，实现在大量的虚假破产行为数据中进行多主体、多层次的分析，对潜在实施虚假破产行为的主体进行预测分析，对虚假破产行为线索进行智能化预警。[①] 在虚假破产罪的客观实行行为中，隐匿财产、承担虚构的债务这一类型的传统实行行为较为寻常，不妨运用大数据技术针对这一类型化的犯罪行为建立智能化业务模型，这样不仅能够高效率地打击传统模型的虚假破产罪，而且能够有效地节省公检法机关的资源，将更多的司法资源投入对新型的虚假破产行为的打击当中，譬如上文提到的优惠清偿债务等行为。

反言之，倘若公检法机关在办理同一类型的虚假破产行为的犯罪案件时，每次都从零开始收集、整理、分析、处理繁杂的数据，不仅会降低办案效率、耗费大量的司法资源，而且不利于侦查资源的整合，不利于集中侦查力量打击犯罪。是故，侦查机关在打击同一类型的虚假破产行为时，可以通过大数据技术获得全面的资源数据，依靠获得的数据并汲取其他类型犯罪的优质办案经验，运用算法构建虚假破产罪犯罪行为类型化模型。由此，公检法机关在未来打击同一类型的犯罪行为时，就能够快速地将虚假破产行为导入类型化模型，进而及时且精准地打击犯罪行为，提高办案效率。构建类型化模型最为明显的经侦实战成果是公安机关在打击虚开增值税专用发票的犯罪行为和传销类的犯罪行为时，构建了虚开增值税专用发票类罪模型、传销犯罪的类罪模型并取得了显著成效。是故，上述对大数据技术在虚假破产罪侦查中的应用的建议值得受到关注。

2. 多方主体云端信息分享助力法院鉴别虚假破产行为

上文提出了通过大数据技术侦查机制使虚假破产行为透明化的应对之策，希望能够为打击虚假破产罪提供强有力的手段，不过大数据技术在经济犯罪侦查实践中的应用也存在弊端，即公检法及社会各类主体之间的信息资源共享存在较大困难。究其原因，主要是数据共享机制不健全。而数据共享机制不健全的根本原因是我国当前行政区域划分、各级机关职能存在差异。在这一前提下，不妨通过制定法律规范、建立公检法系统数据共享机制的方式，来对虚假破产行为进行规制。[②]

当前，在对犯罪行为进行侦查的过程中，可以供公检法机关利用的数据是比较庞大的。然而，正是因为数据共享机制不够健全、数据共享意识相对薄弱，所以能够被利用起来的数据散落在不同行业、不同部门、不同领域的各个地方。另外，散布的数据没有形成统一的标准与格式，导致侦查人员不能够有效地使用该数据。是故，在虚假破产罪中，假使缺少了多方主体云端信息分享技术，将导致公检法机关所掌握的犯罪行为、犯罪主体、人员关系网等信息是相对零散的，继而影响办案效率，徒增打击虚假破产罪的难度。

例如，实施虚假破产行为的犯罪主体在申请破产时提供的是虚假的或者不齐全的账册、审计报告，这些材料不能够真实地披露和反映公司、企业的资产负债情况，导致公检法机关在侦查、审判过程中所获取的资料也是不真实、不健全的，进而导致公检法机关在发现犯罪线索方面困难重重。再如，公司、企业实施"逃废债"的行为手段主要是转移公司、企业的资产。具体而言，犯罪主体主要是虚构经济往来业务，进而通过虚开、伪造商

---

① 王晓东、杜修品：《大数据技术在经济犯罪侦查中的应用》，《中国人民警察大学学报》2022年第8期，第7页。
② 李鹏：《大数据在非接触性犯罪侦查中的应用研究》，《山西警察学院学报》2018年第4期，第79-80页。

业承兑汇票、本票或者支票等方式，将本属于全体债权人的资金转移至公司、企业的法定代表人、股东、实际控制人及其关联的账户。倘若商业银行、税务部门等多方主体能够将自身对犯罪主体已知的数据信息通过云端共享的方式与公检法机关互通，势必会助力公检法机关鉴别虚假破产行为，有助于公检法机关更加精准地打击虚假破产罪。

通过对数据资源不互通、资源不共享的弊端的阐述，在治理虚假破产罪的过程中，更应当高举击破数据不互通、资源不共享的屏障，汇聚多方数据资源，打造多方主体云端信息分享平台的旗帜，通过信息共享来有效治理虚假破产罪。本书认为，各方主体内部信息和外部信息不互通、不共享屏障的形成原因在于法检机关尚未发挥主导作用，其他主体也未积极配合。

首先，全国各地的法检机关部门应当发挥主导作用并及时将每一条散布的犯罪行为线索信息上传至线上侦查犯罪信息共享平台。毕竟，案涉的每一条线索都有可能成为侦破一个案件的重大线索的组成部分。

其次，法检机关应当以自身为导向，会同公安机关、税务部门、银行机构、金融部门、市场监管部门等多方主体增进相互之间的信息资源交流。例如，可以召集各方主体定期召开信息互通、共享联合会议，通过召开会议形成会议纪要的形式让信息互通、共享，并将会议纪要的内容落实到工作实处，形成打击虚假破产行为的最大合力，提升公检法机关的侦查、审判工作的效率。

最后，在云支付等云端消费方式的冲击下，我们日常的消费方式不再以现金支付为主，因而犯罪主体在实施虚假破产行为时，更多地通过云端传达犯罪信息、线上开展犯罪行为。这就警醒着公安机关在侦查办案的过程中，应当协同商业银行、证券交易所、第三方支付平台等主体推动自身数据与其他主体所掌控的信息资源共享。法检机关对上述信息的掌握，有利于及时推进对犯罪主体账户资金的查控工作，在犯罪结果出现之前及时挽救全体债权人的利益。

此外，根据《企业破产法》第31条的规定，管理人有权请求人民法院对债务公司、企业在人民法院受理破产申请前一年内实施的无偿转让财产、以明显不合理的价格交易财产、对没有财产担保的债务提供财产担保等处分其名下财产的行为予以撤销。由此说明，公司、企业在进入破产程序前一年内，存在为了逃避债务而实施虚假破产行为的可能。是故，法检机关在运用云端信息分享技术查处公司、企业的犯罪行为时，应当扩大监控债务公司、企业的财产流动的时空区间。具体而言，法检机关应监控公安机关、商业银行、证券交易所、第三方支付平台等主体共享的信息资源，倒查债务公司、企业进入破产程序前一年内是否存在"假破产、真逃债"的情况。

（三）实行双罚制并增设资格刑以精准打击虚假破产的单位

为了有效遏制并精准打击司法实践中频发的虚假破产行为，笔者建议取消现行刑法对虚假破产罪适用单罚制的刑罚处罚方式，改为双罚制并增设资格刑以精准打击虚假破产的单位。换言之，现行刑法在打击虚假破产行为时，只对公司、企业直接负责的主管人员和其他直接责任人员予以刑罚处罚的方式已不能有效规制虚假破产行为。单罚制的弊端前文已进行阐述，下文就建议进行详述。

1. 变单罚制为双罚制以对虚假破产的公司、企业进行处罚

根据现行《刑法》第 162 条之二的规定①，虚假破产罪的犯罪主体系公司、企业，而仅对其直接责任人员科处刑罚。本书认为，公司、企业是虚假破产行为的主体，刑罚处罚时也应当对公司、企业科处刑罚。第一，虚假破产罪属于单位犯罪，则根据责任自负的理念，公司、企业应当承担相应的刑罚处罚。倘若犯罪的公司、企业不承担刑事责任，将会出现犯罪主体与刑罚承担主体不一致的结果。这显然与刑法公平性相悖，同时也违反了罪责自负原则。第二，现行刑法明文规定公司、企业是实施虚假破产罪的主体，则刑事诉讼中应当将公司、企业一并列为被告。公司、企业既然作为被告，那么就应当承担相应的刑罚处罚。退一步说，就算对公司、企业免予刑罚处罚，也应当有法律依据，但是现行刑法并没有对此作出相应规定。是故，在对虚假破产罪进行刑罚处罚时，也应当对公司、企业进行处罚。

在我国司法实践中，存在公司法人是虚假破产罪的直接正犯，而为该公司实施虚假破产行为提供帮助的企业未受刑罚处罚的案例。譬如，2000 年 12 月四川省德阳市中江县 SC 公司虚假破产案。该公司在正常营业期间曾获得过多项全国、全省荣誉，曾被授予"四川贸易企业最大规模 200 强"等多个称号。该公司在破产前，始终处于盈利状态，经营状态也正常。然而，被寄予厚望的中江县 SC 公司在 2000 年 12 月 14 日走向了破产。事后，经相关部门调查核实，发现中江县 SC 公司破产案是一起由中江县县政府和县委共同操纵，为逃避国有银行债务而实施虚假破产行为的虚假破产案件。中江县 SC 公司在明知自身不具备破产条件的情况下，强行被县政府、县法院、县委的部分高层领导宣告进入破产程序，意图通过"合法"的破产程序逃避巨额的金融债务。客观的虚假破产行为表现为推动与中江县 SC 公司商业往来较为频繁的 10 家企业走向破产程序，使得中江县 SC 公司对这 10 家企业所享有的债权无法得到清偿，进而营造中江县 SC 公司资产无法清偿全部债务的假象。随之，再由中江县财政局申请中江县 SC 公司破产。最终，通过新成立的公司以拍卖的方式收购中江县 SC 公司。② 在此案件中，中江县 SC 公司是虚假破产罪的直接正犯，而县政府、县法院、县委的一些领导是该罪的教唆犯，帮助中江县 SC 公司实施虚假破产行为的 10 家企业则是虚假破产罪的帮助犯。

上述案件中中江县 SC 公司看似"严丝合缝"的逃避国有银行金融债务的行为，实际上是由多方主体共同实施的。县政府、县法院、县委的一些领导和 10 家企业客观层面教唆中江县 SC 公司实施虚假破产行为，也造成了国有银行的金融债权受到损失的结果；主观层面为了使中江县 SC 公司逃避债务而实施教唆、帮助行为，也满足承担刑事责任的主体条件。是故，该案件除了对中江县 SC 公司直接负责的主管人员和其他责任人员进行处罚之外，县政府、县法院、县委的一些领导和帮助实施虚假破产行为的 10 家企业都应当构成虚假破产罪的共犯，受到刑罚处罚。通过上述案例我们可以得知，现行《刑法》第

---

① 《中华人民共和国刑法》第 162 条之二："公司、企业通过隐匿财产、承担虚构的债务或者以其他方法转移、处分财产，实施虚假破产，严重损害债权人或者其他人利益的，对其直接负责的主管人员和其他直接责任人员，处五年以下有期徒刑或者拘役，并处或者单处二万元以上二十万元以下罚金。"

② 《〈焦点访谈〉：着急破产为逃债》，https://www.cctv.com/news/china/20010731/406.html，央视网，访问日期：2023 年 4 月 16 日。

162 条之二所规定的单罚制，是不能全面且精准打击虚假破产行为的。中江县 SC 公司作为虚假破产行为的实施主体，系虚假破产罪的直接正犯，应当承担相应的刑事责任，受到刑罚处罚。同理，既然直接正犯需要受到刑罚处罚，那么提供帮助的企业作为共犯也应当受到刑罚处罚。是故，司法实践中，在处罚公司、企业直接负责的主管人员和其他直接责任人员时，也应当对公司、企业进行处罚。

2. 增设资格刑以完善虚假破产罪的刑罚处罚方式

正如前述所言，虚假破产罪的行为主体系公司、企业，而只处罚直接负责的主管人员和其他直接责任人员。支持单罚制的学者们认为不对公司、企业进行处罚是合理的。纵使虚假破产罪系单位犯罪，但是刑罚处罚对象系公司、企业将会进一步减少债务公司、企业的破产财产，损害债权人及其他利害关系人的权益，不利于保护《企业破产法》维护的公平受偿的秩序。是故，虚假破产罪实行单罚制，即只处罚公司、企业直接责任人员是合理的。① 诚然，该观点具备一定的合理性。

然而，笔者认为在规制虚假破产行为时，刑罚处罚的对象可以是公司、企业。换言之，建议对实施虚假破产行为的公司、企业予以资格刑处罚。根据现行《刑法》第 31条②，单位犯罪中，只对单位科处罚金刑，显然是无法承担预防单位犯罪的重任的。另外，内容多样且合理化的资格刑能够促进单位的设立和运行。审判机关对实施犯罪的公司、企业予以剥夺或者限制一定的资格的处罚，比罚金刑更具威慑力和预防效用，这也符合立法者设立刑法措施来预防犯罪的目的。③ 然而，立法者在完善资格刑体系的过程中，应当注意所设置的资格刑和犯罪人所实施的犯罪行为具有关联性。设置资格刑实际上就是为了通过限制犯罪主体的一定条件或者资格来惩罚犯罪行为和预防犯罪，不合理地限制或者剥夺犯罪主体的资格，反而有悖于刑罚的目的。④

在虚假破产罪中，犯罪主体系公司、企业，但未对公司、企业予以刑罚处罚。这不仅不能精准打击虚假破产行为，而且不能有效预防其他犯罪主体触犯虚假破产罪。是故，本书建议对实施虚假破产行为的公司、企业予以资格刑处罚。具体地说，刑罚处罚内容可以从两个方面增设：第一，禁止构成虚假破产罪的公司、企业从事相关业务活动，或者要求其停业整顿、强制解散，或者对其登报批评等。第二，建立资格刑的复权制度，适时恢复已改恶向善的公司、企业被剥夺的权利。⑤ 另外，刑罚处罚内容增加对实施虚假破产行为的公司、企业予以资格刑处罚，不仅能够有效地化解支持单罚制学者的顾虑，而且能够发挥刑罚对破产犯罪的预防功能。简言之，增加资格刑未减少破产企业的破产财产，没有进一步损害债权人的权益。是故，对实施虚假破产行为的公司、企业予以资格刑处罚，对内能够有效打击虚假破产行为；对外不仅能够进一步保护债权人及其他利害关系人的权益，而且能够有效地预防其他公司、企业实施虚假破产行为，发挥刑法的教化作用。

---

① 行江：《中国破产刑事法立法及实务研究》，安徽大学出版社，2021，第 95 页。

② 《中华人民共和国刑法》第 31 条："单位犯罪的，对单位判处罚金，并对其直接负责的主管人员和其他直接责任人员判处刑罚。本法分则和其他法律另有规定的，依照规定。"

③ 王洪青：《附加刑研究——经济刑法视角下的刑罚适用与改革路径》，上海社会科学院出版社，2009，第 237 页。

④ 陈伟、郑自飞：《预防刑视域下的资格刑审视：价值、困境与出路》，《法治论坛》2019 年第 3 期，第 263 页。

⑤ 向朝阳、郭超：《破产犯罪的立法问题》，《检察理论研究》1997 年第 1 期，第 21 页。

拓展讨论问题

1. 试分析虚假破产罪与妨害清算罪的界限。

2. 公司符合进入破产程序的实质条件，但在破产程序进程中实施了虚假破产行为，且达到法定的追溯标准，即"真破产，真逃债"，能否成立虚假破产罪？

3. 认定虚假破产罪的"着手"应否考虑时间限制？破产程序是狭义的还是广义的？

4. 如何定义"严重损害债权人的利益"中的"严重损害"？

5. "以其他方法转移、处分财产"的行为还可以如何具体化理解？

6. 虚假破产罪是单位犯罪，但适用单罚制，是否与双罚制相背离？

7. 我国目前只有《企业破产法》而无《个人破产法》，随着《深圳经济特区个人破产条例》于 2021 年 3 月 1 日起正式实施，自然人虚假破产行为能否被追究刑事责任？

拓展阅读文献

（一）著作

1. 陈正云、刘宪权：《破产欺诈及其防治》，法律出版社，1997。

2. 大卫·G. 爱泼斯坦、史蒂夫·H. 尼克勒斯、詹姆斯·J. 怀特：《美国破产法》，韩长印、殷慧芳、叶名怡等译，中国政法大学出版社，2003。

3. 王卫国：《破产法精义（第二版）》，法律出版社，2020。

4. 行江：《中国破产刑事法立法及实务研究》，安徽大学出版社，2021。

（二）论文

1. D. W. 福克斯：《英国 1986 年破产法中的刑事责任》，欧德宏、高润生译，《世界法学》1988 年第 2 期。

2. 陈冬：《解读〈刑法修正案（六）〉之虚假破产罪》，《中国检察官》2006 年第 9 期。

3. 潘家永：《虚假破产罪探析——兼论破产犯罪的相关问题》，《政法论坛》2008 年第 2 期。

4. 张晶：《我国虚假破产罪的立法缺陷及其完善》，《企业经济》2011 年第 4 期。

5. 贺丹：《论虚假破产罪中的"实施虚假破产"》，《政治与法律》2011 年第 10 期。

6. 付中华：《虚假破产罪的补辑路径——以"虚假破产行为"认定为中心》，《中国政法大学学报》2020 年第 4 期。

7. 胡丕敢、薛箴言、詹应国：《虚假破产罪的适用》，《人民司法》2021 年第 22 期。

8. 刘冰：《我国个人破产免责制度的构建》，《法商研究》2022 年第 5 期。

9. 张勇：《破产欺诈的法律规制：以类型化为视角》，《社会科学辑刊》2022 年第 4 期。

10. 吴杨：《虚假破产的程序困境与出路——基于解释论与立法论的双重视角》，《天津大学学报（社会科学版）》2022 年第 6 期。

 专题七　　　　自动驾驶汽车交通肇事的刑事归责

一、自动驾驶交通肇事责任研究现状

1956 年的达特茅斯学会上首次提出人工智能（Artificial Intelligence，AI）这一概念，标志着人工智能学科的诞生。自动驾驶汽车（Self-driving Car）就是人工智能结合传统汽车技术而成，是具有更高安全性和便捷性的驾驶工具。各国都在努力争夺自动驾驶技术发展的制高点，力图在这场人工智能革命中获得绝对优势。相应地，国内外法学理论界对此也予以高度关注。

（一）国内研究现状

目前，国内关于自动驾驶汽车在法律层面的资料还不是特别丰富，绝大多数文献还是从自动驾驶汽车的技术层面展开。现有的法学研究或是从侵权责任法角度讨论，或是从行政法角度讨论，专门论述自动驾驶汽车交通肇事刑事责任的文献较少。因此，本书对于这部分综述选取了部分关于人工智能犯罪的文献作为依据。在现有文献中，根据学者的研究内容可以分为以下方面。

1. 自动驾驶汽车交通肇事责任主体的界定

目前，关于自动驾驶汽车造成交通事故如何认定责任主体是刑法领域亟须解决的问题。刘宪权、房慧颖提出在传统的普通汽车行驶过程中，因驾驶员违反交通管理法规造成肇事的，事故责任可以按照传统责任模式认定，而具有辅助驾驶功能的自动驾驶汽车，当其驾驶路径、方案都由自动驾驶程序决定时并不存在传统意义上的驾驶员，对于因设计问题而造成的重大交通事故，由汽车的设计者承担责任可能更为妥当。[①] 黄波认为随着自动驾驶汽车驾驶等级的不断提高，人类驾驶员的角色在技术层面不断被消解，同时将肇事责任归咎于人类驾驶员的基础丧失，由此自动驾驶汽车交通肇事的责任主体就缺乏一个明确的指向，对此可以采取赋予自动驾驶系统独立合法地位、将汽车制造商和设计者推至台前成为责任主体的方式加以应对。[②] 此外，龙敏提出随着自动驾驶汽车驾驶等级的提高，事故责任应当不断转移至自动驾驶系统，否则将违背自动驾驶技术研发和生产的初衷，无法达到解放人类驾驶员身份的目的。[③]

研究自动驾驶汽车交通肇事的刑事归责问题，不得不提及承担刑事责任的主体。然而当前学界对于自动驾驶汽车交通肇事责任主体的界定存在较大争议，亟须法律对此作出

[①] 刘宪权、房慧颖：《涉人工智能犯罪的前瞻性刑法思考》，《安徽大学学报（哲学社会科学版）》2019 年第 1 期，第 110 页。

[②] 黄波：《自动驾驶汽车交通肇事的刑法应对》，《天府新论》2018 年第 4 期，第 112—118 页。

[③] 龙敏：《自动驾驶交通肇事刑事责任的认定与分配》，《华东政法大学学报》2018 年第 6 期，第 80 页。

回应。

2. 自动驾驶汽车交通肇事因果关系的认定

刑法中的罪责自负原则，要求刑事归责要在厘清事故因果关系的基础上加以认定，因此分析此类案件时，因果关系的认定也十分重要。

方跃平、汪全胜认为刑法中交通肇事罪成立的必然条件是，驾驶员违反交通安全管理法规的行为和损害结果之间存在必然因果关系。[①] 杨杰、张玲认为自动驾驶模式下，事故发生通常是车辆自身的原因，和车内人员之间并不是直接的引起与被引起关系，因此肇事结果的发生与乘车人员的行为并不存在直接的因果关系。[②]

总结而言，因为自动驾驶技术的应用使得汽车出现了一些新的特征，比如运行的自主性，所以在面对自动驾驶汽车交通肇事时，依照传统的交通肇事罪认定责任显得格格不入，包括因果关系也应根据新的技术特征重新进行分析和解读，从而更好地认定刑事责任。

3. 自动驾驶汽车交通肇事主观心态的认定

我国的刑事归责体系要求做到主客观一致，因此认定交通肇事罪，除了客观上要求造成损害结果，主观上还应对此存在故意或过失。

陈晓林认为，无人驾驶中，乘客为了实现一定的目的而选择自动驾驶汽车，但是选择自动驾驶这个行为本身不具有罪过，既不存在主观故意也不存在过失。[③] 因此，车辆因自动驾驶系统选择的路线、驾驶方式造成交通事故时，乘客并不会提前预料，并不存在主观认知，相应地也就失去了责任归究的基础。刘笑岑认为自动驾驶汽车的运行是根据操作系统的指令采取驾驶行为的，而操作系统会根据道路实际状况制定具体的驾驶方案，这种方案并无传统责任体系中的"故意"或"过失"，只有选取的"对错"之分。[④] 自动驾驶系统并不可能预料到方案的后果，由此对事故的发生也就不存在心态上的认知。而周铭川提出在当前技术发展水平下的自动驾驶汽车并不存在自主意识，仅仅是一连串执行驾驶功能的电脑程序，不存在任何人类意识，因此在自动驾驶系统故障引起的交通肇事中，系统故障不属于刑法上的"过失"，仅属于一种产品缺陷。[⑤]

在自动驾驶中根据驾驶等级的不同，驾驶员承担的注意义务存在差别，对于事故发生的主观心态也就存在差异，甚至随着人工智能技术的不断发展，对于强人工智能下的自动驾驶系统是否具有自我意识和控制能力，也存在正反两种不同观点。

（二）国外研究现状

对于科技的创新发展，美国一直处于国际先列。相应地，学者的研究主题也就显得更加前沿。根据《人工智能与法律的对话》书中所述，我们脑海中机器人的形象大都

[①] 方跃平、汪全胜：《无人驾驶时代交通肇事罪的立法完善》，《齐鲁学刊》2018年第6期，第80页。

[②] 杨杰、张玲：《无人驾驶汽车的法律障碍和立法思考》，《电子政务》2018年第8期，第104页。

[③] 陈晓林：《无人驾驶汽车致人损害的对策研究》，《重庆大学学报（社会科学版）》2017年第4期，第81页。

[④] 高岳：《人工智能，除了很多惊叹号还有很多问号》，《法制日报》2016年11月26日。

[⑤] 周铭川：《论自动驾驶汽车交通肇事的刑事责任》，《上海交通大学学报（哲学社会科学版）》2019年第1期，第39-40页。

来自电影或文学作品，如电影《机器人总动员》中的 Wall-E。人工智能技术的表现形式之一即所谓的机器人，但所谓的机器人在社会中可以表现为多种形态，并非一定要以"人类"形体存在，它可能是装卸设备的一条机器臂，也可能是战胜围棋大师李世石的阿尔法狗（AlphaGo）。虽然存在不同的形态，但所要求的立法应当统一，立法时应当注重机器人系统的内在功能而非形态。① 根据机器人的运行机理和设计目的来立法约束，更能透过纷繁复杂的事故形式解决本质的问题。这种观点具备一定合理性，但是通过一部法律就解决机器人的法律问题似乎不现实。因此，另有观点提出为应对自动驾驶汽车、外科医生及律师等不同种类的人工智能单独立法，最终形成一部统一的人工智能法典②，既包含人工智能发展的总体原则，又通过单独立法为各类人工智能的发展提供具体规范。

在机器人的具体规范问题上，2012 年的"我们机器人"（We Robot）会议上，凯特·达林提出应将拥有情感、自主性并且能够与人类产生互动的社会机器人和无生命感的电脑程序加以区别，并赋予其较之普通机器人更宽泛的权利，从而实现保护社会价值的目的。这种观点与国内学者提出的授予自动驾驶汽车独立法律地位的观点相似，既保护自动驾驶汽车作为贵重财产的独立价值，又能突破自动驾驶汽车交通肇事的追责困境。但应当明确的是，只有人类均无过错，不存在无过错的第三人时，才能让人工智能承担责任。具体到自动驾驶汽车中，必须在自动驾驶汽车进入市场前建立起人工智能保险或人工智能储备基金，当事故责任无法明晰，无法通过责任分解来补偿受害人时，方可由自动驾驶系统承担赔偿责任。③

持类似观点的还有俄罗斯学者起草的关于规范人工智能机器人的《格里申法案》，这也是第一部关于机器人的法案。该法案提出将机器人看作具有动物属性的财产，并且机器人可通过在国家机器人—代理人登记簿上登记获得权利能力，从而可以作为民事责任主体承担责任，还通过设置机器人—代理人的独立财产来偿还债务。④

二、自动驾驶汽车发展状况概述

（一）自动驾驶的概念、特性及 SAE 等级划分标准

1. 概念及特性分析

关于自动驾驶汽车的概念，学界目前尚未统一。在自动驾驶汽车、无人驾驶汽车（Autonomous Vehicle）、智能网联汽车（Intelligent Connected Vehicle）等近似概念之间甚至还存在混用情况。关于智能网联汽车，2020 年初国家发展和改革委员会发布的《智能汽

---

① 瑞恩·卡洛、迈克尔·弗鲁姆金、伊恩·克尔：《人工智能与法律的对话》，陈吉栋、董惠敏、杭颖颖译，上海人民出版社，2018，第 21 页。

② 约翰·弗兰克·韦弗：《机器人是人吗？》，刘海安、徐铁英、向秦译，上海人民出版社，2018，第 60 页。

③ 约翰·弗兰克·韦弗：《机器人是人吗？》，刘海安、徐铁英、向秦译，上海人民出版社，2018，第 75 页。

④ 张建文：《格里申法案的贡献与局限——俄罗斯首部机器人法草案述评》，《华东政法大学学报》2018 年第 2 期，第 35—37 页。

车创新发展战略》中提出，智能汽车是指通过搭载先进传感器等装置，运用人工智能等新技术，具有自动驾驶功能，逐步成为智能移动空间和应用终端的新一代汽车。智能汽车又称为智能网联汽车、自动驾驶汽车等。[①] 关于自动驾驶与无人驾驶，有观点认为自动驾驶汽车是与无人驾驶汽车相等同的，都是使用了人工智能技术，在车上搭载了传感器和定位系统并实现自动驾驶的车辆。[②] 当然，另有观点提出无人驾驶汽车是一种主要依靠车内的计算机技术和信息技术来实现自动驾驶的移动机器人，是自主驾驶的一种表现形式。[③] 但无人驾驶汽车是自动驾驶技术发展到一定阶段后的产物，是一种发展到高级阶段完全实现自主驾驶的汽车，不能简单与自动驾驶汽车的概念等同。本书支持第二种观点，认为自动驾驶汽车并不能简单地等同于无人驾驶汽车和智能网联汽车。虽然不同的名称都是对自动驾驶汽车的界定，然而清晰正确的概念对责任划分至关重要。

自动驾驶汽车有其自身的特性，总结这种特性是我们认识和规范其发展的必要前提。自动驾驶技术发展和应用的主要目的是在降低事故发生率、减少人身财产损失的同时能将人类驾驶员从繁重的驾驶工作中解放出来，从而使人类在本应从事驾驶工作的时间内得到休息、工作、娱乐。与传统汽车相比，自动驾驶汽车最根本的特性就是运行的自主性[④]，通过传感器融合感知、车载智能计算平台来实现车辆的自主行驶。乘客在车辆上根据操作要求设定指令，确认目的地，而后自动驾驶系统就可以从芯片内存的海量数据中自动筛选最恰当的驾驶路线。当实现真正的无人驾驶时，乘客上车后需要做的事情就是设置目的地并按下启动键。

除此之外，自动驾驶汽车还具有的显著特性是使得参与主体扩张。我国现行的《中华人民共和国道路交通安全法》第 19 条规定，驾驶员驾驶机动车的前提是要依法取得机动车驾驶证。当自动驾驶汽车走上公共交通时，一些因身体缺陷、年龄等问题而无法取得驾驶资格的人也都获得了"驾驶"自动驾驶汽车的资格，因为"驾驶人"只需要说出目的地即可，在这个过程中并不需要任何专业技能。这就使得驾驶参与主体得以扩张，大大改善交通出行不便的状况。

2. 自动驾驶技术的 SAE 分类标准

关于自动驾驶技术的分类标准，各国都做了一定划分，目前由美国汽车工程师协会（SAE）和美国国家公路交通安全管理局（NHTSA）作出的等级分类标准在国际社会获得的认可度较高。见表 7-1。[⑤]

---

① 《关于印发〈智能汽车创新发展战略〉的通知》，https:∥www.gov.cn/zhengce/zhengceku/2020-02/24/content_5482655.htm，中华人民共和国中央人民政府网站，访问日期：2020 年 3 月 29 日。

② 袁媛：《我国无人驾驶汽车道路交通事故的法律思考》，《重庆邮电大学学报（社会科学版）》2018 年第 4 期，第 38 页。

③ 陈慧岩、熊光明、龚建伟、姜岩：《无人驾驶汽车概论》，北京理工大学出版社，2014，第 1 页。

④ 陈晓林：《无人驾驶汽车致人损害的对策研究》，《重庆大学学报（社会科学版）》2017 年第 4 期，第 80 页。

⑤ 周铭川：《论自动驾驶汽车交通肇事的刑事责任》，《上海交通大学学报（哲学社会科学版）》2019 年第 1 期，第 37 页。

表 7-1　自动驾驶技术的等级分类

SAE	名称	事件定义	动态驾驶任务		极端情况下的应对主体	设计工况
			转向、加减速控制	对环境的观察		
驾驶员完成部分或者全部动态驾驶任务						
0	无自动驾驶	驾驶员对所有情况负责，即使安全性能升级	驾驶员	驾驶员	驾驶员	n/a
1	辅助驾驶	自动驾驶系统实现对车辆在部分工况下的纵向或横向控制（但不是同时控制横向和纵向），并由驾驶员完成后续的驾驶任务	驾驶员和系统	驾驶员	驾驶员	部分
2	部分自动驾驶	自动驾驶系统实现对车辆在部分工况下的纵向和横向控制，由驾驶员辅助完成后续的驾驶任务并监控自动驾驶环境	系统	驾驶员	驾驶员	部分
自动驾驶（系统）完成所有驾驶任务						
3	有条件限制的自动驾驶	自动驾驶系统实现对车辆在部分工况下的所有驾驶任务，但是驾驶员要在自动驾驶系统需要时或在车辆的其他系统发生故障时随时接管驾驶控制权	系统	系统	驾驶员随时准备接管	部分
4	高度自动驾驶	自动驾驶系统实现对车辆在部分工况（特定地理区域和环境条件）下的所有驾驶任务，不需要有人接管驾驶控制权	系统	系统	系统	部分
5	完全自动驾驶	自动驾驶系统实现对车辆在所有工况下的所有驾驶任务，不需要有人接管，系统可以自主解决所有驾驶过程中的问题	系统	系统	系统	所有

　　L0 是完全的人类驾驶，驾驶系统并不处理驾驶过程中的任何问题，汽车完全由人类驾驶员操纵。L1~L2 是驾驶辅助系统，人类依然是驾驶过程的掌舵手，需要监测外部环境变化，所有的决策都由人类作出，但是系统可以提供部分基础的应援从而实现操作的简化。L3 是一种有条件的自动驾驶，在特定的情境下车辆可以完成全部驾驶任务，但遇到无法应对的状况时，则需要人类驾驶员迅速接管车辆。L4~L5 已经进入高度自动和无人驾驶阶段，在此驾驶过程中人类驾驶员几乎不需要发挥任何作用，只需要按下启动按钮并设置目的地即可，这才是真正的无人驾驶。[①] 通过上表，可以清晰地看出自动驾驶技术等级的不断提升，其实就是"人之意识与意志对其'行为'的作用逐渐减弱的历史"[②]，直到最终进入 L5 的无人驾驶时，将不再需要人类扮演驾驶员的角色。

　　总结而言，L1~L2 的自动驾驶技术实质是一种车辆安全性、易操作性的提升，并未真正地与自动驾驶挂钩。L3 是自动驾驶技术的分水岭，是技术实现突破的过渡阶段。只有L4~L5 才是真正意义上的无人驾驶，自动驾驶系统能够实现全部驾驶任务，使车辆到达预定的目的地。由此可以验证，自动驾驶与无人驾驶的概念其实并不等同，自动驾驶的范围

---

① 江溯：《自动驾驶汽车对法律的挑战》，《中国法律评论》2018 年第 2 期，第 181 页。
② 刘宪权：《涉人工智能犯罪刑法规制的路径》，《现代法学》2019 年第 1 期，第 75 页。

能够包含无人驾驶。无人驾驶特指最高级别的自动驾驶技术，即 L4~L5，而自动驾驶能够泛指 L1~L5。根据权威的驾驶等级划分可知，人类驾驶员和自动驾驶系统在行车过程中发挥的作用有所不同，因此赋予了人类驾驶员和自动驾驶系统轻缓不同的注意义务和监控义务，这也是分析自动驾驶汽车交通肇事责任的基础。

（二）自动驾驶汽车行业的发展现状

研发自动驾驶汽车的企业大致分为两类。一类是新兴的互联网技术公司，如谷歌、苹果、百度等。现代人工智能的发展主要依靠互联网技术展开，因此互联网公司在自动驾驶汽车的研发上拥有天然的技术和资金优势。另一类是传统的汽车制造商，如宝马、奔驰等。[①] 这些传统的汽车制造商，利用其雄厚的汽车制造背景，通过兼容现代人工智能的技术人才、并购重组的方式实现自动驾驶关键技术的提升。根据 NHTSA 的定义，目前全球正处于汽车自动化的第 3 个阶段。而我国自动驾驶汽车行业内主要厂商也已经实现了 L3 的自动驾驶技术，少数顶尖厂商正在攻坚 L4 的自动驾驶技术。据统计，2022 年我国在售新车 L2 和 L3 的渗透率分别是 35% 和 9%，我国量产乘用车自动驾驶等级正在由 L2 向 L3 过渡。[②]

1. 国内自动驾驶汽车的发展

大约从 20 世纪 80 年代开始，我国对智能移动机器人开展研究，1980 年"遥控驾驶的防核化侦察车"由国家立项；90 年代第一辆无人车 ATB-1（Autonomous Test Bed-1）测试速度达 21 千米/小时；2011 年红旗 HQ3 作为国产无人车第一次完成长沙至武汉高速公路 286 千米的道路测试；宇通智能电动客车、长安汽车则分别在 2015 年和 2016 年完成自动驾驶道路测试。[③] 虽然中国自动驾驶汽车起步较晚，但是在国家层面获得了高度重视，2021 年 12 月国务院出台了《"十四五"数字经济发展规划》，其中提出要推动智能计算中心有序发展，面向政务服务、智慧城市、智能制造、自动驾驶、语言智能等重点新兴领域，提供体系化的人工智能服务。2022 年 10 月，由我国牵头制定的首个自动驾驶汽车测试场景的国际标准 ISO 34501：2022 Road vehicles—Test scenarios for automated driving systems—Vocabulary《道路车辆自动驾驶系统测试场景词汇》正式发布，彰显了我国在自动驾驶汽车行业的话语权和研发实力，同时也为促进和推动汽车产业向智能化转型提供了基础性支撑。截至 2023 年，全球约 43% 的自动驾驶技术发明专利来自中国，中国自动驾驶汽车商业落地领先于其他国家。[④]

当前国内自动驾驶汽车的发展呈现出"百家争鸣，百花齐放"的态势。2021 年中国智能汽车企业 100 强榜单发布，华为以 13000 亿元的估值位列榜首，宁德时代和比亚迪位

---

① 王羽、曲婕：《智能驾驶发展现状及对地方开放智能驾驶车辆测试道路的建议》，《汽车工业研究》2018 年第 11 期，第 6 页。

② 《自动驾驶深度之三：自动驾驶发展现状、竞争格局及资本分析》，https://baijiahao.baidu.com/s? id = 1770909522305651615&wfr=spider&for=pc，访问日期：2023 年 10 月 11 日。

③ 《智能化的自动驾驶：汽车工业发展新趋势》，http://www.360doc.com/content/18/0515/21/15447134_754233599.shtml，访问日期：2020 年 2 月 1 日。

④ 《智能领航驶向未来：全球自动驾驶专利榜（TOP10）》，https://weibo.com/ttarticle/p/show? id = 2309404833225850880250，访问日期：2023 年 10 月 11 日。

居榜单第二、三位，蔚来、小鹏、理想等造车新势力，以及长城、北汽等传统主流车企也在榜上。2023 年 4 月 16 日，华为在智能汽车解决方案发布会上发布了其最新的高阶自动驾驶系统 ADS2.0（ADS 即 Autonomous Driving Solution），首款搭载量产的是问界 M5 车型。ADS2.0 采用行业首个激光融合 GOD 网络技术，能够实现准确地识别障碍物，自如应对中国路况常见的汇入车流、超车等场景，即使在繁忙的交通场景下也能确保安全平稳地驾驶。

此外，"乘用车无人化自动驾驶"时代也正在到来。2022 年 4 月 28 日，北京市率先允许自动驾驶车辆"方向盘后无人"，成为国内首个开启乘用车无人化自动驾驶汽车运营试点的城市。百度等公司获准向公众提供"主驾无安全员、副驾有安全员"的自动驾驶出行服务。百度公司旗下出行平台"萝卜快跑"已经具备 L4 高度自动驾驶能力，并获得国家客车质检中心重庆测试场的安全认证①，并且已在北京、上海、深圳、武汉等全国多个城市开放载人测试运营出行服务。截至 2024 年一季度，"萝卜快跑"全国累计向公众提供乘车服务 600 万次，其中武汉全无人驾驶订单比例已超 55%，并在继续上升。② 2023 年 10 月，滴滴自动驾驶货运 KargoBot 前装量产 L4 级卡车获得北京市智能网联汽车政策先行区自动驾驶卡车道路测试通知书，获准在北京开放道路内开展公开道路测试。我国自动驾驶道路测试已不局限于限定道路进行，为自动驾驶的发展提供更好的保障。

总体而言，我国自动驾驶汽车产业商业化进程处于全球领先地位，自动驾驶道路测试方面也在逐步完善。

2. 域外自动驾驶汽车的发展

域外自动驾驶汽车的竞争则更加激烈，国外企业在自动驾驶方面展开的竞争，不仅体现在道路测试方面，还包括实体竞争。道路测试是开展自动驾驶汽车技术研发和应用的关键环节，包括虚拟测试、封闭园区测试、指定道路测试及公开道路测试四个阶段。③ 目前美国等发达资本主义国家在自动驾驶汽车的测试方面已经到了公开道路测试阶段，加州目前已经开放无人自动驾驶汽车的道路测试。在实体竞争上，Waymo 与更早之前已经获得商业运营许可证的 AutoX 和 Pony. AI，已经在美国为公众提供披萨、货物运输服务试点，但尚未实现大规模的商业化运营。2022 年 3 月，美国加州政府向 Waymo 和 Cruise 提供了自动驾驶客运服务许可证，允许其在旧金山及周边开展收费载客运营业务。但在自动驾驶汽车实际试商业运营时，该业务并不能使乘客感到满意，主要是乘坐自动驾驶汽车在同样里程的情况下反而比 Uber 用时更长、花费更高，以及自动驾驶许可证对于车辆运行时间、路段和车速有诸多限制要求。

此外，英国拥有世界上最先进的自动驾驶测试和验证设施，以及完整的自动驾驶产业生态。瑞典在自动驾驶的核心技术方面具有领先优势，如感知、决策、控制等，涌现了一批创新型企业和研究机构，如 Veoneer、Zenuity、AstaZero 等，在无人公交、无人卡车货

---

① 孙磊：《再度联手百度、投资速腾聚创　比亚迪补自动驾驶短板》，《每日经济新闻》2022 年 3 月 3 日。

② 董温淑：　《揭秘萝卜快跑：百度布局十年，无人车终于火起来了!》，https：// new. qq. com/rain/a/20240712A05KS700，腾讯网，访问日期：2024 年 7 月 15 日。

③ 杨婕：《我国自动驾驶道路测试开展情况、问题及建议》，《信息安全与通信保密》2019 年第 3 期，第 31 页。

运、无人清扫等自动驾驶应用领域成果突出。英国、德国、芬兰等都已在城市试点无人公交车，多家企业正在联合开发"欧洲地平线 ULTIMO"自动驾驶电动小巴服务。日本已经有东京、神奈川县藤泽市、横滨市等超过十个城市允许自动驾驶汽车在特定区域和特定时段从事出租汽车、城市公共汽车等商业化试运营。[①]

这也就意味着自动驾驶技术正在逐步走进大众生活，无驾驶员智能汽车发生交通事故、造成安全隐患的概率也在上升，因此亟须调整法律体系，使其在发挥事前的预防规制作用的同时，又明晰事故发生后的责任分配和承担。

（三）法律法规体系的构建

相较于自动驾驶技术的发展，配套的法律法规显然滞后，并不能满足当前技术发展的需要。当前立法者需要解决两方面问题，一方面是解决自动驾驶汽车道路测试的合法性问题，另一方面就是要前瞻性地解决自动驾驶汽车交通肇事后的责任如何承担的问题。

1. 我国自动驾驶汽车测试的立法

2017 年开始，北京、上海、浙江等地陆续发布自动驾驶车辆路测细则及实施办法，并将特定区域划为专门的车辆测试道路。

2018 年 4 月，工业和信息化部、公安部、交通运输部三部委联合发布的《智能网联汽车道路测试管理规范（试行）》，解决了自动驾驶汽车道路测试的合法性问题，是自动驾驶技术发展中法规方面的一大突破。然而，该规范对于自动驾驶汽车道路测试过程中可能造成的交通事故责任应当如何认定、分配并未作出回应。2021 年 7 月 27 日，三部委印发的《智能网联汽车道路测试与示范应用管理规范（试行）》取代了前述规范。遗憾的是，新规范在交通违法与事故处理方面仍然只宣示性地规定："在道路测试、示范应用期间发生交通事故……构成犯罪的，依法追究当事人的刑事责任。"

2022 年 8 月，国内首部关于智能网联汽车管理的专项法规《深圳经济特区智能网联汽车管理条例》在深圳实施。该法规是我国第一部智能网联汽车的综合性立法，率先填补了国内智能网联汽车立法的空白，有望为后续国家层面及其他城市的相关立法工作提供参考，从而进一步推动自动驾驶汽车产品的落地和规范管理。该条例对高度自动驾驶汽车（L4）的要求有一定程度的降级和收缩，要求驾驶人为高度自动驾驶系统托底，而不是由系统自动执行最小风险策略。根据其第 53 条和第 54 条，完全自动驾驶的智能网联汽车在无驾驶人期间发生交通事故造成损害，属于该智能网联汽车一方责任的，由车辆所有人、管理人承担赔偿责任；因智能网联汽车存在缺陷造成损害的，车辆驾驶人或者所有人、管理人先行赔偿后，可向生产者、销售者请求赔偿。该条例限于地方性法规层次仍然回避了刑事责任的规定。

在当前的刑事法律体系中，责任主体只能是自然人和单位，而道路测试过程中，驾驶员并不一定承担驾驶任务，并不一定可以作为责任主体。刑法尚未将人工智能主体（如自动驾驶汽车）纳入规制范围，自然也就无法让自动驾驶系统承担责任。因此，前述规定只

[①]　黄玮：《2023 年海外自动驾驶发展现状解读——应用突破、政策发展与挑战并存》，https://www.sohu.com/a/751330182_121319482，搜狐网站，访问日期：2024 年 7 月 20 日。

是从形式意义上对责任认定作出回应，并不能解决实质性问题。

自动驾驶汽车道路测试的过程中，根据驾驶等级的不同，试驾人员承担的监管任务也不同。随着车辆等级的升高，测试人员承担的责任逐渐减轻。进入无人驾驶阶段的汽车一旦肇事，责任将如何认定？根据现有规定由测试人承担责任，在车辆的试驾阶段可能测试人出于工作任务对测试车辆依然负有监管责任，但这种责任也并不能被直接认定为刑事责任，必须根据具体情形来认定是属于刑事责任还是侵权责任法中的工作失职。当自动驾驶汽车进入市场后，没有消费者愿意花费昂贵的价格去购买一个增加自身刑事责任风险的产品。因此，这就需要对测试人的责任有所区分，而不是笼统地将难题推给司法实务及尚未作出变通的现有刑法体系。

2. 域外自动驾驶汽车的立法发展

域外诸多国家在自动驾驶领域有着强大的汽车工业基础，在法规和标准方面，也有着较先进的制度和框架。但即使是在域外国家不断更迭自动驾驶汽车配套法规的情况下，其仍未实现技术创新发展和有效规制管控之间的平衡。

（1）美国采取系统严格的技术监管制度

美国于 2016 年 9 月发布的《联邦自动驾驶汽车政策》（*Federal Automated Vehicles Policy*），是联邦政府首款规范自动驾驶汽车使用的政策法规。该政策作为美国运输部（U.S. Department of Transportation，DOT）指导高度自动驾驶（Highly Autonomous Vehicles，HAVs）安全测试及部署的第一步，设定了制造商、供应商及其他参与主体应当遵循的程序和做法。其中包括要求汽车在进行销售或进入公共道路之前，对 HAVs 的设计、开发及测试进行安全性的预部署。另外，该法规提出希望建立起"统一的州政策"（Model State Policy），在联邦法律制度之下开发与测试 HAVs。[①]

此后，DOT 更新了一系列法案，对自动驾驶的技术发展作出规制。在 DOT 官网可以查询到的法案主要包括《自动驾驶系统 2.0：安全展望》（*Autonomous Driving Systems 2.0：A Vision for Safety*）、《为交通的未来做准备：自动驾驶汽车 3.0》（*Preparing for the Future of Transportation：Automated Vehicles 3.0*）、《确保美国在自动驾驶汽车技术方面的领导地位：自动驾驶汽车 4.0》（*Ensuring American Leadership in Automated Vehicle Technolgies：Automated Vchicles 4.0*）。[②] 连同 2016 年发布的《联邦自动驾驶汽车政策》共四部法规，构成了美国自动驾驶汽车系统性、严密性发展的规范体系，旨在通过政府努力，保障美国自动驾驶技术在全球的领先地位。

美国是联邦制国家，根据法律规定，州内的交通运输管理属于各州的权力范围。因此，内华达州、加利福尼亚州、密歇根州、哥伦比亚特区和佛罗里达州都各自出台了专门监管自动驾驶汽车的法律，其中内华达州和加利福尼亚州的立法工作推进得较快。以内华

---

① "Federal Automated Vehicles Policy：Accelerating the Next Revolution in Roadway Safety," U.S. Department of Transportation，September 15，2016，accessed April 3，2020，https：//www.transportation.gov/sites/dot.gov/files/docs/AV%20policy%20guidance%20PDF.pdf.

② "Ensuring American Leadership in Automated Vehicle Technologies：Automated Vehicles 4.0," U.S. Department of Transportation，accessed April 3，2020，https：//www.transportation.gov/av/4.

达州为例，法规要求进行道路测试前必须缴纳足额的保证金、测试时车内必须有合格的驾驶员监控、在划定的特殊区域内进行道路安全测试。① 该州早在 2011 年便已经允许自动驾驶汽车与传统机动车一起上路行驶。②

由此，在自动驾驶汽车的立法方面，美国联邦及各州都制定了严格的监管程序，力图在鼓励科技创新的同时保障社会公共安全。2023 年 2 月 16 日，美国国家公路交通安全管理局致信美国特斯拉公司，提出特斯拉应召回配备"全自动驾驶"测试版软件的车辆，涉及规模可能达到 36 万余辆，因为该软件可能给行驶中的车辆带来"碰撞风险"。③ 2023 年8 月，Waymo 和 Cruise 两家自动驾驶公司获批在旧金山全天候商业运营无人驾驶出租车（车上无安全员，完全由机器算法操纵车辆）。但 Cruise 的无人驾驶出租车陆续出现交通事故，同年 10 月 2 日 Cruise 被加州机动车辆管理局暂停自动驾驶汽车许可。④

（2）其他域外国家的政策法规

根据毕马威（KPMG）2018 年 1 月发表的《自动驾驶汽车成熟度指数》（*Autonomous Vehicles Readiness Index*）中提供的全球各国在自动驾驶政策法规方面的排名，其中德国和英国均位列前五。⑤

德国联邦议院于 2017 年通过了首个无人驾驶的规范性方针《道路交通法》（*Straßenverkehrsgesetz, StVG*），该法规澄清了自动驾驶汽车的基本概念、许可条件及责任归属等重要问题，并且特别在数据保存方面作出规定，要求存储数据的"黑匣子"在造成事故的情形中需要保存三年。⑥ 通过这种方式及时保存数据，便于在事故发生时厘清责任。该法案坚持传统过错责任理论，即如果是由于人工驾驶阶段的人为不当操作引发事故，则操作人承担主要责任；如果是自动驾驶系统操纵过程中的技术因素引发的事故，则由制造商、研发者承担责任。⑦ 目前德国采取的归责方式已经成为当前无人驾驶汽车责任规制的主流，虽然仍然存有漏洞，但已得到国际社会的广泛认同。2021 年 7 月德国公布了《自动驾驶法》，对 L4 级别以上的自动驾驶汽车进行了规定，并且提出了"技术监督"这一创新性概念。虽然该法主要是对《道路交通安全法》进行修订，但仍未豁免人类驾驶员的注意义务，并没有认可自动驾驶系统在现代法律社会的主体地位。⑧ 从法理上看，在 L4 级别以上的自动驾驶汽车，人类驾驶人员已经完全处于"乘客"的位置，理应对自动驾驶汽

---

① 应朝阳、路安、张青：《美国自动驾驶车辆法规介绍》，《道路交通管理》2015 年第 3 期，第 85 页。

② Travis J.Crayton, Benjamin Mason Meier, "Autonomous Vehicles: Developing a public health research agenda to frame the future of transportation policy," *Journal of Transport & Health* 6(2017): 245-252.

③ 《美监管机构：自动驾驶软件存在风险，特斯拉应在美召回 36 万辆汽车》，https://finance.sina.com.cn/jjxw/2023-02-17/doc-imyfzchv5969796.shtml，新浪财经网站，访问日期：2023 年 10 月 12 日。

④ 黄玮：《2023 年海外自动驾驶发展现状解读——应用突破、政策发展与挑战并存》，https://www.sohu.com/a/751330182_121319482，搜狐网站，访问日期：2024 年 7 月 20 日。

⑤ "Autonomous Vehicles Readiness Index," KPMG, accessed April 3, 2020, https://assets.kpmg/content/darn/kpmg/xx/pdf/2018/01/avri.pdf.

⑥ 《自动驾驶数据安全白皮书（2020）》，第 9-10 页，http://www.tiuchina.com/mfbg/340.html，国家工业信息安全发展中心网站，访问日期：2020 年 4 月 3 日。

⑦ 《德国首部自动驾驶汽车法案出台》，https://www.most.gov.cn/gnwkjdt/201707/t20170727_134283.htm，中华人民共和国科学技术部网站，访问日期：2020 年 4 月 3 日。

⑧ 王莹：《自动驾驶法律准入问题研究——路线、挑战与方案》，《中国人民大学学报》2021 年第 6 期，第 145 页。

车的归责原则、责任承担主体等相关内容进行重构，例如可以通过产品责任要求自动驾驶汽车生产企业承担法定责任。自动驾驶汽车的持续发展也要求《德国民法典》在法律修改过程中，必须对自动驾驶汽车的相关法律责任作出相应的回应。

2018 年 7 月，英国通过《自动与电动汽车法 2018》（*Automated and Electric Vehicles Act 2018*），将第三方保险覆盖范围延伸到自动驾驶汽车领域。2022 年 7 月，英国运输部修改《高速公路法》（*The Highway Code*），增加了自动驾驶章节。2024 年 5 月 20 日，英国正式通过《自动驾驶汽车法》（*Automated Vehicles Act 2024*），成为继德国之后，为数不多的出台综合性自动驾驶汽车立法的国家之一。该法在现有《1988 道路交通法》（*Road Traffic Act 1988*）的基础上，增加了与自动驾驶车辆使用相关的刑事责任，包括使用无驾驶员或未经许可监管的车辆，以及在危险状态下使用自动驾驶汽车，使用者均构成犯罪，如果造成他人死亡，将面临终身监禁；如果造成他人严重伤害，将会面临监禁和（或）罚款。[①]

日本是世界上第一个以法律形式明确允许 L3 级自动驾驶汽车的国家，2020 年 4 月 1 日允许 L3 级自动驾驶汽车行驶的新《道路交通法》正式生效。根据规定，L3 级自动驾驶车辆在特定条件下由系统驱动，在紧急情况下由驾驶员操作。驾驶员可以在开启自动驾驶功能的情况下使用手机和吃饭，但不能喝酒或睡觉。《道路交通法》还对 L3 自动驾驶车辆的最高运行速度、车辆侧面和前方的最低探测范围等方面的技术参数提出了要求。此外，该法规定，自动驾驶车辆必须配备能够记录系统运行状态的装置，而且原则上记录要保存六个月的时间。如果违反这一义务，驾驶员将被处监禁或罚款。在保险和责任方面，驾驶员仍有义务在 L3 自动驾驶期间安全驾驶。如果由于瞌睡、饮酒或未按系统要求及时切换到手动驾驶模式等发生事故，驾驶员将被追究刑事责任。如果因明显的缺陷（如系统故障）导致事故发生，车辆制造商也可能要承担过失责任。

三、自动驾驶汽车交通肇事对刑法的挑战

公共道路上发生的交通安全犯罪，既包括以车辆为工具的犯罪，还包括以交通工具为犯罪对象所实施的危害道路交通安全的犯罪。而自动驾驶汽车作为新型交通工具走上公共道路时也同样会面临这些问题。

自动驾驶汽车作为新兴技术走进大众生活，其带来的技术红利显而易见，将自动驾驶与共享经济结合可以减少私家车的数量，从而能够缓解交通拥堵，帮助部分弱势群体享受便利的交通出行条件，包括老年人、残疾人等。但新技术与人类社会还需要磨合才能够更好地融入人类生活。有观点认为，目前自动驾驶技术距离我们的日常生活还很遥远，完全没有必要现在就采取措施对其进行规制。[②] 但目前仅在道路测试中就已发生几起引人注目的交通事故，给世人以警醒，使我们不得不提前对技术的发展进行研究，剖析可能出现的归责困境。

---

① 赵新华、司马丹旐：《日拱一卒，不期而至——英国〈自动驾驶汽车法 2024〉简评》，https://prodww.kwm.com/cn/zh/insights/latest-thinking/brief-introduction-to-uk-automated-vehicles-act-2024.html，访问日期：2024 年 7 月 30 日。

② 时方：《人工智能刑事主体地位之否定》，《法律科学（西北政法大学学报）》2018 年第 6 期，第 71 页。

（一）国内外自动驾驶汽车交通肇事的事故统计

自动驾驶技术的发展虽然已经取得一定的成就，但是依然处于道路测试阶段。国外自动驾驶道路测试和运营探索起步较早，因此事故案例多见于国外，目前国内较少见。对于目前已知的几次事故，整理如下。

1. 国内的自动驾驶肇事案件

我国在自动驾驶技术的发展中起步较晚，且国家层面为了防范因技术风险造成不必要的生命财产损失，对于自动驾驶技术的道路测试始终采取较为严格的管控措施。我国境内自动驾驶汽车交通肇事案件数量不多（见表 7-2），后果多为驾驶员伤亡或者车辆损坏。境内发生的比较早的一起自动驾驶汽车交通事故是美国特斯拉汽车造成的。根据结果分析，特斯拉公司并未构成刑事方面的犯罪。因为据交警鉴定，肇事责任在于驾驶员高某宁不当地开启了自动驾驶模式，未及时刹车导致事故发生。但高某宁并未因违反道路交通管理法规而给他人的生命财产造成损害，肇事结果是本人死亡。那么根据现行刑法就不认为高某宁和特斯拉公司构成交通肇事罪。截至目前，在中国裁判文书网上尚无法搜索到关于此次特斯拉事故的任何裁判结果，仅有一些网页信息介绍了高某宁的父亲高某斌起诉特斯拉公司的情况。高某斌认为是特斯拉公司在产品无法达到实际宣传效果时夸大宣传，诱导消费者相信这一系统，才造成了该事故的发生，要求特斯拉公司承担对应的法律责任。① 但显然这并不是刑事责任。

表 7-2　我国境内自动驾驶汽车交通肇事典型案件

汽车品牌	时间	地点	事故原因	事故结果
特斯拉自动驾驶汽车②	2016 年 1 月 20 日	京港澳高速河北邯郸段	特斯拉自动驾驶汽车未及时刹车，撞上道路清扫车	车辆损毁，驾驶员当场死亡
蔚来 ES8 汽车	2021 年 8 月 12 日	沈海高速涵江段	驾驶员在驾驶蔚来 ES8 汽车并启用自动驾驶功能（NOP 领航状态）后，发生交通事故	驾驶员当场死亡
小鹏 P7 汽车	2022 年 8 月 12 日	浙江省宁波市奉化区江口路段	在红绿灯处拐弯起步，逐渐偏离所在车道，随后发生交通事故	驾驶员当场死亡
大众	2023 年 10 月 7 日	江玉高速 60 公里 900 米处天马往铜仁方向	辅助驾驶系统并未识别出路面布控的锥桶，随即与道路左侧的安全锥发生碰撞	车头、底盘受损，车辆无法正常启动行驶
百度萝卜快跑 Robotaix	2024 年 7 月 7 日	武汉市汉阳区鹦鹉大道与国博大道交会路口	无人驾驶汽车在红绿灯亮起启动之际与一名闯红灯行人发生轻微碰撞	行人入院检查

---

① 《终于承认了！特斯拉致死案结案后，Model3 又出国内首撞！》，https://www.sohu.com/a/294244536_100014642，搜狐网站，访问日期：2020 年 3 月 23 日。

② 《终于承认了！特斯拉致死案当时处自动驾驶状态，视频记录撞车瞬间！》，https://baijiahao.baidu.com/s？id=1593742066578881346&wfr=spider&for=pc，访问日期：2020 年 3 月 23 日。

2. 国外自动驾驶肇事事故纷起

美国的驾驶技术发展较为先进，绝大多数知名自动驾驶汽车品牌都是美国的，因而截至 2024 年已知的几起较为严重的事故都集中在美国（见表 7-3）。2021 年，美国政府开始对自动辅助驾驶加大关注度，要求汽车制造商披露涉及辅助驾驶技术的事故，美国国家公路交通安全管理局一共收到了 807 起与自动驾驶有关的车祸案件。

2018 年 3 月 18 日发生的 Uber 自动驾驶汽车事故造成了行人伤亡，但事后经警察查明，事故发生的原因是行人违反交通安全管理法规，车辆未能及时识别。且美国 Yavapai 县的一名检察官已宣布不会对 Uber 公司追究刑事责任，因为并无究责依据。通过对案件的梳理，我们发现，自动驾驶汽车目前造成的事故伤害似乎主要是针对车内乘坐的驾驶人员，但这并不是说车外人和财物都没有受到损害。既然可能发生人员伤亡或者财物损失，那么在达到交通肇事罪的立案追诉标准的情形下很有可能需要追究交通肇事罪。随着智能辅助驾驶技术的不断进步，自动驾驶汽车将越来越多地进入公共道路，交通肇事发生的数量也会急剧增加。因此，为了降低自动驾驶技术可能带来的刑事责任风险，应当提前分析自动驾驶汽车交通肇事给现行刑法带来的挑战，提前防范。

表 7-3 美国自动驾驶汽车交通肇事典型案件

汽车品牌	时间	地点	事故原因	事故结果
谷歌旗下 Waymo 自动驾驶汽车	2018 年 5 月 4 日	美国亚利桑那州钱德勒 (Chandler) 市	据目击者称，事故车辆是为了躲避另一辆车而撞上 Waymo 自动驾驶汽车的	Waymo 自动驾驶汽车与另一辆车损毁严重，无人员伤亡
Uber 自动驾驶汽车	2018 年 3 月 18 日	美国亚利桑那州坦佩 (Tempe) 市	行人违反交通规则，导致智能驾驶系统未能正确识别	Uber 自动驾驶汽车扭曲变形，行人死亡
特斯拉自动驾驶汽车	2018 年 3 月 23 日	美国加利福尼亚 (California) 州山景城 101 号高速公路	车内驾驶员沉迷游戏没有注意驾驶路况，撞上高速公路的水泥路障	驾驶员当场死亡
特斯拉自动驾驶汽车	2019 年 12 月 29 日	美国洛杉矶 (Los Angeles) 郊区高速公路	驾驶员以极快的速度驶出高速公路，与一辆正常行驶的汽车相撞	对方车内两名乘客死亡，特斯拉车内两人受伤
特斯拉自动驾驶汽车	2023 年 7 月 19 日	美国福基尔 (Fauquier) 郡	特斯拉车辆处于自动驾驶模式下，与一辆大卡车发生碰撞	特斯拉车辆驾驶员当场死亡
Cruise 自动驾驶出租车	2023 年 10 月 2 日	美国旧金山 (San Francisco) 市中心交叉路口	一名行人被普通汽车撞击到一辆 Cruise 自动驾驶出租车前并遭碾压，被困车底数分钟	行人伤势危急

（二）自动驾驶汽车是否能作为肇事责任主体存有分歧

分析发现，关于自动驾驶系统是否可以作为责任主体的研究，主要分为两种：一种观点认为自动驾驶系统通过学习拥有自主意识，应当赋予驾驶系统独立的刑事责任主体地位①；另一种观点否定自动驾驶系统的刑事责任主体地位，认为人工智能技术在可预期范围内仍然应当通过调整法律体系将责任分解给人类承担②。

1. 肯定说

肯定说认为自动驾驶系统可以通过对大数据的深度学习来获得自主意识、辨认能力，并在意识支配下实施违法行为。③ 由自动驾驶系统承担事故责任，就是默认自动驾驶系统具有自主选择的意志自由。

亚里士多德将人的行为按照意愿分为自愿与非自愿，只有自愿作出的行为才在刑事方面具有可罚性。对于选择非自愿行为的主体，就不能依照伦理参照体系对自身的行为作出合理评价，现代社会也无法与其进行伦理沟通，因此就不能将这样的主体评价为法律意义上的"人"，不认为其可以承担责任。如果利用现代刑法体系对作出非自愿行为的主体施加刑罚，就如同将刑事责任强加于动物及精神状况异常者。主观上具有"分辨善恶的良知"，是认定主体刑事责任的基础。④ 这对正处于并将长期处于弱人工智能时代的人工智能而言，显然具有无尽的超前性。

在目前技术水平可预期的情形下，自动驾驶系统只能在人类预设的各种选项下执行任务。即使驾驶系统在面对不同路况时能选择最适合的驾驶方案，但这也只是驾驶系统根据设计者植入的芯片从众多方案中选择一种使用，而不是驾驶系统作出的"自愿行为"。系统本身对于这种行为并未产生实际理解，对于这种行为产生的后果也无法有正确认知。自动驾驶系统的实质不过是一堆机械零部件与计算机软件程序的结合，无法感知到刑罚的痛苦，自然也就不会基于刑罚的威慑性而尽量避免触犯刑法。因此，这种观点不具有可采性。

2. 否定说

在目前学界的研究中，"刑事领域有限承认智能机器人刑事责任能力的主张或讨论显得极为罕见"⑤。持否定说的学者认为人工智能不具有充分认识、理解法规范的能力，欠缺刑法要求的遵循法律规范的自主意识，因此无法满足刑事责任主体的基本要素，自动驾驶系统也就不能作为刑事责任主体。⑥ 人类具有的辨认能力与控制能力使之能够成为法律意义上的"人"，这是随着年纪增长通过不断的社会化逐渐培养起来的，并不是与生俱来

---

① 肯定说：刘宪权：《涉人工智能犯罪刑法规制的路径》，《现代法学》2019 年第 1 期，第 75-83 页；程龙：《自动驾驶车辆交通肇事的刑法规制》，《学术交流》2018 年第 4 期，第 81-87 页；储陈城：《人工智能时代刑法归责的走向——以过失的归责间隙为中心的讨论》，《东方法学》2018 年第 3 期，第 27-37 页。

② 否定说：周铭川：《论自动驾驶汽车交通肇事的刑事责任》，《上海交通大学学报（哲学社会科学版）》2019 年第 1 期，第 36-43 页；侯帅：《自动驾驶技术背景下道路交通犯罪刑事责任认定新问题研究》，《中国应用法学》2019 年第 4 期，第 92-106 页；时方：《人工智能刑事主体地位之否定》，《法律科学（西北政法大学学报）》2018 年第 6 期，第 67-75 页。

③ 刘宪权：《人工智能时代的刑事风险与刑法应对》，《法商研究》2018 年第 1 期，第 5 页。

④ 陈泽宪：《刑事法前沿（第十卷）》，社会科学文献出版社，2018，第 227 页。

⑤ 刘宪权：《人工智能时代机器人行为道德伦理与刑法规制》，《比较法研究》2018 年第 4 期，第 40 页。

⑥ 时方：《人工智能刑事主体地位之否定》，《法律科学（西北政法大学学报）》2018 年第 6 期，第 68 页。

的能力，也不是拥有之后就永恒具备的，而是会因身体机能和意外而退化或丧失。[①] 而人工智能是一种无法感知社会情绪的机器，并不会通过对大数据的学习而获得这种感知能力，自然也就不具备作为刑事责任主体的前提。

此外，目前的刑罚体系是针对自然人而设置的，除了罚金刑可以适用于单位，其他刑罚仅能适用于自然人。即使认可人工智能的刑事责任主体地位，刑罚体系在适用上也存在较大难度。当然也有学者提出可以通过改变刑罚体系来适应社会的需要，比如，设置针对人工智能的删除数据、修改程序、删除程序等刑罚。[②] 但是适用这种刑罚，人工智能并不会因此感知痛苦。现有刑罚体系的本质是一种对人类既有权利的剥夺，在刑罚过程中犯罪嫌疑人能够感知到痛苦，从而实现刑罚的目的。删除数据、修改程序既不会使人工智能的"肉体"感知到痛苦，也不能使其遭受"心灵"上的煎熬，反而会延缓人类发展人工智能的步伐。

人工智能如此，自动驾驶汽车亦然。因此，有观点提出，对于自动驾驶汽车交通肇事后的事故责任认定依然应当关注站在机器背后的人类，而不是早早地认定自动驾驶系统的刑事责任主体地位。[③] 长期的技术发展使人类进入强人工智能时代后，是否会因人工智能与生命科学技术、神经科学技术的结合而使得人工智能具备类似于人类的情感，目前还不能妄下结论。

在目前的弱人工智能时代，本书支持第二种观点，原因除了人工智能本身不具备基于承担刑事责任要求的辨认能力和控制能力，以及无法达到刑罚目的等之外，还在于现有法律体系依然可以通过法解释学或部分调整来应对难题，避免法律体系发生较大变动而影响社会稳定。另外，否认自动驾驶汽车的刑事责任主体地位，将责任分配给汽车的制造商、设计者可以使他们最大限度地尽到谨慎义务，保障自动驾驶技术安全稳定发展。

（三）自动驾驶汽车交通事故下认定传统交通肇事罪的困境

自动驾驶汽车交通肇事时利用传统刑法认定事故责任，首先联想到道路交通安全犯罪中的交通肇事罪。但交通肇事罪的罪名制定之初针对的是传统车辆肇事，并未预料到随着社会科技的发展会出现自动驾驶技术，更未预料到其也会面临刑事追责困境。这暴露出法律的局限性之一——滞后性。自动驾驶汽车走上公共道路发生交通肇事时，按传统肇事罪认定存在的问题包括责任主体复杂、主观心态难以认定及肇事行为和损害结果之间因果关系难以理顺等。

1. 自动驾驶汽车交通肇事责任主体认定复杂

任何法律责任的实现都以责任主体的存在和确定为前提，责任自负，绝不株连。[④] 对于传统汽车来说，除非有确切的证据能够证明车辆存在缺陷，否则就应当默认汽车是符合质量要求的。如果交通肇事是因为驾驶员违章驾驶而发生的，那么事故责任当然应该由驾

---

① 张明楷：《刑法分则的解释原理（第二版）》，中国人民大学出版社，2011，第387-388页

② 刘宪权：《人工智能时代的刑事责任演变：昨天、今天、明天》，《法学》2019年第1期，第93页。

③ 侯帅：《自动驾驶技术背景下道路交通犯罪刑事责任认定新问题研究》，《中国应用法学》2019年第4期，第97页。

④ 公丕祥：《法理学》，复旦大学出版社，2002，第473页。

驶员承担。然而发生自动驾驶汽车交通肇事时不能像传统交通肇事罪那样，将责任直接归属于驾驶员，而应当考量自动驾驶汽车的技术等级，根据不同级别的不同特点来认定事故的责任主体。

根据自动驾驶技术的 SAE 分类标准，L3 是自动驾驶技术的分水岭。L1~L2 的自动驾驶技术在驾驶过程中起到的只是辅助作用，是帮助人类更好实现驾驶目的的工具，人类驾驶员在驾驶过程中依然是操作主体，对驾驶环境存在监督义务，对驾驶系统存在管控义务。但是技术处于 L3~L5 时，制造商标榜这个阶段的自动驾驶技术能够帮助人类实现无人驾驶。如果高度自动驾驶和无人驾驶仍然需要赋予乘客（此时已经不存在传统意义上的驾驶员）严密的监督义务和接管义务，那么所谓的"无人驾驶"也就失去了意义，因此应当由自动驾驶系统承担主要驾驶任务。目前，自动驾驶汽车肇事适用现行刑法规定的交通肇事罪的主要困境在于，处于 L1~L2 时，驾驶任务是由驾驶员和驾驶系统共同完成的，"人机共驾"的特征使得刑事归责变得尤为复杂；而对于 L3~L5 的高度自动或无人驾驶系统，刑事归责的困难不仅在于人类驾驶员的缺失，而且在于自动驾驶系统不宜作为犯罪主体前提下的责任主体缺失。[①]

根据现行《刑法》第 133 条规定的交通肇事罪[②]，责任主体是从事交通运输的人员，主要是指直接控制车辆的驾驶员，另有司法解释[③]囊括的强令驾驶员违章驾驶造成事故的责任人及指使驾驶员肇事后逃逸的共犯。很明显，法律约束的犯罪主体都是人类，并不包含自动驾驶系统。

就 L1~L2 的"人机共驾"模式而言，如果将自动驾驶汽车理解成一种驾驶工具，只是起到提高驾驶安全性和便捷性的作用，在行车过程中并不独立承担任何驾驶任务，那么交通事故的责任就应当由驾驶员承担。但是以此归责的前提是自动驾驶车辆本身并不存在产品缺陷，事故的确是由人类驾驶员酿成的。倘若此时车辆存在系统故障，出现人类驾驶员无法掌控的情形而造成事故，那么自动驾驶汽车的制造商、设计者就应当对此承担事故责任，但不是交通肇事罪，而可能是产品质量安全犯罪。

进入 L3~L5 的高度自动或无人驾驶系统，由自动驾驶系统在行车过程中承担驾驶任务，并且随着级别的不断升高，驾驶员的环境监督和接管义务不断减弱，直到人类在车里完全摆脱驾驶员角色而成为纯粹的乘客。那此时发生交通肇事的事故责任认定，依据现有的法律法规体系是无法解决的。乘客在乘车过程中，可以选择休闲、娱乐、工作，并不需

①　侯帅：《自动驾驶技术背景下道路交通犯罪刑事责任认定新问题研究》，《中国应用法学》2019 年第 4 期，第 103 页。

②　《中华人民共和国刑法》第 133 条："违反交通运输管理法规，因而发生重大事故，致人重伤、死亡或者使公私财产遭受重大损失的，处三年以下有期徒刑或者拘役；交通运输肇事后逃逸或者有其他特别恶劣情节的，处三年以上七年以下有期徒刑；因逃逸致人死亡的，处七年以上有期徒刑。"

③　2000 年 11 月 21 日最高人民法院颁布的《关于审理交通肇事刑事案件具体应用法律若干问题的解释》第 7 条规定："单位主管人员、机动车辆所有人或者机动车辆承包人指使、强令他人违章驾驶造成重大交通事故，具有本解释第二条规定情形之一的，以交通肇事罪定罪处罚。"这是交通肇事罪的一种特殊成罪情况。此外，《关于审理交通肇事刑事案件具体应用法律若干问题的解释》第 5 条第 2 款规定："交通肇事后，单位主管人员、机动车辆所有人、承包人或者乘车人指使肇事人逃逸，致使被害人因得不到救助而死亡的，以交通肇事罪的共犯论处。"根据刑法的基本原则，交通事故发生之后已经属于既遂状态，此时教唆肇事人逃逸本不应属于共犯，但司法解释的特殊规定属于对交通肇事犯罪主体作出的法律拟制。

要关注外界的驾驶环境。无义务则无责任。此时发生交通肇事，乘客只要未违背必要的谨慎义务，自然就无须承担刑事责任。否则，人类耗费巨资购买的高科技产品不仅没有带来期望的便利与享受，反而会成为让人类承担刑事责任的"猛兽"。那么事故责任究竟应当由谁承担？根据刑法的罪刑法定原则，刑法条文未作出明确规定的不能认定为犯罪。那么自动驾驶系统不论是从理论上还是从实务上来说，都不能对此承担刑事责任。应当由哪些主体具体承担肇事责任，是目前学界需要解决的难题之一。

2. 自动驾驶汽车交通肇事主观方面难以认定

关于传统交通肇事罪的罪过形式，通说认为，交通违章行为可能是故意也可能是过失，但对于肇事结果发生的心态是过失。目前学界在醉酒驾驶、肇事逃逸行为的主观心态认定方面存在很大争议，因此自动驾驶汽车交通肇事的主观心态认定也会是重点和难点。

在 L1~L2 的辅助驾驶阶段，按照传统交通肇事罪的构成要件来认定，肇事时的心态依然按照传统理论认定驾驶员的主观心态即可。在自动驾驶汽车发展到 L3 时，自动驾驶系统可以帮助人类完成部分驾驶任务，但是又不能完全替代驾驶员的地位，驾驶员需要随时取回汽车控制权。那么即意味着在此行车过程中存在人类和自动驾驶系统两个驾驶员。[①]这种情境下就容易出现人车信息不对称造成的交通肇事，导致事故主观心态认定困难。比如，自动驾驶系统通过信息网络接收到了新的路况指令，即将通过的某段道路正在发生连环事故，应当绕道行驶。但人类驾驶员在不了解新路况信息的情况下，误以为自动驾驶系统故障而干预驾驶，导致车辆强行进入道路而造成重大交通事故。在此事故中，判定人类驾驶员对交通肇事的发生是否具有罪过，是驾驶员能否被认定为犯交通肇事罪的关键。

进入 L4~L5 之后，驾驶员（乘客）不宜作为事故责任主体，那么主观心态的认定也应向责任主体转移。只有在自动驾驶系统出现故障或遭遇无法应对的难题后警示乘客接管汽车，而乘客在知晓后且有能力解决的情况下，故意不采取措施接管汽车而导致事故发生时，乘客才应当对此事故承担责任。此时乘客触犯的可能并不是交通肇事罪，而是故意杀人罪或故意伤害罪等，在关于主观心态的认定上也并无困境，属于直接故意或间接故意。

排除自动驾驶系统不能作为责任主体，也无法由驾驶员（乘客）担责的情形下，与事故还存有关联的即自动驾驶汽车的制造商、设计者或销售者，但也难以在具体个案中对其主观心态进行评价。对于汽车的制造商、设计者来说，应当尽到的注意义务是使生产、设计的自动驾驶汽车符合相应的国家质量安全标准，保障不会因产品质量问题造成人身财产损害。但是这种注意义务并不可能延伸到要求制造商、设计者提前预想到可能会发生的具体的交通事故，并认为制造商、设计者对这种有发生可能性的事故存在罪过。所以面对 L3~L5 的自动驾驶汽车交通肇事，排除了驾驶员、自动驾驶系统的归责可能性后，若是对制造商、设计者、销售者按照交通肇事罪进行刑事归责，则无法正确认定其主观心态。

3. 自动驾驶汽车交通肇事因果关系存在差异

刑法上的因果关系是犯罪行为和犯罪结果之间的引起与被引起的关系，不以主观认识

---

① 黄波：《自动驾驶汽车交通肇事的刑法应对》，《天府新论》2018 年第 4 期，第 115 页。

而转移。① 只有在损害结果可以归因于行为人的违法行为时，才能够把事故责任归咎于行为人。面对自动驾驶汽车造成的交通事故，如何分配事故责任，也必须结合因果关系的认定。但是自动驾驶技术的特点是，可以通过设计者提供的数据库进行自我学习，并通过这种持续学习的方式实现驾驶技术、方式、路线的实时更新。因此，自动驾驶系统本身就具有较强的自我学习、自我控制能力，并非由人类实时支配，其在驾驶方案的选择、操作方面都具有不可解释性和不可预测性，即使是驾驶系统的设计者在分析事故原因时也很难作出具体解释。因为驾驶系统运行过程中存在所谓的"算法黑箱"，即在算法层面，人工智能在通过对数据库的自主学习得到最优方案的过程中，其学习、理解、分析的过程都是隐匿的，我们无法得知系统会学习到什么样的特征，这个过程处于我们看不到的"黑箱"中。② 难以解释事故原因，无法查明事故真相，就会导致事故因果关系不明，无法正确分配事故责任。即使像德国《道路交通法》规定的强制要求道路测试的车辆安装"黑匣子"作为驾驶数据记载装置，也只能简单记录事故发生时是否由自动驾驶系统控制车辆，以及自动驾驶系统是否已经发出人类接管警告等明显信息，很难准确反映事故发生时自动驾驶系统的决策过程。这种不透明性导致的直接后果就是无法判断自动驾驶系统是否存在产品设计缺陷、制造缺陷等产品质量问题，在认定是否应当由制造商、设计者承担事故责任时出现困难，阻断因果关系的认定。

此外，目前人类仍处于弱人工智能时代，已然存在普通机器人和人工智能机器人，而两者最主要的差别就是人工智能机器人具有深度的自我学习能力。③ 这种深度的自我学习能力往往能够突破设计者赋予的数据空间限制，实现自我学习、自我更新。这就意味着，当自动驾驶汽车脱离设计者进入市场流通时，自动驾驶系统极有可能会摆脱设计者给予的设计环境，跳出数据库提供的驾驶方案，从而自行控制驾驶过程。对于这种情形下造成的事故，显然不能将责任直接归咎于设计者。而现阶段的弱人工智能时代，人工智能尚不具有自主意识，自动驾驶系统也并不被认为可以作为刑事责任主体，将因果关系和自动驾驶系统关联判定，并无实际意义。这就会导致在自动驾驶汽车交通肇事的责任认定中，因果关系发生异化，不利于事故责任的明晰。

（四）自动驾驶汽车交通肇事中法理与伦理的冲突

在自动驾驶汽车交通肇事中，还有一类问题，即"保护乘客第一"原则的设置引发了伦理与法理的"两难选择"，涉及的不仅是法律问题还有可能是伦理难题。伦理学界著名的"电车难题"④，其实在法律界也是普遍存在的，比如美国法理学家富勒 1949 年提出的

---

① 高铭暄、马克昌：《刑法学（第五版）》，北京大学出版社，2011，第 77 页。
② 卢有学、窦泽正：《论刑法如何对自动驾驶进行规制——以交通肇事罪为视角》，《学术交流》2018 年第 4 期，第 75 页。
③ 刘宪权：《人工智能时代的刑事责任演变：昨天、今天、明天》，《法学》2019 年第 1 期，第 80 页。
④ 储陈城：《自动汽车程序设计中解决"电车难题"的刑法正当性》，《环球法律评论》2018 年第 3 期。"电车难题"是菲利帕·福特提出的伦理学领域最为知名的思想实验之一，内容大致是：一个疯子把五个无辜的人绑在电车轨道上。一辆失控的电车朝他们驶来，并且片刻后就要碾压到他们了。幸运的是，你可以拉一个拉杆，让电车开到另一条轨道上。然而问题在于，那个疯子在另一条电车轨道上也绑了一个人。考虑以上状况，你是否应拉动拉杆？

"洞穴奇案"①，就存在伦理学上看似合理却违背法律原则的情形。

自动驾驶汽车也可能面临伦理难题。例如，如图 7-1 所示，两辆自动驾驶汽车在道路的左、右车道行驶，两车分别为 A 和 B，质量均合格且适驾，车内乘客不负路况监控义务且都遵守驾驶指示的基本要求。在行驶过程中，一只兔子突然闯入左车道，A 车为了避免撞上兔子迅速反应向右躲避，而 B 车为了避免与 A 车碰撞，也迅速向右躲避，结果撞上高速护栏，A 车没有人员伤亡，但 B 车车内乘客却因此受伤。反之，如果 B 车在原地保持不动，就会和 A 车碰撞；如果 A 车向左行驶，就会和兔子冲撞，无论哪一种方案都会造成更大的伤亡。而本案自动驾驶系统的选择，虽然造成 B 车车内乘客受伤，但选择这样的驾驶方案无疑是符合道德情理的。② 面对此种情形，相信即使是人类在车中驾驶也无法作出"正确"的决定，因此对自动驾驶系统也不能施加过高的要求，其作出的决定只要合理即可。

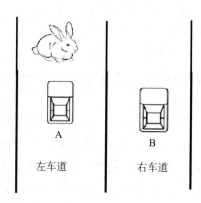

图 7-1 示意图

基于"保护乘客第一"原则制造的自动驾驶车辆，能达成吸引人类使用者消费的目的，消除人类使用者的驾驶顾虑，实现自动驾驶汽车最大程度的安全。得出同样结论的，还有美国学者威廉·J. 特隆索，他通过分析结果论理论和道义论理论，也得到相同的结论——程序员需对车辆进行编程以保护车内乘客。③ 因为对于消费者而言，与解放双手、提高工作效率等自动驾驶汽车的附加值相比，自身的生命安全更为珍贵，相信不会有人愿意购买一种会增加生命安全威胁的产品。因此，"保护乘客第一"的原则，对于自动驾驶系统而言至关重要。但难题是这种在道德上、情理上正确的选择并不总是能够适应法律，由此原则引发的交通肇事可能会产生伦理上看似合理却在实际上违反法律的矛盾情形，使人类使用者承担更大的诉讼风险。因此，需要理论研究者对此展开前瞻性的理论研究，找

---

① 彼得·萨伯：《洞穴奇案》，陈福勇、张世泰译，生活·读书·新知三联书店，2009，第 1 页。美国法理学家富勒于 1949 年提出的洞穴奇案，是指五个人被困山洞中，没有水源、没有粮食，五个人都濒临死亡，一个名叫威特摩尔的人提议抽签吃掉其中一人保证其他四个人的生存，不过在抽签前又撤回了这项提议，但其他四人坚持，结果恰好抽中威特摩尔被吃掉。另外四人获救后，被以故意杀人罪起诉。这个案例中，以威特摩尔的生命挽救其他四人的生命看似合理，但是依然属于触犯法律的故意杀人行为，引发了伦理与法理的冲突。

② 约翰·弗兰克·韦弗：《机器人是人吗？》，刘海安、徐铁英、向秦译，上海人民出版社，2018，第 30 页。

③ William J. Tronsor, "The Omnipotent Programmer: An Ethical And Legal Analysis Of Autonomous Cars," *Rutgers Journal of Law & Public Policy* 213（2018）:253.

到相应的解决办法，在危险发生时做到从容不变。

四、自动驾驶汽车交通肇事追责困境之刑法应对

自动驾驶汽车交通肇事必然面临着追责问题，在依靠现有刑法认定存在诸多困境的现状下，"刑法学者不应该漠不关心，刑事立法和刑事司法更不应该不知所措，而应未雨绸缪，提前做好准备"①，这就要求刑法学界对此问题及时作出回应。

（一）自动驾驶汽车交通肇事刑事追责的必要性与相关原则

近年来，自动驾驶技术在国家政策支持下取得长足进展，如 2024 世界人工智能大会上，赛可智能科技（上海）有限公司、百度智行科技（上海）有限公司、上海襄动科技有限公司（AutoX）、小马易行科技（上海）有限公司四家企业获上海首批无驾驶人智能网联汽车示范应用许可，无人驾驶出租车已在我国多个城市大规模商业化落地。然而，我国自动驾驶法律规制仍停留在道路测试阶段与示范应用阶段，商业应用法律准入及规制处于探索起步阶段，正如不久前百度"萝卜快跑"无人驾驶出租车武汉街头撞人事故引发了公众广泛关注及讨论，因此，亟须研究自动驾驶技术在发展过程中可能会遇到的法律风险及社会风险，从而规范技术的有序发展，降低双刃剑效应的不利影响。

1. 树立前瞻性的刑法规制思维

人工智能技术虽然使得人类生活获得了新的进步，但与此同时也产生了前所未有的新风险。法律的滞后性使得现有刑法难以适应社会产生的新问题，难以妥善解决人工智能时代面临的困境。要想充分发挥刑法对于新技术的规范作用，实现人工智能技术的健康有序发展，就必然要解决刑法滞后性的问题，树立前瞻性的刑法理念，以具备一定前瞻性的视角预测社会可能出现的刑事风险，从而展开研究，尽可能地从理论角度提出相应的解决措施来规避社会风险。这是面对现代社会日新月异的技术发展，刑法学者应当发挥的作用。当然，这种前瞻性的刑法理念并不是建立在毫无根据的科幻小说基础上的，而是在现实依据的基础上有针对性地为解决某类社会问题而建立的，并建立起顺应时代的刑事立法和司法体系。在人工智能时代，树立前瞻性的刑法规制理念，并不应视作在虚无缥缈的科幻小说中浪费法学资源。目前国内外都在努力发展人工智能，抢占技术制高点，且各国都已出台相应的政策法规鼓励规范人工智能的发展，因此，当前的刑法学界十分有必要对此展开研究。

当然，树立前瞻性的刑法理念并不意味着违背刑法谦抑性的品格，从而导致过度刑法化。刑法具有严厉性和谦抑性，只有社会行为构成犯罪时才能动用刑法。因此面对社会违法行为，倘若使用其他法律能够对违法行为进行处罚，那么刑法就应当退居其后，充分发挥谦抑性的品格。在自动驾驶技术的发展中，能够通过其他的法律如《行政法》《侵权责任法》等来调解紧张的社会关系时，刑法也就没有必要进行规制，防止过度刑法化的出现。

---

① 刘宪权：《人工智能时代我国刑罚体系重构的法理基础》，《法律科学（西北政法大学学报）》2018 年第 4 期，第 48 页。

人工智能高速发展，产生的风险实际上与其带来的红利成正比，技术为人类社会带来巨大便利，同时刑事风险也在急剧增加。弱人工智能时代自动驾驶系统可能产生的刑事风险可以分为两类：其一为行为人在正常使用自动驾驶汽车时产生的刑事风险；其二为行为人利用自动驾驶汽车实施犯罪行为的刑事风险。[1] 有学者认为，现阶段的人工智能仍然只是人类用以提高工作效率和工作便利性的辅助工具，并没有研究其承担刑事责任的必要性。[2] 的确，现阶段的智能机器人仍属于弱人工智能机器人，在人类赋予的数据库中通过对数据的分析整理后作出选择方案，这仍然只是人类的意志体现，并未具有强人工智能时代机器人的高度自主意识，因此也就不可能具有刑事责任主体地位，自动驾驶系统当然也是如此。在人类利用自动驾驶汽车实施威胁道路交通安全的犯罪行为时，自动驾驶汽车既没有发挥主观能动作用也不具有刑事责任主体的地位，自然也不可能被追究刑事责任。但这并不代表自动驾驶汽车作为犯罪工具时就和传统汽车没有区别。自动驾驶系统的设计和生产往往是量化的，一旦大规模投入生产，其使用的数据资源、网络信息系统都是相同的。例如，不法分子通过破坏网络系统的方式来控制自动驾驶汽车实施犯罪，那么在一定区域范围内使用该网络系统的自动驾驶汽车都会成为不法分子的犯罪工具。也就是说进入人工智能时代，利用人工智能作为工具实施犯罪时，尤为突出的特点就是影响范围大、波及范围广、社会风险大。这就要求我们必须树立前瞻性的刑法规制理念，预测可能出现的刑事责任风险，及时调整现有的立法和司法体系加以应对。

2. 容许风险原则范围内刑法不介入

容许风险理论认为，将某种新技术给社会带来的大幅收益与无可避免的损失相比，损害不可避免时可以不予归责。显然容许风险理论对于鼓励自动驾驶技术的发展具有重要意义，防止自动驾驶汽车的制造商、设计者及销售者因噎废食，出于刑事风险考虑抑制自动驾驶技术的进步与发展。因此在推动自动驾驶技术发展的大背景下，讨论容许风险理论，在一定限度内刑法并不介入技术的发展。虽然有观点对此持否定态度，认为容许风险原则并不是一个不归责的理由，为了保护更大的利益而违反社会一般规则，是一种不当的行为，应避免让法律成为技术风险的帮凶。[3] 但是人类社会的进步必然是在不断的技术探索中前进的，对于其可能产生的技术风险应当有一定程度的容忍。就像病人在服用药品时知道服药会给身体带来一定的副作用，但为了痊愈或减轻身体的痛苦还是会默认承受其带来的副作用。即使是传统汽车在公共道路上行驶也会有一定的因质量问题而发生交通事故的可能性，但对于这种可能性极低的小概率事件，在购买汽车时默认消费者是接受的，这种小概率事件是人类社会在享受技术创造的红利时不得不承担的必要风险。在技术发展的初期，即使制造商、设计者尽职尽责也并不能完全避免小概率事件的发生，并不能就此去追究生产者、设计者的刑事责任。

因此，在容许风险原则下刑法不介入自动驾驶的发展，给予其一定的成长空间有利于

① 刘宪权、房慧颖：《涉人工智能犯罪的前瞻性刑法思考》，《安徽大学学报（哲学社会科学版）》2019 年第 1 期，第 109 页。

② 时方：《人工智能刑事主体地位之否定》，《法律科学（西北政法大学学报）》2018 年第 6 期，第 69 页。

③ 杨宁：《刑法介入自动驾驶技术的路径及其展开》，《中国应用法学》2019 年第 4 期，第 110 页。

技术的成长和进步。但是这并不意味着刑法放弃制约自动驾驶，在保障技术的发展空间下必须要防范风险，在两者之间取得有效平衡才是技术发展的长久之道。

（二）自动驾驶汽车交通肇事的刑事责任主体认定

自动驾驶汽车交通肇事时，并不能像传统汽车交通肇事可直接按照驾驶员责任来认定，而是应当首先区分自动驾驶技术的级别。

1. 根据驾驶级别认定责任的原理及依据

根据 SAE 的驾驶分类标准，L1～L2 的自动驾驶汽车是一种驾驶辅助系统，属于"主要用于优化人类工作的人工智能"[①]，人类驾驶员在行车过程中并不能因为自动驾驶系统的参与而获得更多的自由时间，此时的自动驾驶系统仅仅只是一种辅助工具。"主要用于优化人类工作的人工智能"与"主要用于方便人类的人工智能"相比，重要区别就在于后者可以将人类从工作中解放出来，工作过程中不需要人类进行监控。自动驾驶技术其实是一种涵盖这两种特征的人工智能。根据自动驾驶的技术等级，L1～L2 的驾驶辅助系统在行车过程中主要是为了提升人类的工作表现，减轻驾驶员的负担，从而提高汽车的安全性和便利性，因此其在行车过程中只是一种工具而已，依然需要驾驶员对驾驶环境进行监控，如果在此过程中发生事故，监控人也就是驾驶员应该对此承担法律责任。

而 L3～L5 的自动驾驶技术，已经属于高度自动或无人驾驶，在特殊环境乃至全路段中实现自主驾驶，并不需要乘客在车辆行驶过程中进行监管。只有在极少数的特殊情形下，自动驾驶系统无法应对并发出警告时，才需要人类驾驶员接管车辆。据此工作原理，此时的自动驾驶应当属于"主要用于方便人类的人工智能"，用于为人类提供便利，此时车上也并不存在真正意义上的驾驶员，都是乘客，并且不需要乘客实时监控自动驾驶系统，乘客可以选择娱乐、睡觉、聊天。因此，人类对在此过程中发生的交通肇事并无承担责任的法理依据，能够据此排除人类驾驶员（乘客）的责任。

2. 赋予自动驾驶汽车车主特殊的谨慎义务

自动驾驶汽车是高度智能化的产物，其生产目的是在提高人类驾驶员操作便利性的同时减少公共道路交通安全事故。而进入高度自动化或无人驾驶时，再赋予驾驶员繁重的驾驶任务有悖于设计初衷，并不利于自动驾驶市场的发展。但是作为一种公共交通工具，操作的便利并不是唯一目的，比之更重要的是人类的生命财产安全。研究结果表明，当前公共道路交通事故的发生有 94% 是由驾驶员选择或操作失误导致的。[②] 而正确合理地使用自动驾驶技术能够有效降低公共道路的事故发生率，减少人员伤亡和财产损失。因此即使标

[①] 约翰·弗兰克·韦弗：《机器人是人吗?》，刘海安、徐铁英、向秦译，上海人民出版社，2018，第 26 页。根据作者的观点，人工智能根据其发挥作用的原理可以分为"主要用于方便人类的人工智能"和"主要用于优化人类工作的人工智能"。

[②] "Federal Automated Vehicles Policy: Accelerating the Next Revolution in Roadway Safety," U. S. Department of Transportation, September 15, 2016, accessed April 3, 2020, https: // www.transportation.gov/sites/dot.gov/files/docs/AV% 20policy%20guidance%20PDF.pdf.

榜着便利和安全，也还是应该让自动驾驶汽车的车主承担包括日常检查和风险制止的谨慎义务①，要求车主正确合理地使用自动驾驶汽车，避免因技术的滥用造成更严重的社会危害，这实际上也可以看作社会公众维护道路交通安全时所承担的社会责任。

未来，关于自动驾驶汽车的使用模式很有可能类似于现有的共享单车运行模式，通过分时运营的方式投入使用。这种运营模式下，租赁公司成为实际上的车主。首先，在车主购买车辆的费用中应包含部分自动驾驶安全保障基金，以应对自动驾驶汽车在遭遇伦理困境及其他无法追责的肇事情形时承担的赔偿责任。其次，车主应定时检查车辆是否处于适驾状态，并在车辆行驶一定里程后将其送入专门机构保养维护，以保证车辆在进入公共道路时是安全的。类比现有的传统汽车，车主在固定期限内须将车辆送至车辆管理所检测车辆的安全状况，获得行政审批后才能上路行驶。最后，车主和实际使用人不同时，车主应事前指导使用人车辆的合理使用方式，包括启动按钮及紧急关停按钮。尤其是在自动驾驶系统发出紧急接管警告时，使用人应当及时接管车辆或者按下紧急按钮，保证行车的安全性。

3. 不同驾驶级别的肇事责任认定需分情形讨论

上文已经阐述自动驾驶汽车在 L1~L2 时，应当按照现有的交通肇事责任认定方式处理，此处不再赘述。对于 L3~L5 的自动驾驶车辆肇事，有学者指出应确定"责任主体的三方性"，也就是说应在驾驶员、自动驾驶系统及汽车制造商三者之间讨论事故责任。② 但前文已经论述自动驾驶系统能否作为刑事责任主体的争议，本书支持否定说，因此，此处排除自动驾驶系统，在驾驶员及汽车制造商、设计者、销售者之间分配事故责任，根据情形分别展开讨论。

① 遭遇车辆难以应对的特殊情形，自动驾驶系统采取合理的足以引起乘客知晓的方式通知乘客，并要求人类接管车辆时，乘客却未及时采取措施接管车辆从而导致事故发生的，此时乘客就违背了必要限度的注意义务。这里的所谓注意义务，不是对抽象的某一类行为可能导致的结果具有预见和避免义务，而是指行为人对某一具体行为可能导致的具体结果的预见和避免义务。③ 此时乘客确实在车中，也因未及时履行接管义务而对肇事行为的发生产生了具体注意义务，对事故的发生存在罪过。乘客在主观心态的认定上存在罪过，客观行为也确实符合交通肇事罪的客观要件，符合现代刑法的"主客观一致"的定罪原则，因此就可以认定乘客构成交通肇事罪并承担责任。

当然可能会存在一种特殊情形，当自动驾驶汽车发展成熟时，儿童、身体有缺陷的人士或未经过驾校专业资格培训的人都可能单独成为车上的乘客，在面对驾驶系统的接管要求时，并非主观上不想而是由于客观原因无法及时接管车辆导致事故发生，去认定这类主体的刑事责任未免过于苛刻。因此，针对此类问题需要设置车主及乘客特殊的谨慎义务，

---

① 卢有学、窦泽正：《论刑法如何对自动驾驶进行规制——以交通肇事罪为视角》，《学术交流》2018 年第 4 期，第 76 页。

② 程龙：《自动驾驶车辆交通肇事的刑法规制》，《学术交流》2018 年第 4 期，第 85 页。

③ 周铭川：《论自动驾驶汽车交通肇事的刑事责任》，《上海交通大学学报（哲学社会科学版）》2019 年第 1 期，第 41 页。

确保车辆在道路上行驶时处于适驾状态。此外，要求制造商、设计者在生产车辆时就应当设置一键启动按钮和一键停车按钮，保障小概率事件发生时乘客即使不能有效接管汽车也可以快速停车，尽量避免酿成事故。

② 车辆正常行驶过程中，自动驾驶系统面对无法解决的问题既没有及时发出要求乘客接管车辆的信号，也未能通过自身处理而有效避免事故发生的情形下，可以明确的是车中的乘客是无责的，否则按下汽车启动键的乘客就如同按下电梯按钮的搭乘者，并未意识到车辆遭遇问题却需要为此承担责任，这显然不符合逻辑。除乘客之外，仅剩的有车辆制造商、设计者及销售者。

可以料想，这种事故情形要么是在应当向乘客发出接管命令时却未及时发出警告，要么是本属于可解决范畴内的问题但因某种故障而无法应对。无论哪种可能性，必然是自动驾驶系统存在某种故障。可能是设计者在设计自动驾驶系统时存在漏洞，如数据统计出现差错或系统不能保持持续的数据学习能力，无法适应道路新状况；也可能是制造商在生产时出现差池，特殊零件存在敏感性不足的问题，导致车辆不能对道路状况迅速作出反应，或是在遭遇问题时不能迅速发出警告，要求乘客接管；还可能是销售者在运输过程中保管不当、销售过程中不恰当的试驾方式造成车辆故障。因而应当在制造商、设计者、销售者之间分配事故责任，但这种责任并不是以交通肇事罪定罪量刑，而应根据《刑法》第 146 条规定的生产、销售不符合安全标准的产品罪来判定。[①]

当然，有观点认为对于事故背后的制造商、设计者及销售商也可以科以交通肇事罪加以处罚，因通过其生产、设计的自动驾驶系统可能会对车辆的驾驶过程施加重要影响。[②]但是本书认为这种观点不可取，具体原因在于，构成交通肇事罪必须要求行为主体对于事故的发生具有过失。而在自动驾驶汽车交通肇事中，能够在车辆行驶过程中时刻履行具体注意义务的只有车上的乘客。该汽车的生产商、销售商、硬件的生产者或程序的研发者，在车辆投入使用的过程中始终处于后台，不可能对某一具体的肇事行为及肇事结果具有预见和避免的可能性，更不可能对此产生预见和避免义务。如果可以将这种注意义务强加于自动驾驶汽车的制造商、设计者，那么同理可以强加于传统汽车的制造者，因为传统汽车同样会因驾驶员违章或汽车本身故障而肇事。同样的原理却因自动驾驶汽车面临归责困境就将制造商、设计者及销售者纳入交通肇事罪主体范畴，似乎是强加于制造商们的无妄之灾，这种做法似乎失之偏颇。对于生产、设计、销售的不符合质量安全标准的产品酿成的交通肇事，肇事结果只是不合格的产品投入市场使用后造成不良后果的一种表现，并不是生产、设计、销售行为本身造成的，因此制造商、设计者、销售者的刑事责任应追本溯源，透过现象看本质，使其对生产、设计、销售的行为本身承担刑事责任。[③]

但现有《刑法》第 146 条规定还需要作出部分调整来适应。首先，现行《刑法》第

---

① 程龙：《自动驾驶车辆交通肇事的刑法规制》，《学术交流》2018 年第 4 期，第 85 页。

② 黄波：《自动驾驶汽车交通肇事的刑法应对》，《天府新论》2018 年第 4 期，第 117 页。

③ 周铭川：《论自动驾驶汽车交通肇事的刑事责任》，《上海交通大学学报（哲学社会科学版）》2019 年第 1 期，第 41 页。

146 条的犯罪行为主体仅仅为生产、销售主体，而不涉及设计主体，对此也应当通过法解释学等方式将设计者纳入此罪名，以适应社会现状的发展①，因为在自动驾驶汽车的生产中，自动驾驶系统的作用尤为重要。它虽然可能只是一张小小的芯片，但其中包含海量的数据资源，细微偏差都可能导致行车过程中的事故。因此，系统的设计者可谓是掌握着整个机器的"大脑"，倘若不能有效对设计者进行规制和约束，将会使自动驾驶汽车处于不安定的状态。此外，对于本罪的主观方面，现有刑法规定应当是"故意"，但是根据自动驾驶汽车的特征，其算法的不透明性和决策的不可预测性导致制造商、设计者及销售者即使是非故意地通过制造、设计、销售行为来制造自动驾驶事故，也可能会因未尽到应尽的过失避免义务，导致自动驾驶汽车的产品质量不符合安全标准，造成事故。因此修改新罪名应该将主观方面改成"过失"，从而赋予制造商、设计者及销售者在产品的生产、设计及销售过程中较高的注意义务，保证自动驾驶汽车的质量。最后，现有刑法规定单位也可以构成本罪，在自动驾驶汽车的产品质量问题中，自然也应当包含单位犯罪来应对公司化的规模犯罪。

（三）设置自动驾驶安全保障基金应对伦理与情理冲突

伦理与情理冲突的困境，是哲学家多年来无法解决的理论难题。体现在自动驾驶汽车的发展中，即自动驾驶汽车系统设计时就设置的"保护乘客第一"原则可能会触发这样的伦理难题。很明显，事故发生时，车辆的设计、生产及销售都符合质量安全标准，乘客也履行了相应的注意义务，但因这种情理困境而不得已作出的选择导致事故发生的，应当按照容许风险原则在此限度内不予追究刑事责任。可以容忍刑事责任，但不能不追究民事侵权责任或行政责任。这种保护原则本身是违背矫正正义（Corrective Justice）②的，即一方获益的行为是以另一方利益受损为代价的不公正行为，那么受害人应当得到获益人的补偿。在肇事中的获益人当然是自动驾驶汽车中的乘客。虽然自动驾驶系统依然是人类使用者在驾驶过程中的代理人，但是此时补偿责任应由受益人也即乘客承担。根据我国民法体系，乘客也应当基于公平责任，对致损行为进行合理补偿。而多余的补偿费用，应当通过政府、制造商及消费者三方共同设立自动驾驶汽车公共安全保障基金作出补充。

虽然自动驾驶汽车无类人的辨认能力和控制能力而不能作为刑事责任主体，但是类比"未成年人侵权"的原理，《侵权责任法》规定无民事行为能力人或限制民事行为能力人在造成侵权时，有财产的被监护人优先使用其个人财产赔偿。在《格里申法案》中，当机器人—代理人作为民事责任主体时，也可使用其拥有的独立财产承担民事债务。③ 为自动驾驶汽车设立公共安全保障基金实际上是一个赋予自动驾驶系统独立财产的过程，使其拥

---

① 侯帅：《自动驾驶技术背景下道路交通犯罪刑事责任认定新问题研究》，《中国应用法学》2019 年第 4 期，第 104 页。

② 亚里士多德：《尼各马可伦理学》，王旭凤、陈晓旭译，中国社会科学出版社，2007，第 191-192 页。矫正正义（Corrective Justice），是亚里士多德正义观的重要部分。他认为在分配正义和交换正义之外还存在矫正正义，裁判者用惩罚和其他剥夺得利的办法，尽量加以矫正，使其均等。均等是利得和损失，即多和少的中道，具体体现为民法上损害的禁止和补偿原则。

③ 张建文：《格里申法案的贡献与局限——俄罗斯首部机器人法草案述评》，《华东政法大学学报》2018 年第 2 期，第 36 页。

有财产去承担责任。

　　自动驾驶汽车作为人类文明的一大进步，深刻影响着社会公共利益，在其发展初期，政府或者行业协会应当起到引导作用，因此政府或者行业协会应当和制造商、所有者一起建立自动驾驶汽车公共安全保障基金制度。设计者及制造商在每一辆自动驾驶汽车投入市场时，就为它们设立独立的公共保障金账户，并缴纳相应比例的保障金进入账户；所有者在购买自动驾驶汽车时，从购车款中划拨一部分作为公共保障基金；另外的部分，由政府或者行业协会承担。三方共同努力建立起一个自动驾驶汽车"资金池"，当自动驾驶发生不可归责于驾驶员和制造商等的事故时，就可利用公共保障金来弥补受害人的损失。目前看来，自动驾驶汽车公共安全保障金制度是在应对伦理与情理的冲突问题时最为妥善的解决措施。该制度既能保障自动驾驶汽车交通肇事的受害者得到应有补偿，又能避免过分加重设计者、制造商的责任，使他们承担的责任得以确定，不会有额外的资金出入，并避免企业运营处于极度的不确定状态，防止自动驾驶汽车设计者、制造商因噎废食，放缓自动驾驶的发展进程。

拓展讨论问题

　　1. 自动驾驶汽车发生交通事故的主要归责原则是什么？

　　2. 自动驾驶汽车交通肇事后如何认定因果关系？

　　3. 自动驾驶汽车交通肇事的责任主体如何确定？

　　4. 自动驾驶汽车交通肇事后逃逸行为应当如何认定？

　　5. 如何界定自动驾驶系统故障和驾驶者的责任界限？

　　6. 是否需要制定专门的法律框架来处理自动驾驶汽车交通肇事？

　　7. 是否需要建立独立的调查机构来处理自动驾驶事故的调查和责任认定？

　　8. 如何平衡自动驾驶技术的发展和公众安全的保障？

拓展阅读文献

（一）著作

1. 阿西莫夫：《银河帝国 8：我，机器人》，叶李华译，江苏文艺出版社，2013。

2. 约翰·弗兰克·韦弗：《机器人是人吗?》，刘海安、徐铁英、向秦译，上海人民出版社，2018。

3. 乌戈·帕加罗：《谁为机器人的行为负责?》，张卉林、王黎黎译，上海人民出版社，2018。

4. 埃里克·希尔根多夫：《数字化、人工智能和刑法》，江溯、刘畅等译，北京大学出版社，2023。

（二）论文

1. 吴汉东：《人工智能时代的制度安排与法律规制》，《法律科学（西北政法大学学报）》2017 年第 5 期。

2. 张建文：《格里申法案的贡献与局限——俄罗斯首部机器人法草案述评》，《华东政法大学学报》2018 年第 2 期。

3. 冯洁语：《人工智能技术与责任法的变迁——以自动驾驶技术为考察》，《比较法研究》2018 年第 2 期。

4. 刘宪权：《人工智能时代的"内忧""外患"与刑事责任》，《东方法学》2018 年第 1 期。

5. 卢有学、窦泽正：《论刑法如何对自动驾驶进行规制——以交通肇事罪为视角》，《学术交流》2018 年第 4 期。

6. 尼娜·芭巴拉·内斯特、高艳东、盛佳：《自动驾驶的刑法应对》，《人民检察》2018 年第 13 期。

7. 周铭川：《论自动驾驶汽车交通肇事的刑事责任》，《上海交通大学学报（哲学社会科学版）》2019 年第 1 期。

8. 侯帅：《自动驾驶技术背景下道路交通犯罪刑事责任认定新问题研究》，《中国应用法学》2019 年第 4 期。

9. 付玉明：《自动驾驶汽车事故的刑事归责与教义展开》，《法学》2020 年第 9 期。

10. 蔡仙：《自动驾驶中过失犯归责体系的展开》，《比较法研究》2023 年第 4 期。

后 记

众所周知："徒法不能以自行。"在追求和实现"法治中国"的道路上正需要一批又一批朝气蓬勃，富有正义感、责任感和批判精神的莘莘学子。有了民法典，还需要能够适用法律的民法人才；有了刑法典，也需要能够适用法律的刑法人才……当代中国著名法学家和法学教育家、新中国刑法学的主要奠基者和开拓者、中国国际刑法研究开创者高铭暄先生说："我一辈子也只想扮演好一个角色，就是教刑法的老师。"其个人信条是"教育乃我之事业，科学乃我之生命"。先生的"人民教育家"精神令人高山仰止！我辈刑法学人理当向高老师学习，希望这本小书能给刑法学理论与实务研究带来一些裨益。

本书的撰稿和修改都是我和团队成员精诚合作的结果，具体分工如下：

专题一：刘春花、杨钰（中国建设银行扬中支行）

专题二：刘春花、贡明璇［上海市锦天城（南京）律师事务所］

专题三：刘春花、吴晓航（江苏省人民检察院）

专题四：刘春花、幸银锐（重庆市忠县人民法院）

专题五：刘春花、钟龙军（广东省建筑工程集团股份有限公司）

专题六：刘春花、吴杰（国家税务总局上海市崇明区税务局）

专题七：刘春花、徐梦迪（江苏省宿迁市交通运输局）

感谢上述实务部门的专业人士的支持与合作！宋其轩、王媛媛、蔡其真、严荣、卢江五位硕士研究生为本书做了数据更新、文字校对、格式编辑等琐细但十分重要的工作，一并致谢。

本书得到江苏大学研究生教材专项基金的部分资助，也有幸被列为江苏大学纪检监察学院教辅系列丛书之一，在此感谢江苏大学研究生院和法学院对我的科学研究和学术著作出版的重要支持！同时，感谢江苏大学出版社米小鸽和徐文两位编辑耐心细致的编校和无私的帮助！感谢家人对我埋头科研的鼎力支持与无限包容！

由于作者的水平和精力有限，书中的缺漏在所难免，欢迎学界同仁和广大读者批评指正。

刘春花

2024 年 7 月 20 日